汽车技术服务与营销

一体化课程教学指导手册

主　　编　郑松青　王正旭　符　强

副 主 编　黄见娥　巫海英　刘婉霞

参　　编　黄安琪　田小会　潘燕宁

高伟英　杨　旭　林坚樟

陈　波　高伟英

编　　辑　林　枫　李　夏

校　　对　甘素文　廖婷婷

封面设计　林　枫　李燕东

图书在版编目（CIP）数据

汽车技术服务与营销一体化课程教学指导手册 / 郑松青，王正旭，符强主编. —成都：西南交通大学出版社，2022.10
ISBN 978-7-5643-8957-4

Ⅰ. ①汽… Ⅱ. ①郑… ②王… ③符… Ⅲ. ①汽车 - 销售管理 - 商业服务 - 职业教育 - 教学参考资料②汽车 - 市场营销学 - 职业教育 - 教学参考资料 Ⅳ. ①F766

中国版本图书馆 CIP 数据核字（2022）第 193205 号

Qiche Jishu Fuwu yu Yingxiao Yitihua Kecheng Jiaoxue Zhidao Shouce

汽车技术服务与营销一体化课程教学指导手册

主编　郑松青　王正旭　符　强

责任编辑	罗爱林
封面设计	林　枫　李燕东
出版发行	西南交通大学出版社 （四川省成都市金牛区二环路北一段 111 号 西南交通大学创新大厦 21 楼）
发行部电话	028-87600564　028-87600533
邮政编码	610031
网　　址	http://www.xnjdcbs.com
印　　刷	四川玖艺呈现印刷有限公司
成品尺寸	210 mm × 260 mm
印　　张	28
字　　数	907 千
版　　次	2022 年 10 月第 1 版
印　　次	2022 年 10 月第 1 次
书　　号	ISBN 978-7-5643-8957-4
定　　价	200.00 元

广州市工贸技师学院
一体化课程教学指导手册

编写委员会

主　　任　李红强

副主任　陈海娜

委　　员　周志德　陈志佳　吴多万

周红霞　王正旭　高小秋

朱　漫　刘炽平　伍尚勤

黄颂杰　甘　路　张扬吉

陈静君　李文远　宋　雄

陈　冰　符　强　杨　旭

李　江　寿丽君　陈　波

前言

为贯彻落实习近平总书记在学校思想政治理论课教师座谈会上的重要讲话和中共中央办公厅、国务院办公厅印发的《关于深化新时代学校思想政治理论课改革创新的若干意见》文件精神，挖掘其他课程和教学方式中蕴含的思想政治教育资源，发挥所有课程育人功能，构建全面覆盖、类型丰富、层次递进、相互支撑的课程体系，使各类课程与思政课同向同行，形成协同效应，实现全员、全程、全方位育人，广州市工贸技师学院在不断深入推进以职业活动为导向、以校企合作为基础、以综合职业能力培养为核心，理论教学与实践教学相融通、学习岗位与工作岗位相对接、职业能力与岗位能力相对接的一体化课程教学改革基础上，构建了一专业一特点的一体化课程与思政教育相互融合的课程与教学体系。

为帮助教师全面系统把握思政融合逻辑、课程内部结构，扎实推进思政融合一体化课程的教学实施，学院以专业为单位组织编写了“一体化课程教学指导手册”共 15 册。系列手册中，各专业系统梳理一体化课程中蕴含的国家意识、人文素养、技术思想、职业素养、专业文化 5 个领域思政教育资源，精心选取思政元素，合理布局融合点，深化教学融合设计，结构化地呈现了专业人才培养目标、课程思政方案、课程标准、教学活动等，从而帮助教师快速把握融合思政元素的一体化课程设计思路、教学目标、教学模式、课堂活动及其评价方式。

同时，《人力资源社会保障部办公厅关于推进技工院校学生创业创新工作的通知》（人社厅发〔2018〕138 号）文件明确指出，要加强技工教育创业创新课程体系建设，将创业创新课程纳入技工院校教学计划，将创业创新意识教育课程与公共课程相结合，将创业创新实践课程与专业课程相结合。系列手册中，各专业在部分工学结合的一体化学习任务基础上，融合了商机发掘、团队组建、市场调查、产品制造、商业模式设计、财务预测、项目路演等创新创业知识与技能，在日常专业教学过程中渗透培养创新意识和创业精神，从而提高学生创新创业能力。

思政融合、专创融合的一体化课程设计及其教学实施在技工院校尚属探索阶段，加之编者水平有限，手册难免存在不足之处，恳请各位专家、读者批评指正。

广州市工贸技师学院

2022 年 10 月

人才培养目标

◆ 培养定位

培养具有良好的政治素质和人文素养，掌握展厅销售管理、策划、售后服务技巧、保险理赔和配件仓库管理等技术，诚信、爱岗、敬业、乐观，服务意识强的高技能人才。

◆ 就业面向的行业企业类型

面向汽车 4S 店、汽车维修厂、汽车配件销售公司、二手车交易公司等企业就业。

◆ 适应的岗位或岗位群

适应该类型企业汽车销售员（CA）、汽车售后服务顾问（SA）、客服专员、保险理赔专员、汽车配件销售员、二手车评估师的工作。

◆ 能胜任的工作任务

胜任汽车展厅销售、汽车维修保养接待、客户服务、汽车保险理赔、汽车配件销售、二手车鉴定评估等工作任务。

◆ 需具备的通用职业能力

具有沟通交流、团队合作、信息处理、解决问题和自我学习能力，拥有良好的创新创业意识与能力。

试驾！！！

策划 方案
汽车营销活动

汽车技术服务与营销专业
思政特点

以诚信、爱岗为岗位职业素养核心，健全坚韧乐观人格，融入科学规划、实践创新理念，提升民族品牌自豪感。

汽车技术服务与营销专业课程思政方案

思政领域	融合的思政元素	课程名称	学习任务	思政内容
国家意识	国情观念（爱国情怀）	汽车市场营销策划	汽车市场调研	调研分析我国新能源汽车产业发展情况，了解我国新能源汽车政策和新能源汽车的优势，增强民族自豪感和爱国情怀
	国情观念（传统文化）	汽车市场营销策划	汽车营销活动策划	学习了解中秋节的节日习俗文化，将相关内容融入汽车宣传海报，设计策划以中秋节为主题的汽车营销活动

思政领域	融合的思政元素	课程名称	学习任务	思政内容
人文素养	健全人格（坚韧乐观）	客户服务	客户回访	制定客户回访应对话术，模拟演练客户刁难的回访过程，学会积极、乐观回复客户的质疑及要求，健全人格，在压力下仍能坚韧乐观地工作

汽车技术服务与营销专业课程思政方案

思政领域	融合的思政元素	课程名称	学习任务	思政内容
技术思想	科学精神（严谨理性）	二手车鉴定、评估与交易	二手车评估	在二手车评估的学习过程中，明确计价标准；严格区分不同评估方法的适用范围；结合实际情况对车辆进行科学的估价，培养严谨理性的意识
	科学精神（求真务实）	汽车保险与理赔	汽车保险理赔	根据保险公司的规范，按真实事故原因确定损失项目，不虚构维修项目，树立求真务实的理念
	科学精神（批判质疑）	汽车网络营销	网络营销	在网络营销的学习过程中，独立编制活动策划方案的评价标准，评价他人的活动策划方案，提高独立思考、批判质疑的能力

思政领域	融合的思政元素	课程名称	学习任务	思政内容
职业素养	规则意识（职业操守）	汽车发动机技术服务	汽车发动机水温高故障的技术服务	在水温过高导致故障检修的任务中，重视规则意识，避免维修项目的虚假报价，树立职业操守
	沟通交流（善于沟通）	汽车电气技术服务	汽车充电指示灯亮故障的技术服务	在维修估价、修后交车等模拟演练环节中，通过与顾客进行清晰良好的沟通交流，培养汽车技术服务工作的沟通能力
	爱岗敬业（服务意识）	客户服务	客户预约	情境模拟客户预约工作，运用规范的电话礼仪和热情周到的态度与客户进行沟通，提升服务意识
	爱岗敬业（服务意识）	增值服务	汽车贷款	根据客户需要和实际情况制定贷款方案，满足客户的需要，强化服务意识

汽车技术服务与营销专业课程思政方案

思政领域	融合的思政元素	课程名称	学习任务	思政内容
职业素养	爱岗敬业（一丝不苟）	汽车配件管理	汽车配件仓库管理	根据备件验收表对配件的数量和质量进行验收管理，严格按照企业规范对出入库配件进行检查，培养爱岗敬业、一丝不苟的职业素养
	爱岗敬业（服务意识）	汽车售后服务管理	维修管理	在汽车售后服务管理活动中，通过客户接待、问诊及车辆检查，强化服务意识

思政领域	融合的思政元素	课程名称	学习任务	思政内容
专业文化	技术服务（销售服务）	汽车销售	展厅销售	运用六方位绕车介绍法及 FAB 法等本领域内的专业技术知识，在展厅向客户展示和介绍车辆，提高技术服务能力
	技术服务（维修服务）	汽车底盘技术服务	汽车行驶跑偏故障的技术服务	通过问诊、基本检查结果，推断汽车跑偏故障原因，提供专业的维修服务，提高技术服务能力

目录

思政融合

专创任务

中级工
生手

高级工
熟手

职业能力成长阶梯

课程 1　汽车发动机技术服务　　课时：72

学习任务 1	学习任务 2	学习任务 3	学习任务 4
汽车发动机异响故障的技术服务	汽车发动机水温高故障的技术服务	汽车发动机无法启动故障的技术服务	汽车发动机加速无力故障的技术服务
（18）学时	（18）学时	（18）学时	（18）学时

课程目标

学习完本课程后，学生应当能够胜任发动机故障的接待、维修咨询和价格说明等工作，养成良好的职业操守和团队沟通协作能力。具体目标为：

1. 能按照企业标准作业流程，准备相关的接待物品，接待客户，并规范安装四件套录入相关信息；
2. 能规范进行环车检查，根据车辆故障（发动机异响、水温高、无法启动、加速不良）进行问诊，并将结果填入接车问诊单中；
3. 能根据维修技师检查后确定的维修方案，查询配件与工时和车间运作情况，确定维修费用和交车时间，并制作委托维修估价单，不虚报维修项目；
4. 移交工单与车辆到车间进行维修后，能就维修进度和追加项目与客户进行沟通，并达成共识；
5. 车辆修理完成后能够结合车辆向客户说明维修效果；
6. 能够根据委托维修估价单向客户说明维修费用，与客户达成一致，引导客户结算。

课程内容

对照本课程目标，学生应当掌握以下知识、技能及职业素养：

1. 发动机的类型、参数及基本组成；
2. 维修接待的标准流程及礼仪规范、所需准备的物品等；
3. 四件套的安装方法；
4. DMS 系统（Dealer Management System，汽车经销商管理系统）的使用方法；
5. 环车检查的步骤及要点；
6. 接车问诊单、委托维修估价单等单据的作用及填写方法；
7. 发动机各系统（曲柄连杆机构、配气机构、冷却系统、润滑系统、点火系统、启动系统、燃料系统）的功用、组成零件、工作过程、工作原理；
8. 发动机各故障（异响、水温高、无法启动、加速不良）的原因、基本检查方法、问诊提问的问题和维修方案；
9. 配件编码、工时和车间运作情况的查询方法；
10. 维修费用的组成及交车时间的估算方法；
11. 追加维修项目的流程及客户沟通技巧；
12. 交车的流程及维修效果的展示方法。

学习任务 1 汽车发动机异响故障的技术服务

任务描述

学习任务学时：**18** 课时

任务情境

陈小姐驾驶车辆外出，启动后发现汽车发动机发出不正常的响声，担心车子继续行驶会损坏发动机，就将车开到 4S 店检查维修。作为售后服务顾问（SA），你接待了陈小姐，需要根据维修技师检测后给出的维修方案对维修费用、交车时间做出预估，交客户确认维修后移交车间修理；在车辆完成修理后陪同客户验车，向客户解释维修方案的必要性及维修更换的配件、工时，打印费用清单引导客户结账并交车。

工作流程和标准

工作环节 1

接待登记

1. 准备接车问诊单、四件套、名片，迎接客户，询问客户来意；引导客户停车，钥匙挂牌，为车辆预检做准备。
2. 在 DMS 系统中录入客户、车辆信息，为打印单据做准备。
3. 规范安装四件套，实施车辆防护。

主要成果：

1. 接待流程图；
2. 信息录入列表；
3. 四件套的安装图。

工作环节 2

车况预检

1. 环车检查，将结果填入接车问诊单，确定客户车辆的情况。
2. 运用 5W2H 方式进行问诊，在接车问诊单中记录客户描述的发动机异响故障的情况，用于确定发动机异响的原因。
3. 故障初检：做基本检查，判断故障范围，并录入接车问诊单中。

主要成果：

1. 接车问诊单；
2. 发动机异响故障提问列表；
3. 发动机异响检查表。

工作环节 3

估价确认

1. 移交维修技师检查确定发动机异响的原因及对应的维修方案，为预估维修费用做准备。
2. 引导客户到前台，查询配件库存及工时，预估维修费用，向客户确定是否维修。
3. 查询车间运作情况，与车间调度员沟通，预估交车时间，以便客户安排时间，提高客户满意度。
4. 制作委托维修估价单，向客户解释发动机异响的维修项目，使客户了解维修情况，并让客户签字确认维修，为车辆的车间维修做准备。

主要成果：

1. 发动机异响维修方案表；
2. 委托维修估价单。

工作环节 4

移交工单、监控维修进度

4

1. 将维修工单交调度员，以便安排维修人员进行维修。
2. 监控维修进度，就追加维修项目与客户沟通，达成共识后重新制作委托维修估价单，以便继续维修。

主要成果：更新后的委托维修估价单。

工作环节 5

修后交车

5

1. 竣工交接后，根据交车前外观及车况检查表，确认维修项目与洗车情况。
2. 在交车区辅助顾客验收，展示、说明作业项目和维修效果，增加客户对维修的满意度。
3. 根据委托维修估价单向客户解释维修费用，减少客户对维修费用的异议，并请客户确认后引导客户结算。
4. 交付钥匙、维修单据后送别客户，完成交车。

主要成果：交车前外观及车况检查表。

学习内容

	1	2	3
知识点	1.1 接车礼仪的规范； 1.2 车辆钥匙的管理规定； 1.3 DMS 系统的使用方法； 1.4 客户信息及车辆信息的录入要点； 1.5 四件套的用途、安装规范及要求	2.1 环车检查的检查项目； 2.2 接车问诊单的用途、填写方法； 2.3 5W2H 的问诊方法； 2.4 发动机异响的初步检查项目、检查方法； 2.5 发动机工作原理、拆装方法	3.1 发动机异响的原因； 3.2 售后管理软件的配件库存、工时的查询方法； 3.3 车间运行状况的查询方法； 3.4 委托维修估价单的用途及内容
技能点	1.1 准备接车问诊单、四件套、名片，迎接客户，询问客户来意；引导客户停车，钥匙挂牌； 1.2 在 DMS 系统中录入客户、车辆信息； 1.3 规范安装四件套，实施车辆防护	2.1 环车检查，并将结果填入接车问诊单； 2.2 准确地在接车问诊单中记录客户描述的故障情况； 2.3 故障初步检查（启动发动机，确定发动机异响的情况），判断故障范围	3.1 移交维修技师确定异响的原因及对应的维修方案； 3.2 查询车间运作情况，与车间调度员沟通，预估交车时间； 3.3 制作委托维修估价单，向客户解释维修项目，并让客户签字确认维修
工作环节	工作环节 1 接待登记	工作环节 2 车况预检	工作环节 3 估价确认
成果	1.1 接待流程图； 1.2 信息录入列表； 1.3 四件套的安装图	2.1 接车问诊单； 2.2 发动机异响故障提问列表； 2.3 发动机异响检查表	3.1 发动机异响维修方案表； 3.2 委托维修估价单
素养	1.1 使用规范礼仪进行客户接待	2.1 倾听客户的描述，进行信息分析、筛选	

学习任务 1　汽车发动机异响故障的技术服务

		5.1 交车前外观及车况检查表的用途及检查项目； 5.2 车辆维修位置及更换的零件的必要性； 5.3 交车时需要向客户提交的资料
	4.1 将维修工单交调度员； 4.2 监控维修进度，就追加维修项目与客户沟通，达成共识后重新制作委托维修估价单	5.1 竣工交接后，根据交车前外观及车况检查表，确认维修项目与洗车情况； 5.2 在交车区辅助顾客验收，展示、说明作业项目和维修效果； 5.3 根据委托维修估价单向客户解释维修费用，并请客户确认后引导客户结算； 5.4 交付钥匙、维修单据后送别客户

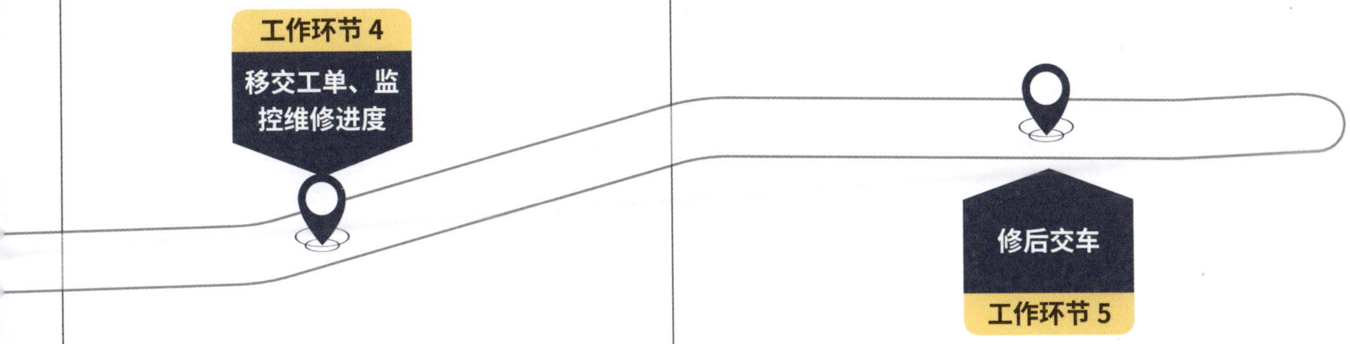

	4.1 更新后的委托维修估价单	5.1 交车前外观及车况检查表
	4.1 与调度员、修理工协同工作	5.1 使用规范术语向客户解释作业项目及维修费用

学习任务 1 汽车发动机异响故障的技术服务

1 接待登记 → 2 车况预检 → 3 估价确认 → 4 移交工单、监控维修进度 → 5 修后交车

	工作子步骤	教师活动	学生活动	评价
接待登记	1. 准备接车问诊单、四件套、名片，迎接客户，询问客户来意；引导客户停车，钥匙挂牌，为车辆预检做准备； 2. 在 DMS 系统中录入客户、车辆信息，为打印单据做准备； 3. 规范安装四件套，实施车辆防护	1. 提供 2~3 个情境描述，由学生自行挑选，引导学生分析发散，讨论总结并使学生明确此任务的工作步骤及要求，提出此环节的学习任务及目标； 2. 使用随机配对软件抽取学生进行情境案例配对，说明评价标准和活动要求； 3. 观看微课《汽车维修接待规范》的要求及需解答的问题，说明观看《接待登记流程》需回答的问题，抽学生回答问题； 4. 引导学生确认 DMS 系统信息录入要点； 5. 对学生信息录入进行巡回指导； 6. 引导学生学习安装四件套，了解安装规范及要求； 7. 说明四件套安装展示的要点，引导学生对此进行评价	1. 根据教师提供的情境要求，学生分成 4 组，以小组讨论的方式总结出发动机异响接待登记会发生的各种情况并给出解决方案，组间交换意见，讨论合理性和概率； 2. 每一组学生选取一例发生概率最高的情况进行展示，随机抽取一个小组要求在限定时间内给出解决方案与已有方案进行对比，讨论比对完善得出最佳方案； 3. 观看视频《接待登记流程》，分组按已有案例制作接待准备清单，确定发动机异响维修接待的工作步骤及要求，回答教师问题； 4. 查找资料自主学习 DMS 系统信息录入的要点及使用方法； 5. 根据教师示范答疑，学生将给定的信息正确录入 DMS 系统中，导出信息录入列表； 6. 观看教师安装四件套，说出安装四件套的规范、要求； 7. 展示安装四件套，拍摄四件套安装图	1. 回答学生的问题，针对方案，教师抽问点评； 2. 学生互评：学生根据评价表对是否规范进行评价； 3. 教师点评：点评接待是否规范，能否从方案中筛选出接待的要点； 4. 在 DMS 系统中录入相关信息，与标准录入信息表比较，确定录入是否准确、遗漏； 5. 学生对安装四件套的快速性及规范性进行互评

课时： 1 课时

1. 硬资源：计算机（已安装 DMS 系统）4 台、汽车一辆等。
2. 软资源：教学课件、微课《汽车维修接待规范》、接待登记流程、工作页（含接车问诊单）等。
3. 教学设施：一体机、白板、A1 纸、水笔等

基准学时：18

1 接待登记　2 车况预检　3 估价确认　4 移交工单、监控维修进度　5 修后交车

车况预检

工作子步骤	教师活动	学生活动	评价
1. 环车检查，将结果填入接车问诊单； 2. 准确地在接车问诊单中记录客户描述的故障情况； 3. 故障初步检查（进排气凸轮轴、曲轴运作情况），判断故障范围，录入接车问诊单中	1. 提出独自观看《环车检查》相关视频微课的规则； 2. 提供接车问诊单样单，并提出填答工作页的活动要求； 3. 实物教学引导学生对发动机两大机构有初步的认知和了解，说明实验台架和实车教具的使用规则，让学生自行讨论总结，巡回指导补充，演示发动机异响故障诊断的初步检测方法与内容，进行学生答疑； 4. 引导学生整理确定发动机异响提问的列表； 5. 引导学生编制水温高故障初步检查表，并展示参考样表； 6. 组织学生分组展示演练成果，并引导学生评价	1. 通过观看教学视频、微课、查阅相关资料进行环车检查的内容和步骤的收集； 2. 小组讨论设计接车问诊单的内容，比对样单进行删改增补，确定工作要求填写相关工作页； 3. 根据台架和实车与理论知识相结合归纳总结汽车两大机构的组成、零部件名称和所在位置，观看教师演示发动机异响故障初步检查的项目与方法； 4. 针对已有情境案例，小组讨论使用 5W2H 的方法问诊，列出提问列表清单，编制发动机异响故障初步检查表； 5. 两人一组就环车检查、接车问诊、故障初步检查进行模拟演练，并进行互评	1. 回答《环车检查》的步骤及内容问题，检测学生自学能力、信息处理能力，教师抽问点评； 2. 接车问诊单工作抽展点评，检测学生信息处理能力； 3. 使用实物抽点提问学生，检测学生信息处理能力； 4. 抽点问诊问题（自评、师评），检测学生沟通能力、解决问题能力； 5. 编制发动机异响故障初步检查表与参考样表比较； 6. 学生实操演练成果比较（自评、互评、师评），检测学生团队合作能力

课时：3 课时

1. 硬资源：汽车一辆、发动机两大机构试验台架 4 台等。
2. 软资源：课件、微课《环车检查》、接车问诊单及样单、工作页等。
3. 教学设施：一体机、白板、A1 纸、水笔等

学习任务 1 汽车发动机异响故障的技术服务

1 接待登记 → 2 车况预检 → **3 估价确认** → 4 移交工单、监控维修进度 → 5 修后交车

	工作子步骤	教师活动	学生活动	评价
估价确认	1. 移交维修技师检查确定发动机异响的原因及对应的维修方案，为预估维修费用做准备； 2. 引导客户到前台，查询配件库存及工时，预估维修费用，向客户确定是否维修； 3. 查询车间运作情况，与车间调度员沟通，预估交车时间，以便客户安排时间，提高客户满意度； 4. 制作委托维修估价单，向客户解释发动机异响的维修项目，使客户了解维修情况，并让客户签字确认维修，为车辆的车间维修做准备	1. 使用 PPT 展示估价的情境，引导学生分析并使学生明确此环节的工作步骤及要求，提出此环节的学习任务及目标， 展示委托维修估价单样单，说明其用途及内容； 2. 提出独自观看《发动机拆装》相关视频微课的规则，示范拆卸发动机，明确拆卸发动机的目的； 3. 巡回指导学生拆卸发动机，使用思维导图法引导学生说出两大机构的工作原理； 4. 结合发动机两大机构的构造和原理，指导学生推导出造成水温高的原因； 5. 教师播放视频《发动机异响的维修方案》，说明观看要点，巡回指导学生编制《发动机异响故障维修方案表》，给出参考表格给学生做比较； 6. 向各组给出不同的异响原因，指导学生找出维修方案，在配件管理系统中找出配件编码、价格等； 7. 每组发放工时价目表，指导学生查找出对应的配件的工时费用； 8. 展示维修看板，说明交车时间的确定方法，指导每组确定交车时间，引导各组展示委托维修估价单，说明评价标准进行点评； 9. 组织各组进行报价话术设计，引导每组进行维修估价展示，说明评价标准，引导学生进行评价	1. 根据给定的情境描述，在教师分析引导下确定估价确认各环节的工作步骤及要求，明确委托维修估价单的用途及内容； 2. 观看视频演示学习发动机两大机构的拆装； 3. 拆卸发动机，结合教材，在发动机上指出两大机构的位置并描述其工作原理； 4. 在教师指导下，根据两大机构的组成及原料讨论分析故障原因，画出思维导图； 5. 观看《发动机异响的维修方案》视频，找出要点，按组编制发动机异响故障维修方案表； 6. 每组根据已有情境结合教师给出的不同故障原因，在发动机异响故障维修方案表找出所需更换的配件，查找配件编码、价格及库存状况，填入委托维修估价单； 7. 在工时价目表中找出对应配件的维修工时，填入委托维修估价单； 8. 观看维修进度看板，每组推算交车时间，填入委托维修估价单并进行展示； 9. 小组合作设计报价话术，模拟与顾客说明委托维修估价单的作业项目，进行组件评价	1. 随机抽取学生提问，评价其能否准确说出委托维修估价单的用途及内容； 2. 抽问学生是否能准确说出发动机两大机构的工作原理； 3. 给出发动机异响故障维修方案表样表做对比，判断的异响原因是否完整，维修方案是否准确； 4. 评价各组委托维修估价单中的配件编码、工时、交车时间等是否准确； 5. 评价各组能否清晰、准确地向客户说明维修方案的必要性

课时： 8 课时

1. 硬资源：计算机（已安装配件管理系统）、发动机两大机构台架 4 台等。
2. 软资源：课件、委托维修估价单、工时价目表、工作页等。
3. 教学设施：一体机、白板、A1 纸、水笔等

基准学时：18

1 接待登记 → 2 车况预检 → 3 估价确认 → 4 移交工单、监控维修进度 → 5 修后交车

	工作子步骤	教师活动	学生活动	评价
移交工单、监控维修进度	1. 引导客户休息或离开； 2. 将维修工单交调度员； 3. 监控维修进度，就追加的维修项目与客户沟通，达成共识后重新制作委托维修估价单	1. 提供教学需要的相关情况资料，巡回指导学生思路，对学生进行抽点提问； 2. 提出观看《顾客情绪安抚》相关视频的规则，抽点学生进行点评讨论； 3. 组织学生两人一组进行模拟演练，用随机软件抽取学生展示，提出活动规则	1. 根据教师提供的顾客不同情绪情况制定应对方案，由老师抽问； 2. 学习图片、PPT 等资料，观看《顾客情绪安抚》视频，被抽点学生进行点评； 3. 每组随机抽取两位学生，分别扮演服务顾问和客户，模拟安顿客户，为客户介绍休息区分布，向客户解释追加维修项目，并让客户在委托维修估价单上签字确认维修	1. 回答工作页问题，教师抽问点评； 2. 点评角色扮演中不规范的操作
	课时： 4 课时 1. 硬资源：计算机（已安装配件管理系统）等。 2. 软资源：课件、微课、工作页、委托维修估价单等。 3. 教学设施：一体机、白板、A1 纸、水笔等			
修后交车	1. 竣工交接后，根据交车前外观及车况检查表，确认维修项目与洗车情况； 2. 在交车区辅助顾客验收，展示、说明作业项目和维修效果，提供用车及保养建议； 3. 根据委托维修估价单向客户解释维修费用，并请客户确认后引导客户结算； 4. 交付钥匙、维修单据后送别客户	1. 播放企业交车视频； 2. 指导学生完成工作页； 3. 引导学生制定修后交车方案，巡回指导； 4. 评价交车方案； 5. 引导学生准备交车所需表单及工具； 6. 说明交车流程的要求及注意事项，安排学生根据交车方案模拟交车，巡回监控指导，并根据交车标准流程考核表打分； 7. 引导小组互评，填写交车考核表； 8. 评价反馈：修后交车模拟情况，公布考核结果； 9. 总结提升：总结交车知识、技能点及注意事项	1. 观看企业交车视频。 2. 小组合作讨论共同完成工作页填写。 3. 小组成员共同制定绘出修后交车方案。 4. 各小组展示方案，互评后完善交车方案。 5. 准备交车所需表单及工具。 6. 根据交车方案： (1) 填写交车前外观及车况检查表； (2) 每组抽取两位同学分别扮演服务顾问与顾客，验收，展示、说明作业项目和维修效果，提供用车及保养建议； (3) 解释维修项目及维修费用，引导客户结算； (4) 交付钥匙、维修单据后送别客户； (5) 进行 DMS 系统信息录入。 7. 小组互评，填写交车考核表。 8. 听取教师的反馈，找出不足之处。 9. 听取教师意见，自我总结提升：总结交车知识、技能点及注意事项	1. 通过制定交车流程图，检查学生是否达到交车教学视频的学习效果； 2. 根据企业实际工作流程及客户需求评价学生所制定的交车流程的可行性； 3. 通过交车考核表及互评、师评，评价学生模拟交车流程是否符合企业规范
	课时： 2 课时 1. 硬资源：计算机（含 DMS 系统）等。 2. 软资源：课件、四件套、名片、交车前外观及车况检查表、结算单、交车标准流程检查表、教学视频等。 3. 教学设施：一体机、白板、A1 纸、水笔等			

学习任务 2 汽车发动机水温高故障的技术服务

任务描述

学习任务学时：**18** 课时

任务情境

李小姐驾驶车辆外出，行驶不久后发现汽车仪表中的一警告灯亮了，遂就近驶入一 4S 店。作为售后服务顾问（SA），你接待后初步检查仪表发现为水温高警告灯点亮，需要根据水温高的原因做基本检查，分析水温高的可能故障点，根据维修技师检测给出的维修方案，严格按照损坏的零件及厂家规定的维修标准估算维修费用、交车时间，交客户确认维修后移交车间修理；在车辆完成修理后陪同客户验车，清晰准确地向客户解释维修方案的必要性及维修更换的配件、工时，打印费用清单引导客户结账并交车。

汽车发动机技术服务

工作流程和标准

工作环节 1

接待登记 1

1. 准备接车问诊单、四件套、名片，迎接客户，询问客户来意；引导客户停车，钥匙挂牌，为车辆预检做准备。
2. 在 DMS 系统中录入客户、车辆信息，为打印单据做准备。
3. 规范安装四件套，实施车辆防护。

主要成果：
1. 接待流程图；
2. 信息录入列表；
3. 四件套的安装图。

工作环节 2

车况预检 2

1. 环车检查，将结果填入接车问诊单，确定客户车辆的情况。
2. 运用 5W2H 方式进行问诊，在接车问诊单中记录客户描述的水温高故障发生时的情况，用于确定水温高的原因。
3. 根据水温高的原因做基本检查，分析水温高的可能故障点，确定水温高故障的范围。

主要成果：
1. 接车问诊单；
2. 发动机水温高故障提问列表；
3. 动机水温高检查表。

工作环节 3

估价确认 3

1. 移交维修技师确定水温高的原因及对应的维修方案，为预估维修费用做准备。
2. 引导客户到前台，查询配件库存及工时，严格按照损坏的零件及厂家规定的维修标准预估维修费用，向客户确定是否维修。
3. 查询车间运作情况，与车间调度员沟通，预估交车时间，以便客户安排时间，提高客户满意度。
4. 制作委托维修估价单，向客户解释水温高的维修项目，使客户了解维修情况，并让客户签字确认维修，为车辆的车间维修做准备。

主要成果:
1. 发动机水温高维修方案表；
2. 委托维修估价单。

工作环节 4

移交工单、监控维修进度

4

1. 将维修工单交调度员，以便安排维修人员进行维修。
2. 监控维修进度，就追加维修项目与客户沟通，达成共识后重新制作“委托维修估价单”，以便继续维修。

主要成果：更新后的委托维修估价单。

工作环节 5

修后交车

5

1. 竣工交接后，根据交车前外观及车况检查表，确认维修项目与洗车情况。
2. 在交车区辅助顾客验收，展示、说明作业项目和维修效果，增加客户对维修的满意度。
3. 根据委托维修估价单清晰准确地向客户解释维修费用，减少客户对维修费用的异议，并请客户确认后引导客户结算。
4. 交付钥匙、维修单据后送别客户，完成交车。

主要成果：交车前外观及车况检查表。

学习内容

知识点	1.1 接车礼仪的规范； 1.2 车辆钥匙的管理规定； 1.3 DMS 系统的使用方法； 1.4 客户信息及车辆信息的录入要点； 1.5 四件套的用途、安装规范及要求	2.1 环车检查的检查项目； 2.2 接车问诊单的用途、填写方法； 2.3 5W2H 的问诊方法； 2.4 水温高的初步检查项目、检查方法	3.1 水温高的原因； 3.2 售后管理软件的配件库存、工时的查询方法； 3.3 车间运行状况的查询方法； 3.4 委托维修估价单的用途及内容
技能点	1.1 准备接车问诊单、四件套、名片，迎接客户，询问客户来意，引导客户停车，钥匙挂牌； 1.2 在 DMS 系统中录入客户、车辆信息； 1.3 规范安装四件套，实施车辆防护	2.1 环车检查，将结果填入接车问诊单； 2.2 问诊，并准确地在接车问诊单中记录客户描述的故障情况； 2.3 故障初步检查（冷却液、风扇运作情况），推测判断故障范围	3.1 移交维修技师确定水温高的原因及对应的维修方案； 3.2 引导客户到前台，查询配件库存及工时，预估维修费用； 3.3 查询车间运作情况，与车间调度员沟通，预估交车时间； 3.4 按实际维修项目制作委托维修估价单，向客户解释维修项目，并让客户签字确认维修
工作环节	工作环节 1 接待登记	工作环节 2 车况预检	工作环节 3 估价确认
成果	1.1 接待流程图； 1.2 信息录入列表； 1.3 四件套的安装图	2.1 接车问诊单； 2.2 发动机水温高故障提问列表； 2.3 发动机水温高检查表	3.1 发动机水温高维修方案表； 3.2 委托维修估价单
素养	1.1 使用规范礼仪进行客户接待	2.1 倾听客户的描述； 2.2 进行信息分析，筛选； 2.3 严谨理性（逻辑清晰）	3.1 重视规则意识，树立职业操守

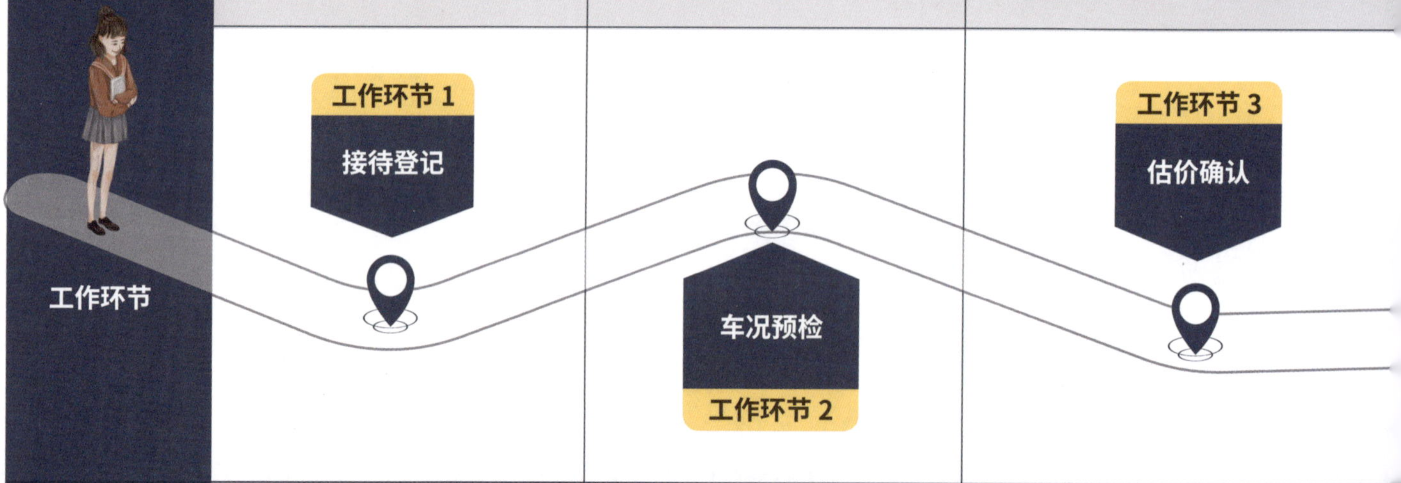

学习任务 2 汽车发动机水温高故障的技术服务

		5.1 交车前外观及车况检查表的用途及检查项目； 5.2 车辆维修位置及更换的零件的必要性； 5.3 交车时需要向客户提交的资料
	4.1 将维修工单交调度员； 4.2 监控维修进度，就追加维修项目与客户沟通，达成共识后重新制作委托维修估价单	5.1 竣工交接后，根据交车前外观及车况检查表，确认维修项目与洗车情况； 5.2 在交车区与顾客验收，展示、说明作业项目和维修效果； 5.3 根据委托维修估价单向客户解释维修费用，并请客户确认后引导客户结算； 5.4 交付钥匙、维修单据后送别客户
	工作环节 4 移交工单、监控维修进度	修后交车 工作环节 5
	4.1 更新后的委托维修估价单	5.1 交车前外观及车况检查表
	4.1 与调度员、修理工协同工作	5.1 团队合作（善于沟通）

学习任务 2 汽车发动机水温高故障的技术服务

1 接待登记 → 2 车况预检 → 3 估价确认 → 4 移交工单、监控维修进度 → 5 修后交车

	工作子步骤	教师活动	学生活动	评价
接待登记	1. 准备接车问诊单、四件套、名片，迎接客户，询问客户来意，引导客户停车，钥匙挂牌； 2. 在 DMS 系统中录入客户、车辆信息； 3. 规范安装四件套，实施车辆防护	1. 使用 PPT 展示水温高维修接待的情境，分析并使学生明确此任务的工作步骤及要求，提出此环节的学习任务及目标； 2. 说明观看微课《汽车维修接待规范》的要求及需解答的问题； 3. 说明观看《接待登记流程》需回答的问题，抽学生回答车辆钥匙管理的问题； 4. 使用随机软件抽取学生展示接待过程，并进行评价标准说明； 5. 引导学生确认 DMS 系统信息录入要点； 6. 对学生信息录入进行巡回指导； 7. 演示安装四件套，引导学生了解安装规范及要求； 8. 说明四件套安装展示的要点，引导学生对此进行评价	1. 根据教师给定的情境，在教师分析引导下确定水温高时维修接待的工作步骤及要求； 2. 观看微课《汽车维修接待规范》，回答工作页中的问题； 3. 观看视频《接待登记流程》，制作接待准备清单，回答教师问题； 4. 每组随机抽取一位学生，展示接待过程，其余学生进行点评； 5. 听讲 DMS 系统信息录入的要点及使用方法； 6. 将给定的信息录入 DMS 系统中，导出客户、车辆信息表； 7. 观看教师安装四件套，说出安装四件套的规范、要求； 8. 展示安装四件套，并进行评价	1. 回答工作页中的问题，教师抽问点评； 2. 学生互评：学生根据评价表对是否规范进行评价； 3. 教师点评：点评接待是否规范，能否从微课中筛选出接待的要点； 4. 在 DMS 系统中录入相关信息，与标准录入信息表做比较，确定录入是否准确、遗漏； 5. 学生对安装四件套的快速性及规范性进行互评

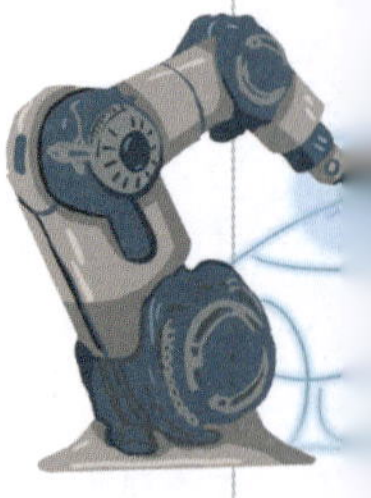

课时： 0.5 课时

1. 硬资源：汽车一辆、汽车发动机台架、通用维修工具、四件套等。
2. 软资源：课件、教材、工作页、微课（《汽车维修接待规范》《接待登记流程》）、接车问诊单、名片等。
3. 教学设施：汽车发动机实训场地（含一体机、白板、A1 纸、水笔）等

基准学时：18

1 接待登记 → 2 车况预检 → 3 估价确认 → 4 移交工单、监控维修进度 → 5 修后交车

车况预检

工作子步骤	教师活动	学生活动	评价
1. 环车检查，将结果填入接车问诊单； 2. 准确地在接车问诊单中记录客户描述的故障情况； 3. 故障初步检查（冷却液、风扇运作情况），判断故障范围，录入接车问诊单中	1. 提出独自观看《环车检查》相关视频微课的规则； 2. 提供接车问诊单样单并提出填答工作页的活动要求； 3. 实物教学引导学生对冷却系统有初步的认知和了解，说明实验台架和实车教具的使用规则，让学生自行讨论总结，巡回指导补充； 4. 引导学生整理确定水温高提问的列表； 5. 提出观看问诊视频，记录车辆故障的关键信息，填入接车问诊单中； 6. 演示水温高故障初步检查，引导学生编制水温高故障初步检查表，并展示参考样； 7. 组织学生分组展示演练成果，并引导学生评价； 8. 播放冷却系统结构图，对不同故障原因及对应的故障表现进行分析，要求学生根据基本检查结果，按照餐垫法讨论分析可能的故障点； 9. 教师对可能的故障点进行说明总结	1. 通过观看微课、查阅相关资料，收集环车检查的步骤； 2. 比对样单，小组讨论确定接车问诊单的内容和工作页填写要求； 3. 比照台架和实车，并与理论知识相结合归纳总结汽车冷却系统的组成、零部件名称和所在位置； 4. 小组讨论：使用 5W2H 法问诊水温高故障的提问列表； 5. 按要求观看问诊视频，记录车辆故障的关键信息，并填入接车问诊单中； 6. 观看教师演示水温高故障初步检查的项目与方法，编制水温高故障初步检查表； 7. 两人一组就环车检查、接车问诊、故障初步检查进行模拟演练，并进行互评； 8. 根据教师的分析，每个学生在纸上推理可能的故障点，并进行顺时针传递，组内讨论总结可能的故障点； 9. 听取教师总结，并进行修正	1. 回答环车检查步骤及内容问题，检测学生自学能力、信息处理能力，教师抽问点评； 2. 接车问诊单工作页抽展点评，检测学生信息处理能力； 3. 使用实物抽点提问学生，检测学生信息处理能力； 4. 抽点问诊问题（自评、师评），检测学生沟通能力、解决问题能力； 5. 编制水温高故障初步检查表，与参考样表比较； 6. 学生实操演练成果比较（自评、互评、师评），检测学生团队合作能力

课时：0.5 课时

1. 硬资源：汽车发动机台架，通用维修工具等。
2. 软资源：课件、教材、工作页、接车问诊单及样单、微课（《环车检查》）等。
3. 教学设施：汽车发动机实训场地（含一体机、白板、A1 纸、水笔）等

学习任务 2 汽车发动机水温高故障的技术服务

1 接待登记 → 2 车况预检 → 3 估价确认 → 4 移交工单、监控维修进度 → 5 修后交车

	工作子步骤	教师活动	学生活动	评价
估价确认	1. 移交车辆给维修技师确定水温高的原因及对应的维修方案； 2. 引导客户到前台，查询配件库存及工时，预估维修费用； 3. 查询车间运作情况，与车间调度员沟通，预估交车时间； 4. 制作委托维修估价单，向客户解释维修项目，并让客户签字确认维修	1. 使用 PPT 展示估价的情境（设置成容易导致虚报项目的任务情境），分析并使学生明确此环节的工作步骤及要求，提出此环节的学习任务及目标，展示委托维修估价单样单，说明其用途及内容； 2. 示范拆卸发动机，明确拆卸发动机的目的； 3. 巡回指导学生拆卸发动机，使用星火燎原法引导学生说出冷却系统的工作原理； 4. 结合发动机冷却系统的构造，指导学生使用头脑风暴法找出造成水温高的原因； 5. 播放视频《水温高的维修方案》，说明观看要点，巡回指导学生编制水温高故障维修方案表，给出参考表格给学生比较； 6. 向各组给出不同的水温高原因，指导学生找出维修方案，在配件管理系统中找出配件编码、价格等； 7. 每组发放工时价目表，指导学生查找出对应的配件的工时费用，教师播放视频《车主怒怼 4S 店虚报维修项目》，向学生强调说明遵守职业操守，要求学生重新检查估价单是否有虚报项目； 8. 展示维修看板，说明交车时间的确定方法，指导每组确定交车时间，引导各组展示委托维修估价单，说明评价标准进行点评； 9. 组织各组进行报价话术设计，引导每组进行维修估价展示，说明评价标准，引导学生进行评价	1. 根据教师给定的情境，在教师分析引导下确定估价确认环节的工作步骤及要求，明确委托维修估价单的用途及内容； 2. 观看教师演示冷却系统的拆装； 3. 拆卸发动机，结合教材，在发动机上指出冷却系统的工作原理； 4. 在教师指导下，思考造成水温高的原因； 5. 观看《水温高的维修方案》，找出要点，按组编制水温高故障维修方案表； 6. 每组根据教师给出的不同水温高原因，在水温高故障维修方案表找出所需更换的配件，查找配件编码、价格及库存状况，填入委托维修估价单； 7. 在工时价目表中找出对应配件的维修工时，填入委托维修估价单中，观看视频《车主怒怼 4S 店虚报维修项目》，并重新检查估价单维修项目是否合理； 8. 观看维修进度看板，每组推算交车时间，填入委托维修估价单并进行展示； 9. 小组合作设计报价话术，模拟与顾客说明委托维修估价单中的作业项目，进行组间评价	1. 随机抽取学生提问，评价其能否准确说出委托维修估价单的用途及内容； 2. 抽问学生是否能准确说出冷却系统的工作原理； 3. 给出水温高故障维修方案表样表做对比，判断水温高的原因是否完整，维修方案是否准确； 4. 评价各组委托维修估价单中的配件编码、工时、交车时间的是否准确、合理，维修项目是否合理，有无虚报项目； 5. 评价各组能否清晰、准确地向客户说明维修方案的必要性

课时： 11 课时

1. 硬资源：汽车发动机台架、通用维修工具等。
2. 软资源：课件、教材、工作页、委托维修估价单、工时价目表等。
3. 教学设施：汽车发动机实训场地（含一体机、白板、A1 纸、水笔）等

基准学时：18

① 接待登记 ② 车况预检 ③ 估价确认 ④ 移交工单、监控维修进度 ⑤ 修后交车

	工作子步骤	教师活动	学生活动	评价
移交工单、监控维修进度	监控维修进度，就追加维修项目与客户沟通，达成共识后重新制作委托维修估价单	1. 说明胎压不足的检查和调整方法； 2. 组织学生分组更换水箱； 3. 播放视频，展示更换水箱视频； 4. 展示更换水箱； 5. 总结更换水箱； 6. 组织各组组内两人一组，一人扮演客户，一人扮演售后服务顾问，模拟就追加项目沟通制单； 7. 点评总结	1. 听取教师说明追加项目：更换水箱方法； 2. 按组进行追加项目：更换水箱； 3. 观看视频记录更换水箱； 4. 观看教师展示更换水箱； 5. 听取教师总结更换水箱的方法； 6. 各组组内两人一组，一人扮演客户，一人扮演售后服务顾问，模拟就追加项目沟通制单； 7. 听取教师点评，总结并改正	师评：能否就追加项目与客户进行良好沟通制单
	课时： 4 课时 1. 硬资源：汽车发动机学习工作站、电脑 4 台（含 DMS 系统）等。 2. 软资源：课件、教材等。 3. 教学设施：一体机、白板、A0 纸、水笔等			
修后交车	1. 竣工交接后，根据交车前外观及车况检查表，确认维修项目与洗车情况； 2. 在交车区辅助顾客验收，展示、说明作业项目和维修效果，提供用车及保养建议； 3. 根据委托维修估价单向客户解释维修费用，并请客户确认后引导客户结算； 4. 交付钥匙、维修单据后送别客户； 5. 将结算信息录入 DMS 系统	1. 播放企业交车视频； 2. 指导学生完成工作页； 3. 引导学生制定修后交车方案，巡回指导； 4. 评价交车方案； 5. 引导学生准备交车所需表单及工具； 6. 指导学生根据交车方案填写交车前外观及车况检查表； 7. 说明交车流程的要求及注意事项，安排学生根据交车方案模拟交车，巡回监控指导，并根据交车标准流程考核表打分； 8. 引导小组互评，填写交车考核表； 9. 评价反馈：修后交车模拟情况，公布考核结果； 10. 总结提升：总结交车知识、技能点及注意事项	1. 观看企业交车视频。 2. 完成工作页填写。 3. 小组成员共同制定修后交车流程图。 4. 各小组展示方案，互评后完善交车方案。 5. 准备交车所需表单及工具。 6. 根据交车方案：填写交车前外观及车况检查表。 7. 每组抽取两位同学分别扮演售后服务顾问与顾客，验收，展示、说明作业项目和维修效果，提供用车及保养建议： (1) 解释维修项目及维修费用，引导客户结算； (2) 交付钥匙、维修单据后送别客户； (3) 将信息录入 DMS 系统。 8. 小组互评，填写交车考核表。 9. 听取教师的反馈，找出不足之处。 10. 听取教师意见，自我总结提升：总结交车知识、技能点及注意事项	1. 通过制定交车流程图，检查学生交车教学视频的学习效果； 2. 根据企业实际工作流程及客户需求评价学生所制定交车流程的可行性； 3. 通过交车考核表及互评、师评，评价学生模拟交车流程是否符合企业规范
	课时： 2 课时 1. 硬资源：汽车发动机学习工作站、电脑 4 台（含 DMS 系统）等。 2. 软资源：课件、交车视频、交车前外观及车况检查表、教材等。 3. 教学设施：一体机、白板、A0 纸、水笔等			

学习任务 3 汽车发动机无法启动故障的技术服务

任务描述

学习任务学时：18 课时

任务情境

胡小姐周末要外出游玩，在车库中启动车辆多次，只听到发动机运转的声音却无法启动，只好通知 4S 店来拖车。车辆拖入 4S 店后，作为售后服务顾问（SA），你进行维修接待。维修技师检测后判断是点火系统故障，给出维修方案后，需对维修费用、交车时间做出预估，交客户确认维修后移交车间修理；在车辆完成修理后陪同客户验车，向客户解释维修不能启动方案的必要性及维修更换的配件、工时，打印费用清单引导客户结账并交车。

点火故障

工作流程和标准

工作环节 1 接待登记 1

1. 准备接车问诊单、四件套、名片，迎接客户，钥匙挂牌，为车辆预检做准备。
2. 在 DMS 系统中录入客户、车辆信息，为打印单据做准备。
3. 规范安装四件套，实施车辆防护。

主要成果：
1. 接待流程图；
2. 信息录入列表；
3. 四件套的安装图。

工作环节 2 车况预检 2

1. 环车检查，将结果填入接车问诊单，确定客户车辆的情况。
2. 运用 5W2H 方式进行问诊，在接车问诊单中记录客户描述的发动机不能启动故障发生时的情况，用于确定不能启动的原因。
3. 检查电池电量，启动发动机，确认发动机有无着火现象，确定发动机不能启动故障的范围。

主要成果：
1. 接车问诊单；
2. 发动机不能启动故障提问列表；
3. 发动机不能启动检查表。

工作环节 3 估价确认 3

1. 交维修技师确定点火系统故障引起发动机不能启动的原因及对应的维修方案，为预估维修费用做准备。
2. 引导客户到前台，查询配件库存及工时，预估维修费用，向客户确定是否维修。
3. 查询车间运作情况，与车间调度员沟通，预估交车时间，以便客户安排时间，提高客户满意度。
4. 制作委托维修估价单，向客户解释点火系统引起发动机不能启动的维修项目，使客户了解维修情况，并让客户签字确认维修，为车辆的车间维修做准备。

主要成果：
1. 发动机不能启动维修方案表；
2. 委托维修估价单。

工作环节 4

移交工单、监控维修进度

4

1. 将维修工单交调度员，以便安排维修人员进行维修。
2. 监控维修进度，就追加维修项目与客户沟通，达成共识后重新制作委托维修估价单，以便继续维修。

主要成果：更新后的委托维修估价单。

工作环节 5

修后交车

5

1. 竣工交接后，根据交车前外观及车况检查表，确认维修项目与洗车情况。
2. 在交车区辅助顾客验收，展示、说明作业项目和维修效果，增加客户对维修的满意度。
3. 根据委托维修估价单向客户解释维修费用，减少客户对维修费用的异议，并请客户确认后引导客户结算。
4. 交付钥匙、维修单据后送别客户，完成交车。

主要成果：交车前外观及车况检查表。

学习内容

知识点	1.1 接车礼仪的规范； 1.2 车辆钥匙的管理规定； 1.3 DMS 系统的使用方法； 1.4 客户信息及车辆信息的录入要点； 1.5 四件套的用途、安装规范及要求	2.1 环车检查的检查项目； 2.2 接车问诊单的用途、填写方法； 2.3 5W2H 的问诊方法； 2.4 发动机不能启动的初步检查项目、检查方法	3.1 发动机不能启动的原因； 3.2 售后管理软件的配件库存、工时的查询方法； 3.3 车间运行状况的查询方法； 3.4 委托维修估价单的用途及内容
技能点	1.1 准备接车问诊单、四件套、名片，迎接客户，询问客户来意，引导客户停车，钥匙挂牌； 1.2 在 DMS 系统中录入客户、车辆信息； 1.3 规范安装四件套，实施车辆防护	2.1 环车检查，将结果填入接车问诊单； 2.2 准确地在接车问诊单中记录客户描述的故障情况； 2.3 故障初步检查（检查电池电量、启动发动机、确定发动机有无着火现象），判断故障范围	3.1 移交维修技师确定发动机不能启动的原因及对应的维修方案； 3.2 引导客户到前台，查询配件库存及工时，预估维修费用； 3.3 查询车间运作情况，与车间调度员沟通，预估交车时间； 3.4 制作委托维修估价单，向客户解释维修项目，并让客户签字确认维修
工作环节	工作环节 1 接待登记	车况预检 工作环节 2	工作环节 3 估价确认
成果	1.1 接待流程图； 1.2 信息录入列表； 1.3 四件套的安装图	2.1 接车问诊单； 2.2 发动机不能启动故障提问列表； 2.3 发动机不能启动检查表	3.1 发动机不能启动维修方案表； 3.2 委托维修估价单
素养	1.1 使用规范礼仪进行客户接待	2.1 倾听客户的描述，进行信息分析、筛选	

		5.1 交车前外观及车况检查表的用途及检查项目； 5.2 车辆维修位置及更换的零件的必要性； 5.3 交车时需要向客户提交的资料
	4.1 将维修工单交调度员； 4.2 监控维修进度，就追加维修项目与客户沟通，达成共识后重新制作委托维修估价单	5.1 竣工交接后，根据交车前外观及车况检查表，确认维修项目与洗车情况； 5.2 在交车区与顾客验收，展示、说明作业项目和维修效果； 5.3 根据委托维修估价单向客户解释维修费用，并请客户确认后引导客户结算； 5.4 交付钥匙、维修单据后送别客户
	工作环节 4 移交工单、监控维修进度	修后交车 工作环节 5
	4.1 更新后的委托维修估价单	5.1 交车前外观及车况检查表
	4.1 与调度员、修理工协同工作	5.1 使用规范术语向客户解释作业项目及维修费用

学习任务 3 汽车发动机无法启动故障的技术服务

① 接待登记 → ② 车况预检 → ③ 估价确认 → ④ 移交工单、监控维修进度 → ⑤ 修后交车

	工作子步骤	教师活动	学生活动	评价
接待登记	1. 准备接车问诊单、四件套、名片，迎接客户，询问客户来意，引导客户停车，钥匙挂牌，为车辆预检做准备； 2. 在 DMS 系统中录入客户、车辆信息，为打印单据做准备； 3. 规范安装四件套，实施车辆防护	1. 提供剧本安排 2 名学生提前准备接待情境的错误示范，学生示范后随机抽点 10 名观众进行点评，指出错误内容并指正； 2. 根据学生的评价内容引出此环节的学习任务及目标； 3. 说明观看视频《汽车维修接待规范》的要求及需解答的问题； 4. 说明观看视频《接待登记流程》需回答的问题，抽学生回答车辆钥匙管理的问题； 5. 引导学生使用头脑风暴方式制作接待流程图； 6. 使用随机软件抽取学生展示接待过程流程图，并进行评价标准说明； 7. 巡回指导学生确认 DMS 系统信息录入要点并操作录入； 8. 指导学生搜集四件套安装相关视频，并按标准要求进行四件套的规范安装	1. 被抽选的学生按照已有剧本排练展示错误的情境示范； 2. 被随机抽点到的 10 名学生对错误的情境示范进行点评指正； 3. 观看《汽车维修接待规范》《接待登记流程》视频，分组讨论总结出要点，回答教师的问题； 4. 使用头脑风暴方法制作接待流程图进行展示、互评； 5. 将信息录入 DMS 系统，独立搜集四件套安装资料，按操作规范完成四件套的安装	1. 回答工作页中的问题，教师抽问点评； 2. 学生互评：学生根据评价表对是否规范进行评价； 3. 教师点评：点评接待是否规范，能否从微课中筛选出接待的要点； 4. 在 DMS 系统中录入相关信息，与标准录入信息表做比较，确定录入是否准确、遗漏； 5. 学生对安装四件套的快速性及规范性进行互评

课时： 4 课时

1. 硬资源：汽车一辆、汽车发动机台架、通用维修工具、四件套等。
2. 软资源：课件、教材、工作页、微课（《汽车维修接待规范》《接待登记流程》）、接车问诊单、名片等。
3. 教学设施：汽车发动机实训场地（含一体机、白板、A1 纸、水笔）等

1 接待登记 → 2 车况预检 → 3 估价确认 → 4 移交工单、监控维修进度 → 5 修后交车

车况预检

工作子步骤	教师活动	学生活动	评价
1. 环车检查，将结果填入接车问诊单； 2. 运用 5W2H 方式进行问诊，在接车问诊单中记录客户描述发动机不能启动故障发生时的情况，用于确定不能启动的原因； 3. 故障初步检查（电池电量情况、启动发动机观察现象），判断故障范围，录入接车问诊单中	1. 列出学生需要查找观看《环车检查》相关视频的要求； 2. 派发接车问诊单样单并提出填答工作页的活动要求； 3. 示范引导学生对点火系统有初步的认知，说明实验台架和实车教具的使用规则，让学生自行讨论总结、成果展示并巡回指导评价； 4. 要求学生列出发动机不能启动所需要提问的问题清单； 5. 提供发动机不能启动故障初步检查相关教学视频，根据视频内容指导学生编制发动机不能启动故障初步检查表，并展示互评	1. 通过观看《环车检查》相关视频，独立查阅资料进行环车检查步骤的收集； 2. 比对样单，小组讨论确定接车问诊单的内容和工作页填写要求； 3. 比照台架和实车与理论知识相结合归纳总结汽车点火系统的组成、零部件名称和所在位置，相互讨论、完善方案并选举代表上台展示成果； 4. 用思维导图法学习、列出使用 5W2H 法问诊发动机不能启动故障的提问列表； 5. 观看发动机不能启动故障初步检查的相关教学视频，编制故障初步检查表并展示互评	1. 回答环车检查步骤及内容问题，检测学生自学能力、信息处理能力，教师抽问点评； 2. 接车问诊单工作页抽展点评，检测学生信息处理能力； 3. 使用实物抽点提问学生，检测学生信息处理能力； 4. 抽点问诊问题（自评、师评），检测学生沟通能力、解决问题能力； 5. 编制不能启动故障初步检查表，与参考样表做比较； 6. 学生实操演练成果比较（自评、互评、师评），检测学生团队合作能力

课时： 6 课时

1. 硬资源：汽车发动机台架、通用维修工具等。
2. 软资源：课件、教材、工作页、接车问诊单及样单、微课（《环车检查》）等。
3. 教学设施：汽车发动机实训场地（含一体机、白板、A1 纸、水笔）等

学习任务 3 汽车发动机无法启动故障的技术服务

1 接待登记 → 2 车况预检 → **3 估价确认** → 4 移交工单、监控维修进度 → 5 修后交车

	工作子步骤	教师活动	学生活动	评价
估价确认	1. 移交维修技师确定点火系统故障引起发动机不能启动的原因及对应的维修方案，为预估维修费用做准备； 2. 引导客户到前台，查询配件库存及工时，预估维修费用，向客户确定是否维修； 3. 查询车间运作情况，与车间调度员沟通，预估交车时间，以便客户安排时间，提高客户满意度； 4. 制作委托维修估价单，向客户解释点火系统引起发动机不能启动的维修项目，使客户了解维修情况，并让客户签字确认维修，为车辆的车间维修做准备	1. 使用 PPT 展示估价的情境，分析并使学生明确此环节的工作步骤及要求，提出此环节的学习任务及目标，展示委托维修估价单样单，说明其用途及内容； 2. 组织观看《发动机点火系统拆装》视频，提出拆卸发动机的要点要求； 3. 巡回指导学生拆卸发动机，使用旋转木马法引导学生说出点火系统的工作原理； 4. 结合发动机点火系统构造，指导学生使用星火燎原法找出造成发动机不能启动的原因； 5. 展示发动机不能启动的维修方案，说明观看评价要点，抽点学生回答问题，巡回指导学生编制发动机不能启动的维修方案故障维修方案表； 6. 要求各组搜集各种不同的发动机不能启动原因，引导学生制作相关对应维修方案，根据方案能在 DMS 系统中找出配件编码、价格等； 7. 对应已有工时价目表，指导学生查找出相应的配件并计算出工时费用； 8. 说明交车时间的确定方法，指导每组确定交车时间，引导各组对应相应故障原因展示委托维修估价单，说明评价标准进行点评； 9. 组织各组进行报价话术设计，引导每组进行维修估价展示，说明评价标准，引导学生进行评价	1. 观看学习教学 PPT，明确估价确认环节的工作步骤及要求和委托维修估价单的用途及内容； 2. 观看《发动机点火系统拆装》视频列出拆卸发动机的要点要求； 3. 拆卸发动机，结合教材，在发动机上指出点火系统的工作原理； 4. 在教师指导下，找出造成发动机不能启动的原因； 5. 研究学习发动机不能启动的维修方案，找出要点，按组编制发动机不能启动的维修方案表； 6. 每组根据教师给出的不同故障原因，在发动机不能启动的维修方案表中找出所需更换的配件，查找配件编码、价格及库存状况，填入委托维修估价单； 7. 在工时价目表中找出对应配件的维修工时，填入委托维修估价单中； 8. 每组推算交车时间，填入委托维修估价单并进行展示； 9. 小组合作设计报价话术，模拟与顾客说明委托维修估价单的作业项目，进行组间评价	1. 随机抽取学生提问，评价其能否准确说出委托维修估价单的用途及内容； 2. 抽问学生是否能准确说出点火系的工作原理； 3. 给出不能启动故障维修方案表样表做对比，判断不能启动的原因是否完整，维修方案是否准确； 4. 评价各组委托维修估价单中的配件编码、工时、交车时间是否准确； 5. 评价各组能否清晰、准确地向客户说明维修方案的必要性

课时： 4 课时

1. 硬资源：汽车发动机台架、通用维修工具等。
2. 软资源：课件、教材、工作页、委托维修估价单、工时价目表等。
3. 教学设施：汽车发动机实训场地（含一体机、白板、A1 纸、水笔）等

基准学时：18

1 接待登记 → 2 车况预检 → 3 估价确认 → 4 移交工单、监控维修进度 → 5 修后交车

	工作子步骤	教师活动	学生活动	评价
移交工单、监控维修进度	监控维修进度，就追加维修项目与客户沟通，达成共识后重新制作委托维修估价单	1. 说明胎压不足的检查和调整方法； 2. 播放视频，展示更换点火线圈； 3. 演示更换点火线圈； 4. 总结更换点火线圈； 5. 组织各组组内两人一组，一人扮演客户，一人扮演售后服务顾问，模拟就追加项目沟通制单； 6. 点评总结	1. 听取教师说明追加项目：更换点火线圈的方法； 2. 观看视频记录更换点火线圈； 3. 观看教师展示更换点火线圈； 4. 听取教师总结更换点火线圈的方法； 5. 各组组内两人一组，一人扮演客户，一人扮演售后服务顾问，模拟就追加项目沟通制单； 6. 听取教师点评、总结并改正	师评：能否就追加项目与客户进行良好沟通制单

课时： 1 课时

1. 硬资源：汽车发动机学习工作站、电脑 4 台（含 DMS 系统）等。
2. 软资源：课件、教材等。
3. 教学设施：一体机、白板、A0 纸、水笔等

	工作子步骤	教师活动	学生活动	评价
修后交车	1. 竣工交接后，根据交车前外观及车况检查表，确认维修项目与洗车情况； 2. 在交车区与顾客验收，展示、说明作业项目和维修效果，提供用车及保养建议； 3. 根据委托维修估价单向客户解释维修费用，并请客户确认后引导客户结算； 4. 交付钥匙、维修单据后送别客户； 5. 将结算信息录入 DMS 系统	1. 播放企业交车视频； 2. 指导学生完成工作页； 3. 引导学生制定修后交车方案，巡回指导； 4. 评价交车方案； 5. 引导学生准备交车所需表单及工具； 6. 指导学生根据交车方案填写交车前外观及车况检查表； 7. 说明交车流程的要求及注意事项，安排学生根据交车方案模拟交车，巡回监控指导，并根据交车标准流程考核表打分； 8. 引导小组互评，填写交车考核表； 9. 评价反馈：修后交车模拟情况，公布考核结果； 10. 总结提升：总结交车知识、技能点及注意事项	1. 观看企业交车视频。 2. 完成工作页填写。 3. 小组成员共同制定修后交车流程图。 4. 各小组展示方案，互评后完善交车方案。 5. 准备交车所需表单及工具。 6. 根据交车方案：填写交车前外观及车况检查表。 7. 每组抽取两位同学分别扮演售后服务顾问与顾客，验收，展示、说明作业项目和维修效果，提供用车及保养建议： (1) 解释维修项目及维修费用，引导客户结算； (2) 交付钥匙、维修单据后送别客户； (3) 将信息录入 DMS 系统。 8. 小组互评，填写交车考核表。 9. 听取教师的反馈，找出不足之处。 10. 听取教师意见，自我总结提升：总结交车知识、技能点及注意事项	1. 通过制定交车流程图，检查学生交车教学视频的学习效果； 2. 根据企业实际工作流程及客户需求评价学生所制定交车流程的可行性； 3. 通过交车考核表及互评、师评，评价学生模拟交车流程是否符合企业规范

课时： 3 课时

1. 硬资源：汽车发动机学习工作站、电脑 4 台（含 DMS 系统）等。
2. 软资源：课件、交车视频、交车前外观及车况检查表、教材等。
3. 教学设施：一体机、白板、A0 纸、水笔等

学习任务 4 汽车发动机加速无力故障的技术服务

任务描述

学习任务学时：18 课时

任务情境

陈小姐准备开车外出，驾车上路后不久，她便发现自己爱车出现加速无力，有冒黑烟现象，并发现近期油耗明显偏高，便将爱车开到 4S 店。作为售后服务顾问（SA），你进行维修接待。经维修技师检测后判断发动机燃油系统和空气供给系统故障，给出维修方案后，需对维修费用、交车时间做出预估，交客户确认维修后移交车间修理；在车辆完成修理后陪同客户验车，向客户解释维修加速无力方案的必要性及维修更换的配件、工时，打印费用清单引导客户结账并交车。

1.加速无力
2.冒黑烟

工作流程和标准

工作环节 1

接待登记

1

1. 准备接车问诊单、四件套、名片，迎接客户，钥匙挂牌，为车辆预检做准备。
2. 在 DMS 系统中录入客户、车辆信息，为打印单据做准备。
3. 规范安装四件套，实施车辆防护。

主要成果：
1. 接待流程图；
2. 信息录入列表；
3. 四件套的安装图。

工作环节 2

车况预检

2

1. 环车检查，将结果填入接车问诊单，确定客户车辆的情况。
2. 运用 5W2H 方式进行问诊，在接车问诊单中记录客户描述的汽车加速无力的情况，用于确定加速无力的原因。

主要成果：
1. 接车问诊单；
2. 发动机加速无力故障提问列表。

工作环节 3

估价确认

3

1. 移交维修技师试车、检测确定加速无力的原因及对应的维修方案，为预估维修费用做准备。
2. 引导客户到前台，查询配件库存及工时，预估维修费用，向客户确定是否维修。
3. 查询车间运作情况，与车间调度员沟通，预估交车时间，以便客户安排时间，提高客户满意度。
4. 制作委托维修估价单，向客户解释发动机加速无力的维修项目，使客户了解维修情况，并让客户签字确认维修，为车辆的车间维修做准备。

主要成果：
1. 发动机加速无力维修方案表；
2. 委托维修估价单。

工作环节 4

移交工单、监控维修进度

4

1. 将维修工单交调度员，以便安排维修人员进行维修。
2. 监控维修进度，就追加维修项目与客户沟通，达成共识后重新制作《委托维修估价单》，以便继续维修。

主要成果：更新后委托维修估价单。

工作环节 5

修后交车

5

1. 竣工交接后，根据交车前外观及车况检查表，确认维修项目与洗车情况。
2. 在交车区辅助顾客验收，展示、说明作业项目和维修效果，增加客户对维修的满意度。
3. 根据委托维修估价单向客户解释维修费用，减少客户对维修费用的异议，并请客户确认后引导客户结算。
4. 交付钥匙、维修单据后送别客户，完成交车。

主要成果：交车前外观及车况检查表。

学习内容

知识点	1.1 接车礼仪的规范; 1.2 车辆钥匙的管理规定; 1.3 DMS 系统的使用方法; 1.4 客户信息及车辆信息的录入要点; 1.5 四件套的用途、安装规范及要求	2.1 环车检查的检查项目; 2.2 接车问诊单的用途、填写方法; 2.3 5W2H 的问诊方法	3.1 汽车加速无力故障的原因; 3.2 售后管理软件的配件库存、工时的查询方法; 3.3 车间运行状况的查询方法; 3.4 委托维修估价单的用途及内容;
技能点	1.1 准备接车问诊单、四件套、名片，迎接客户，询问客户来意，引导客户停车，钥匙挂牌; 1.2 在 DMS 系统中录入客户、车辆信息; 1.3 规范安装四件套，实施车辆防护	2.1 环车检查，将结果填入接车问诊单; 2.2 准确地在接车问诊单中记录客户描述的故障情况	3.1 移交维修技师确定汽车加速无力故障的原因及对应的维修方案; 3.2 引导客户到前台，查询配件库存及工时，预估维修费用; 3.3 查询车间运作情况，与车间调度员沟通，预估交车时间; 3.4 制作委托维修估价单，向客户解释维修项目，并让客户签字确认维修
工作环节	工作环节 1 接待登记	车况预检 工作环节 2	工作环节 3 估价确认
成果	1.1 接待流程图; 1.2 信息录入列表; 1.3 四件套的安装图	2.1 接车问诊单; 2.2 发动机加速无力故障提问列表; 2.3 发动机加速无力检查表	3.1 发动机加速无力维修方案表; 3.2 委托维修估价单
素养	1.1 使用规范礼仪进行客户接待	2.1 倾听客户的描述，进行信息分析、筛选	

学习任务 4 汽车发动机加速无力故障的技术服务

		5.1 交车前外观及车况检查表的用途及检查项目； 5.2 车辆维修位置及更换的零件的必要性； 5.3 交车时需要向客户提交的资料；
	4.1 将维修工单交调度员； 4.2 监控维修进度，就追加维修项目与客户沟通，达成共识后重新制作委托维修估价单	5.1 竣工交接后，根据交车前外观及车况检查表，确认维修项目与洗车情况； 5.2 在交车区辅助顾客验收，展示、说明作业项目和维修效果； 5.3 根据委托维修估价单向客户解释维修费用，并请客户确认后引导客户结算； 5.4 交付钥匙、维修单据后送别客户
	工作环节 4 移交工单、监控维修进度	修后交车 工作环节 5
	4.1 更新后的委托维修估价单	5.1 交车前外观及车况检查表
	4.1 与调度员、修理工协同工作	5.1 使用规范术语向客户解释作业项目及维修费用

学习任务 4 汽车发动机加速无力故障的技术服务

1 接待登记 → 2 车况预检 → 3 估价确认 → 4 移交工单、监控维修进度 → 5 修后交车

接待登记

工作子步骤	教师活动	学生活动	评价
1. 准备接车问诊单、四件套、名片，迎接客户，询问客户来意，引导客户停车，钥匙挂牌，为车辆预检做准备； 2. 在 DMS 系统中录入客户、车辆信息，为打印单据做准备； 3. 规范安装四件套，实施车辆防护	1. 使用视频展示发动机加速无力维修接待的故障现象，分析并使学生明确此任务的工作步骤及要求，提出此环节的学习任务及目标； 2. 说明观看微课《汽车维修接待规范》《接待登记流程》的要求及需解答的问题； 3. 要求学生分组讨论展示故障车登记接待流程，并提交方案进行展示； 4. 使用旋转木马的方式进行互评； 5. 要求学生上台使用多媒体公开演示配件管理系统信息的录入，说出主要知识点； 6. 随机配对学生现场展示四件套的安装并说明四件套安装的要点，教师点评成果	1. 观看视频，明确维修接待的工作任务和目标，列出工作步骤及要求； 2. 观看微课《汽车维修接待规范》《接待登记流程》，回答工作页中的问题，根据视频制作接待准备清单，回答教师问题； 3. 分组讨论并展示故障车登记接待流程同时提交方案，小组互评； 4. 上台使用多媒体公开演示配件管理系统信息的录入，说出主要知识点； 5. 将给定的信息录入配件管理系统，导出客户、车辆信息表； 6. 展示安装四件套，说明要点	1. 回答工作页中的问题，教师抽问点评； 2. 学生互评：学生根据评价表对是否规范进行评价； 3. 教师点评：点评接待是否规范，能否从微课中筛选出接待的要点； 4. 在 DMS 系统中录入相关信息，与标准录入信息表做比较，确定录入是否准确、遗漏； 5. 学生对安装四件套的快速性及规范性进行互评

课时： 1 课时

1. 硬资源：汽车一辆、汽车发动机台架、通用维修工具、四件套等。
2. 软资源：课件、教材、工作页、微课（《汽车维修接待规范》《接待登记流程》）、接车问诊单、名片等。
3. 教学设施：汽车发动机实训场地（含一体机、白板、A1 纸、水笔）等

基准学时：18

1 接待登记 → 2 车况预检 → 3 估价确认 → 4 移交工单、监控维修进度 → 5 修后交车

	工作子步骤	教师活动	学生活动	评价
车况预检	1. 环车检查，将结果填入接车问诊单； 2. 准确地在接车问诊单中记录客户描述的故障情况； 3. 故障初步检查（油门、气门情况），判断故障范围，录入接车问诊单中	1. 提出独自观看《环车检查》相关视频微课的规则； 2. 提供接车问诊单样单并提出填答工作页的活动要求； 3. 实物教学引导学生对燃料系统有初步的认知，说明实验台架和实车教具的使用规则，让学生自行讨论总结，巡回指导补充； 4. 引导学生整理确定发动机加速无力提问的列表； 5. 演示发动机加速无力故障初步检查，引导学生编制发动机加速无力故障初步检查表，并展示参考样表； 6. 组织学生分组展示演练成果，并引导学生评价	1. 通过观看微课、查阅相关资料进行环车检查步骤的收集； 2. 比对样单，小组讨论确定接车问诊单的内容和工作页填写要求； 3. 比照台架和实车，将理论知识相结合归纳总结汽车燃料系统的组成、零部件名称和所在位置； 4. 小组讨论：使用 5W2H 法问诊发动机加速无力故障的提问列表； 5. 观看教师演示发动机加速无力故障初步检查的项目与方法，编制发动机加速无力故障初步检查表； 6. 两人一组就环车检查、接车问诊、故障初步检查进行模拟演练，并进行互评	1. 回答《环车检查》步骤及内容问题，检测学生自学能力、信息处理能力，教师抽问点评； 2. 接车问诊单工作页抽展点评，检测学生信息处理能力； 3. 使用实物抽点提问学生，检测学生信息处理能力； 4. 抽点问诊问题（自评、师评），检测学生沟通能力、解决问题能力； 5. 编制加速无力故障初步检查表与参考样表比较； 6. 学生实操演练成果比较（自评、互评、师评），检测学生团队合作能力

课时：3 课时

1. 硬资源：汽车发动机台架、通用维修工具等。
2. 软资源：课件、教材、工作页、接车问诊单及样单、微课（《环车检查》）等。
3. 教学设施：汽车发动机实训场地（含一体机、白板、A1 纸、水笔）等

课程 1　汽车发动机技术服务

学习任务 4　汽车发动机加速无力故障的技术服务

1 接待登记　2 车况预检　3 估价确认　4 移交工单、监控维修进度　5 修后交车

	工作子步骤	教师活动	学生活动	评价
估价确认	1. 移交维修技师检查确定汽车发动机加速无力的原因及对应的维修方案，为预估维修费用做准备； 2. 引导客户到前台，查询配件库存及工时，预估维修费用，向客户确定是否维修； 3. 查询车间运作情况，与车间调度员沟通，预估交车时间，以便客户安排时间，提高客户满意度； 4. 制作委托维修估价单，向客户解释发动机异响的维修项目，使客户了解维修情况，并让客户签字确认维修，为车辆的车间维修做准备	1. 提供微课材料展示估价的情境，分析并使学生明确此环节的工作步骤及要求，提出此环节的学习任务及目标，展示委托维修估价单样单，说明其用途及内容； 2. 播放拆卸发动机燃料系统相关视频，明确拆卸发动机燃料系统的目的； 3. 使用竞赛法要求学生进行发动机拆卸竞赛，要求学生边拆边说燃料系统的工作原理； 4. 结合发动机燃料系统构造，指导学生使用头脑风暴法找出造成加速无力的原因； 5. 使用 PPT 指导学生编制发动机加速无力故障维修方案表，给出参考表格给学生做比较； 6. 提供不同的发动机加速无力原因，指导学生找出相对应的维修方案，在配件管理系统中找出配件编码、价格等； 7. 每组发放工时价目表，指导学生查找出对应的配件的工时费用； 8. 展示维修看板，说明交车时间，让学生阐述计算方法，引导各组展示委托维修估价单，说明评价标准进行点评； 9. 组织各组进行报价话术设计，引导每组进行维修估价展示，说明评价标准，引导学生进行评价	1. 根据教师给定的微课材料，确定学习任务及工作目标，说出委托维修估价单的用途及内容； 2. 观看拆卸发动机燃料系统相关视频，明确拆卸发动机燃料系统的目的； 3. 参与发动机拆卸竞赛活动，结合教材，在发动机拆装中边拆边说明燃料系统的工作原理； 4. 按照发动机燃料系统构造，找出造成加速无力的原因； 5. 观看教学 PPT，编制发动机加速无力的维修方案表，并参照样表做比较； 6. 根据不同的发动机加速无力原因，找出相对应的维修方案，在配件管理系统中找出配件编码、价格及库存状况，填入委托维修估价单； 7. 使用工时价目表找出对应配件的维修工时，填入委托维修估价单； 8. 观看维修进度看板，每组按要求推算交车时间，填入委托维修估价单并进行展示； 9. 小组合作设计报价话术，模拟与顾客说明委托维修估价单的作业项目，进行组间评价	1. 随机抽取学生提问，评价其能否准确说出委托维修估价单的用途及内容； 2. 抽问学生是否能准确说出燃料系统的工作原理； 3. 给出发动机加速无力故障维修方案表样表做对比，判断加速无力的原因是否完整，维修方案是否准确； 4. 评价各组委托维修估价单中的配件编码、工时、交车时间是否准确； 5. 评价各组能否清晰、准确地向客户说明维修方案的必要性

课时： 6 课时

1. 硬资源：汽车发动机台架、通用维修工具等。
2. 软资源：课件、教材、工作页、委托维修估价单、工时价目表等。
3. 教学设施：汽车发动机实训场地（含一体机、白板、A1 纸、水笔）等

① 接待登记 ② 车况预检 ③ 估价确认 ④ 移交工单、监控维修进度 ⑤ 修后交车

	工作子步骤	教师活动	学生活动	评价
移交工单、监控维修进度	监控维修进度，就追加维修项目与客户沟通，达成共识后重新制作委托维修估价单	1. 说明更换油泵的方法； 2. 播放视频，展示更换油泵； 3. 演示更换油泵； 4. 总结更换油泵； 5. 组织各组组内两人一组，一人扮演客户，一人扮演售后服务顾问，模拟就追加项目沟通制单； 6. 点评总结	1. 听取教师说明追加项目：更换油泵的方法； 2. 观看视频记录更换油泵； 3. 观看教师展示更换油泵； 4. 听取教师总结更换油泵的方法； 5. 各组组内两人一组，一人扮演客户，一人扮演售后服务顾问，模拟就追加项目沟通制单； 6. 听取教师点评，总结并改正	师评：能否就追加项目与客户进行良好沟通制单
	课时： 4 课时 1. 硬资源：汽车发动机学习工作站、电脑 4 台（含 DMS 系统）等。 2. 软资源：课件、教材等。 3. 教学设施：一体机、白板、A0 纸、水笔等			
修后交车	1. 竣工交接后，根据交车前外观及车况检查表，确认维修项目与洗车情况； 2. 在交车区与顾客验收，展示、说明作业项目和维修效果，提供用车及保养建议； 3. 根据委托维修估价单向客户解释维修费用，并请客户确认后引导客户结算； 4. 交付钥匙、维修单据后送别客户； 5. 将结算信息录入 DMS 系统	1. 播放企业交车视频； 2. 指导学生完成工作页； 3. 引导学生制定修后交车方案，巡回指导； 4. 评价交车方案； 5. 引导学生准备交车所需表单及工具； 6. 指导学生根据交车方案填写交车前外观及车况检查表； 7. 说明交车流程的要求及注意事项，安排学生根据交车方案模拟交车，巡回监控指导，并根据交车标准流程考核表打分； 8. 引导小组互评，填写交车考核表； 9. 评价反馈：修后交车模拟情况，公布考核结果； 10. 总结提升：总结交车知识、技能点及注意事项	1. 观看企业交车视频。 2. 完成工作页填写。 3. 小组成员共同制定修后交车流程图。 4. 各小组展示方案，互评后完善交车方案。 5. 准备交车所需表单及工具。 6. 根据交车方案：填写交车前外观及车况检查表。 7. 每组抽取两位同学分别扮演售后服务顾问与顾客，验收，展示、说明作业项目和维修效果，提供用车及保养建议： （1）解释维修项目及维修费用，引导客户结算； （2）交付钥匙、维修单据后送别客户； （3）将信息录入 DMS 系统。 8. 小组互评，填写交车考核表。 9. 听取教师反馈，找出不足之处。 10. 听取教师意见，自我总结提升：总结交车知识、技能点及注意事项	1. 通过制定交车流程图，检查学生交车教学视频的学习效果； 2. 根据企业实际工作流程及客户需求评价学生所制定交车流程的可行性； 3. 通过交车考核表及互评、师评，评价学生模拟交车流程是否符合企业规范
	课时： 4 课时 1. 硬资源：汽车发动机学习工作站、电脑 4 台（含 DMS 系统）等。 2. 软资源：课件、交车视频、交车前外观及车况检查表、教材等。 3. 教学设施：一体机、白板、A0 纸、水笔等			

考核标准

汽车发动机水温高故障的技术服务

情境描述

李小姐驾驶车辆外出，行驶不久后发现汽车仪表中水温高警告灯点亮了，遂就近驶入 4S 店。作为售后服务顾问（SA），你将对此车进行接待，提供技术服务。要求能够对此故障做基本检查，根据维修技师的检查结果进行相应的报价并向客户做出说明，维修后能与客户共同检验车辆，使客户满意维修结果，结算费用并交车。

任务要求

1. 请列出水温高的原因及基本检查方法；
2. 请按照情境描述的情况，对该车实施接待，环车检查和问诊，同时填写接车问诊单；
3. 针对车辆故障做基本检查，判断故障原因，确定维修方案及预估维修费用、交车时间，并制作委托维修估价单，不得虚报项目；
4. 车辆完成修理后向客户展示维修效果；
5. 如果车辆维修后要向车主提出保养建议，请把这些问题或建议整理成一份提纲，以便面谈时进行沟通。

参考资料

回答上述问题时，您可以使用所有的常见教学资料，如专业教材、个人笔记以及计算器等。

评价方式

由任课教师、专业组长、企业代表组成考评小组共同实施考核评价，取所有考核人员评分的平均分为学生考核成绩。

评价标准

课程名称	汽车发动机技术服务					
学习任务名称	发动机水温高故障的技术服务	学生姓名				
评价项目	评价内容	分值	评分标准	得分	小计分数	扣分原因
专业能力	按照规范进行客户接待	5	错误或遗漏分析一项扣 1 分			
	根据水温高故障向客户问诊	10	问诊问题遗漏一项扣 2 分			
	写出水温高的原因	10	遗漏一项扣 2 分			
	准确对水温高做基本检查	10	遗漏一项扣 2 分			
	规范填写接车问诊单	5	每错一项扣 1 分			
	准确制定委托维修估价单，不虚报项目	5	每错一项扣 1 分			
	准确向客户说明故障原因	10	每错一项扣 2 分			
	准确向客户解释维修费用	5	每错一项扣 1 分			
通用能力	能读懂任务书，与客户进行有效沟通，记录关键内容，整理客户需求	5	没有沟通扣 2 分；沟通不到位扣 1 分；无记录扣 2 分			
	能查阅相关资料，获取车险相关条款等信息	5	没有查阅扣 3 分，查阅方法不对扣 2 分			
	能满足客户功能需求、使用价值，企业工作规范、安全性、环保性、成本效益等	5	完全不符合每项扣 1 分			
	能及时有效地处理接待过程中的客户异议	5	完全没有解决扣 3 分；解决不及时扣 2 分；无突发问题不扣分			
	能对已完成的工作进行记录存档、评价和反馈	5	无记录扣 2 分			
	表述仪态自然、吐字清晰、思路清晰，且与实际相符	10	仪态不自然、吐字模糊、思路不清晰每项扣 1 分；表述与实际不符扣 1 分			
	分工明确，团队合作融洽	5	分工不明确扣 2 分；团队合作不融洽扣 2 分			
总分		100				
学生自评：						

课程 2 汽车底盘技术服务

学习任务 1	学习任务 2	学习任务 3
汽车挂挡困难故障的技术服务	汽车行驶跑偏故障的技术服务	汽车转向沉重故障的技术服务
（18）学时	（18）学时	（18）学时

课程目标

学习完本课程后，学生应当能够胜任汽车底盘故障的接待、问诊、对故障进行基本检查，推断故障原因、维修咨询和价格说明等工作，养成良好的团队沟通职业素养。具体目标为：

1. 能按照企业标准作业流程，准备相关的接待物品，对客户进行接待，并规范安装四件套，录入相关信息；
2. 能规范进行环车检查，根据汽车底盘故障（挂挡困难、行驶跑偏、转向沉重、制动无力）进行问诊，规范填写接车问诊单，根据问诊及检查结果推断故障原因；
3. 能根据维修技师检查确定后的维修方案，查询配件与工时和车间运作情况，确定维修费用和交车时间，并制作委托维修估价单，不虚报维修项目；
4. 移交工单与车辆到车间进行维修后，能就维修进度和追加项目与客户进行沟通达成共识；
5. 车辆修理完成后能够结合车辆向客户说明维修效果；
6. 能够根据委托维修估价单向客户说明维修费用，与客户达成一致，引导客户结算。

课时：72

学习任务 4

汽车制动无力故障的技术服务

（18）学时

课程内容

对照本课程目标，学生应当掌握以下知识、技能及职业素养：

1. 汽车底盘的组成、性能参数；
2. 维修接待的标准流程及礼仪规范；
3. 环车检查的步骤及要点；
4. 接车问诊单、委托维修估价单等单据的作用与填写方法；
5. 汽车底盘各系统（传动系统、转向系统、行驶系统和制动系统）的功用、组成零件及工作过程、工作原理；
6. 汽车底盘各故障（挂挡困难、行驶跑偏、转向沉重、制动无力）的原因、基本检查方法、问诊提出的问题和维修方案；
7. 维修费用的组成及委托维修估价单的制作方法；
8. 汽车底盘各故障（挂挡困难、行驶跑偏、转向沉重、制动无力）维修效果的展示方法。

学习任务 1 汽车挂挡困难故障的技术服务

任务描述

学习任务学时：**18** 课时

任务情境

车主李先生中午准备开车外出，发现爱车挂挡困难，并有异常的声响。其座驾是 2008 年款手动挡轿车，里程表显示行驶里程 110 800 千米，他致电给 4S 店的 24 小时支援电话。4S 店前台接车员小陈接听车主王先生的电话，经过初步判断是挂挡困难故障，需对该车辆离合器、变速器进行检修作业，建议车主将车辆拖车回店维修。到店后经车间检查确认车辆变速器需拆检，接车员需报价给客户，为了让客户更加清楚车辆的情况，将客户带到维修车间了解车辆情况并为顾客解释车辆故障的原因。

挂挡困难

工作流程和标准

工作环节 1

接待登记

1

1. 查阅资料，绘制接待流程，并准备相应资料，为车辆预检做准备。
2. 按 4S 店标准在 DMS 系统中录入客户、车辆信息，为打印单据做准备，并编写信息录入列表。
3. 按微课示范规范安装四件套，实施车辆防护，拍摄四件套的安装图。

主要成果：
1. 接待流程图；
2. 信息录入列表；
3. 四件套的安装图。

工作环节 2

车况预检

2

1. 环车检查，将结果填入接车问诊单，确定客户车辆的情况。
2. 运用 5W2H 方式进行问诊，在接车问诊单中记录客户描述的汽车挂挡困难故障发生时的情况，用于确定汽车挂挡困难的原因。
3. 检查离合器自由行程、变速器换挡杆等，确定汽车挂挡困难故障的范围。

主要成果：
1. 接车问诊单；
2. 汽车挂挡困难故障提问列表；
3. 汽车挂挡困难检查表。

工作环节 3

估价确认

3

1. 交维修技师确定离合器、变速器故障引起挂挡困难的原因及对应的维修方案，为预估维修费用做准备。
2. 引导客户到前台，查询配件库存及工时，预估维修费用，向客户确定是否维修。
3. 查询车间运作情况，与车间调度员沟通，预估交车时间，以便客户安排时间，提高客户满意度。
4. 制作委托维修估价单，向客户解释挂挡困难的维修项目，使客户了解维修情况，并让客户签字确认维修，为车辆的车间维修做准备。

主要成果:
1. 汽车挂挡困难维修方案表；
2. 委托维修估价单。

工作环节 4

移交工单、监控维修进度

4

1. 将维修工单交调度员，以便安排维修人员进行维修。
2. 监控维修进度，就追加维修项目与客户沟通，达成共识后重新制作委托维修估价单，以便继续维修。

主要成果：更新后的委托维修估价单。

工作环节 5

修后交车

5

1. 竣工交接后，根据交车前外观及车况检查表，确认维修项目与洗车情况。
2. 在交车区辅助顾客验收，展示、说明作业项目和维修效果，增加客户对维修的满意度。
3. 根据委托维修估价单向客户解释维修费用，减少客户对维修费用的异议，并请客户确认后引导客户结算。
4. 交付钥匙、维修单据后送别客户，完成交车。

主要成果：交车前外观及车况检查表。

学习内容

知识点	1.1 接车礼仪的规范； 1.2 车辆钥匙的管理规定； 1.3 DMS 系统的使用方法； 1.4 客户信息及车辆信息的录入要点； 1.5 四件套的用途、安装规范及要求	2.1 环车检查的检查项目； 2.2 接车问诊单的用途、填写方法； 2.3 汽车传动系统的组成及传动线路； 2.4 离合器的作用及工作原理； 2.5 变速箱的作用及工作原理； 2.6 挂挡困难的初步检查项目、检查方法	3.1 汽车挂挡困难故障的原因； 3.2 售后管理软件的配件库存、工时的查询方法； 3.3 车间运行状况的查询方法； 3.4 委托维修估价单的用途及内容
技能点	1.1 准备接车问诊单、四件套、名片，迎接客户，询问客户来意，引导客户停车，钥匙挂牌； 1.2 在 DMS 系统中录入客户、车辆信息； 1.3 规范安装四件套，实施车辆防护	2.1 环车检查，发现车辆存在问题； 2.2 准确针对故障进行问诊，记录有用信息； 2.3 故障初步检查，判断故障范围	3.1 与维修技师确定汽车挂挡困难故障的原因及对应的维修方案； 3.2 引导客户到前台，查询配件库存及工时，预估维修费用； 3.3 查询车间运作情况，与车间调度员沟通，预估交车时间； 3.4 制作委托维修估价单，向客户解释维修项目，并让客户签字确认维修
工作环节	工作环节 1 接待登记	车况预检 工作环节 2	工作环节 3 估价确认
成果	1.1 接待流程图； 1.2 信息录入列表； 1.3 四件套的安装图	2.1 接车问诊单； 2.2 汽车挂挡困难故障提问列表； 2.3 汽车挂挡困难检查表	3.1 汽车挂挡困难维修方案表； 3.2 委托维修估价单
素养	1.1 使用规范礼仪进行客户接待	2.1 倾听客户的描述，进行信息分析、筛选	

4.1 与客户的沟通技巧	5.1 交车前外观及车况检查表的用途及检查项目； 5.2 车辆维修位置及更换的零件的必要性； 5.3 交车时需要向客户提交的资料
4.1 将维修工单交调度员； 4.2 监控维修进度，就追加维修项目与客户沟通，达成共识后重新制作委托维修估价单	5.1 竣工交接后，根据维修结算单，确认维修项目与洗车情况； 5.2 在交车区辅助顾客验收，展示、说明作业项目和维修效果； 5.3 根据维修结算单向客户解释维修费用，并请客户确认后引导客户结算； 5.4 交付钥匙、维修单据后送别客户
工作环节 4 **移交工单、监控维修进度**	**修后交车** **工作环节 5**
4.1 更新后的委托维修估价单	5.1 交车前外观及车况检查表
4.1 与调度员、修理工协同工作	5.1 使用规范术语向客户解释作业项目及维修费用

学习任务 1 汽车挂挡困难故障的技术服务

1 接待登记 → 2 车况预检 → 3 估价确认 → 4 移交工单、监控维修进度 → 5 修后交车

	工作子步骤	教师活动	学生活动	评价
接待登记	1. 客户接待：准备接车问诊单、四件套、名片，迎接客户，询问客户来意，引导客户停车，钥匙挂牌； 2. 录入信息：在 DMS 系统中录入客户、车辆信息； 3. 车辆防护：规范安装四件套	1. 使用 PPT 展示挂挡困难的维修接待情境，分析并使学生明确此任务的工作步骤及要求，提出此环节的学习任务及目标； 2. 说明观看微课《汽车维修接待规范》的规则，要求学生回答工作页中的问题； 3. 说明观看《汽车维修接待规范》的规则，要求学生观看后制作接待登记流程图； 4. 向学生说明确认 DMS 系统信息录入要点及使用方法； 5. 对学生信息录入进行观察指导并进行点评； 6. 演示安装四件套，说明安装规范及要求； 7. 提出安装四件套的任务，说明规则； 8. 提出互评规则与标准，要求学生互评	1. 观看 PPT 中的情境，在教师分析引导下确定挂挡困难维修接待的工作步骤及要求，确定此课题的学习任务与目标； 2. 听取教师说明观看视频的规则，观看微课《汽车维修接待规范》，回答工作页中的问题； 3. 听取教师说明观看视频的规则，观看视频《接待登记流程》，制作接待登记流程图； 4. 参考接待登记流程图进行自评； 5. 听取教师说明 DMS 系统信息录入的要点及使用方法； 6. 观看教师安装四件套，确定安装四件套的规范、要求； 7. 分组安装四件套，拍摄四件套安装图； 8. 根据评价标准进行四件套安装互评	1. 自评：制作接待登记流程图与参考比较； 2. 师评：录入信息是否准确、完整； 3. 互评：学生根据评价标准互评四件套安装是否规范

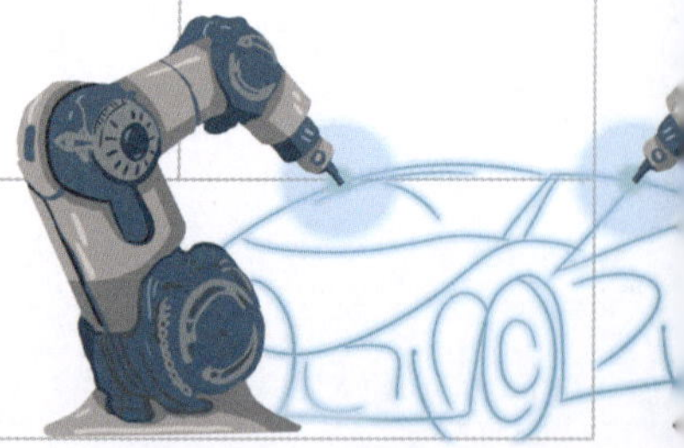

课时： 0.5 课时

1. 硬资源：汽车、四件套、计算机（装有 DMS 系统）等。
2. 软资源：微课（《汽车维修接待规范》）、接车问诊单、名片等。
3. 教学设施：多媒体教室（含一体机、白板、A1 纸、水笔）等

1 接待登记 → 2 车况预检 → 3 估价确认 → 4 移交工单、监控维修进度 → 5 修后交车

车况预检

工作子步骤	教师活动	学生活动	评价
1. 环车检查：将结果填入接车问诊单； 2. 问诊记录：准确地在接车问诊单中记录客户描述的故障情况； 3. 故障初检：（离合器的接合情况、挂挡困难的挡位），判断故障范围，录入接车问诊单中	1. 提出独自观看《环车检查》相关视频微课的规则，要求学生在工作页中标出环车检查的路线及每一位置的要点； 2. 巡回指导学习填写工作页； 3. 提供标准答案，要求学生自评	1. 听取关于观看微课的要求； 2. 观看微课，独立查阅相关资料，在工作页中绘制环车检查路线图及每一位置的要点； 3. 与标准答案做比较，对环车检查路线进行自评	自评：完成的检查路线图与标准答案比较，确定检查路线及要点是否准确
课时： 0.5 课时 1. 硬资源：传动系台架等。 2. 软资源：工作页、微课（《环车检查》）等。 3. 教学设施：多媒体教室（含一体机、白板、A1 纸、水笔）等			
1. 环车检查：将结果填入接车问诊单； 2. 问诊记录：准确地在接车问诊单中记录客户描述故的障情况； 3. 故障初检：（离合器的接合情况、挂挡困难的挡位），判断故障范围，录入接车问诊单中	1. 指导学生分成 4 组分别学习传动系统、转向系统、制动系统、行驶系统，要求学生完成工作页中对应的习题； 2. 分组指导学生在车上找出对应的零件； 3. 展示答案用于学生自评； 4. 展示不同驱动形式车辆的图片，指导学生查阅资料，确定车辆的驱动形式及特点； 5. 组织学生展示车辆驱动形式； 6. 点评学生表现	1. 分组查阅资料确定汽车底盘传动系统、转向系统、制动系统、行驶系统的组成、作用，填写在工作页中； 2. 分组按底盘系统分别在车上找出对应的零件； 3. 自评能否找出相应零件； 4. 根据教师给出的图片，查阅资料，确定图片车辆的驱动形式及特点； 5. 分组展示不同驱动形式车辆的特点； 6. 听取教师点评	1. 学生自评能否准确找出不同系统的零件； 2. 教师点评学生能否准确说出车辆的驱动形式
课时： 0.5 课时 1. 硬资源：汽车两辆等。 2. 软资源：工作页等。 3. 教学设施：多媒体教室（含一体机、白板、A1 纸、水笔）等			
	1. 给每组发放纸质传动系零件图，说明排列图纸的规则； 2. 要求学生排列传动系统零件的路线，并写出每一零件的作用； 3. 组织各组学生展示并要求组间交叉评价	1. 按组接收图纸； 2. 按组排列传动系统零件的路线，拿到对应图纸的学生写出该图纸零件的作用； 3. 分组展示，组间交叉评价	互评：组间交叉评价路线图及零件的作用是否准确
课时： 0.5 课时 1. 硬资源：传动系统零件等。 2. 软资源：工作页等。 3. 教学设施：多媒体教室（含一体机、白板、A1 纸、水笔）等			

汽车底盘技术服务

学习任务 1 汽车挂挡困难故障的技术服务

1 接待登记 → 2 车况预检 → 3 估价确认 → 4 移交工单、监控维修进度 → 5 修后交车

<table>
<tr><th></th><th>工作子步骤</th><th>教师活动</th><th>学生活动</th><th>评价</th></tr>
<tr><td rowspan="4">车况预检</td><td></td><td>1. 提出学习问题，指导学生对照台架、参考工作页，找出离合器的组成；
2. 展示离合器图片，抽问学生回答零件位置及作用；
3. 播放标准答案用于学生比较；
4. 说明观看视频要点，播放视频；
5. 讲解离合器工作过程及原理，要求学生在工作页中做相应记录；
6. 点评学生记录在工作页中的答案</td><td>1. 观看台架演示，参照工作页，确定离合器的组成；
2. 观看离合器图片，抽中学生回答零件名称及作用；
3. 观看答案自评；
4. 听取观看视频要求，观看视频，找出相应离合器工作原理；
5. 听教师讲解离合器原理，做相应记录；
6. 听取教师点评</td><td>自评能否说出离合器零件的名称及作用</td></tr>
<tr><td colspan="4">课时：1 课时
1. 硬资源：传动系统零件等。
2. 软资源：工作页、视频（离合器工作过程）等。
3. 教学设施：多媒体教室（含一体机、白板、A1 纸、水笔）等</td></tr>
<tr><td></td><td>1. 示范拆解变速器，要求学生找出要点；
2. 说明变速器拆卸要领，要求记录在工作页中；
3. 抽问学生能否准确回答变速器拆卸步骤；
4. 巡回指导学生进行变速器拆解；
5. 指导学生找出拆卸零件的名称及作用；
6. 展示答案，要求学生自评</td><td>1. 观看教师示范拆解变速器，找出拆解变速器的步骤；
2. 听取教师说明变速器拆卸的要领，并记录在工作页中；
3. 抽中学生回答变速器拆卸步骤；
4. 在教师引导下按规范进行变速器拆解；
5. 在教师指导下找出变速器零件的名称；
6. 比较参考答案自评</td><td>师评：抽问学生能否准确回答变速器拆卸步骤</td></tr>
<tr><td colspan="4">课时：1 课时
1. 硬资源：变速器 4 台、工具 4 套等。
2. 软资源：工作页等。
3. 教学设施：多媒体教室（含一体机、白板、A1 纸、水笔）等</td></tr>
</table>

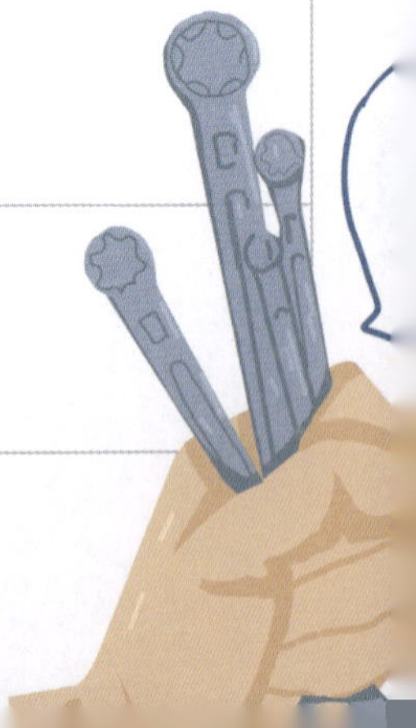

基准学时：18

1 接待登记　2 车况预检　3 估价确认　4 移交工单、监控维修进度　5 修后交车

车况预检

工作子步骤	教师活动	学生活动	评价
	1. 提出观看《变速器原理》视频的要求，播放变速器原理视频； 2. 提出绘制变速器挡位传动路线图的要点，指导学生绘制挡位传动路线图； 3. 组织学生说出变速器的换挡过程并点评	1. 观看变速器原理视频，记录要点，在变速器上找出各挡的传动路线； 2. 记录关于绘制传动路线的要点，绘制挡位传动路线图； 3. 分组说明变速器不同挡位换挡的工作过程； 4. 听取教师点评并改正	师评：能否准确说出变速器的换挡过程路线
课时： 2 课时 1. 硬资源：变速器 4 台、工具 4 套等。 2. 软资源：工作页、视频（《变速器原理》）等。 3. 教学设施：多媒体教室（含一体机、白板、A1 纸、水笔）等			
故障初检：（离合器的接合情况、挂挡困难的挡位），判断故障范围，录入接车问诊单中	1. 提出情境及问题，要求学生查阅教材确定差速器的功用； 2. 示范差速器的拆卸方法，巡回指导学生拆卸差速器； 3. 提出观看差速器原理视频的要求，播放差速器原理视频，要求学生完成工作页； 4. 在车上展示半轴的位置，说明半轴的作用； 5. 巡回指导学生完成工作页，点评	1. 分析情境，查阅资料； 2. 观看教师示范拆卸差速器后按组拆卸差速器； 3. 观看《差速器原理》视频，完成工作页中的习题； 4. 查看车辆半轴的位置，听取教师说明半轴的位置； 5. 完成工作页，听取教师点评	师评：学生回答是否准确
课时： 2 课时 1. 硬资源：汽车 2 辆等。 2. 软资源：工作页、视频（《差速器原理》）等。 3. 教学设施：多媒体教室（含一体机、白板、A1 纸、水笔）等			

课程 2 汽车底盘技术服务

学习任务 1 汽车挂挡困难故障的技术服务

1 接待登记 → 2 车况预检 → 3 估价确认 → 4 移交工单、监控维修进度 → 5 修后交车

<table>
<tr><th></th><th>工作子步骤</th><th>教师活动</th><th>学生活动</th><th>评价</th></tr>
<tr><td rowspan="4">估价确认</td><td>1. 确定维修方案：移交车辆给维修技师确定挂挡困难的原因及对应的维修方案；
2. 预估维修费用：引导客户到前台，查询配件库存及工时，预估维修费用；
3. 预估交车时间：根据具体情况，与车间调度员沟通，预估交车时间；
4. 制作估价单：打印委托维修估价单，向客户解释维修项目，并让客户签字确认维修</td><td>1. 使用 PPT 展示估价的情境，分析并使学生明确此环节的工作步骤及要求，提出此环节的学习任务及目标，展示委托维修估价单样单，说明其用途及内容；
2. 分析挂挡传动路线图，给出相关提示及要求，给每生发放一纸片使用头脑风暴法写出挂挡困难的原因，引导学生进行小组汇总形成挂挡困难原因列表，给出参考原因列表；
3. 播放视频《挂挡困难的维修》，说明观看要点，巡回指导学生编制挂挡困难维修方案表，给出参考表格让学生做比较</td><td>1. 根据教师给定的情境，在教师分析引导下确定估价确认环节的工作步骤及要求，明确委托维修估价单的用途及内容；
2. 结合挂挡传动路线图及教师的提示、要求，小组内每人写出传动路线每个零件导致挂挡困难的原因，小组汇总分析后总结出挂挡的原因列表；
3. 观看《挂挡困难的维修》，找出要点，按组编制挂挡困难维修方案表</td><td>1. 随机抽取学生提问，评价其能否准确说出委托维修估价单的用途及内容；
2. 给出挂挡困难维修方案表样表做对比，判断挂挡困难原因是否完整，维修方案是否准确</td></tr>
<tr><td colspan="4">课时：2 课时
1. 硬资源：计算机（已安装配件管理系统）、传动系统台架 4 台等。
2. 软资源：挂挡困难工作页、视频（《挂挡困难的维修》）等。
3. 教学设施：多媒体教室（含一体机、白板、A1 纸、水笔）等</td></tr>
<tr><td>1. 确定维修方案：移交车辆给维修技师确定挂挡困难的原因及对应的维修方案；
2. 预估维修费用：引导客户到前台，查询配件库存及工时，预估维修费用；
3. 预估交车时间：根据具体情况，与车间调度员沟通，预估交车时间；
4. 制作估价单：打印委托维修估价单，向客户解释维修项目，并让客户签字确认维修</td><td>1. 向各组给出不同的挂挡困难的原因，指导学生找出维修方案，在配件管理系统中找出配件编码、价格等；
2. 每组发放工时价目表，指导学生查找出对应的配件的工时费用；
3. 展示维修看板，说明交车时间的确定方法，指导每组确定交车时间，引导各组展示委托维修估价单，说明评价标准进行点评；
4. 组织各组进行报价话术设计，引导每组进行维修估价展示，说明评价标准，引导学生进行评价</td><td>1. 每组根据教师给出的不同挂挡困难的原因，在挂挡困难维修方案表中找出所需更换的配件，查找配件编码、价格及库存状况，填入委托维修估价单；
2. 在工时价目表中找出对应配件的维修工时，填入委托维修估价单；
3. 观看维修进度看板，每组推算交车时间，填入委托维修估价单并进行展示；
4. 小组合作设计报价话术，模拟与顾客说明委托维修估价单的作业项目，进行组间评价</td><td>1. 评价各组委托维修估价单中的配件编码、工时、交车时间是否准确；
2. 评价各组能否清晰、准确地向客户说明维修方案的必要性</td></tr>
<tr><td colspan="4">课时：3 课时
1. 硬资源：计算机（已安装配件管理系统）、传动系统台架 4 台等。
2. 软资源：委托维修估价单、工时价目表等。
3. 教学设施：多媒体教室（含一体机、白板、A1 纸、水笔）等</td></tr>
</table>

基准学时：18

1 接待登记 → 2 车况预检 → 3 估价确认 → 4 移交工单、监控维修进度 → 5 修后交车

	工作子步骤	教师活动	学生活动	评价
移交工单、监控维修进度	1. 休息引导：引导客户休息或离开； 2. 移交工单：将维修工单交调度员； 3. 监控维修进度：就追加维修项目与客户沟通，达成共识后重新制作委托维修估价单	1. 提出观看顾客情绪安抚视频的规则，播放视频； 2. 每组抽取两位学生，分别扮演服务顾问和客户进行模拟演示； 3. 点评各组表现	1. 观看《顾客情绪安抚》视频； 2. 每组抽取两位学生，分别扮演服务顾问和客户，模拟安顿客户，为客户介绍休息区分布，向客户解释追加维修项目，并让客户在委托维修估价单签字确认维修； 3. 听取教师点评	1. 回答工作页中的问题，教师抽问点评； 2. 点评角色扮演中不规范的操作
	课时： 1 课时 1. 硬资源：计算机（已安装配件管理系统）等。 2. 软资源：顾客情绪安抚、视频（《委托维修估价单》）等。 3. 教学设施：多媒体教室（含一体机、白板、A1 纸、水笔）等			
修后交车	1. 外观检查：竣工交接后，根据交车前外观及车况检查表，确认维修项目与洗车情况； 2. 共同验收：在交车区与顾客验收，展示、说明作业项目和维修效果，提供用车及保养建议； 3. 费用说明：根据《委托维修估价单》向客户解释维修费用，并请客户确认后引导客户结算； 4. 送别客户：交付钥匙、维修单据后送别客户； 5. 将结算信息录入 DMS 系统	1. 播放企业交车视频； 2. 指导学生完成工作页； 3. 引导学生制定修后交车方案，巡回指导； 4. 评价交车方案； 5. 引导学生准备交车所需表单及工具； 6. 指导学生根据交车方案填写交车前外观及车况检查表； 7. 说明交车流程的要求及注意事项，安排学生根据交车方案模拟交车，巡回监控指导，并根据交车标准流程考核表打分； 8. 引导小组互评，填写交车考核表； 9. 评价反馈：修后交车模拟情况，公布考核结果； 10. 总结提升：总结交车知识、技能点及注意事项	1. 观看企业交车视频。 2. 完成工作页填写。 3. 小组成员共同制定修后交车流程图。 4. 各小组展示方案，互评后完善交车方案。 5. 准备交车所需表单及工具。 6. 根据交车方案：填写交车前外观及车况检查表。 7. 每组抽取两位同学分别扮演服务顾问与顾客，验收，展示、说明作业项目和维修效果，提供用车及保养建议： (1) 解释维修项目及维修费用，引导客户结算； (2) 交付钥匙、维修单据后送别客户； (3) 将信息录入 DMS 系统； 8. 小组互评，填写交车考核表。 9. 听取教师的反馈，找出不足之处。 10. 听取教师意见，自我总结提升：总结交车知识、技能点及注意事项	1. 通过制定交车流程图，检查学生交车教学视频的学习效果； 2. 根据企业实际工作流程及客户需求评价学生所制定交车流程的可行性； 3. 通过交车考核表及互评、师评，评价学生模拟交车流程是否符合企业规范
	课时： 4 课时 1. 硬资源：汽车发动机学习工作站、电脑 4 台（含 DMS 系统）等。 2. 软资源：课件、交车视频、交车前外观及车况检查表、教材等。 3. 教学设施：一体机、白板、A0 纸、水笔等			

学习任务 2 汽车行驶跑偏故障的技术服务

任务描述

学习任务学时：18 课时

任务情境

杨小姐轿车的行驶里程已达到 98 000 千米，近期发现此车在行驶中会向左跑偏，便将爱车开到 4S 店。4S 店服务顾问对杨小姐进行车辆故障问诊，并做行驶跑偏的基本检查，根据问诊和检查结果分析确定故障原因，并制作委托维修估价单，报价给客户，维修完成后为顾客解释车辆故障的原因。

汽车底盘技术服务

工作流程和标准

工作环节 1

接待登记 1

1. 查阅资料，绘制接待流程，并准备相应资料，为车辆预检做准备。
2. 按 4S 店标准在 DMS 系统中录入客户、车辆信息，为打印单据做准备，并编写信息录入列表。
3. 按微课示范规范安装四件套，实施车辆防护，拍摄四件套的安装图。

主要成果：
1. 接待流程图；
2. 信息录入列表；
3. 四件套的安装图。

工作环节 3

估价确认 3

1. 交维修技师确定引起行驶跑偏的原因及对应的维修方案，为预估维修费用做准备。
2. 引导客户到前台，查询配件库存及工时，预估维修费用，向客户确定是否维修。
3. 查询车间运作情况，与车间调度员沟通，预估交车时间，以便客户安排时间，提高客户满意度。
4. 制作委托维修估价单，向客户解释行驶跑偏的维修项目，使客户了解维修情况，并让客户签字确认维修，为车辆的车间维修做准备。

主要成果：
1. 汽车行驶跑偏维修方案表；
2. 委托维修估价单。

工作环节 2

车况预检 2

1. 规范进行环车检查，将结果填入接车问诊单，确定客户车辆的情况。
2. 运用 5W2H 方式进行问诊，在接车问诊单中记录客户描述汽车行驶跑偏故障发生时的情况，用于确定汽车行驶跑偏的原因。
3. 检查车架、悬架、车轮等部件是否存在故障，根据问诊及检查结果分析确定汽车行驶跑偏故障的原因。

主要成果：
1. 接车问诊单；
2. 汽车行驶跑偏故障提问列表；
3. 车架车桥检查规范、悬架检查规范、车轮检查规范、故障表现—检查范围—故障原因对应表

工作环节 4 监控维修进度 4

监控维修进度，就追加维修项目与客户沟通，达成共识后重新制作委托维修估价单，以便继续维修。

主要成果：更新后的委托维修估价单。

工作环节 5 修后交车 5

1. 竣工交接后，根据交车前外观及车况检查表，确认维修项目与洗车情况。
2. 在交车区辅助顾客验收，展示、说明作业项目和维修效果，增加客户对维修的满意度。
3. 根据委托维修估价单向客户解释维修费用，减少客户对维修费用的异议，并请客户确认后引导客户结算。
4. 交付钥匙、维修单据后送别客户，完成交车。

主要成果：交车前外观及车况检查表。

工作环节 6 总结拓展 6

1. 总结行驶跑偏的原因、检查方法及问诊问题，形成思维导图。
2. 拓展主动悬架知识。

主要成果：行驶跑偏技术服务思维导图。

学习内容

知识点	1.1 接车礼仪的规范； 1.2 车辆钥匙的管理规定； 1.3 DMS 系统的使用方法； 1.4 客户信息及车辆信息的录入要点； 1.5 四件套的用途、安装规范及要求	2.1 环车检查的项目及方法； 2.2 5W2H 的问诊方法； 2.3 行驶系统的组成及作用； 2.4 车架、车桥的类型及检查方法； 2.5 悬架的类型、作用及检查方法； 2.6 轮胎的参数及检查方法	3.1 汽车行驶跑偏故障的原因； 3.2 配件库存、工时的查询方法； 3.3 车间运行状况的查询方法； 3.4 委托维修估价单的用途及内容
技能点	1.1 准备接车问诊单、四件套、名片，迎接客户，询问客户来意，引导客户停车，钥匙挂牌； 1.2 在 DMS 系统中录入客户、车辆信息； 1.3 规范安装四件套，实施车辆防护	2.1 规范进行环车检查； 2.2 规范进行行驶跑偏故障问诊； 2.3 规范检查车架、悬架、车轮等部件，判断故障范围	3.1 与维修技师确定汽车行驶跑偏故障的原因及对应的维修方案； 3.2 查询配件库存、工时，预估维修费用； 3.3 查询车间运作情况，预估交车时间； 3.4 制作委托维修估价单，解释维修项目
 工作环节	工作环节 1 接待登记	车况预检 工作环节 2	工作环节 3 估价确认
成果	1.1 接待流程图； 1.2 信息录入列表； 1.3 四件套的安装图	2.1 接车问诊单； 2.2 汽车行驶跑偏故障提问列表； 2.3 车架车桥检查规范、悬架检查规范、车轮检查规范； 2.4 故障表现—检查范围—故障原因对应表	3.1 行驶跑偏维修方案表； 3.2 委托维修估价单
素养	1.1 对比分析能力； 1.2 沟通表达能力	2.1 细致工作能力； 2.2 倾听能力； 2.3 信息分析、筛选能力； 2.4 严谨理性，分析故障原因	3.1 沟通能力，专业文化：能提供专业的维修服务，提高技术服务能力

	4.1 维修项目：四轮定位的检测与调整、胎压调整	5.1 交车前外观及车况检查表的用途及检查项目； 5.2 车辆维修位置及更换的零件的必要性； 5.3 交车时需要向客户提交的资料	6.1 主动悬架的类型及特点
	4.1 监控维修进度，与客户沟通追加维修项目，并制单	5.1 规范检查确认维修项目与洗车情况； 5.2 在交车区辅助顾客验收，展示、说明作业项目和维修效果； 5.3 向客户解释维修费用； 5.4 按企业标准进行送客	6.1 总结并制作思维导图
	工作环节 4 监控维修进度	工作环节 5 修后交车	总结拓展 工作环节 6
	4.1 更新后的委托维修估价单	5.1 交车前外观及车况检查表	6.1 行驶跑偏技术服务思维导图
	4.1 协作能力； 4.2 沟通表达能力	5.1 细致工作能力； 5.2 沟通表达能力	6.1 总结能力

课程 2 汽车底盘技术服务

学习任务 2 汽车行驶跑偏故障的技术服务

1 接待登记 → 2 车况预检 → 3 估价确认 → 4 监控维修进度 → 5 修后交车 → 6 总结拓展

<table>
<tr><th></th><th>工作子步骤</th><th>教师活动</th><th>学生活动</th><th>评价</th></tr>
<tr><td rowspan="2">接待登记</td><td>1. 准备接待：准备接车问诊单、四件套、名片，迎接客户，询问客户来意，引导客户停车，钥匙挂牌；
2. 录入信息：在 DMS 系统中录入客户、车辆信息；
3. 车辆防护：规范安装四件套，实施车辆防护</td><td>1. 播放视频，展示汽车行驶跑偏的故障现象，分析并使学生明确此任务的要求，提出此环节的学习任务及目标；
2. 说明观看微课《汽车维修接待规范》的要求及需解答的问题；
3. 说明观看《接待登记流程》需回答的问题，抽学生回答车辆钥匙管理的问题；
4. 使用随机软件抽取学生展示接待过程，并进行评价标准说明；
5. 引导学生确认 DMS 系统信息录入要点；
6. 对学生信息录入进行巡回指导；
7. 演示安装四件套，引导学生了解安装规范及要求；
8. 说明四件套安装展示的要点，引导学生对此进行评价</td><td>1. 观看视频，确定视频中车辆行驶跑偏的表现，确定行驶跑偏故障现象及接待的工作任务、学习目标等；
2. 观看微课《汽车维修接待规范》，回答工作页中的问题；
3. 观看视频《接待登记流程》，制作接待准备清单，回答教师问题；
4. 每组随机抽取一位学生，展示接待过程，其余学生点评；
5. 听讲 DMS 系统信息录入的要点及使用方法；
6. 将给定的信息录入 DMS 系统中，导出客户、车辆信息表；
7. 观看教师安装四件套，说出安装四件套的规范、要求；
8. 展示安装四件套，并进行评价</td><td>1. 回答工作页中的问题，教师抽问点评；
2. 学生互评：学生根据评价表对是否规范进行评价；
3. 教师点评：点评接待是否规范，能否从微课中筛选出接待的要点；
4. 在 DMS 系统中录入相关信息，与标准录入信息表做比较，确定录入是否准确、遗漏；
5. 学生对安装四件套的快速性及规范性进行互评</td></tr>
<tr><td colspan="4">课时：2 课时
1. 硬资源：四件套、名片、接车问诊单、计算机（已安装 DMS 系统）4 台、汽车 2 辆等。
2. 软资源：视频《行驶跑偏》、微课（《汽车维修接待规范》）、课件（《接待登记流程》）、任务书等。
3. 教学设施：一体机、白板、A1 纸、水笔等</td></tr>
<tr><td rowspan="2">车况预检</td><td>环车检查：规范进行环车检查，将结果填入接车问诊单，确定客户车辆的情况</td><td>1. 提出独自观看《环车检查》相关微课的规则，要求学生在工作页中标出环车检查的路线及每一位置的要点；
2. 巡回指导学习填写工作页；
3. 提供标准答案，要求学生自评</td><td>1. 听取关于观看微课的要求；
2. 观看微课、独立查阅相关资料，在工作页中绘制环车检查路线图及每一位置的要点；
3. 与标准答案比较，对环车检查路线进行自评</td><td>自评：完成的检查路线图与标准答案比较，确定检查路线及要点是否准确</td></tr>
<tr><td colspan="4">课时：1 课时
1. 硬资源：汽车底盘学习工作站等。
2. 软资源：课件、微课（《环车检查》）、接车问诊单等。
3. 教学设施：一体机、白板、A0 纸、水笔等</td></tr>
</table>

基准学时：18

1 接待登记 → 2 车况预检 → 3 估价确认 → 4 监控维修进度 → 5 修后交车 → 6 总结拓展

车况预检

工作子步骤	教师活动	学生活动	评价
故障问诊：运用 5W2H 方式进行问诊，在接车问诊单中记录客户描述汽车行驶跑偏故障发生时的情况，用于确定汽车行驶跑偏的原因	1. 展示 5W2H 的含义及作用，要求学生做相应的记录； 2. 提出根据 5W2H 法，设计行驶跑偏的问诊问题； 3. 巡回指导学生设计问诊问题； 4. 详细解释 5W2H 在汽车故障问诊的应用； 5. 让学生听讲解后重新设计问诊问题； 6. 组织各组展示问诊问题； 7. 组织各组投票选出最佳问诊问题	1. 听取教师关于 5W2H 的含义及作用的介绍，做相应记录； 2. 明确教师要求； 3. 设计行驶跑偏故障的问诊问题； 4. 听取教师解释 5W2H 在问诊中的应用； 5. 检查重新设计问诊问题； 6. 分组展示问诊问题； 7. 投票选择最佳问诊问题方案	学生互评：投票选出最符合实际的问诊问题
课时： 1 课时 1. 硬资源：汽车底盘学习工作站等。 2. 软资源：课件、接车问诊单等。 3. 教学设施：一体机、白板、A0 纸、水笔等			
故障初检：检查悬架、轮胎等部件是否存在故障，确定汽车行驶跑偏故障的范围	1. 通过图片展示行驶系统的组成、作用，要求学生完成工作页中的习题； 2. 组织学生分成 4 组，要求学生在汽车上找出对应系统的零件，并贴上贴纸； 3. 点评学生找出的零件是否正确，错误的指正，正确的鼓励； 4. 播放展示车架车桥图片，向学生说明车架、车桥的类型，并示范检查方法	1. 观看行驶系统图片，完成工作页中的习题； 2. 分组在车上找出相应行驶系统部件并贴上贴纸； 3. 听取教师点评； 4. 观看图片，听取教师讲解，记录车架、车桥的检查方法	师评：教师点评学生找出的零件是否正确，错误的指正，正确的鼓励
课时： 1 课时 1. 硬资源：汽车底盘学习工作站、汽车 2 辆、举升机等维修工具等。 2. 软资源：课件、接车问诊单等。 3. 教学设施：一体机、白板、A0 纸、水笔等			

1 接待登记 → 2 车况预检 → 3 估价确认 → 4 监控维修进度 → 5 修后交车 → 6 总结拓展

工作子步骤	教师活动	学生活动	评价
车况预检	1. 安全教育：操作过程中规范使用工具，防止夹伤等意外事故，组织各小组按 1~4 号报数； 2. 向报数分别为 1~4 号的学生分别发放 4 种不同悬架的学习资料； 3. 提出学习后向其他同学介绍的要求； 4. 巡回指导学生学习，回答学生疑问； 5. 组织各组报数为 1、2 的同学，报数为 3、4 的同学就所学的知识做相互介绍； 6. 组织各组报数为 1、4 的同学，报数为 2、3 的同学就所学的知识做相互介绍，并完成悬架检查规范； 7. 分配各组进行悬架检查，巡回指导； 8. 组织各组说明检查结果； 9. 总结说明； 10. 抽问学生问题	1. 小组按 1~4 号报数； 2. 按号数接收不同悬架学习资料（悬架的类型及原理、检查方法）； 3. 听取任务要求； 4. 学习悬架材料，有疑问者听取教师答疑； 5. 报数为 1、2 的同学，报数为 3、4 的同学就所学的知识做相互介绍； 6. 组织各组报数为 1、4 的同学，报数为 2、3 的同学就所学的知识做相互介绍，完成悬架检查规范； 7. 各组按照所学的知识，分组对实训车辆悬架类型进行判断、检查； 8. 各组说明检查结果； 9. 听取教师总结； 10. 抽中的同学回答教师问题	师评：以抽问形式提问学生，评价其能否准确回答出有关悬架的类型及检查方法

课时： 3 课时

1. 硬资源：汽车底盘学习工作站、汽车 2 辆、举升机等维修工具等。
2. 软资源：课件、不同悬架学习资料各 10 张等。
3. 教学设施：一体机、白板、A0 纸、水笔等

1 接待登记 → 2 车况预检 → 3 估价确认 → 4 监控维修进度 → 5 修后交车 → 6 总结拓展

车况预检

工作子步骤	教师活动	学生活动	评价
	1. 安全教育：教育学生操作过程中规范使用工具，防止夹伤等意外事故，讲述橡胶轮胎历史的故事，说明轮胎在汽车中的作用； 2. 提出制作轮胎介绍展板的任务，说明任务要点； 3. 各组发放 A1 纸、水性笔； 4. 要求各组就轮胎的尺寸参数、层级、结构、检查方法等分配任务到个人，查阅资料后画在 A1 纸中； 5. 巡回指导学生制作轮胎规格及检查方法图； 6. 巡回督促各组员就自己所完成的任务向组内成员说明，并完成对应工作页； 7. 组织学生分组展示轮胎检查规范，并做点评讲解； 8. 点评总结轮胎参数及检查方法	1. 听取教师讲述轮胎故事，将轮胎的作用填入工作页； 2. 听取教师说明任务； 3. 接收 A1 纸、水性笔； 4. 分配任务、学习资料画在 A1 纸上； 5. 分组制作轮胎规格及检查方法图； 6. 各组员向其他成员说明自己画在 A1 纸上的图像或内容的含义，并完成工作页中的习题； 7. 展示轮胎检查规范，听取教师点评； 8. 听取教师点评总结轮胎参数及检查方法	师评：展示轮胎检查方法是否准确
课时： 1 课时 1. 硬资源：汽车底盘学习工作站、汽车 2 辆、举升机等维修工具、轮胎 1 个等。 2. 软资源：课件、教材等。 3. 教学设施：一体机、白板、A0 纸、水笔等			
	1. 教师在两辆轿车上分别设置 2 个故障（轮胎胎压不足、减震器失效），说明问诊及基本检查的任务，发放任务卡，明确任务内容及分工； 2. 组织每组推举 2 名同学分别对两车进行问诊及基本检查，并要求写出故障原因； 3. 组织各组推选 1 名同学分享问诊、检查结果及推断故障原因； 4. 公布车辆故障原因，点评各组表现； 5. 总结故障表现、检查范围及故障原因对应表，强化故障表现与故障原因的逻辑关系	1. 接受任务卡，明确任务； 2. 每组推举 2 名同学分别对车辆进行问诊及基本检查，并推断故障原因； 3. 各组推选 1 名同学分享问诊、检查结果及推断故障原因； 4. 根据教师公布的故障原因核对本组结果； 5. 总结记录故障表现、检查范围及故障原因对应表	师评：各组能否根据问诊及基本检查结果，推导故障原因
课时： 1 课时 1. 硬资源：汽车 2 辆、举升机等。 2. 软资源：课件、教材等。 3. 教学设施：一体机、白板、A0 纸、水笔等			

学习任务 2 汽车行驶跑偏故障的技术服务

1 接待登记 → 2 车况预检 → **3 估价确认** → 4 监控维修进度 → 5 修后交车 → 6 总结拓展

	工作子步骤	教师活动	学生活动	评价
估价确认	确认方案：移交车辆给维修技师确定行驶跑偏的原因及对应的维修方案	1. 展示行驶跑偏案例，说明行驶跑偏的形式； 2. 发放 A1 白纸，要求学生绘制行驶系组成的鱼骨图； 3. 说明行驶跑偏的基本形成原理，组织学生参考教材，按组进行行驶跑偏原因的讨论； 4. 组织各组展示讨论结果； 5. 对结果进行点评，公布并解释行驶跑偏的原因； 6. 组织各组绘制行驶跑偏鱼骨图（维修方案表）； 7. 组织各组展示，完成工作页行驶跑偏原因列表； 8. 点评总结维修方案	1. 听取教师说明跑偏案例及跑偏的形式； 2. 拿到白纸，按照教师说明绘制行驶系组成鱼骨图； 3. 听取教师说明行驶跑偏的基本原理，按组讨论行驶跑偏的原因； 4. 展示讨论结果； 5. 听取教师点评和解释； 6. 按组绘制行驶跑偏鱼骨图（维修方案表）； 7. 展示鱼骨图，完成工作页原因列表； 8. 听取教师点评总结，改进鱼骨图（维修方案表）	师评：行驶跑偏维修方案是否准确、清晰
	课时： 2 课时 1. 硬资源：汽车底盘学习工作站、电脑 4 台（含 DMS 系统）等。 2. 软资源：课件、教材等。 3. 教学设施：一体机、白板、A0 纸、水笔等			
	1. 休息引导：引导客户到前台； 2. 确定工时：查询配件库存及工时，预估维修费用，查询车间运作情况，与车间调度员沟通，预估交车时间； 3. 制作委托维修估价单，向客户解释维修项目，并让客户签字确认维修	1. 播放图片展示委托维修估价单的用途及内容； 2. 演示库存、工时的查询方法，向每组发放工时价目表，指导学生查找出对应配件的工时费用； 3. 展示维修看板，说明交车时间的确定方法，指导每组确定交车时间，引导各组展示委托维修估价单，说明评价标准进行点评； 4. 组织各组进行报价话术设计，引导每组进行维修估价展示，说明评价标准，引导学生进行评价	1. 观看图片展示委托维修估价单的用途及内容，记录在工作页中； 2. 观看教师演示库存、工时查询方法，在工时价目表中找出对应配件的维修工时，填入委托维修估价单中； 3. 观看维修进度看板，每组推算交车时间，填入委托维修估价单并进行展示； 4. 小组合作设计报价话术，模拟与顾客说明委托维修估价单的作业项目，进行组间评价	评价各组委托维修估价单中的配件编码、工时、交车时间是否准确
	课时： 1 课时 1. 硬资源：汽车底盘学习工作站、电脑 4 台（含 DMS 系统）等。 2. 软资源：课件、教材等。 3. 教学设施：一体机、白板、A0 纸、水笔等			

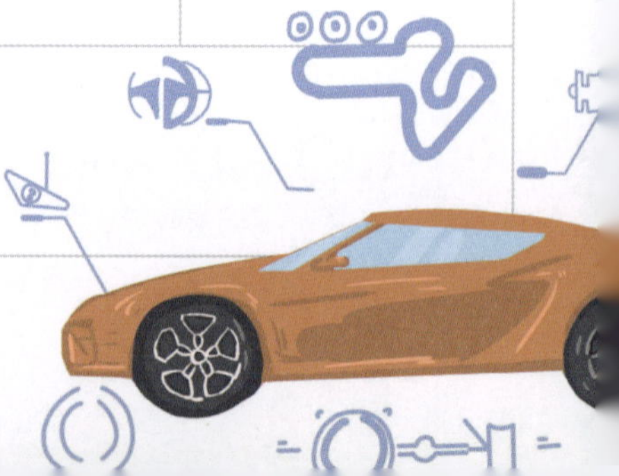

基准学时：18

1 接待登记 → 2 车况预检 → 3 估价确认 → 4 监控维修进度 → 5 修后交车 → 6 总结拓展

	工作子步骤	教师活动	学生活动	评价
监控维修进度	监控维修进度，就追加维修项目与客户沟通，达成共识后重新制作委托维修估价单	1. 说明胎压不足的检查和调整方法； 2. 组织学生分组进行轮胎胎压调整； 3. 播放视频，展示四轮定位的检查和调整方法； 4. 展示四轮定位的检查； 5. 总结胎压的调整和四轮定位； 6. 组织各组组内两人一组，一人扮演客户，一人扮演售后服务顾问，模拟就追加项目沟通制单； 7. 点评总结	1. 听取教师说明胎压不足的检查和调整方法； 2. 按组进行轮胎胎压调整； 3. 观看视频记录四轮定位的检查和调整方法； 4. 观看教师展示四轮定位； 5. 听取教师总结四轮定位的方法； 6. 各组组内两人一组，一人扮演客户，一人扮演售后服务顾问，模拟就追加项目沟通制单； 7. 听取教师点评，总结并改正	师评：能否就追加项目与客户进行良好沟通制单
	课时： 1 课时 1. 硬资源：汽车底盘学习工作站、电脑 4 台（含 DMS 系统）等。 2. 软资源：课件、教材、四轮定位视频等。 3. 教学设施：一体机、白板、A0 纸、水笔等。			
修后交车	1. 交车前检查：竣工交接后，根据交车前外观及车况检查表，确认维修项目与洗车情况； 2. 车辆验收：在交车区辅助顾客验收，展示、说明作业项目和维修效果，提供用车及保养建议； 3. 解释费用：根据委托维修估价单向客户解释维修费用，并请客户确认后引导客户结算； 4. 送客：交付钥匙、维修单据后送别客户	1. 引导学生制定修后交车方案，巡回指导； 2. 评价交车方案，引导学生准备交车所需表单及工具； 3. 说明交车流程的要求及注意事项，安排学生根据交车方案模拟交车； 4. 巡回监控指导，并根据交车标准流程考核表打分； 5. 引导小组互评，填写交车考核表； 6. 评价反馈：修后交车模拟情况，公布考核结果； 7. 总结提升：总结交车知识、技能点及注意事项	1. 小组成员共同制定修后交车方案； 2. 各小组展示方案，互评后完善交车方案； 3. 使用随机软件，每组抽取两位同学分别扮演售后服务顾问与顾客，验收，展示、说明行驶跑偏的作业项目和维修效果，提供用车及保养建议； 4. 解释维修项目及维修费用，引导客户结算； 5. 交付钥匙、维修单据后送别客户； 6. 将信息录入 DMS 系统； 7. 小组互评，填写交车考核表	1. 通过制定交车流程图，检查学生交车教学视频的学习效果； 2. 根据企业实际工作流程及客户需求评价学生所制定的交车流程的可行性； 3. 通过交车考核表及互评、师评，评价学生模拟交车流程是否符合企业规范
	课时： 2 课时 1. 硬资源：汽车底盘学习工作站、电脑 4 台（含 DMS 系统）等。 2. 软资源：课件、教材、交车前外观及车况检查表、结算单、交车标准流程检查表等。 3. 教学设施：一体机、白板、A0 纸、水笔等			

1 接待登记 → 2 车况预检 → 3 估价确认 → 4 监控维修进度 → 5 修后交车 → 6 总结拓展

	工作子步骤	教师活动	学生活动	评价
总结拓展	总结行驶跑偏的原因、检查方法及问诊问题，形成思维导图	1. 抽选学生总结本周任务要点； 2. 组织学生制定行驶跑偏技术服务思维导图； 3. 组织学生展示思维导图，进行评比拍照； 4. 指导学生查看教材，说明主动悬架的功用； 5. 组织学生分组学习不同的主动悬架； 6. 各组说明主动悬架的特点； 7. 总结点评	1. 总结本周任务要点； 2. 制定行驶跑偏技术服务思维导图； 3. 展示讲解汽车行驶跑偏技术服务思维导图：包括行驶跑偏的原因、检查方法及问诊问题相关知识等； 4. 分组查看教材，确定主动悬架的功用； 5. 按组学习不同主动悬架； 6. 各组展示主动悬架的特点	互评：汽车行驶跑偏技术服务思维导图是否具有逻辑性，知识点、技能点是否完整，整体美观大方
	课时： 2 课时 1. 硬资源：汽车营销学习工作站等。 2. 软资源：课件、教材等。 3. 教学设施：一体机、白板、A0 纸、水笔等			

基准学时：18

学习任务 3 汽车转向沉重故障的技术服务

任务描述

学习任务学时：**18** 课时

任务情境

车主张先生中午准备开车外出，发现爱车转向时方向盘转动沉重，便将爱车送到 4S 店。其座驾是 2008 年的轿车，里程表显示行驶里程 110 800 千米。4S 店前台接车员接待了车主张先生，经过检查后确认是转向沉重故障，需对该车辆转向系统进行检修作业。经客户同意后进行维修并准备办理结算，在结算时客户提出方向盘转动沉重的疑义。接车员向客户详细解释转向系统工作原理图并提醒客户日常的保养注意事项。

方向盘转动沉重

工作流程和标准

工作环节 1

接待登记 1

1. 查阅资料，绘制接待流程，并准备相应资料，为车辆预检做准备。
2. 按 4S 店标准在 DMS 系统中录入客户、车辆信息，为打印单据做准备，并编写信息录入列表。
3. 按微课示范规范安装四件套，实施车辆防护，拍摄四件套的安装图。

主要成果：
1. 接待流程图；
2. 信息录入列表；
3. 四件套的安装图。

工作环节 2

车况预检 2

1. 环车检查，将结果填入接车问诊单，确定客户车辆的情况。
2. 运用 5W2H 方式进行问诊，在接车问诊单中记录客户描述汽车转向沉重故障发生时的情况，用于确定汽车转向沉重的原因。
3. 检查转向助力油、悬架球头等部件，确定汽车转向沉重故障的范围。

主要成果：
1. 接车问诊单；
2. 汽车转向沉重故障提问列表；
3. 汽车转向沉重检查表。

工作环节 3

估价确认 3

1. 移交维修技师确定引起转向沉重的原因及对应的维修方案，为预估维修费用做准备。
2. 引导客户到前台，查询配件库存及工时，预估维修费用，向客户确定是否维修。
3. 查询车间运作情况，与车间调度员沟通，预估交车时间，以便客户安排时间，提高客户满意度。
4. 制作委托维修估价单，向客户解释转向沉重的维修项目，使客户了解维修情况，并让客户签字确认维修，为车辆的车间维修做准备。

主要成果：汽车转向沉重维修方案表。

工作环节 4

移交工单、监控维修进度

4

1. 将维修工单交调度员，以便安排维修人员进行维修。
2. 监控维修进度，就追加维修项目与客户沟通，达成共识后重新制作委托维修估价单，以便继续维修。

主要成果：更新后的委托维修估价单。

工作环节 5

修后交车

5

1. 竣工交接后，根据交车前外观及车况检查表，确认维修项目与洗车情况。
2. 在交车区辅助顾客验收，展示、说明作业项目和维修效果，增加客户对维修的满意度。
3. 根据委托维修估价单向客户解释维修费用，减少客户对维修费用的异议，并请客户确认后引导客户结算。
4. 交付钥匙、维修单据后送别客户，完成交车。

主要成果：交车前外观及车况检查表。

学习内容

知识点	1.1 接车礼仪的规范； 1.2 车辆钥匙的管理规定； 1.3 DMS 系统的使用方法； 1.4 客户信息及车辆信息的录入要点； 1.5 四件套的用途、安装规范及要求	2.1 环车检查的检查项目； 2.2 接车问诊单的用途、填写方法； 2.3 5W2H 的问诊方法； 2.4 汽车转向沉重故障的初步检查项目、检查方法； 2.5 液压助力转向和电动助力转向的结构和原理	3.1 汽车转向沉重故障的原因； 3.2 售后管理软件的配件库存、工时的查询方法； 3.3 车间运行状况的查询方法； 3.4 委托维修估价单的用途及内容
技能点	1.1 准备接车问诊单、四件套、名片，迎接客户，询问客户来意，引导客户停车，钥匙挂牌； 1.2 在 DMS 系统中录入客户、车辆信息； 1.3 规范安装四件套，实施车辆防护； 1.4 环车检查，将结果填入接车问诊单； 1.5 准确地在接车问诊单中记录客户描述的故障情况	2.1 环车检查； 2.2 规范对转向沉重故障问诊； 2.3 规范检查转向系统部件，判断故障范围	3.1 与维修技师确定汽车转向沉重故障的原因及对应的维修方案； 3.2 引导客户到前台，查询配件库存及工时，预估维修费用； 3.3 查询车间运作情况，与车间调度员沟通，预估交车时间； 3.4 制作委托维修估价单，向客户解释维修项目，并让客户签字确认维修
工作环节	工作环节 1 接待登记	工作环节 2 车况预检	工作环节 3 估价确认
成果	1.1 接待流程图； 1.2 信息录入列表； 1.3 四件套的安装图	2.1 接车问诊单； 2.2 汽车转向沉重故障提问列表； 2.3 汽车转向沉重检查表	3.1 汽车转向沉重维修方案表
素养	1.1 使用规范礼仪进行客户接待	2.1 观察能力、表达能力、细致工作能力	3.1 表达能力

学习任务3 汽车转向沉重故障的技术服务

	4.1 与客户的沟通技巧	5.1 交车前外观及车况检查表的用途及检查项目； 5.2 车辆维修位置及更换零件的必要性； 5.3 交车时需要向客户提交的资料
	4.1 将维修工单交调度员； 4.2 监控维修进度，就追加维修项目与客户沟通，达成共识后重新制作委托维修估价单	5.1 竣工交接后，根据维修结算单，确认维修项目与洗车情况； 5.2 在交车区辅助顾客验收，展示、说明作业项目和维修效果； 5.3 根据维修结算单向客户解释维修费用，并请客户确认后引导客户结算； 5.4 交付钥匙、维修单据后送别客户
	工作环节4 移交工单、监控维修进度	工作环节5 修后交车
	4.1 更新后的委托维修估价单	5.1 交车前外观及车况检查表
	4.1 与调度员、修理工协同工作	5.1 使用规范术语向客户解释作业项目及维修费用

汽车底盘技术服务

学习任务 3 汽车转向沉重故障的技术服务

1 接待登记 → 2 车况预检 → 3 估价确认 → 4 移交工单、监控维修进度 → 5 修后交车

	工作子步骤	教师活动	学生活动	评价
接待登记	1. 准备接车问诊单、四件套、名片，迎接客户，询问客户来意，引导客户停车，钥匙挂牌； 2. 在 DMS 系统中录入客户、车辆信息； 3. 规范安装四件套，实施车辆防护	1. 播放视频，展示汽车转向沉重的故障现象，分析并使学生明确此任务的要求，提出此环节的学习任务及目标； 2. 说明观看微课《汽车维修接待规范》的要求及需解答的问题； 3. 说明观看《接待登记流程》需回答的问题，抽学生回答车辆钥匙管理的问题； 4. 使用随机软件抽取学生展示接待过程，并进行评价标准说明； 5. 引导学生确认 DMS 系统信息录入要点； 6. 对学生信息录入进行巡回指导； 7. 演示安装四件套，引导学生了解安装规范及要求； 8. 说明四件套安装展示的要点，引导学生对此进行评价	1. 观看视频，确定视频中车辆转向沉重的表现，确定转向沉重故障现象及接待的工作任务、学习目标等； 2. 观看微课《汽车维修接待规范》，回答工作页中的问题； 3. 观看视频《接待登记流程》，制作接待准备清单，回答教师问题； 4. 每组随机抽取一位学生，展示接待过程，其余同学点评； 5. 听讲 DMS 系统信息录入的要点及使用方法； 6. 将给定的信息录入 DMS 系统，导出客户、车辆信息表； 7. 观看教师安装四件套，说出安装四件套的规范、要求； 8. 展示安装四件套，并进行评价	1. 回答工作页中的问题，教师抽问点评； 2. 学生互评：学生根据评价表对是否规范进行评价； 3. 教师点评：点评接待是否规范，能否从微课中筛选出接待的要点； 4. 在 DMS 系统中录入相关信息，与标准录入信息表做比较，确定录入是否准确、遗漏； 5. 学生对安装四件套的快速性及规范性进行互评
	课时： 1 课时 1. 硬资源：汽车 2 辆等。 2. 软资源：工作页、微课（《汽车维修接待规范》《接待登记流程》）等。 3. 教学设施：多媒体教室（含一体机、白板、A1 纸、水笔）等			
车况预检	环车检查：与客户进行环车检查，将结果填入接车问诊单	1. 播放视频，回顾环车检查的项目； 2. 展示形式跑偏的环车检查项目； 3. 指导学生按检查项目检查	1. 观看环车检查视频； 2. 观看教师展示环车检查项目； 3. 按检查项目检查	自评：完成的检查路线图与标准答案比较，确定检查路线及要点是否准确
	课时： 1 课时 1. 硬资源：汽车 2 辆等。 2. 软资源：工作页、微课（《环车检查》）等。 3. 教学设施：多媒体教室（含一体机、白板、A1 纸、水笔）等			

车况预检

工作子步骤	教师活动	学生活动	评价
问诊：与客户进行互动式问诊，将问诊结果填入接车问诊单	1. 展示 5W2H 的含义及作用，要求学生做相应的记录； 2. 提出根据 5W2H 法，设计转向沉重的问诊问题； 3. 巡回指导学生设计问诊问题； 4. 详细解释 5W2H 在汽车故障问诊的应用； 5. 让学生听讲解后重新设计问诊问题； 6. 组织各组展示问诊问题； 7. 组织各组投票选出最佳问诊问题	1. 听取教师关于 5W2H 的含义及作用的介绍，做相应记录； 2. 明确教师要求； 3. 设计转向沉重故障的问诊问题； 4. 听取教师解释 5W2H 在问诊中的应用； 5. 检查重新设计问诊问题； 6. 分组展示问诊问题； 7. 投票选择最佳问诊问题方案	学生互评：投票选出最符合实际的问诊问题
课时：4 课时 1. 硬资源：汽车转向系统台架 4 台等。 2. 软资源：课件、教材、工作页等。 3. 教学设施：多媒体教室（含一体机、白板、A1 纸、水笔）等			
检查转向助力油、悬架球头等部件，确定汽车转向沉重故障的范围	1. 通过图片展示转向系统的组成、作用，要求学生完成工作页中的习题； 2. 组织学生分成 4 组，要求学生在汽车上找出对应系统的零件，并贴上贴纸； 3. 点评学生找出零件是否正确，错误的指正，正确的鼓励	1. 观看转向系统图片，完成工作页中的习题； 2. 分组在车上找出相应转向系统部件并贴上贴纸； 3. 听取教师点评	师评：教师点评学生找出零件是否正确，错误的指正，正确的鼓励
课时：2 课时 1. 硬资源：汽车转向系统台架 4 台等。 2. 软资源：课件、教材、工作页等。 3. 教学设施：多媒体教室（含一体机、白板、A1 纸、水笔）等			

学习任务 3 汽车转向沉重故障的技术服务

1 接待登记 → 2 车况预检 → 3 估价确认 → 4 移交工单、监控维修进度 → 5 修后交车

车况预检

工作子步骤	教师活动	学生活动	评价
	1. 组织各小组按 1~4 号报数； 2. 向报数分别为 1~4 号的学生分别发放 4 个液压助力转向零件的学习资料； 3. 提出学习后向其他学生介绍的要求； 4. 巡回指导学生学习，回答学生疑问； 5. 组织各组报数为 1、2 的学生，报数为 3、4 的学生就所学的知识相互介绍； 6. 组织各组报数为 1、4 的同学，报数为 2、3 的学生就所学的知识相互介绍； 7. 总结说明； 8. 抽问学生问题	1. 小组按 1~4 号报数； 2. 按号数接收不同液压助力转向零件的学习资料； 3. 听取任务要求； 4. 学习转向系统材料，有疑问者听取教师答疑； 5. 报数为 1、2 的学生，报数为 3、4 的学生就所学的知识相互介绍； 6. 组织各组报数为 1、4 的学生，报数为 2、3 的学生就所学的知识相互介绍； 7. 听取教师总结，被抽中的学生回答教师问题	师评：以抽问形式提问学生问题，评价其能否准确回答有关液压助力零件的问题
课时： 1 课时 1. 硬资源：汽车转向系统台架 4 台等。 2. 软资源：课件、教材、工作页、不同液压助力零件学习资料各 10 张等。 3. 教学设施：多媒体教室（含一体机、白板、A1 纸、水笔）等			
检查转向助力油、悬架球头等部件，确定汽车转向沉重故障的范围	1. 组织各小组按 1~4 号报数； 2. 教师向报数分别为 1~4 号的学生发放 4 个电动助力转向零件的学习资料； 3. 提出学习后向其他学生介绍的要求； 4. 巡回指导学生学习，回答学生疑问； 5. 组织各组报数为 1、2 的学生，报数为 3、4 的学生就所学的知识相互介绍； 6. 组织各组报数为 1、4 的学生，报数为 2、3 的学生就所学的知识相互介绍； 7. 总结说明； 8. 抽问学生问题	1. 小组按 1~4 号报数； 2. 按号数接收不同电动助力转向零件的学习资料； 3. 听取任务要求； 4. 学习电动助力材料，有疑问者听取教师答疑； 5. 报数为 1、2 的学生，报数为 3、4 的学生就所学的知识相互介绍； 6. 组织各组报数为 1、4 的学生，报数为 2、3 的学生就所学的知识相互介绍； 7. 听取教师总结； 8. 抽中的学生回答教师问题	师评：以抽问形式提问学生问题，评价其能否准确回答有关电动助力零件的问题
课时： 1 课时 1. 硬资源：汽车转向系统台架 4 台等。 2. 软资源：课件、教材、工作页、不同电压助力零件学习资料各 10 张等。 3. 教学设施：多媒体教室（含一体机、白板、A1 纸、水笔）等			

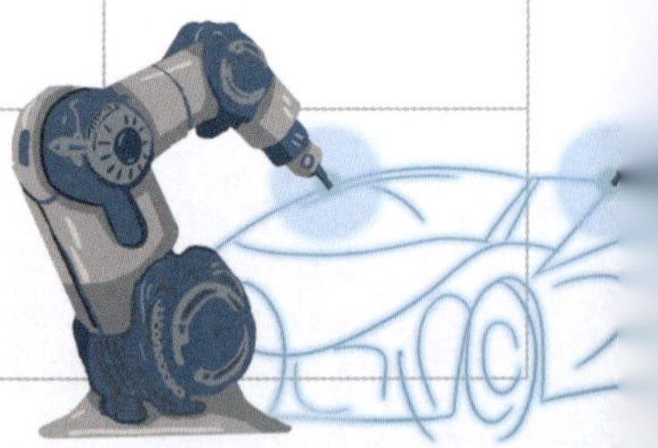

1 接待登记 → 2 车况预检 → 3 估价确认 → 4 移交工单、监控维修进度 → 5 修后交车

	工作子步骤	教师活动	学生活动	评价
估价确认	1. 移交车辆给维修技师确定转向沉重的原因及对应的维修方案； 2. 引导客户到前台，查询配件库存及工时，预估维修费用； 3. 查询车间运作情况，与车间调度员沟通，预估交车时间； 4. 制作委托维修估价单，向客户解释维修项目，并让客户签字确认维修	1. 展示转向沉重案例，说明转向沉重的形式； 2. 发放 A1 白纸，要求学生绘制转向系统组成的鱼骨图； 3. 说明转向沉重的基本形成原理，组织学生参考教材，按组进行转向沉重原因的讨论； 4. 组织各组展示讨论结果； 5. 对结果进行点评，公布并解释转向沉重的原因； 6. 组织各组绘制转向沉重鱼骨图； 7. 组织各组展示，完成工作页的转向沉重原因列表及方案； 8. 指导各组根据检查结果，使用 DMS 系统制作委托维修估价单	1. 听取教师说明转向沉重案例及转向沉重的形式； 2. 拿到白纸，按照教师说明绘制转向系统组成鱼骨图； 3. 听取教师说明转向沉重的基本原理，按组讨论转向沉重的原因； 4. 展示讨论结果； 5. 听取教师点评和解释； 6. 按组绘制转向沉重鱼骨图； 7. 展示鱼骨图，完成工作页原因列表； 8. 各组根据检查结果，使用 DMS 系统制作委托维修估价单	师评：转向沉重鱼骨图（原因、维修方案）是否准确
	课时： 2 课时 1. 硬资源：汽车转向系统台架 4 台等。 2. 软资源：课件、教材、工作页等。 3. 教学设施：多媒体教室（含一体机、白板、A1 纸、水笔）等			
		1. 展示图片，抽问学生回答出图片对应转向沉重的原因； 2. 展示 5W2H 相关问题列表，说明从中选择相关问题的规则； 3. 组织学生选择问诊问题； 4. 各组展示问诊问题，并点评； 5. 总结转向沉重的问诊问题列表； 6. 播放视频，指导学生观看转向沉重的检查，记录关键点； 7. 示范检查方法； 8. 组织学生分组进行转向沉重的检查，要求将检查结果填入工作页； 9. 抽取学生总结基本检查步骤	1. 观看图片，抽中的学生回答转向沉重的原因； 2. 听取教师说明问诊问题规则； 3. 按组编写问诊问题； 4. 分组展示问诊问题； 5. 听取教师总结问诊问题； 6. 观看视频，记录转向沉重的检查要点； 7. 观看教师示范，说出检查步骤； 8. 分组进行转向沉重基本检查，填写工作页； 9. 选中的学生总结检查步骤	教师点评学生的转向沉重问诊问题能否贴合实际
	课时： 2 课时 1. 硬资源：汽车转向系统台架 4 台等。 2. 软资源：课件、教材、工作页、问诊问题列表、转向沉重检查视频等。 3. 教学设施：多媒体教室（含一体机、白板、A1 纸、水笔）等			

学习任务 3 汽车转向沉重故障的技术服务

1 接待登记 → 2 车况预检 → 3 估价确认 → 4 移交工单、监控维修进度 → 5 修后交车

移交工单、监控维修进度

工作子步骤	教师活动	学生活动	评价
1. 引导客户休息或离开； 2. 将维修工单交调度员； 3. 监控维修进度，就追加维修项目与客户沟通，达成共识后重新制作委托维修估价单	1. 提出观看视频的规则； 2. 播放视频，指导学生记录要点； 3. 巡回指导学生将要点记录在工作页中	1. 听取教师说明观看视频的规则； 2. 观看视频，记录追加维修项目的要点； 3. 完成工作页	
课时： 1 课时 1. 硬资源：汽车转向系统台架 4 台等。 2. 软资源：课件、教材、工作页、追加维修项目视频等。 3. 教学设施：多媒体教室（含一体机、白板、A1 纸、水笔）等			
1. 引导客户休息或离开； 2. 将维修工单交调度员； 3. 监控维修进度，就追加维修项目与客户沟通，达成共识后重新制作委托维修估价单	1. 说明更换转向助力油的目的； 2. 播放视频，展示更换助力油的方法; 3. 展示转向助力油排空； 4. 总结助力油的更换方法	1. 听取教师说明更换转向助力油的目的； 2. 观看视频记录转向助力油的方法。 3. 观看教师展示转向助力油排空； 4. 听取教师总结四轮定位的方法	教师点评学生能否说出准确的排空方法
课时： 1 课时 1. 硬资源：汽车转向系统台架 4 台等。 2. 软资源：课件、教材、工作页等。 3. 教学设施：多媒体教室（含一体机、白板、A1 纸、水笔）等			

基准学时：18

1 接待登记 → 2 车况预检 → 3 估价确认 → 4 移交工单、监控维修进度 → 5 修后交车

修后交车

工作子步骤	教师活动	学生活动	评价
1. 竣工交接后，根据交车前外观及车况检查表，确认维修项目与洗车情况； 2. 在交车区辅助顾客验收，展示、说明作业项目和维修效果，提供用车及保养建议； 3. 根据委托维修估价单向客户解释维修费用，并请客户确认后引导客户结算； 4. 交付钥匙、维修单据后送别客户； 5. 将结算信息录入 DMS 系统	1. 引导学生制定修后交车方案，巡回指导； 2. 评价交车方案； 3. 引导学生准备交车所需表单及工具，说明交车流程的要求及注意事项，安排学生根据交车方案模拟交车； 4. 巡回监控指导，并根据交车标准流程考核表打分； 5. 引导小组互评，填写交车考核表； 6. 评价反馈：修后交车模拟情况，公布考核结果； 7. 总结提升：总结交车知识、技能点及注意事项	1. 小组成员共同制定修后交车方案； 2. 各小组展示方案，互评后完善交车方案； 3. 使用随机软件，每组抽取两位同学分别扮演售后服务顾问与顾客，验收，展示、说明转向沉重的作业项目和维修效果，另一人在演示过程中录制视频，课后制作成微课； 4. 解释维修项目及维修费用，引导客户结算； 5. 交付钥匙、维修单据后送别客户； 6. 将信息录入 DMS 系统； 7. 小组互评，填写交车考核表	1. 通过制定的交车流程图，检查学生交车教学视频的学习效果； 2. 根据企业实际工作流程及客户需求评价学生所制定的交车流程的可行性； 3. 通过交车考核表及互评、师评，评价学生模拟交车流程是否符合企业规范

课时： 2 课时

1. 硬资源：汽车底盘学习工作站、电脑 4 台（含 DMS 系统）等。
2. 软资源：课件、教材、交车前外观及车况检查表、结算单、交车标准流程检查表等。
3. 教学设施：一体机、白板、A0 纸、水笔等

学习任务 4 汽车制动无力故障的技术服务

任务描述

学习任务学时：**18** 课时

任务情境

车主赵先生中午准备开车外出，发现爱车制动效果不好，便将爱车送到 4S 店。其座驾是一辆 2008 年款手动挡轿车，里程表显示行驶里程 110 800 千米。维修厂前台接车员接待了车主赵先生，经过检查确认后是制动无力故障，需对该车辆制动系统进行检修。现接车员需要根据车间检查的结果报价给客户，为了让客户更加清楚车辆的情况，与客户、车间技术主管一起到车间查看车辆拆检情况，并为顾客解释制动系统工作原理图。

工作流程和标准

工作环节 1

接待登记

1

1. 查阅资料，绘制接待流程，并准备相应资料，为车辆预检做准备。
2. 按 4S 店标准在 DMS 系统中录入客户、车辆信息，为打印单据做准备，并编写信息录入列表。
3. 按微课示范规范安装四件套，实施车辆防护，拍摄四件套的安装图。

主要成果：
1. 接待流程图；
2. 信息录入列表；
3. 四件套的安装图。

工作环节 2

车况预检

2

1. 环车检查，将结果填入接车问诊单，确定车辆的情况。
2. 运用 5W2H 方式进行问诊，在接车问诊单中记录客户描述的汽车制动无力故障发生时的情况，用于确定汽车制动无力的原因。
3. 检查真空助力器、刹车踏板自由行程等，确定汽车制动无力故障的范围。

主要成果：
1. 接车问诊单；
2. 汽车制动无力故障提问列表；
3. 汽车制动无力检查表。

工作环节 3

估价确认

3

1. 移交维修技师确定引起制动无力的原因及对应的维修方案，为预估维修费用做准备。
2. 引导客户到前台，查询配件库存及工时，预估维修费用，向客户确定是否维修。
3. 查询车间运作情况，与车间调度员沟通，预估交车时间，以便客户安排时间，提高客户满意度。
4. 制作委托维修估价单，向客户解释制动无力的维修项目，使客户了解维修情况，并让客户签字确认维修，为车辆的车间维修做准备。

主要成果：
1. 汽车制动无力维修方案表；
2. 委托维修估价单。

学习任务 4 汽车制动无力故障的技术服务

工作环节 4

移交工单、监控维修进度

4

1. 将维修工单交调度员，以便安排维修人员进行维修。
2. 监控维修进度，就追加的维修项目与客户沟通，达成共识后重新制作委托维修估价单，以便继续维修。

主要成果：更新后的委托维修估价单。

工作环节 6

总结拓展

6

总结制动无力的原因、检查方法及问诊问题，形成思维导图。

主要成果：制动无力技术服务思维导图。

工作环节 5

修后交车

5

1. 竣工交接后，根据交车前外观及车况检查表，确认维修项目与洗车情况。
2. 在交车区辅助顾客验收，展示、说明作业项目和维修效果，增加客户对维修的满意度。
3. 根据委托维修估价单向客户解释维修费用，减少客户对维修费用的异议，并请客户确认后引导客户结算。
4. 交付钥匙、维修单据后送别客户，完成交车。

主要成果：交车前外观及车况检查表。

学习内容

知识点	1.1 接车礼仪的规范； 1.2 车辆钥匙的管理规定； 1.3 DMS 系统的使用方法； 1.4 客户信息及车辆信息的录入要点； 1.5 四件套的用途、安装规范及要求	2.1 环车检查的检查项目； 2.2 接车问诊单的用途、填写方法； 2.3 5W2H 的问诊方法； 2.4 汽车制动系统的组成、工作原理； 2.5 汽车制动无力故障的初步检查项目、检查方法	3.1 汽车制动无力故障的原因； 3.2 售后管理软件的配件库存、工时的查询方法； 3.3 车间运行状况的查询方法； 3.4 委托维修估价单的用途及内容
技能点	1.1 准备接车问诊单、四件套、名片，迎接客户，询问客户来意，引导客户停车，钥匙挂牌； 1.2 在 DMS 系统中录入客户、车辆信息； 1.3 规范安装四件套，实施车辆防护	2.1 环车检查，将结果填入接车问诊单； 2.2 问诊记录客户描述的故障情况； 2.3 故障初步检查，判断故障范围	3.1 与维修技师确定汽车制动无力故障的原因及对应的维修方案； 3.2 引导客户到前台，查询配件库存及工时，预估维修费用； 3.3 查询车间运作情况，与车间调度员沟通，预估交车时间； 3.4 制作委托维修估价单，向客户解释维修项目，并让客户签字确认维修
工作环节	工作环节 1 接待登记	车况预检 工作环节 2	工作环节 3 估价确认
成果	1.1 接待流程图； 1.2 信息录入列表； 1.3 四件套的安装图	2.1 接车问诊单； 2.2 制动路线图	3.1 汽车制动无力维修方案表； 3.2 委托维修估价单
素养	1.1 使用规范礼仪进行客户接待	2.1 倾听客户的描述，进行信息分析、筛选	

学习任务 4 汽车制动无力故障的技术服务

	4.1 更换制动液的方法； 4.2 更换制动片、制动盘的方法； 4.3 检查更换真空助力器的方法	5.1 交车前外观及车况检查表的用途及检查项目； 5.2 车辆维修位置及更换零件的必要性； 5.3 交车时需要向客户提交的资料	
	4.1 将维修工单交调度员； 4.2 监控维修进度，就追加维修项目与客户沟通，达成共识后重新制作委托维修估价单	5.1 竣工交接后，根据维修结算单，确认维修项目与洗车情况； 5.2 在交车区辅助顾客验收，展示、说明作业项目和维修效果； 5.3 根据维修结算单向客户解释维修费用，并请客户确认后引导客户结算； 5.4 交付钥匙、维修单据后送别客户	6.1 总结制动无力的原因、检查方法及问诊问题，形成思维导图
	工作环节 4 移交工单、监控维修进度	工作环节 5 修后交车	总结拓展 工作环节 6
	4.1 不同制动无力的维修方案	5.1 交车前外观及车况检查表	6.1 制动无力技术服务思维导图
	4.1 与调度员、修理工协同工作	5.1 使用规范术语向客户解释作业项目及维修费用	

学习任务 4 汽车制动无力故障的技术服务

1 接待登记 → 2 车况预检 → 3 估价确认 → 4 移交工单、监控维修进度 → 5 修后交车 → 6 总结拓展

	工作子步骤	教师活动	学生活动	评价
接待登记	1. 准备接车问诊单、四件套、名片，迎接客户，询问客户来意，引导客户停车，钥匙挂牌； 2. 在 DMS 系统中录入客户、车辆信息； 3. 规范安装四件套，实施车辆防护	1. 抽取表演欲较强的两个学生，提供相关话术进行制动无力车辆的接待模拟，并进行分析，引出本课的学习任务、学习目标等； 2. 说明观看微课《汽车维修接待规范》的要求及需解答的问题； 3. 说明观看《接待登记流程》需回答的问题，抽学生回答车辆钥匙管理的问题； 4. 使用随机软件抽取学生展示接待过程，并按评价标准点评	1. 根据教师给定的话术，模拟进行制动无力车辆的接待，听取教师对制动无力故障的分析，确定本课的学习任务、学习目标等； 2. 观看微课《汽车维修接待规范》，回答工作页中的问题； 3. 观看视频《接待登记流程》，制作接待准备清单，回答教师问题； 4. 每组随机抽取一位学生，展示接待过程，其余学生点评	1. 学生互评：学生根据评价表对是否规范进行评价； 2. 教师点评：点评接待是否规范，能否从微课中筛选出接待的要点； 3. 在 DMS 系统中录入相关信息，与标准录入信息表做比较，确定录入是否准确、遗漏； 4. 学生对安装四件套的快速性及规范性进行互评
	课时： 1 课时 1. 硬资源：汽车 2 辆等。 2. 软资源：工作页、微课（《汽车维修接待规范》《接待登记流程》）等。 3. 教学设施：多媒体教室（含一体机、白板、A1 纸、水笔）等			
车况预检	环车检查：与客户进行环车检查，将结果填入接车问诊单	1. 播放视频（《环车检查》），回顾环车检查的项目； 2. 展示形式跑偏的环车检查项目； 3. 指导学生按检查项目检查	1. 观看环车检查视频； 2. 观看教师展示环车检查项目； 3. 按检查项目检查	
	课时： 1 课时 1. 硬资源：汽车 2 辆等。 2. 软资源：工作页、微课（《环车检查》）等。 3. 教学设施：多媒体教室（含一体机、白板、A1 纸、水笔）等			

1 接待登记　2 车况预检　3 估价确认　4 移交工单、监控维修进度　5 修后交车

车况预检

工作子步骤	教师活动	学生活动	评价
运用 5W2H 方式进行问诊，在接车问诊单中记录客户描述汽车制动无力故障发生时的情况，用于确定汽车制动无力的原因	1. 展示 5W2H 的含义及作用，要求学生做相应的记录； 2. 提出根据 5W2H 法，设计制动无力的问诊问题； 3. 巡回指导学生设计问诊问题； 4. 详细解释 5W2H 在汽车故障问诊中的应用； 5. 让学生根据讲解，重新设计问诊中的问题； 6. 组织各组展示问诊问题； 7. 组织各组投票选出最佳问诊问题	1. 听取教师关于 5W2H 的含义及作用的介绍，做相应记录； 2. 明确教师要求； 3. 设计制动无力故障的问诊问题； 4. 听取教师解释 5W2H 在问诊中的应用； 5. 检查重新设计问诊问题； 6. 分组展示问诊问题； 7. 投票选择最佳问诊问题方案	学生互评：投票选出最符合实际的问诊问题
课时： 2 课时 1. 硬资源：汽车 2 辆等。 2. 软资源：工作页等。 3. 教学设施：多媒体教室（含一体机、白板、A1 纸、水笔）等			
检查真空助力器、刹车踏板自由行程等，确定汽车制动无力故障的范围	1. 通过图片展示制动系统的组成、作用，要求学生完成工作页习题； 2. 组织学生分成 4 组，要求学生在汽车上找出对应系统的零件，并贴上贴纸； 3. 点评学生找出的零件是否正确，错误的指正，正确的鼓励	1. 观看制动系统图片，完成工作页中的习题； 2. 分组在车上找出相应制动系统部件并贴上贴纸； 3. 听取教师点评	师评：教师点评学生找出的零件是否正确，错误的指正，正确的鼓励
课时： 1 课时 1. 硬资源：汽车 2 辆（含举升机）等。 2. 软资源：工作页等。 3. 教学设施：多媒体教室（含一体机、白板、A1 纸、水笔）等			

学习任务 4 汽车制动无力故障的技术服务

1 接待登记 → 2 车况预检 → 3 估价确认 → 4 移交工单、监控维修进度 → 5 修后交车

车况预检

工作子步骤	教师活动	学生活动	评价
检查真空助力器、刹车踏板自由行程等，确定汽车制动无力故障的范围	1. 引导学生参考工作页，找出制动系统的组成及位置，并要贴上标签纸； 2. 提出观看视频《真空助力器原理》的要求，播放视频； 3. 示范分解总泵，并说明学生观看要求，组织学生按组进行制动总泵分解及填写工作页； 4. 抽问学生问题并点评	1. 参考工作页及教材，在汽车上找出制动系统的零件组成及位置，并填入工作页中，按组在每一零件上贴上标签纸； 2. 观看视频，填写工作页，确定真空助力器的工作原理； 3. 观看教师示范分解总泵，找出操作要点，按组对制动总泵进行分解，确定制动总泵的结构及原理，填入工作页中； 4. 抽中的学生回答问题，接受教师点评	师评：以抽问形式提问学生，评价其能否准确回答有关总泵及真空助力器的问题
课时： 1 课时 1. 硬资源：分泵 4 个、真空助力器视频等。 2. 软资源：工作页等。 3. 教学设施：多媒体教室（含一体机、白板、A1 纸、水笔）等			
	1. 示范拆解制动器，提出观看要求，指导学生按组进行制动器分解及工作页填写； 2. 说明绘图要求，组织学生按组绘制制动路线图； 3. 组织各组展示制动路线图； 4. 点评； 5. 引导各组对制动原理进行展示说明，并进行总结点评	1. 观看教师示范分解总泵，找出操作要点，按组对制动总泵进行分解，确定制动总泵的结构及原理，填入工作页中； 2. 观看教师示范分解制动器，找出操作要点，按组对制动器进行分解，确定制动器的结构及原理，填入工作页中； 3. 听取教师要求，分组画出制动路线图，查阅资料确定制动原理，做图示说明； 4. 各组展示制动路线； 5. 听取教师点评； 6. 各组展示说明制动原理，进行组间评价，听取教师关于制动原理的总结并记录在工作页中	师评：制动路线图是否与实车相符
课时： 4 课时 1. 硬资源：汽车 2 辆等。 2. 软资源：工作页等。 3. 教学设施：多媒体教室（含一体机、白板、A1 纸、水笔）等			

估价确认

工作子步骤	教师活动	学生活动	评价
1. 移交车辆给维修技师确定制动无力的原因及对应的维修方案； 2. 引导客户到前台，查询配件库存及工时，预估维修费用； 3. 查询车间运作情况，与车间调度员沟通，预估交车时间； 4. 制作委托维修估价单，向客户解释维修项目，并让客户签字确认维修	1. 展示制动无力案例，说明制动无力的形式； 2. 发放 A1 白纸，要求学生绘制制动系统组成的鱼骨图； 3. 说明制动无力的基本形成原理，组织学生参考教材，按组进行制动无力原因的讨论； 4. 组织各组展示讨论结果； 5. 对结果进行点评，公布并解释制动无力的原因； 6. 组织各组绘制制动无力鱼骨图； 7. 组织各组展示，完成工作页中制动无力原因列表	1. 听取教师说明制动无力案例； 2. 拿到白纸，按照教师说明绘制制动系统组成鱼骨图； 3. 听取教师说明制动无力的基本原理，按组讨论制动无力的原因； 4. 展示讨论结果； 5. 听取教师点评和解释； 6. 按组绘制制动无力鱼骨图； 7. 展示鱼骨图，完成工作页原因列表	师评：制动无力鱼骨图是否准确
课时： 2 课时 1. 硬资源：汽车 2 辆等。 2. 软资源：工作页等。 3. 教学设施：多媒体教室（含一体机、白板、A1 纸、水笔）等			
	1. 展示图片，抽问学生回答出图片对应制动无力的原因； 2. 展示 5W2H 相关问题列表，说明从中选择相关问题的规则； 3. 组织学生选择问诊问题； 4. 各组展示问诊问题，并点评； 5. 总结制动无力的问诊问题列表； 6. 播放视频，指导学生观看制动无力的检查，记录关键点； 7. 示范检查方法； 8. 组织学生分组进行制动无力的检查，要求将检查结果填入工作页； 9. 抽取学生总结基本检查步骤	1. 观看图片，抽中学生回答制动无力的原因； 2. 听取教师说明问诊问题规则； 3. 按组编写问诊问题； 4. 分组展示问诊问题； 5. 听取教师总结问诊问题； 6. 观看视频，记录制动无力的检查要点； 7. 观看教师示范，说出检查步骤； 8. 分组进行制动无力基本检查，填写工作页； 9. 选中的学生总结检查步骤	教师点评学生对制动无力问诊问题的回答能否贴合实际
课时： 2 课时 1. 硬资源：汽车 2 辆等。 2. 软资源：工作页、《制动无力检查》视频等。 3. 教学设施：多媒体教室（含一体机、白板、A1 纸、水笔）等			

学习任务 4 汽车制动无力故障的技术服务

①接待登记 ②车况预检 ③估价确认 ④移交工单、监控维修进度 ⑤修后交车 ⑥总结拓展

	工作子步骤	教师活动	学生活动	评价
移交工单、监控维修进度	1. 引导客户休息或离开； 2. 将维修工单交调度员； 3. 监控维修进度，就追加维修项目与客户沟通，达成共识后重新制作委托维修估价单	1. 说明真空助力器的检查和更换方法； 2. 组织学生分组进行真空助力器检查； 3. 播放视频，展示更换制动液的方法； 4. 展示更换制动液； 5. 指导各组更换制动液； 6. 演示更换制动片及制动盘的方法； 7. 组织各组进行制动片及制动盘的更换； 8. 点评学生能否正确更换	1. 听取教师说明真空助力器的检查和更换方法； 2. 按组进行真空助力器检查； 3. 观看视频记录更换制动液的方法； 4. 观看教师展示更换制动液； 5. 分组进行更换制动液； 6. 观看教师演示更换制动片及制动盘的方法，记录要点； 7. 各组进行制动片及制动盘的更换； 8. 听取教师点评	教师点评：学生按照规范进行制动片及制动盘的更换
	课时： 2 课时 1. 硬资源：汽车 2 辆等。 2. 软资源：工作页、更换制动液视频、更换制动片及制动盘视频等。 3. 教学设施：多媒体教室（含一体机、白板、A1 纸、水笔）等			
修后交车	1. 交车前检查：竣工交接后，根据交车前外观及车况检查表，确认维修项目与洗车情况； 2. 车辆验收：在交车区辅助顾客验收，展示、说明作业项目和维修效果，提供用车及保养建议； 3. 解释费用：根据委托维修估价单向客户解释维修费用，并请客户确认后引导客户结算； 4. 送客：交付钥匙、维修单据后送别客户	1. 引导学生制定修后交车方案，巡回指导； 2. 评价交车方案，引导学生准备交车所需表单及工具； 3. 说明交车流程的要求及注意事项，安排学生根据交车方案模拟交车； 4. 巡回监控指导，并根据交车标准流程考核表打分； 5. 引导小组互评，填写交车考核表； 6. 评价反馈：修后交车模拟情况，公布考核结果； 7. 总结提升：总结交车知识、技能点及注意事项	1. 小组成员共同制定修后交车方案； 2. 各小组展示方案，互评后完善交车方案； 3. 使用随机软件，每组抽取两位同学分别扮演售后服务与顾客，验收，展示、说明制动无力的作业项目和维修效果，提供用车及保养建议； 4. 解释维修项目及维修费用，引导客户结算； 5. 交付钥匙、维修单据后送别客户； 6. 将信息录入 DMS 系统； 7. 小组互评，填写交车考核表	1. 通过制定交车流程图，检查学生交车教学视频的学习效果； 2. 根据企业实际工作流程及客户需求评价学生所制定的交车流程的可行性； 3. 通过交车考核表及互评、师评，评价学生模拟交车流程是否符合企业规范
	课时： 1 课时 1. 硬资源：汽车底盘学习工作站、电脑 4 台（含 DMS 系统）等。 2. 软资源：课件、教材、交车前外观及车况检查表、结算单、交车标准流程检查表等。 3. 教学设施：一体机、白板、A0 纸、水笔等			

基准学时：18

1 接待登记 → 2 车况预检 → 3 估价确认 → 4 移交工单、监控维修进度 → 5 修后交车 → 6 总结拓展

总结拓展

工作子步骤	教师活动	学生活动	评价
总结制动无力的原因、检查方法及问诊问题，形成思维导图	1. 抽选学生总结本周任务要点； 2. 组织学生制定制动无力技术服务思维导图； 3. 组织学生展示思维导图，进行评比拍照； 4. 教师指导学生查看教材，说明 ABS、ESP 的功用； 5. 组织学生分组学习 ABS、ESP； 6. 各组说明 ABS、ESP 的特点； 7. 总结点评	1. 总结本周任务要点； 2. 制定制动无力技术服务思维导图； 3. 展示讲解汽车制动无力技术服务思维导图，包括制动无力的原因、检查方法及问诊问题相关知识等； 4. 分组查看教材，确定 ABS、ESP 的功用； 5. 按组学习 ABS、ESP； 6. 各组展示主动悬架的特点； 7. 听取教师的总结点评	互评：汽车制动无力技术服务思维导图是否具有逻辑性，知识点、技能点是否完整，整体美观大方

课时： 1 课时
1. 硬资源：汽车营销学习工作站等。
2. 软资源：课件、教材等。
3. 教学设施：一体机、白板、A0 纸、水笔等

考核标准

汽车制动无力故障的技术服务

情境描述

车主赵先生中午准备开车外出，发现爱车在制动时制动效果不好，便将爱车送到 4S 店。其座驾是 2008 年的手动挡轿车，里程表显示行驶里程 110 800 千米。维修厂前台接车员接待了车主赵先生，进行问诊和车辆的基本检查，根据问诊及检查结果推断故障原因，现需对该车辆制动系统进行检修作业。接车员需要根据车间检查的结果报价给客户，为了让客户更加清楚车辆的情况，与客户、车间技术主管一起到车间查看车辆拆检情况，并为顾客解释制动系统工作原理图。

任务要求

请根据任务要求，完成以下任务：

一、纸笔测试（制定完成工作任务的方案）

1．制动系统的基本结构原理；

2．车辆制动无力故障的问诊问题；

3．制动无力的基本检查方法；

4．造成制动无力的原因；

5．制动无力故障的处理方法。

二、任务实操

请你根据任务，模拟对制动无力进行问诊。

参考资料

回答上述问题时，可以使用所有的常见教学资料，如专业教材、个人笔记以及计算器等。

评价方式

由任课教师、专业组长、企业代表组成考评小组共同实施考核评价，取所有考核人员评分的平均分为学生考核成绩。

评价标准

评价项目	评价内容	分值	评分标准	得分
专业能力	按照规范进行客户接待	5	错误或遗漏分析一项扣 1 分	
	根据制动无力故障向客户问诊	10	问诊问题遗漏一项扣 2 分	
	写出制动无力的原因	10	遗漏一项扣 2 分	
	准确地对制动无力做基本检查	10	遗漏一项扣 2 分	
	规范填写接车问诊单	5	每错一项扣 1 分	
	准确地推断故障原因	5	每错一项扣 1 分	
	准确地向客户说明故障原因	10	每错一项扣 2 分	
	准确地向客户解释维修费用	5	每错一项扣 1 分	
通用能力	能读懂任务书，与客户进行有效沟通，记录关键内容，整理客户需求	5	没有沟通扣 2 分；沟通不到位扣 1 分；无记录扣 2 分	
	能查阅相关资料，获取车险相关条款等信息	5	没有查阅扣 3 分，查阅方法不对扣 2 分	
	能满足客户功能需求、使用价值，企业工作规范、安全性、环保性、成本效益等	5	完全不符合每项扣 1 分	
	能及时有效地处理接待过程中的客户异议	5	完全没有解决扣 3 分；解决不及时扣 2 分；无突发问题不扣分	
	能对已完成的工作进行记录存档、评价和反馈	5	无记录扣 2 分	
	表述仪态自然、吐字清晰、思路清晰，且与实际相符	10	仪态不自然、吐字模糊、思路不清晰每项扣 1 分；表述与实际不符扣 1 分	
	分工明确，团队合作融洽	5	分工不明确扣 2 分；团队合作不融洽扣 2 分	
总分		100		

课程 3 汽车电气技术服务

学习任务 1
汽车充电指示灯亮故障的技术服务
（18）学时

学习任务 2
汽车左前大灯不亮故障的技术服务
（18）学时

学习任务 3
汽车音响不工作故障的技术服务
（18）学时

课程目标

学习完本课程后，学生应当能够胜任电气系统故障的接待、维修咨询和价格说明等工作，养成良好的沟通交流能力。具体目标为：

1. 能按照企业标准作业流程，准备相关的接待物品，对客户进行接待，规范使用四件套并记录相关信息；
2. 能规范进行环车检查，根据车辆故障进行问诊，并将结果填入接车问诊单中；
3. 能根据维修技师检查确定后的维修方案，查询配件与工时和车间运作情况，确定维修费用和交车时间，并制作委托维修估价单，清晰准确地向顾客说明维修费用；
4. 移交工单与车辆到车间进行维修后，能就维修进度和追加项目与客户进行沟通，达成共识；
5. 车辆修理完成后能够结合车辆向客户说明维修效果；
6. 能够根据委托维修估价单向客户说明维修费用，与客户达成一致，引导客户结算。

课时：72

学习任务 4

汽车空调不制冷故障的技术服务

（18）学时

课程内容

1. 汽车电气系统的类型及基本组成；
2. 维修接待的标准流程及礼仪规范；
3. 接车问诊单、委托维修估价单等单据的作用与填写方法；
4. 汽车电气系统的组成及原理；
5. 电气系统各故障（充电指示灯亮、大灯不亮、音响不工作、空调不制冷）的原因、基本检查方法、问诊提问问题和维修方案；
6. 维修费用的组成及委托维修估价单的制作方法。

学习任务 1 汽车充电指示灯亮故障的技术服务

任务描述

学习任务学时：**18** 课时

任务情境

刘小姐驾驶车辆外出，行驶不久后发现汽车仪表中的一警告灯被点亮了，遂就近驶入 4S 店。作为售后服务顾问（SA），你依照职业礼仪规范接待客户后仔细聆听客户的描述并进行初步检查仪表发现为充电指示灯点亮，需要根据维修技师检测后给出的维修方案对维修费用、交车时间做出预估，交客户确认维修后移交车间修理。车辆完成修理后陪同客户验车，向客户解释维修方案的必要性及维修更换的配件、工时，打印费用清单引导客户结账并交车，体现知行合一、职业修养和态度、观察能力、沟通能力、信息整合能力、分析能力等。

充电指示灯
0 1 2 3 4 5 6 7 8

工作流程和标准

工作环节 1 接待登记 1

1. 准备接车问诊单、四件套、名片，迎接客户，询问客户来意，引导客户停车，钥匙挂牌，为车辆预检做准备。
2. 在 DMS 系统中录入客户、车辆信息，为打印单据做准备。
3. 规范安装四件套，实施车辆防护。

主要成果：
1. 接待流程图；
2. 信息录入列表；
3. 四件套的安装图。

工作环节 2 车况预检 2

1. 环车检查，仔细缜密记录结果填入接车问诊单，确定客户车辆的情况。
2. 运用 5W2H 方式进行职业沟通问诊，在接车问诊单中记录客户描述的充电指示灯亮故障发生时的情况，用于确定充电指示灯亮的原因。
3. 故障初步检查诊断，确定充电指示灯亮故障的范围。

主要成果：
1. 接车问诊单；
2. 汽车充电指示灯亮故障提问列表；
3. 汽车充电指示灯亮检查表。

工作环节 3 估价确认 3

1. 移交维修技师确定充电指示灯亮的原因并商讨确定对应的维修方案，为预估维修费用做准备。
2. 引导客户到前台，查询配件库存及工时，预估维修费用，向客户确认是否维修。
3. 查询车间运作情况，与车间调度员协调沟通，预估交车时间，以便客户安排时间，提高客户满意度。
4. 制作委托维修估价单，向客户解释充电指示灯亮的维修项目，使客户了解维修情况，并让客户签字确认维修，为车辆的车间维修做准备。

主要成果:
1. 汽车充电指示灯亮维修方案表；
2. 委托维修估价单。

工作环节 4

移交工单、监控维修进度

4

1. 将维修工单交调度员，以便安排维修人员进行维修。
2. 监控维修进度，就追加的维修项目与客户沟通，达成共识后重新制作委托维修估价单，以便继续维修。

主要成果：更新后的委托维修估价单。

工作环节 5

修后交车

5

1. 完工交接后，根据交车前外观及车况检查表，确认维修项目与洗车情况。
2. 在交车区辅助顾客验收，展示、说明作业项目和维修效果，增加客户对维修的满意度。
3. 根据委托维修估价单向客户解释维修费用，减少客户对维修费用的异议，并请客户确认后引导客户结算。
4. 交付钥匙、维修单据后送别客户，完成交车。

主要成果：交车前外观及车况检查表。

学习内容

知识点	1.1 接车礼仪的规范； 1.2 车辆钥匙的管理规定； 1.3 DMS 系统的使用方法； 1.4 客户信息及车辆信息的录入要点； 1.5 四件套的用途、安装规范及要求	2.1 环车检查的检查项目； 2.2 接车问诊单的用途、填写方法； 2.3 5W2H 的问诊方法； 2.4 充电指示灯亮的初步检查项目、检查方法	3.1 充电指示灯亮的原因； 3.2 售后管理软件的配件库存、工时的查询方法； 3.3 车间运行状况的查询方法； 3.4 委托维修估价单的用途及内容； 3.5 充电系统线路图读图
技能点	1.1 准备接车问诊单、四件套、名片，迎接客户，询问客户来意，引导客户停车，钥匙挂牌； 1.2 在 DMS 系统中录入客户、车辆信息； 1.3 规范安装四件套，实施车辆防护	2.1 环车检查，认真观察分析，仔细将结果填入接车问诊单； 2.2 准确地在接车问诊单中记录客户描述的故障情况； 2.3 故障初步检查（发电机、仪表盘、发动机起动情况），判断故障范围	3.1 移交维修技师确定充电指示灯亮的原因及对应的维修方案； 3.2 引导客户到前台，查询配件库存及工时，预估维修费用； 3.3 查询车间运作情况，与车间调度员沟通，预估交车时间； 3.4 制作委托维修估价单，向客户解释维修项目，并让客户签字确认维修
工作环节	工作环节 1 接待登记	工作环节 2 车况预检	工作环节 3 估价确认
成果	1.1 接待流程图； 1.2 信息录入列表； 1.3 四件套的安装图	2.1 接车问诊单； 2.2 发动机充电指示灯亮故障提问列表； 2.3 发动机充电指示灯亮检查表	3.1 发动机充电指示灯亮维修方案表； 3.2 委托维修估价单
素养	1.1 知行合一，良好的职业修养和态度	2.1 观察能力、信息整合能力、分析能力，尊重客户	3.1 培养学生严谨求实的工匠精神，良好的沟通处理能力

学习任务 1　汽车充电指示灯亮故障的技术服务

		5.1 交车前外观及车况检查表的用途及检查项目； 5.2 车辆维修位置及更换零件的必要性； 5.3 交车时需要向客户提交的资料
	4.1 将维修工单交调度员； 4.2 监控维修进度，就追加的维修项目与客户沟通，达成共识后重新制作委托维修估价单	5.1 竣工交接后，根据交车前外观及车况检查表，确认维修项目与洗车情况； 5.2 在交车区辅助顾客验收，展示、说明作业项目和维修效果； 5.3 根据委托维修估价单向客户解释维修费用，并请客户确认后引导客户结算； 5.4 交付钥匙、维修单据后送别客户

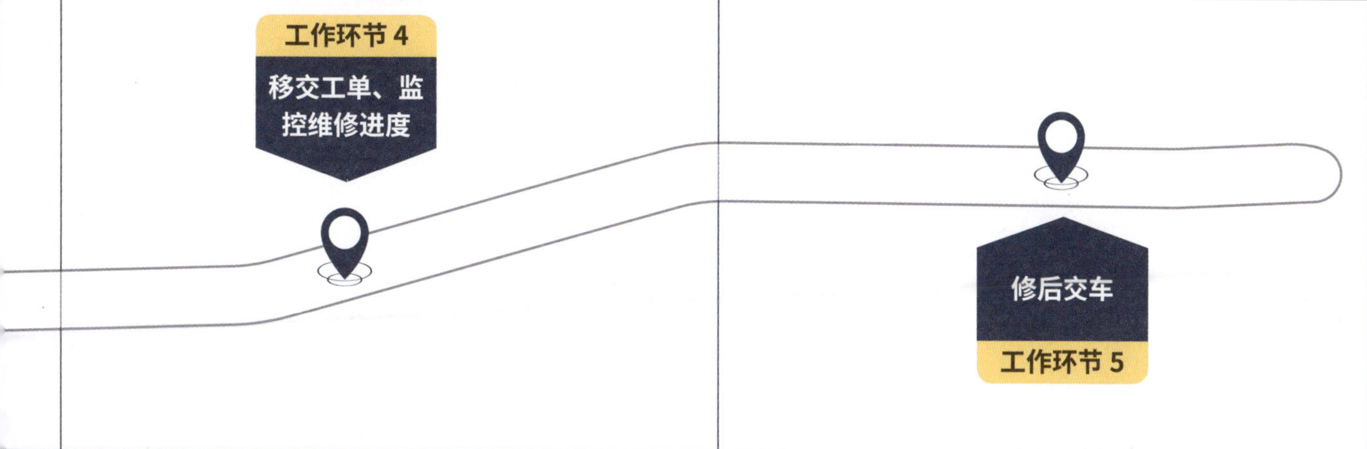

	4.1 更新后的委托维修估价单	5.1 交车前外观及车况检查表
	4.1 协同工作能力、协调处理能力、合理沟通能力、观察能力	5.1 良好的职业修养和态度、良好的沟通处理能力

汽车电气技术服务

学习任务 1 汽车充电指示灯亮故障的技术服务

1 接待登记 → 2 车况预检 → 3 估价确认 → 4 移交工单、监控维修进度 → 5 修后交车

	工作子步骤	教师活动	学生活动	评价
接待登记	1. 接待准备：准备接车问诊单、四件套、名片，迎接客户，询问客户来意，引导客户停车，钥匙挂牌； 2. 信息录入：在 DMS 系统中录入客户、车辆信息； 3. 车辆防护：规范安装四件套，实施车辆防护	1. 使用 PPT 展示充电指示灯亮维修接待的情境，分析并使学生明确此任务的工作步骤及要求，提出此环节的学习任务及目标； 2. 说明观看微课《汽车维修接待规范》的要求及需解答的问题； 3. 说明观看《接待登记流程》需回答的问题，抽学生回答车辆钥匙管理的问题； 4. 使用随机软件抽取学生展示接待过程，并从职业素养程度方面做出客观评价标准说明； 5. 引导学生确认 DMS 系统信息录入要点； 6. 对学生信息录入进行巡回指导； 7. 演示安装四件套，引导学生了解安装规范及要求； 8. 说明四件套安装展示的要点，引导学生对此进行评价	1. 学生观看微课《汽车维修接待规范》，根据教师给定的情境，在教师的分析引导下确定充电指示灯亮维修接待的工作步骤及要求； 2. 小组讨论并回答工作页中的问题； 3. 学生观看视频《接待登记流程》，制作接待准备清单并标注接待礼仪注意事项，回答教师问题； 4. 每组随机抽取一位学生，展示接待过程，其余学生点评； 5. 听讲 DMS 系统信息录入的要点及使用方法； 6. 将给定的信息录入 DMS 系统中，导出客户、车辆信息表； 7. 观看教师安装四件套，说出安装四件套的规范、要求； 8. 展示安装四件套，并进行评价	1. 回答工作页中的问题，教师抽问点评； 2. 学生互评：学生根据评价表对是否规范进行评价。 3. 教师点评：点评接待是否规范，能否从微课中筛选出接待的要点； 4. 在 DMS 系统中录入相关信息，与标准录入信息表做比较，确定录入是否准确、遗漏； 5. 学生对安装四件套的快速性及规范性进行互评

课时： 2 课时

1. 硬资源：四件套、计算机（已安装 DMS 系统）4 台、故障车 1 辆等。
2. 软资源：接车问诊单、微课（《汽车维修接待规范》《接待登记流程》）等。
3. 教学设施：一体机、白板、水笔、A4 纸等

1 接待登记 2 车况预检 3 估价确认 4 移交工单、监控维修进度 5 修后交车

车况预检

工作子步骤	教师活动	学生活动	评价
1. 环车检查：按接车问诊单进行环车检查； 2. 问诊：准确地在接车问诊单中记录客户描述的故障情况； 3. 故障初步检查：检查（发电机、仪表盘、发动机起动情况），判断故障范围，录入接车问诊单中	1. 提出独自观看《环车检查》相关微课的规则。 2. 提供接车问诊单样单并提出填写工作页的活动要求； 3. 实物教学引导学生对起动供电系统有初步的认知和了解，说明实验台架和实车教具的使用规则，让学生自行讨论总结，巡回指导补充； 4. 引导学生整理确定充电指示灯亮提问的列表注意事项； 5. 演示充电指示灯亮故障初步检查，引导学生编制充电指示灯亮故障初步检查表，并展示参考样表； 6. 组织学生分组展示演练成果，并引导学生评价	1. 通过观看微课、查阅相关资料进行环车检查步骤的收集； 2. 比对样单，小组讨论确定接车问诊单的内容制定和工作页填写要求； 3. 比照台架和实车与理论知识相结合，分析资料整合归纳，总结汽车电源的组成、零部件名称和所在位置； 4. 小组讨论：使用 5W2H 法问诊充电指示灯亮故障提问列表的注意事项； 5. 仔细观看教师演示充电指示灯不亮故障初步检查的项目与方法，结合已搜集资料合理编制充电指示灯亮故障初步检查表； 6. 两人一组就环车检查、接车问诊、故障初步检查进行模拟演练，并进行互评	1. 回答环车检查步骤及内容问题，检测学生自学能力、信息处理能力，教师抽问点评； 2. 接车问诊单工作页抽展点评，检测学生信息处理能力； 3. 使用实物抽点提问学生，检测学生信息处理能力； 4. 抽点问诊问题（自评、师评），检测学生沟通能力、解决问题能力； 5. 编制充电指示灯亮故障初步检查表与参考样表比较； 6. 学生实操演练成果比较（自评、互评、师评），检测学生团队合作能力

课时： 4 课时

1. 硬资源：故障车 1 辆、起动供电系统试验台架 4 台等。
2. 软资源：微课（《环车检查》）、接车问诊单及样单、工作页等。
3. 教学设施：一体机、白板、彩笔、彩纸、A1 纸、大头笔等

学习任务 1 汽车充电指示灯亮故障的技术服务

1 接待登记 → 2 车况预检 → 3 估价确认 → 4 移交工单、监控维修进度 → 5 修后交车

	工作子步骤	教师活动	学生活动	评价
估价确认	1. 移交工单：移交车辆给维修技师确定充电指示灯亮的原因及对应的维修方案； 2. 预估费用：引导客户到前台，查询配件库存及工时，预估维修费用， 3. 预估时间：查询车间运作，与车间调度员沟通，预估交车时间； 4. 制单：制作委托维修估价单，向客户解释维修项目，并让客户签字确认维修	1. 使用 PPT 展示估价的情境，分析并使学生明确此环节的工作步骤及要求，提出此环节的学习任务及目标，展示委托维修估价单样单，说明其用途及内容； 2. 示范拆卸发电机，明确拆卸发电机的目的； 3. 巡回指导学生拆卸发电机，使用星火燎原法引导学生说出起动供电系统的工作原理； 4. 结合发动机起动供电系统构造，指导学生使用头脑风暴法找出造成充电指示灯亮的原因； 5. 播放视频《充电指示灯亮的维修方案》，说明观看要点，巡回指导学生编制充电指示灯亮故障维修方案表，给出参考表格给学生比较； 6. 向各组给出不同的充电指示灯亮原因，指导学生找出维修方案，在配件管理系统中找出配件编码、价格等； 7. 每组发放工时价目表，指导学生查找出对应的配件的工时费用； 8. 展示维修看板，说明交车时间的确定方法，指导每组确定交车时间，引导各组展示委托维修估价单，说明评价标准进行点评； 9. 组织各组进行报价话术设计，引导每组进行维修估价展示，说明评价标准，引导学生进行评价； 10. 播放估价费用解释视频，要求学生记录费用解释要点； 11. 指导学生根据要点，参考教材编制费用解释话术； 12. 组织各组推举 2 名代表进行模拟演练； 13. 组织各组进行互评	1. 根据教师给定的情境，在教师的分析引导下确定估价确认环节的工作步骤及要求，明确委托维修估价单的用途及内容； 2. 观看教师演示起动供电系统的拆装； 3. 小组分析讨论充电系统线路图； 4. 拆卸发电机，结合教材，在发电机、起动机等总成上指出起动供电系统的工作原理，在教师的指导下，思考造成充电指示灯亮的原因； 5. 观看《充电指示灯亮的维修方案》视频，找出要点，按组编制充电指示灯亮故障维修方案表； 6. 每组根据教师给出的不同充电指示灯亮原因，在充电指示灯亮故障维修方案表找出所需更换的配件，查找配件编码、价格及库存状况，填入委托维修估价单； 7. 在工时价目表中找出对应配件的维修工时，填入委托维修估价单； 8. 观看维修进度看板，每组推算交车时间，填入委托维修估价单并进行展示； 9. 小组合作设计报价话术，模拟与顾客说明委托维修估价单的作业项目，进行小组间评价； 10. 观看估价费用解释视频，记录费用解释要点； 11. 根据记录要点，参考教材编制费用解释话术； 12. 各组推举 2 名代表进行模拟演练； 13. 各组进行互评	1. 随机抽取学生提问，评价其能否准确说出委托维修估价单的用途及内容； 2. 抽问学生是否能准确说出起动供电系统的工作原理； 3. 给出充电指示灯亮故障维修方案表样表进行对比，判断充电指示灯亮的原因是否完整，维修方案是否准确； 4. 评价各组委托维修估价单中的配件编码、工时、交车时间是否准确； 5. 评价各组能否清晰、准确地向客户说明维修方案的必要性； 6. 互评：能否清晰准确地向客户说明维修费用

课时： 6 课时

1. 硬资源：计算机（已安装配件管理系统）4 台、起动供电系统试验台架 4 台、发电机教具 4 个、拆装工具 4 套等。
2. 软资源：委托维修估价单、工时价目表等。
3. 教学设施：一体机、A4 纸、水笔等

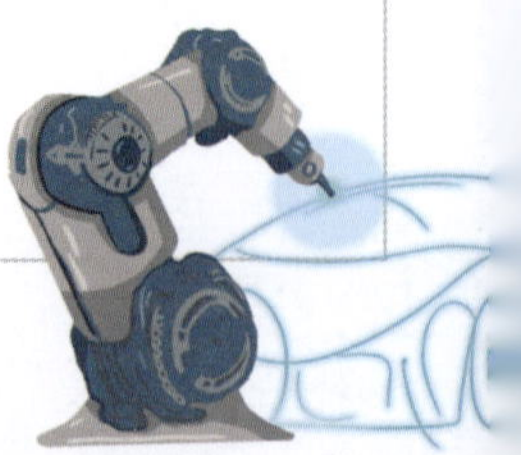

① 接待登记 ② 车况预检 ③ 估价确认 ④ 移交工单、监控维修进度 ⑤ 修后交车

	工作子步骤	教师活动	学生活动	评价
移交工单、监控维修进度	1. 休息引导：引导客户休息或离开； 2. 将维修工单交调度员； 3. 监控维修进度，就追加维修项目与客户沟通，达成共识后重新制作委托维修估价单	1. 提出观看《顾客情绪安抚》视频的规则； 2. 提出填答工作页的活动规则； 3. 抽学生回答问题	1. 观看《顾客情绪安抚》视频并整理注意事项； 2. 每组抽取 2 位学生，分别扮演服务顾问和客户，模拟安顿客户，为客户介绍休息区分布，向客户解释追加维修项目，并让客户在委托维修估价单中签字确认维修	1. 回答工作页中的问题，教师抽问点评； 2. 点评角色扮演中不规范的操作
	课时： 2 课时 1. 硬资源：汽车营销学习工作站等。 2. 软资源：视频《顾客情绪安抚》、委托维修估价单等。 3. 教学设施：一体机、白板、A1 纸、A4 纸、水笔、大头笔等			
修后交车	1. 交车检查：竣工交接后，根据交车前外观及车况检查表，确认维修项目与洗车情况； 2. 共同验收：在交车区辅助顾客验收，展示、说明作业项目和维修效果，提供用车及保养建议； 3. 费用说明：根据委托维修估价单向客户解释维修费用，并请客户确认后引导客户结算； 4. 送行：交付钥匙、维修单据后送别客户	1. 播放企业交车视频； 2. 指导学生完成工作页； 3. 引导学生制定修后交车方案，巡回指导； 4. 评价交车方案； 5. 引导学生准备交车所需表单及工具； 6. 说明交车流程的要求及注意事项，安排学生根据交车方案模拟交车； 7. 巡回监控指导，并根据交车标准流程考核表打分； 8. 引导小组互评，填写交车考核表； 9. 评价反馈：修后交车模拟情况，公布考核结果； 10. 总结提升：总结交车知识、技能点及注意事项； 11. 布置课后任务	1. 观看企业交车视频； 2. 完成工作页填写； 3. 小组成员共同制定修后交车流程图； 4. 各小组展示方案，互评后完善交车方案； 5. 准备交车所需表单及工具； 6. 根据交车方案填写交车前外观及车况检查表； 7. 每组抽取 2 位学生分别扮演服务顾问与顾客，验收，展示、说明作业项目和维修效果，提供用车及保养建议； 8. 解释维修项目及维修费用，引导客户结算； 9. 交付钥匙、维修单据后送别客户； 10. 将信息录入 DMS 系统； 11. 小组互评，填写交车考核表	1. 通过制定交车流程图，检查学生交车教学视频的学习效果； 2. 根据企业实际工作流程及客户需求评价学生所制定的交车流程的可行性； 3. 通过交车考核表及互评、师评，评价学生模拟交车流程是否符合企业规范
	课时： 4 课时 1. 硬资源：汽车车身电气学习工作站、四件套、计算机（已安装 DMS 系统）4 台等。 2. 软资源：名片、交车前外观及车况检查表、结算单、学习任务书、保养车接待工作页、保养手册、交车标准流程检查表、教学视频等。 3. 教学设施：一体机、白板、海报纸、卡片纸、大头笔、A4 纸、水笔、彩笔等			

学习任务 2 汽车左前大灯不亮故障的技术服务

任务描述

学习任务学时：**18** 课时

任务情境

陈先生驾驶汽车夜班下班准备回家，打开灯光后发现左前大灯不亮了，只好就近驶入维修厂。该车为陈先生日常上班用车，里程表显示为 80 000 千米。作为售后服务顾问（SA），你接待后初步检查仪表发现为汽车左前大灯不亮，需要根据维修技师检测后给出的维修方案对维修费用、交车时间做出预估，交客户确认维修后移交车间修理。车辆完成修理后陪同客户验车，向客户解释维修方案的必要性及维修更换的配件、工时，打印费用清单引导客户结账并交车。

工作流程和标准

工作环节 1 接待登记 1

1. 准备接车问诊单、四件套、名片，迎接客户，询问客户来意，引导客户停车，钥匙挂牌，为车辆预检做准备。
2. 在 DMS 系统中录入客户、车辆信息，为打印单据做准备。
3. 规范安装四件套，实施车辆防护。

主要成果：
1. 接待流程图；
2. 信息录入列表；
3. 四件套的安装图。

工作环节 2 车况预检 2

1. 环车检查，将结果填入接车问诊单，确定客户车辆的情况。
2. 运用 5W2H 方式进行问诊，在接车问诊单中记录客户描述左前大灯不亮故障发生时的情况，用于确定左前大灯不亮的原因。
3. 故障初步检查诊断，确定左前大灯不亮故障的范围。

主要成果：
1. 接车问诊单；
2. 汽车左前大灯不亮故障提问列表；
3. 汽车左前大灯不亮检查表。

工作环节 3 估价确认 3

1. 移交维修技师确定左前大灯不亮的原因及对应的维修方案，为预估维修费用做准备。
2. 引导客户到前台，查询配件库存及工时，预估维修费用，向客户确定是否维修。
3. 查询车间运作情况，与车间调度员沟通，预估交车时间，以便客户安排时间，提高客户满意度。
4. 制作委托维修估价单，向客户解释左前大灯不亮的维修项目，使客户了解维修情况，并让客户签字确认维修，为车辆的车间维修做准备。

主要成果：
1. 汽车左前大灯不亮维修方案表；
2. 委托维修估价单。

工作环节 4

移交工单、监控维修进度

4

1. 将维修工单交调度员，以便安排维修人员进行维修。
2. 监控维修进度，就追加的维修项目与客户沟通，达成共识后重新制作委托维修估价单，以便继续维修。

主要成果：更新后的委托维修估价单。

工作环节 5

修后交车

5

1. 完工交接后，根据交车前外观及车况检查表，确认维修项目与洗车情况。
2. 在交车区辅助顾客验收，展示、说明作业项目和维修效果，增加客户对维修的满意度。
3. 根据委托维修估价单向客户解释维修费用，减少客户对维修费用的异议，并请客户确认后引导客户结算。
4. 交付钥匙、维修单据后送别客户，完成交车。

主要成果：交车前外观及车况检查表。

学习内容

知识点	1.1 接车礼仪的规范； 1.2 车辆钥匙的管理规定； 1.3 DMS 系统的使用方法； 1.4 客户信息及车辆信息的录入要点； 1.5 四件套的用途、安装规范及要求	2.1 环车检查的检查项目； 2.2 接车问诊单的用途、填写方法 2.3 5W2H 的问诊方法； 2.4 左前大灯不亮的初步检查项目、检查方法	3.1 左前大灯不亮的原因； 3.2 售后管理软件的配件库存、工时的查询方法； 3.3 车间运行状况的查询方法； 3.4 委托维修估价单的用途及内容
技能点	1.1 准备接车问诊单、四件套、名片，迎接客户，询问客户来意，引导客户停车，钥匙挂牌； 1.2 在 DMS 系统中录入客户、车辆信息； 1.3 规范安装四件套，实施车辆防护	2.1 环车检查，将结果填入接车问诊单； 2.2 准确地在接车问诊单中记录客户描述的故障情况； 2.3 故障初步检查（电池电量情况、灯泡、熔断丝、继电器等情况），判断故障范围	3.1 交维修技师确定汽车左前大灯不亮的原因及对应的维修方案； 3.2 引导客户到前台，查询配件库存及工时，预估维修费用； 3.3 查询车间运作情况，与车间调度员沟通，预估交车时间； 3.4 制作委托维修估价单，向客户解释维修项目，并让客户签字确认维修
工作环节	工作环节 1 接待登记	车况预检 工作环节 2	工作环节 3 估价确认
成果	1.1 接待登记	2.1 车况预检	3.1 估价确认
素养	1.1 使用规范礼仪进行客户接待	2.1 倾听客户的描述，进行信息分析、筛选	

		5.1 交车前外观及车况检查表的用途及检查项目； 5.2 车辆维修位置及更换零件的必要性； 5.3 交车时需要向客户提交的资料
	4.1 将维修工单交调度员； 4.2 监控维修进度，就追加维修项目与客户沟通，达成共识后重新制作委托维修估价单	5.1 竣工交接后，根据交车前外观及车况检查表，确认维修项目与洗车情况； 5.2 在交车区辅助顾客验收，展示、说明作业项目和维修效果； 5.3 根据委托维修估价单向客户解释维修费用，并请客户确认后引导客户结算； 5.4 交付钥匙、维修单据后送别客户
	工作环节 4 **移交工单、监控维修进度**	**工作环节 5** **修后交车**
	4.1 移交工单、监控维修进度	5.1 修后交车
	4.1 与调度员、修理工协同工作	5.1 使用规范术语向客户解释作业项目及维修费用

学习任务 2 汽车左前大灯不亮故障的技术服务

1 接待登记 → 2 车况预检 → 3 估价确认 → 4 移交工单、监控维修进度 → 5 修后交车

	工作子步骤	教师活动	学生活动	评价
接待登记	1. 接待准备复习：准备接车问诊单、四件套、名片，迎接客户，询问客户来意，引导客户停车，钥匙挂牌； 2. 信息录入实操：在 DMS 系统中录入客户、车辆信息； 3. 车辆防护实操：规范安装四件套，实施车辆防护	1. 给出任务，让学生根据任务复习接车规范、DMS 系统的使用方法及客户信息录入等，待学生展示成果互评后进行师评和重点提示； 2. 根据学生的评价内容引出此环节的学习任务及目标； 3. 说明观看视频《汽车维修接待规范》的要求及需解答的问题； 4. 说明观看视频《接待登记流程》需回答的问题，抽学生回答车辆钥匙管理的问题； 5. 引导学生使用头脑风暴方式制作接待流程图； 6. 使用随机软件抽取学生展示接待过程流程图，并进行评价标准说明； 7. 巡回指导学生确认 DMS 系统信息录入要点并操作录入； 8. 指导学生搜集四件套安装相关视频并按标准要求进行四件套的规范安装	1. 小组协作，复习回忆接车规范，并将规范流程作为成果进行展示讲解，接受其他小组互评； 2. 观看《汽车维修接待规范》《接待登记流程》视频材料，分组讨论总结出要点回答教师的问题； 3. 使用头脑风暴方法制作完整接待流程图进行展示、互评； 4. 将信息录入 DMS 系统； 5. 独立搜集四件套安装资料，按操作规范完成四件套的安装	1. 回答工作页中的问题，教师抽问点评； 2. 学生互评：学生根据评价表对是否规范进行评价。 3. 教师点评：点评接待是否规范，能否从微课中筛选出接待的要点； 4. 在 DMS 系统中录入相关信息，与标准录入信息表做比较，确定录入是否准确、是否有遗漏； 5. 学生对安装四件套的快速性及规范性进行互评

课时： 1 课时

1. 硬资源：四件套、计算机（已安装 DMS 系统）4 台、灯光故障汽车 1 辆等。
2. 软资源：接车问诊单名片、微课（《汽车维修接待规范》《接待登记流程》）等。
3. 教学设施：一体机、白板、水笔、A4 纸等

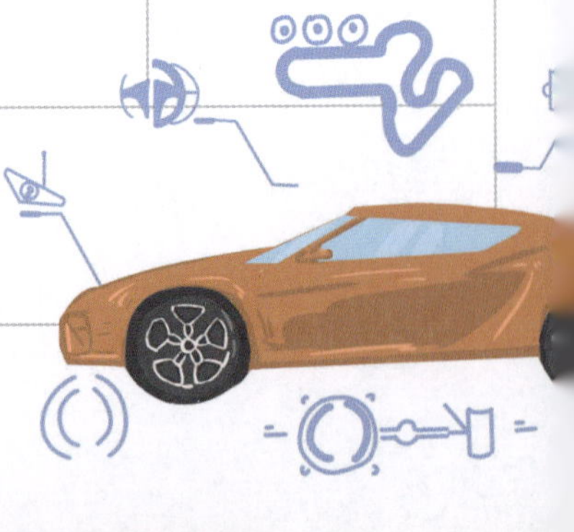

1 接待登记 → 2 车况预检 → 3 估价确认 → 4 移交工单、监控维修进度 → 5 修后交车

车况预检

工作子步骤	教师活动	学生活动	评价
1. 环车检查：按接车问诊单进行环车检查； 2. 问诊：准确地在接车问诊单中记录客户描述的故障情况； 3. 故障初步检查：检查（电池电量情况、灯泡、熔断丝、继电器等情况），判断故障范围，录入接车问诊单中	1. 列出学生需要查找观看《环车检查》相关视频的要求； 2. 派发接车问诊单样单并提出填答工作页的活动要求； 3. 示范引导学生对汽车灯光系统有初步的认知和了解，说明实验台架和实车教具的使用规则，让学生自行讨论总结、成果展示，并巡回指导评价； 4. 要求学生列出发动机不能启动所需提问的问题清单； 5. 提供汽车左前大灯不亮故障初步检查相关教学视频，根据视频内容指导学生编制汽车左前大灯不亮故障初步检查表，并展示互评	1. 通过观看《环车检查》相关视频、独立查阅资料进行环车检查步骤的收集； 2. 比对样单，小组讨论确定接车问诊单的内容和工作页填写要求； 3. 比照台架和实车，与理论知识相结合归纳总结汽车灯光系统的组成、零部件名称和所在位置，相互讨论、完善方案并选举代表上台展示成果； 4. 用思维导图法学习、列出使用5W2H 法问诊发动机不能启动故障的提问列表； 5. 观看发动机不能启动故障初步检查的相关教学视频，编制故障初步检查表并展示互评	1. 回答《环车检查》步骤及内容问题，检测学生自学能力、信息处理能力，教师抽问点评； 2. 接车问诊单工作页抽展点评，检测学生信息处理能力； 3. 使用实物抽点提问学生，检测学生信息处理能力； 4. 抽点问诊问题（自评、师评），检测学生沟通能力、解决问题能力； 5. 编制汽车左前大灯不亮故障初步检查表与参考样表比较； 6. 学生实操演练成果比较（自评、互评、师评），检测学生团队合作能力

课时： 3 课时
1. 硬资源：故障车 1 辆、灯光系统试验台架 4 台等。
2. 软资源：微课（《环车检查》）、接车问诊单及样单、工作页等。
3. 教学设施：一体机、白板、海报纸、大头笔等

课程 3 汽车电气技术服务

学习任务 2 汽车左前大灯不亮故障的技术服务

1 接待登记 → 2 车况预检 → 3 估价确认 → 4 移交工单、监控维修进度 → 5 修后交车

	工作子步骤	教师活动	学生活动	评价
估价确认	1. 移交工单：移交车辆给维修技师确定汽车灯光系统故障引起汽车左前大灯不亮的原因及对应的维修方案； 2. 预估费用：引导客户到前台，查询配件库存及工时，预估维修费用； 3. 预估时间：查询车间运作，与车间调度员沟通，预估交车时间； 4. 制单：制作委托维修估价单，向客户解释维修项目，并让客户签字确认维修	1. 使用 PPT 展示估价的情境，分析并使学生明确此环节的工作步骤及要求，提出此环节的学习任务及目标，展示委托维修估价单样单，说明其用途及内容； 2. 组织观看《汽车灯光系统检修》视频，提出拆卸发动机的要点要求； 3. 巡回指导学生检修左前大灯，使用旋转木马法引导学生说出汽车灯光系统的工作原理； 4. 结合发动机点火系统构造，指导学生使用星火燎原法找出造成汽车左前大灯不亮的原因； 5. 展示汽车左前大灯不亮的维修方案，说明观看评价要点，抽点学生回答问题，巡回指导学生编制汽车左前大灯不亮的维修方案故障维修方案表； 6. 要求各组搜集各种不同的汽车左前大灯不亮原因，引导学生制作相关对应维修方案，根据方案能在 DMS 系统中找出配件编码、价格等； 7. 对应已有工时价目表，指导学生查找相应的配件并计算工时费用； 8. 说明交车时间的确定方法，指导每组确定交车时间，引导各组对应相应故障原因展示展示委托维修估价单，说明评价标准进行点评； 9. 组织各组进行报价话术设计，引导每组进行维修估价展示，说明评价标准，引导学生进行评价	1. 观看学习教学 PPT，明确估价确认环节的工作步骤及要求和委托维修估价单的用途及内容； 2. 观看《汽车灯光系统拆装》视频，列出左前大灯检修要点； 3. 检修左前大灯，结合教材，在发动机上指出汽车灯光系统的工作原理； 4. 在教师的指导下，找出造成汽车左前大灯不亮的原因； 5. 研究学习汽车左前大灯不亮的维修方案，找出要点，按组编制汽车左前大灯不亮的维修方案表； 6. 每组根据教师给出的不同故障原因，在汽车左前大灯不亮的维修方案表找出所需更换的配件，查找配件编码、价格及库存状况，填入委托维修估价单； 7. 在工时价目表中找出对应配件的维修工时，填入委托维修估价单； 8. 每组推算交车时间，填入委托维修估价单并进行展示； 9. 小组合作设计报价话术，模拟与顾客说明委托维修估价单的作业项目，进行小组间评价	1. 随机抽取学生提问，评价其能否准确说出委托维修估价单的用途及内容； 2. 抽问学生是否能准确说出汽车灯光系统的工作原理； 3. 给出汽车左前大灯不亮故障维修方案表样表做对比，判断汽车左前大灯的不亮原因是否完整，维修方案是否准确； 4. 评价各组委托维修估价单中的配件编码、工时、交车时间是否准确； 5. 评价各组能否清晰、准确地向客户说明维修方案的必要性

课时： 6 课时

1. 硬资源：计算机（已安装配件管理系统）4 台、汽车灯光系统台架 4 台、检测拆装工具 4 套等。
2. 软资源：委托维修估价单、工时价目表等。
3. 教学设施：一体机、A4 纸、水笔等

基准学时：18

1 接待登记　2 车况预检　3 估价确认　4 移交工单、监控维修进度　5 修后交车

	工作子步骤	教师活动	学生活动	评价
移交工单、监控维修进度	1. 休息引导：引导客户休息或离开； 2. 将维修工单交调度员； 3. 监控维修进度，就追加维修项目与客户沟通，达成共识后重新制作委托维修估价单。	1. 提出观看《顾客情绪安抚》视频的规则； 2. 提出填答工作页的活动规则； 3. 抽学生回答问题	1. 观看《顾客情绪安抚》视频； 2. 每组抽取 2 位学生，分别扮演服务顾问和客户，模拟安顿客户，为客户介绍休息区分布，向客户解释追加维修项目，并让客户在委托维修估价单上签字确认维修	1. 回答工作页中的问题，教师抽问点评； 2. 点评角色扮演中不规范的操作
	课时： 2 课时 1. 硬资源：汽车营销学习工作站等。 2. 软资源：视频（《顾客情绪安抚》）、委托维修估价单等。 3. 教学设施：一体机、白板、A1 纸、A4 纸、水笔、彩笔、大头笔等			
修后交车	1. 交车检查：竣工交接后，根据交车前外观及车况检查表，确认维修项目与洗车情况； 2. 共同验收：在交车区辅助顾客验收，展示、说明作业项目和维修效果，提供用车及保养建议； 3. 费用说明：根据委托维修估价单向客户解释维修费用，并请客户确认后引导客户结算； 4. 交车送行: 交付钥匙、维修单据后送别客户	1. 播放企业交车视频； 2. 指导学生完成工作页； 3. 引导学生制定修后交车方案，巡回指导； 4. 评价交车方案； 5. 引导学生准备交车所需表单及工具； 6. 说明交车流程的要求及注意事项，安排学生根据交车方案模拟交车； 7. 巡回监控指导，并根据交车标准流程考核表打分； 8. 引导小组互评，填写交车考核表； 9. 评价反馈：修后交车模拟情况，公布考核结果； 10. 总结提升：总结交车知识、技能点及注意事项； 11. 布置课后任务	1. 观看企业交车视频。 2. 完成工作页填写。 3. 小组成员共同制定修后交车流程图。 4. 各小组展示方案,互评后完善交车方案。 5. 准备交车所需表单及工具。 6. 根据交车方案: (1) 填写交车前外观及车况检查表； (2) 每组抽取 2 位同学分别扮演服务顾问与顾客，验收，展示、说明作业项目和维修效果，提供用车及保养建议； (3) 解释维修项目及维修费用，引导客户结算； (4) 交付钥匙、维修单据后送别客户； (5) 将信息录入 DMS 系统； 7. 小组互评，填写交车考核表	1. 通过制定交车流程图，检查学生交车教学视频的学习效果； 2. 根据企业实际工作流程及客户需求评价学生所制定的交车流程的可行性； 3. 通过交车考核表及互评、师评，评价学生模拟交车流程是否符合企业规范
	课时： 6 课时 1. 硬资源：汽车车身电气学习工作站、四件套、计算机（已安装 DMS 系统）4 台等。 2. 软资源：名片、交车前外观及车况检查表、结算单、学习任务书、保养车接待工作页、保养手册、交车标准流程检查表、教学视频等。 3. 教学设施：一体机、白板、海报纸、卡片纸、大头笔、A4 纸、水笔、彩笔等			

学习任务 3 汽车音响不工作故障的技术服务

任务描述

学习任务学时：18 课时

任务情境

夏女士一家假期驾驶汽车外出郊游，行驶不久后想打开音响听音乐却发现音响没有声音，回家后将车送入 4S 店检修。该车购于 2012 年，行驶里程为 100 000 千米，其他部件均使用正常。作为售后服务顾问（SA），你接待后初步检查仪表发现为音响不工作，需要根据维修技师检测后给出的维修方案对维修费用、交车时间做出预估，交客户确认维修后移交车间修理。车辆完成修理后陪同客户验车，向客户解释维修方案的必要性及维修更换的配件、工时，打印费用清单引导客户结账并交车。

音响没声
音

工作流程和标准

工作环节 1 接待登记 1

1. 准备接车问诊单、四件套、名片，迎接客户，询问客户来意，引导客户停车，钥匙挂牌，为车辆预检做准备。
2. 在 DMS 系统中录入客户、车辆信息，为打印单据做准备。
3. 规范安装四件套，实施车辆防护。

主要成果：
1. 接待流程图；
2. 信息录入列表；
3. 四件套的安装图。

工作环节 2 车况预检 2

1. 环车检查，将结果填入接车问诊单，确定客户车辆的情况。
2. 运用 5W2H 方式进行问诊，在接车问诊单中记录客户描述的音响不工作故障发生时的情况，用于确定音响不工作的原因。
3. 故障初步检查诊断，确定音响不工作故障的范围。

主要成果：
1. 接车问诊单；
2. 汽车音响不工作故障提问列表；
3. 汽车音响不工作检查表。

工作环节 3 估价确认 3

1. 移交维修技师确定音响不工作的原因及对应的维修方案，为预估维修费用做准备。
2. 引导客户到前台，查询配件库存及工时，预估维修费用，向客户确定是否维修。
3. 查询车间运作情况，与车间调度员沟通，预估交车时间，以便客户安排时间，提高客户满意度。
4. 制作委托维修估价单，向客户解释音响不工作的维修项目，使客户了解维修情况，并让客户签字确认维修，为车辆的车间维修做准备。

主要成果:
1. 汽车音响不工作维修方案表；
2. 委托维修估价单。

工作环节 4

移交工单、监控维修进度

4

1. 将维修工单交调度员，以便安排维修人员进行维修。
2. 监控维修进度，就追加的维修项目与客户沟通，达成共识后重新制作委托维修估价单，以便继续维修。

主要成果：更新后的委托维修估价单。

工作环节 5

修后交车

5

1. 完工交接后，根据交车前外观及车况检查表，确认维修项目与洗车情况。
2. 在交车区辅助顾客验收，展示、说明作业项目和维修效果，增加客户对维修的满意度。
3. 根据委托维修估价单向客户解释维修费用，减少客户对维修费用的异议，并请客户确认后引导客户结算。
4. 交付钥匙、维修单据后送别客户，完成交车。

主要成果：交车前外观及车况检查表。

学习内容

知识点	1.1 接车礼仪的规范； 1.2 车辆钥匙的管理规定； 1.3 DMS 系统的使用方法； 1.4 客户信息及车辆信息的录入要点； 1.5 四件套的用途、安装规范及要求	2.1 环车检查的检查项目； 2.2 接车问诊单的用途、填写方法； 2.3 5W2H 的问诊方法； 2.4 音响不工作的初步检查项目、检查方法	3.1 音响不工作的原因； 3.2 售后管理软件的配件库存、工时的查询方法； 3.3 车间运行状况的查询方法； 3.4 委托维修估价单的用途及内容
技能点	1.1 准备接车问诊单、四件套、名片，迎接客户，询问客户来意，引导客户停车，钥匙挂牌； 1.2 在 DMS 系统中录入客户、车辆信息； 1.3 规范安装四件套，实施车辆防护	2.1 环车检查，将结果填入接车问诊单； 2.2 准确地在接车问诊单中记录客户描述的故障情况； 2.3 故障初步检查（主机、功率放大器、扬声器、天线、声音处理设备及附件等运作情况），判断故障范围	3.1 交维修技师确定音响不工作的原因及对应的维修方案； 3.1 引导客户到前台，查询配件库存及工时，预估维修费用； 3.3 查询车间运作情况，与车间调度员沟通，预估交车时间； 3.4 制作委托维修估价单，向客户解释维修项目，并让客户签字确认维修
工作环节	工作环节 1 接待登记	工作环节 2 车况预检	工作环节 3 估价确认
成果	1.1 接待流程图； 1.2 信息录入列表； 1.3 四件套的安装图	2.1 接车问诊单； 2.2 汽车音响不工作故障提问列表； 2.3 汽车音响不工作检查表	3.1 汽车音响不工作维修方案表； 3.2 委托维修估价单
素养	1.1 使用规范礼仪进行客户接待	2.1 倾听客户的描述，进行信息分析、筛选	

		5.1 交车前外观及车况检查表的用途及检查项目； 5.2 车辆维修位置及更换零件的必要性； 5.3 交车时需要向客户提交的资料
	4.1 将维修工单交调度员； 4.2 监控维修进度，就追加维修项目与客户沟通，达成共识后重新制作委托维修估价单	5.1 竣工交接后，根据交车前外观及车况检查表，确认维修项目与洗车情况； 5.2 在交车区辅助顾客验收，展示、说明作业项目和维修效果； 5.3 根据委托维修估价单向客户解释维修费用，并请客户确认后引导客户结算； 5.4 交付钥匙、维修单据后送别客户

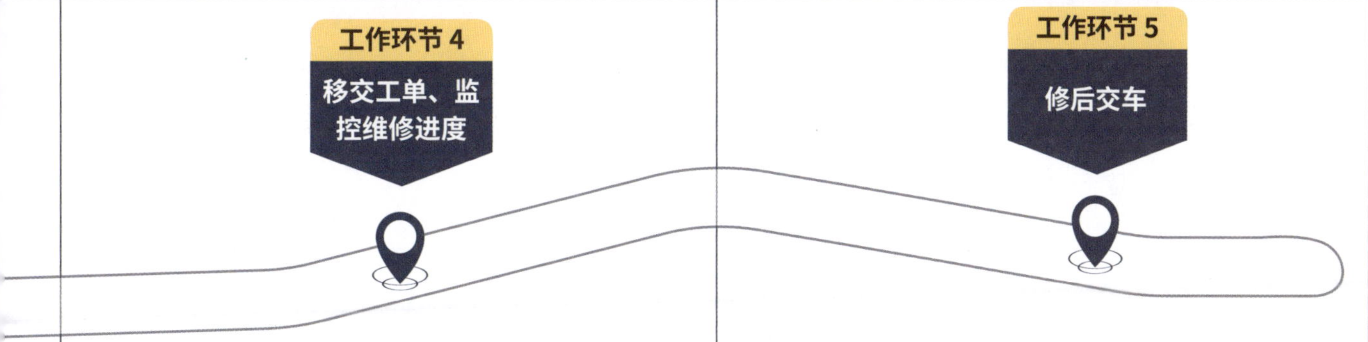

	4.1 更新后的委托维修估价单	5.1 交车前外观及车况检查表
	4.1 与调度员、修理工协同工作	5.1 使用规范术语向客户解释作业项目及维修费用

学习任务 3 汽车音响不工作故障的技术服务

1 接待登记 → 2 车况预检 → 3 估价确认 → 4 移交工单、监控维修进度 → 5 修后交车

	工作子步骤	教师活动	学生活动	评价
接待登记	1. 接待准备设计：准备接车问诊单、四件套、名片，迎接客户，询问客户来意，引导客户停车，钥匙挂牌; 2. 信息录入设计：在 DMS 系统中录入客户、车辆信息； 3. 车辆防护设计：规范安装四件套，实施车辆防护	1. 提供剧本并安排 2 名学生提前准备接待情境的错误示范，待学生示范后随机抽点 10 名观众进行点评，指出错误内容并指正； 2. 教师根据学生的评价内容结合已观看视频《汽车维修接待规范》《接待登记流程》进行总结点评； 3. 抽学生回答要点复习； 4. 提供多个情境让学生抽选，引导学生在抽到的情境下讨论创作接待剧本，以巩固、具象化知识点； 5. 巡回指导学生，确认学生能够发挥能力且融合已学知识	1. 被抽选的学生按照已有剧本排练，展示错误的情境示范； 2. 被随机抽点到的 10 名观众对错误的情境示范完成点评指正任务； 3. 跟随教师的引导复习已学知识； 4. 根据提供的情境，结合已有的接待流程图进行拓展，小组合作创作接待情境剧本	1. 复习巩固已学内容的问题，由教师抽问点评； 2. 学生互评：学生根据评价表对是否规范进行评价； 3. 教师点评：点评接待是否规范，能否从微课中筛选出接待的要点； 4. 学生自主合作，共同利用已学知识点进行发散思维，小组互评，相互指出不足，细化、具象化知识点

课时： 4 课时

1. 硬资源：四件套、计算机（已安装 DMS 系统）4 台、故障汽车 1 辆等。
2. 软资源：接车问诊单名片、微课（《汽车维修接待规范》《接待登记流程》）等。
3. 教学设施：一体机、白板、水笔、A4 纸等

基准学时：18

1 接待登记　2 车况预检　3 估价确认　4 移交工单、监控维修进度　5 修后交车

车况预检

工作子步骤	教师活动	学生活动	评价
1. 环车检查：按接车问诊单进行环车检查； 2. 问诊：准确地在接车问诊单中记录客户描述的故障情况； 3. 故障初步检查：检查（主机、功率放大器、扬声器、天线、声音处理设备及附件等运作情况），判断故障范围，录入接车问诊单中	1. 提出独自观看《环车检查》相关微课的规则； 2. 提供接车问诊单样单并提出填答工作页的活动要求； 3. 实物教学引导学生对汽车音响系统有初步的认知和了解，说明实验台架和实车教具的使用规则，让学生自行讨论总结，巡回指导补充； 4. 引导学生整理确定音响不工作提问的列表； 5. 演示音响不工作故障初步检查，引导学生编制音响不工作故障初步检查表，并展示参考样表； 6. 组织学生分组展示演练成果，并引导学生评价	1. 通过观看微课、查阅相关资料进行环车检查步骤的收集； 2. 比对样单，小组讨论确定接车问诊单的内容和工作页填写要求； 3. 比照台架和实车，与理论知识相结合归纳总结汽车音响系统的组成、零部件名称和所在位置； 4. 根据电路图进行电路认知； 5. 小组讨论：使用 5W2H 法问诊音响不工作故障的提问列表； 6. 观看教师演示音响不工作故障初步检查的项目与方法，编制音响不工作故障初步检查表； 7. 2人一组就环车检查、接车问诊、故障初步检查进行模拟演练，并进行互评	1. 回答环车检查步骤及内容问题，检测学生自学能力、信息处理能力，教师抽问点评； 2. 接车问诊单工作页抽展点评，检测学生信息处理能力； 3. 使用实物抽点提问学生，检测学生信息处理能力； 4. 抽点问诊问题（自评、师评），检测学生沟通能力、解决问题能力； 5. 编制音响不工作故障初步检查表与参考样表做比较； 6. 学生实操演练成果比较（自评、互评、师评），检测学生团队合作能力

课时： 2 课时

1. 硬资源：故障车 1 辆、汽车音响系统试验台架 4 台等。
2. 软资源：微课（《环车检查》）、接车问诊单及样单、工作页、电路图等。
3. 教学设施：一体机、白板、彩笔、彩纸、A1 纸、大头笔等

汽车电气技术服务

课程 3 汽车电气技术服务

学习任务 3 汽车音响不工作故障的技术服务

1 接待登记 → 2 车况预检 → 3 估价确认 → 4 移交工单、监控维修进度 → 5 修后交车

	工作子步骤	教师活动	学生活动	评价
估价确认	1. 移交工单：移交车辆给维修技师确定音响不工作的原因及对应的维修方案； 2. 预估费用：引导客户到前台，查询配件库存及工时，预估维修费用； 3. 预估时间：查询车间运作，与车间调度员沟通，预估交车时间； 4. 制单：制作委托维修估价单，向客户解释维修项目，并让客户签字确认维修	1. 使用 PPT 展示估价的情境，分析并使学生明确此环节的工作步骤及要求，提出此环节的学习任务及目标，展示委托维修估价单样单，说明其用途及内容； 2. 示范拆卸发动机，明确拆卸发动机的目的； 3. 巡回指导学生拆卸发动机，使用星火燎原法引导学生说出汽车音响系统的工作原理； 4. 结合汽车音响系统的构造，指导学生使用头脑风暴法找出造成音响不工作的原因； 5. 播放视频《音响不工作的维修方案》，说明观看要点，巡回指导学生编制音响不工作故障维修方案表，给出参考表格给学生做比较； 6. 向各组给出不同的音响不工作原因，指导学生找出维修方案，在配件管理系统中找出配件编码、价格等； 7. 每组发放工时价目表，指导学生查找出对应的配件的工时费用； 8. 展示维修看板，说明交车时间的确定方法，指导每组确定交车时间，引导各组展示委托维修估价单，说明评价标准进行点评； 9. 组织各组进行报价话术设计，引导每组进行维修估价展示，说明评价标准，引导学生进行评价	1. 根据教师给定的情境，在教师分析引导下确定估价确认环节的工作步骤及要求，明确委托维修估价单的用途及内容； 2. 观看教师演示汽车音响系统的检修； 3. 检修音响，结合教材，在发动机上指出汽车音响系统的工作原理； 4. 在教师的指导下，思考造成音响不工作的原因； 5. 观看《音响不工作的维修方案》视频，找出要点，按组编制音响不工作故障维修方案表； 6. 每组根据教师给出的不同音响不工作原因，在音响不工作故障维修方案表找出所需更换的配件，查找配件编码、价格及库存状况，填入委托维修估价单； 7. 在工时价目表中找出对应配件的维修工时，填入委托维修估价单； 8. 观看维修进度看板，每组推算交车时间，填入委托维修估价单并进行展示； 9. 小组合作设计报价话术，模拟与顾客说明委托维修估价单的作业项目，进行小组间评价	1. 随机抽取学生提问，评价其能否准确说出委托维修估价单的用途及内容； 2. 抽问学生是否能准确说出汽车音响系统的工作原理； 3. 给出音响不工作故障维修方案表样表做对比，判断音响不工作的原因是否完整，维修方案是否准确； 4. 评价各组委托维修估价单中的配件编码、工时、交车时间是否准确； 5. 评价各组能否清晰、准确地向客户说明维修方案的必要性

课时：6 课时

1. 硬资源：计算机（已安装配件管理系统）4 台、汽车灯光系统台架 4 台、检测拆装工具 4 套等。
2. 软资源：委托维修估价单、工时价目表等。
3. 教学设施：一体机、A4 纸、水笔等

基准学时：18

1 接待登记 2 车况预检 3 估价确认 4 移交工单、监控维修进度 5 修后交车

	工作子步骤	教师活动	学生活动	评价
移交工单、监控维修进度	1. 休息引导：引导客户休息或离开； 2. 将维修工单交调度员； 3. 监控维修进度，就追加维修项目与客户沟通，达成共识后重新制作委托维修估价单	1. 提出观看《顾客情绪安抚》视频的规则； 2. 提出填答工作页的活动规则； 3. 抽学生回答问题	1. 观看《顾客情绪安抚》视频； 2. 每组抽取 2 位学生，分别扮演服务顾问和客户，模拟安顿客户，为客户介绍休息区分布，向客户解释追加维修项目，并让客户在委托维修估价单上签字确认维修	1. 回答工作页中的问题,教师抽问点评; 2. 点评角色扮演中不规范的操作
	课时： 2 课时 1. 硬资源：汽车营销学习工作站等。 2. 软资源：视频（《顾客情绪安抚》）、委托维修估价单等。 3. 教学设施：一体机、白板、A1 纸、A4 纸、水笔、大头笔等			
修后交车	1. 交车前检查：完工交接后，根据交车前外观及车况检查表，确认维修项目与洗车情况； 2. 车辆验收：在交车区辅助顾客验收，展示、说明作业项目和维修效果，提供用车及保养建议； 3. 解释费用：根据委托维修估价单向客户解释维修费用，并请客户确认后引导客户结算； 4. 送客：交付钥匙、维修单据后送别客户	1. 引导学生制定修后交车方案，巡回指导； 2. 评价交车方案，引导学生准备交车所需表单及工具； 3. 说明交车流程的要求及注意事项，安排学生根据交车方案模拟交车； 4. 巡回监控指导，并根据交车标准流程考核表打分； 5. 引导小组互评，填写交车考核表； 6. 评价反馈：修后交车模拟情况，公布考核结果； 7. 总结提升：总结交车知识、技能点及注意事项	1. 小组成员共同制定修后交车方案； 2. 各小组展示方案，互评后完善交车方案； 3. 使用随机软件，每组抽取 2 位学生分别扮演服务顾问与顾客，验收，展示、说明音响不工作故障的作业项目和维修效果，提供用车及保养建议； 4. 解释维修项目及维修费用，引导客户结算； 5. 交付钥匙、维修单据后送别客户； 6. 将信息录入 DMS 系统； 7. 小组互评，填写交车考核表	1. 通过制定交车流程图，检查学生交车教学视频的学习效果； 2. 根据企业实际工作流程及客户需求评价学生所制定交车流程的可行性； 3. 通过交车考核表及互评、师评，评价学生模拟交车流程是否符合企业规范
	课时： 4 课时 1. 硬资源：汽车车身电气学习工作站、四件套、电脑 4 台（含 DMS 系统）等。 2. 软资源：课件、教材、交车前外观及车况检查表、结算单、交车标准流程检查表等。 3. 教学设施：一体机、白板、海报纸、彩纸、水笔等			

学习任务 4 汽车空调不制冷故障的技术服务

任务描述

学习任务学时：**18** 课时

任务情境

范先生将车送入维修厂。作为售后服务顾问（SA），你负责接待，据了解，该车的故障现象是空调突然无法制冷。该车为 2008 款汽车，行驶里程为 100 000 千米。现需要根据维修技师检测后给出的维修方案对维修费用、交车时间做出预估，交客户确认维修后移交车间修理。车辆完成修理后陪同客户验车，向客户解释维修方案的必要性及维修更换的配件、工时，打印费用清单引导客户结账并交车。

空调不制冷

工作流程和标准

工作环节 1　接待登记　1

1. 准备接车问诊单、四件套、名片，迎接客户，询问客户来意，引导客户停车，钥匙挂牌，为车辆预检做准备。
2. 在 DMS 系统中录入客户、车辆信息，为打印单据做准备。
3. 规范安装四件套，实施车辆防护。

主要成果：
1. 接待流程图；
2. 信息录入列表；
3. 四件套的安装图。

工作环节 2　车况预检　2

1. 环车检查，将结果填入接车问诊单，确定客户车辆的情况。
2. 运用 5W2H 方式进行问诊，在接车问诊单中记录客户描述的空调不制冷故障发生时的情况，用于确定空调不制冷的原因。
3. 故障初步检查诊断，确定空调不制冷故障的范围。

主要成果：
1. 接车问诊单；
2. 汽车空调不制冷故障提问列表；
3. 汽车空调不制冷检查表。

工作环节 3　估价确认　3

1. 移交维修技师确定空调不制冷的原因及对应的维修方案，为预估维修费用做准备。
2. 引导客户到前台，查询配件库存及工时，预估维修费用，向客户确定是否维修。
3. 查询车间运作情况，与车间调度员沟通，预估交车时间，以便客户安排时间，提高客户满意度。
4. 制作委托维修估价单，向客户解释空调不制冷的维修项目，使客户了解维修情况，并让客户签字确认维修，为车辆的车间维修做准备。

主要成果：
1. 汽车空调不制冷维修方案表；
2. 委托维修估价单。

工作环节 4

4 移交工单、监控维修进度

1. 将维修工单交调度员，以便安排维修人员进行维修。
2. 监控维修进度，就追加的维修项目与客户沟通，达成共识后重新制作委托维修估价单，以便继续维修。

主要成果：更新后的委托维修估价单。

工作环节 5

5 修后交车

1. 完工交接后，根据交车前外观及车况检查表，确认维修项目与洗车情况。
2. 在交车区辅助顾客验收，展示、说明作业项目和维修效果，增加客户对维修的满意度。
3. 根据委托维修估价单向客户解释维修费用，减少客户对维修费用的异议，并请客户确认后引导客户结算。
4. 交付钥匙、维修单据后送别客户，完成交车。

主要成果：交车前外观及车况检查表。

学习内容

知识点	1.1 接车礼仪的规范； 1.2 车辆钥匙的管理规定； 1.3 DMS 系统的使用方法； 1.4 客户信息及车辆信息的录入要点； 1.5 四件套的用途、安装规范及要求	2.1 环车检查的检查项目； 2.2 接车问诊单的用途、填写方法； 2.3 5W2H 的问诊方法； 2.4 空调不制冷的初步检查项目、检查方法	3.1 空调不制冷的原因； 3.2 售后管理软件的配件库存、工时的查询方法； 3.3 车间运行状况的查询方法； 3.4 委托维修估价单的用途及内容
技能点	1.1 准备接车问诊单、四件套、名片，迎接客户，询问客户来意，引导客户停车，钥匙挂牌； 1.2 在 DMS 系统中录入客户、车辆信息； 1.3 规范安装四件套，实施车辆防护	2.1 环车检查，将结果填入接车问诊单； 2.2 准确地在接车问诊单中记录客户描述的故障情况； 2.3 故障初步检查（干燥贮液器容量、膨胀阀、冷凝器、压缩机等运转情况），判断故障范围	3.1 交维修技师确定空调不制冷的原因及对应的维修方案； 3.2 引导客户到前台，查询配件库存及工时，预估维修费用； 3.3 查询车间运作情况，与车间调度员沟通，预估交车时间； 3.4 制作委托维修估价单，向客户解释维修项目，并让客户签字确认维修
工作环节	工作环节 1 接待登记	车况预检 工作环节 2	工作环节 3 估价确认
成果	1.1 接待流程图； 1.2 信息录入列表； 1.3 四件套的安装图	2.1 接车问诊单； 2.2 汽车空调不制冷故障提问列表； 2.3 汽车空调不制冷检查表	3.1 汽车空调不制冷维修方案表； 3.2 委托维修估价单
素养	1.1 使用规范礼仪进行客户接待	2.1 倾听客户的描述，进行信息分析、筛选	

学习任务 4　汽车空调不制冷故障的技术服务

		5.1 交车前外观及车况检查表的用途及检查项目 5.2 车辆维修位置及更换的零件的必要性； 5.3 交车时需要向客户提交的资料
	4.1 将维修工单交调度员； 4.2 监控维修进度，就追加维修项目与客户沟通，达成共识后重新制作委托维修估价单	5.1 竣工交接后，根据交车前外观及车况检查表，确认维修项目与洗车情况； 5.2 在交车区辅助顾客验收，展示、说明作业项目和维修效果； 5.3 根据委托维修估价单向客户解释维修费用，并请客户确认后引导客户结算； 5.4 交付钥匙、维修单据后送别客户
	工作环节 4 移交工单、监控维修进度	工作环节 5 修后交车
	4.1 更新后的委托维修估价单	5.1 交车前外观及车况检查表
	4.1 与调度员、修理工协同工作	5.1 使用规范术语向客户解释作业项目及维修费用

课程 3 汽车电气技术服务
学习任务 4 汽车空调不制冷故障的技术服务

1 接待登记 → 2 车况预检 → 3 估价确认 → 4 移交工单、监控维修进度 → 5 修后交车

	工作子步骤	教师活动	学生活动	评价
接待登记	1. 接待准备：准备接车问诊单、四件套、名片，迎接客户，询问客户来意，引导客户停车，钥匙挂牌； 2. 信息录入：在 DMS 系统中录入客户、车辆信息； 3. 车辆防护：规范安装四件套，实施车辆防护	1. 观看学生的表演，认真记录学生的表现和优缺点； 2. 根据学生的评价内容引出更深层次问题，引导学生独立或小组合作解决； 3. 引导学生进行小组互评； 4. 展示点评学生成果	1. 根据已编写完整的自有剧本进行排练，并通过角色扮演进行表演； 2. 表演结束后组内成员讨论评价，选出一名代表上台总结并自我点评，接受其他组的点评； 3. 总结错误并在成果展示纸上罗列出来展示； 4. 使用小组旋转法细化各自小组存在的优缺点； 5. 总结解决办法	1. 学生互评：学生观看角色扮演，根据评价表对是否规范进行评价； 2. 教师点评：结合学生的表现和意见进行总评
	课时： 1 课时 1. 硬资源：四件套、计算机（已安装 DMS 系统）4 台、故障车 1 辆等。 2. 软资源：接车问诊单名片、微课（《汽车维修接待规范》《接待登记流程》）等。 3. 教学设施：一体机、白板、水笔、A4 纸等			
车况预检	1. 环车检查：按接车问诊单进行环车检查； 2. 问诊：准确地在接车问诊单中记录客户描述的故障情况； 3. 故障初步检查：检查（干燥贮液器容量、膨胀阀、冷凝器、压缩机等运转情况），判断故障范围，录入接车问诊单中	1. 列出学生需要查找观看《环车检查》相关视频的要求； 2. 派发接车问诊单样单并提出填答工作页的活动要求； 3. 示范引导学生对汽车空调系统有初步的认知和了解，说明实验台架和实车教具的使用规则，让学生自行讨论总结、成果展示，并巡回指导评价； 4. 要求学生列出空调不制冷所需要提问的问题清单； 5. 提供空调不制冷故障初步检查相关教学视频，根据视频内容指导学生编制空调不制冷故障初步检查表，并展示互评	1. 通过观看《环车检查》相关视频，独立查阅资料进行环车检查步骤的收集； 2. 比对样单，小组讨论确定接车问诊单的内容和工作页填写要求； 3. 比照台架和实车，与理论知识相结合归纳总结汽车空调系统的组成、零部件名称和所在位置，相互讨论、完善方案并选举代表上台展示成果； 4. 用思维导图法学习、列出使用 5W2H 法问诊空调不制冷故障的提问列表； 5. 观看空调不制冷故障初步检查的相关教学视频，编制故障初步检查表并展示互评	1. 回答环车检查步骤及内容问题，检测学生自学能力、信息处理能力，教师抽问点评； 2. 按接车问诊单工作页抽问点评，检测学生信息处理能力； 3. 使用实物抽点提问学生，检测学生信息处理能力； 4. 抽点问诊问题（自评、师评），检测学生沟通能力、解决问题能力； 5. 编制空调不制冷故障初步检查表与参考样表比较； 6. 学生实操演练成果比较（自评、互评、师评），检测学生团队合作能力
	课时： 7 课时 1. 硬资源：故障车 1 辆、汽车空调系统试验台架 4 台等。 2. 软资源：微课（《环车检查》）、接车问诊单及样单、工作页等。 3. 教学设施：一体机、白板、彩笔、彩纸、A1 纸、大头笔等			

基准学时：18

1 接待登记 → 2 车况预检 → 3 估价确认 → 4 移交工单、监控维修进度 → 5 修后交车

	工作子步骤	教师活动	学生活动	评价
估价确认	1. 移交工单：移交车辆给维修技师确定汽车空调系统故障引起空调不制冷的原因及对应的维修方案； 2. 预估费用：引导客户到前台，查询配件库存及工时，预估维修费用； 3. 预估时间：查询车间运作，与车间调度员沟通，预估交车时间； 4. 制单：制作委托维修估价单，向客户解释维修项目，并让客户签字确认维修	1. 使用 PPT 展示估价的情境，分析并使学生明确此环节的工作步骤及要求，提出此环节的学习任务及目标，展示委托维修估价单样单，说明其用途及内容； 2. 组织观看《汽车空调系统检修》视频，提出拆卸发动机的要点要求； 3. 巡回指导学生检修空调系统，使用旋转木马法引导学生说出汽车空调系统的工作原理； 4. 结合发动机汽车空调系统构造，指导学生使用星火燎原法找出造成空调不制冷的原因； 5. 展示发动机不能启动的维修方案，说明观看评价要点，抽点学生回答问题，巡回指导学生编制空调不制冷的维修方案故障维修方案表； 6. 要求各组搜集各种不同的空调不制冷原因，引导学生制作相关对应维修方案，能根据方案在 DMS 系统中找出配件编码、价格等； 7. 对应已有工时价目表，指导学生查找出相应的配件并计算工时费用； 8. 说明交车时间的确定方法，指导每组确定交车时间，引导各组对相应故障原因展示委托维修估价单，并按评价标准进行点评； 9. 组织各组进行报价话术设计，引导每组进行维修估价展示，说明评价标准，引导学生进行评价	1. 观看学习教学 PPT，明确估价确认环节的工作步骤及要求以及委托维修估价单的用途及内容； 2. 观看《汽车空调系统检修》视频，列出检修空调系统的要点要求； 3. 检修空调系统，结合教材，在汽车上指出空调系统的工作原理； 4. 在教师的指导下，找出空调不制冷的原因； 5. 研究学习空调不制冷的维修方案，找出要点，按组编制空调不制冷的维修方案表； 6. 每组根据教师给出的不同故障原因，在空调不制冷的维修方案表中找出所需更换的配件，查找配件编码、价格及库存状况，填入委托维修估价单； 7. 在工时价目表中找出对应配件的维修工时，填入委托维修估价单； 8. 每组推算交车时间，填入委托维修估价单并进行展示； 9. 小组合作设计报价话术，模拟与顾客说明委托维修估价单的作业项目，进行组间评价	1. 随机抽取学生提问，评价其能否准确说出委托维修估价单的用途及内容； 2. 抽问学生是否能准确说出汽车空调系统的工作原理； 3. 给出空调不制冷故障维修方案表样表做对比，判断空调不制冷的原因是否完整；维修方案是否准确； 4. 评价各组委托维修估价单中的配件编码、工时、交车时间是否准确； 5. 评价各组能否清晰、准确地向客户说明维修方案的必要性

课时： 4 课时

1. 硬资源：计算机（已安装配件管理系统）4 台、汽车空调系统台架 4 台、检测拆装工具 4 套等。
2. 软资源：委托维修估价单、工时价目表等。
3. 教学设施：一体机、A4 纸、水笔等

课程 3 汽车电气技术服务

学习任务 4 汽车空调不制冷故障的技术服务

1 接待登记 → 2 车况预检 → 3 估价确认 → 4 移交工单、监控维修进度 → 5 修后交车

移交工单、监控维修进度

工作子步骤	教师活动	学生活动	评价
1. 休息引导：引导客户休息或离开； 2. 将维修工单交调度员； 3. 监控维修进度，就追加维修项目与客户沟通，达成共识后重新制作委托维修估价单	1. 提出观看《顾客情绪安抚》视频的规则； 2. 提出填答工作页的活动规则； 3. 抽学生回答问题。	1. 观看《顾客情绪安抚》视频； 2. 每组抽取 2 位学生，分别扮演服务顾问和客户，模拟安顿客户，为客户介绍休息区分布，向客户解释追加维修项目，并让客户在委托维修估价单上签字确认维修	1. 回答工作页中的问题，教师抽问点评； 2. 点评角色扮演中不规范的操作

课时：2 课时

1. 硬资源：汽车营销学习工作站等。
2. 软资源：视频（《顾客情绪安抚》）、委托维修估价单等。
3. 教学设施：一体机、白板、A1 纸、A4 纸、水笔、大头笔

1 接待登记　2 车况预检　3 估价确认　4 移交工单、监控维修进度　5 修后交车

修后交车

工作子步骤	教师活动	学生活动	评价
1. 交车检查：完工交接后，根据交车前外观及车况检查表，确认维修项目与洗车情况； 2. 共同验收：在交车区辅助顾客验收，展示、说明作业项目和维修效果，提供用车及保养建议； 3. 费用说明：根据委托维修估价单向客户解释维修费用，并请客户确认后引导客户结算； 4. 交车送行：交付钥匙、维修单据后送别客户	1. 播放企业交车视频； 2. 指导学生完成工作页； 3. 引导学生制定修后交车方案，巡回指导； 4. 评价交车方案； 5. 引导学生准备交车所需表单及工具； 6. 说明交车流程的要求及注意事项，安排学生根据交车方案模拟交车； 7. 巡回监控指导，并根据交车标准流程考核表打分，然后引导小组互评，填写交车考核表； 8. 评价反馈：修后交车模拟情况，公布考核结果； 9. 总结提升：总结交车知识、技能点及注意事项； 10. 布置课后任务	1. 观看企业交车视频。 2. 完成工作页填写。 3. 小组成员共同制定修后交车流程图。 4. 各小组展示方案，互评后完善交车方案。 5. 准备交车所需表单及工具。 6. 根据交车方案： (1) 填写交车前外观及车况检查表； (2) 每组抽取 2 位学生分别扮演服务顾问与顾客，验收，展示、说明作业项目和维修效果，提供用车及保养建议； (3) 解释维修项目及维修费用，引导客户结算； (4) 交付钥匙、维修单据后送别客户； (5) 将信息录入 DMS 系统； 7. 小组互评，填写交车考核表	1. 通过制定交车流程图，检查学生交车教学视频的学习效果； 2. 根据企业实际工作流程及客户需求评价学生所制定的交车流程的可行性； 3. 通过交车考核表及互评、师评，评价学生模拟交车流程是否符合企业规范

课时： 4 课时

1. 硬资源：汽车车身电气学习工作站、四件套、计算机（已安装 DMS 系统）4 台等。
2. 软资源：名片、交车前外观及车况检查表、结算单、学习任务书、保养车接待工作页、保养手册、交车标准流程检查表、教学视频等。
3. 教学设施：一体机、白板、海报纸、卡片纸、大头笔、A4 纸、水笔、彩笔等

考核标准

汽车充电指示灯亮故障的技术服务

情境描述

刘小姐驾驶车辆外出，行驶不久后发现汽车仪表中充电指示灯点亮了，遂就近驶入 4S 店。作为售后服务顾问（SA），你进行了接待，提供技术服务。要求能够对此故障做基本检查，根据维修技师的检查结果进行相应的报价并向客户做出说明，维修后能与客户共同检验车辆，使客户满意维修结果，完成费用结算及交车。

任务要求

1. 请列出充电指示灯亮的原因及基本检查方法。
2. 请按照情境描述的情况进行接待，提供技术服务，同时填写接车问诊单、委托维修估价单。
3. 如果车辆维修后要向车主提出保养建议，请把这些问题或建议整理成一份提纲，以便面谈时进行沟通。

参考资料

回答上述问题时，可以使用所有的常见教学资料，如专业教材、个人笔记以及计算器等。

评价方式

由任课教师、专业组长、企业代表组成考评小组共同实施考核评价，取所有考核人员评分的平均分为学生考核成绩。

评价标准

评价项目	评价内容	分值	评分标准	得分
专业能力	按照规范进行客户接待	5	错误或遗漏分析一项扣 1 分	
	根据制动无力故障向客户问诊	10	问诊问题遗漏一项扣 2 分	
	写出充电指示灯亮的原因	10	遗漏一项扣 2 分	
	准确地对充电指示灯亮做基本检查	10	遗漏一项扣 2 分	
	规范填写接车问诊单	5	每错一项扣 1 分	
	清晰准确地向顾客解释维修费用	5	每错一项扣 1 分；	
	清晰准确地向客户说明故障原因	10	每错一项扣 2 分；	
	准确地向客户解释维修费用	5	每错一项扣 1 分；	
通用能力	能读懂任务书，与客户进行有效沟通，记录关键内容，整理客户需求	5	没有沟通扣 2 分；沟通不到位扣 1 分；无记录扣 2 分	
	能查阅相关资料，获取车险相关条款等信息	5	没有查阅扣 3 分，查阅方法不对扣 2 分	
	能满足客户功能需求、使用价值，企业工作规范、安全性、环保性、成本效益等	5	完全不符合每项扣 1 分	
	能及时有效地处理接待过程中的客户异议	5	完全没有解决扣 3 分；解决不及时扣 2 分；无突发问题不扣分	
	能对已完成的工作进行记录存档、评价和反馈	5	无记录扣 2 分	
	表述仪态自然、吐字清晰、思路清晰，且与实际相符	10	仪态不自然、吐字模糊、思路不清晰每项扣 1 分；表述与实际不符扣 1 分	
	分工明确，团队合作融洽	5	分工不明确扣 2 分；团队合作不融洽扣 2 分	
总分		100		

课程 4 汽车销售

学习任务

展厅销售

（72）学时

课程目标

学习完本课程后，学生应当能够胜任汽车展厅销售岗位的工作，为客户提供有关汽车销售相关的技术服务，养成良好的职业素养。具体目标为：

1. 能按汽车 4S 店工作规律参与组织晨会；
2. 能按汽车销售要求布置管理展厅环境；
3. 能按照拜访工作计划进行客户拜访；
4. 能按商务礼仪规范约见、接待顾客并按规程做好客户开发与管理工作；
5. 能在与顾客沟通中了解顾客基本信息与购买意向；
6. 能根据顾客特点运用 FAB 法（Feature、Advantage、Benefit，属性、作用、益处）和六方位法等方法对车辆外观、经济性能、动力性能、安全性、车辆品牌文化、平顺性、舒适性、车辆通过性和操控性能进行介绍；
7. 能按汽车 4S 店工作要求完成试乘试驾任务；
8. 能把握客户的需求，适时报价并推销汽车精品；
9. 能在销售过程中运用异议处理方法寻求客户认同；
10. 能按照签约成交流程和工作要点开展签约活动；
11. 能正确说明汽车销售过程中上牌的办理程序；
12. 熟练执行交车各环节工作内容；
13. 能正确说出售后关怀的具体操作步骤及执行要点；
14. 根据 4S 店环境及市场发展，提出客户满意度提升建议及措施；
15. 能根据市场要求执行保险、上牌、消费信贷、二手车置换和汽车租赁等其他服务项目；
16. 具有良好的信息处理能力、自学能力、沟通协调、知识迁移、综合运用等核心能力。

课时：72

课程内容

根据课程目标逐条梳理学习内容：

1. 汽车 4S 店晨会的组织方法；
2. 晨会的商务礼仪；
3. 汽车销售的管理展厅环境布置方法；
4. 展厅布局和管理原则；
5. 展厅接待的流程；
6. 展厅接待咨询工作的行动要点；
7. 拜访工作计划制订步骤；
8. 预约客户使用的电话礼仪；
9. 拜访的推销语言；
10. 根据工作情境分析顾客个性的方法；
11. 根据顾客个性差异进行销售的应对方法；
12. 车辆外观的介绍方法；
13. 车辆动力性的介绍方法；
14. 车辆经济性的介绍方法；
15. 车辆安全性的介绍方法；
16. 车辆舒适性的介绍方法；
17. 车辆通过性的介绍方法；
18. 车辆操纵性的介绍方法；
19. 分析顾客需求，找准消费关注点的方法；
20. 六方位介绍方法；
21. 试乘试驾的操作流程及要点；
22. 试乘试驾各种表单的填写规范；
23. 车辆的报价，完成报价单的解释；
24. 处理顾客异议时应当遵循的基本原则；
25. 购车合同条款的内容；
26. 签约成交流程和工作要点。

学习任务 展厅销售

任务描述

学习任务学时：72 课时

任务情境

徐先生、王小姐是一对 80 后夫妻，在广州打拼多年后事业小有成就。现想购置一台中级轿车。二人看了 A 车，认为外观时尚但是油耗高；认为 B 车省油但是外观老气。他们的购车预算是 20 万左右，要求外观好看，对日系车安全性有疑虑。由于看到汽车测评网站对某款车的评分较高，便在其官网预约试驾。作为销售顾问，你首先致电客户邀约到店，用标准行为接待客户。其次通过观察、询问、倾听了解客户购车需求并以客户需求为中心为其介绍汽车，并热情邀请客户试驾。最后运用销售技巧报价成交促成交易，将新车交付给客户并进行售后维系，提升客户满意度培养忠诚客户。（体现客户邀约能力、良好的客户服务意识、良好的沟通和表达能力、应变能力和解决问题的能力、团队协作精神及工作责任心。）

汽车销售

工作流程和标准

工作环节 1 客户开发 1

1. 通过汽车网站、微信、微博、电话等方式联系客户，热情主动邀约客户到店体验。
2. 准确记录顾客信息，包括姓名、手机号码、意向车型、购车用途等。
3. 在客户管理系统中记录客户信息，设置回访计划。

主要成果：
1. 集客量登记表；
2. 客户邀约话术。

工作环节 2 展厅接待 2

按照展厅接待的标准行为接待客户：
1. 销售顾问主动热情迎接客户，自我介绍。
2. 询问客户姓名、到店目的。
3. 根据客户意愿引领到展车前或到洽谈区就座；主动提供饮品，询问偏好。
4. 询问客户了解品牌车型的信息渠道，初步建立联系。

主要成果：展厅接待流程图。

工作环节 3 需求分析 3

1. 通过观察、询问（开放和封闭的问题）、倾听，了解顾客的基本需求。
2. 通过安全和动力等个性化偏好进行深入需求分析，不同的顾客类型应采取不同的应对策略。
3. 总结顾客需求，进行确认并推荐合适的车型。

主要成果：
1. 需求分析清单；
2. 购车动机分析表。

工作环节 4 产品介绍 4

1. 复述并确认顾客购车需求。
2. 将顾客用车需求转化为车辆相应的配置性能。
3. 根据顾客的需求从外观、内饰和功能个性化方面展示（结合六方位绕车介绍法及 FAB 法）。
4. 竞品对比，总结所推介车型的全方位优势。
5. 待顾客离开展厅后及时整理和清洁展车，恢复原状。

主要成果：汽车性能介绍表。

学习任务 展厅销售

工作环节 5 试乘试驾 5

1. 主动提供试乘试驾。
2. 做好试乘试驾准备，办理试驾手续，说明试乘试驾体验事项。
3. 完成客户试乘试驾，进行车辆动态展示。
4. 了解顾客试乘试驾感受并总结。

主要成果：
1. 试乘试驾协议书；
2. 试乘试驾意见表。

工作环节 6 洽谈成交 6

1. 提前准备报价签约文件。
2. 识别顾客购车信号，提供报价并解释说明。
3. 分析异议产生原因，处理客户异议。
4. 明确汽车销售合同相关法律法规。
5. 解释并签订购车协议。
6. 交车事项沟通。
7. 流失客户管理：明确顾客选择其他品牌的原因，分析原因，制定改善措施并执行。

主要成果：展厅接待流程图。

工作环节 7 交车管理 7

1. 交车前准备。
2. 介绍交车流程及时间。
3. 新车确认及操作演示。
4. 协助客户结清车款，移交各项票据。
5. 保修和售后服务条款讲解（与服务顾问协作）。
6. 举行交车仪式。

主要成果：交车确认单。

工作环节 8 售后维系 8

1. 回访准备。
2. 定期回访。
3. 保养提醒：首保提醒及二保提醒。
4. 特别关怀：生日问候、节日问候、天气关怀。
5. 营销维系：活动告知、促销推送、续保提醒。

主要成果：客户回访登记表。

课程 4　汽车销售

学习内容

知识点	1.1 客户开发的渠道； 1.2 客户开发的流程； 1.3 客户分类	2.1 展厅接待礼仪； 2.2 展厅接待的流程	3.1 需求分析的重要性； 3.2 冰山理论：显性需求与隐性需求； 3.3 开放式提问与封闭式提问； 3.4 客户类型； 3.5 需求分析流程； 3.6 顾客购车动机	4.1 六方位绕车介绍法； 4.2 FAB 汽车介绍法； 4.3 竞品比较的原则； 4.4 产品介绍注意事项
技能点	1.1 热情邀约客户（互联网、电话）； 1.2 记录客户个人信息及购车信息； 1.3 集客登记表填写； 1.4 在客户管理系统中记录客户信息，设置回访计划	2.1 展厅接待礼仪运用； 2.2 展厅接待话术运用； 2.3 展厅接待的标准行为	3.1 探寻客户购车需求； 3.2 5W2H 提问； 3.3 客户类型分析； 3.4 确认顾客需求并推荐合适车型	4.1 复述并确认顾客购车需求； 4.2 将顾客用车需求转化为车辆相应的配置性能； 4.3 根据顾客的需求从外观、内饰和功能个性化进行展示（结合六方位绕车介绍法及 FAB 法）； 4.4 总结所推介车型的全方位优势
工作环节	工作环节 1 客户开发	展厅接待 工作环节 2	工作环节 3 需求分析	产品介绍 工作环节 4
成果	1.1 集客登记表； 1.2 客户邀约话术	2.1 展厅接待流程图	3.1 需求分析清单； 3.2 购车动机分析表	4.1 汽车性能介绍表
素养	1.1 良好的沟通和表达能力	2.1 热情迎客，良好的客户服务意识	3.1 以客户需求为中心，培养客户服务意识	4.1 专业文化：提高本领域内的技术服务能力

学习任务　展厅销售

	5.1 试乘试驾的目的； 5.2 车辆动态展示方法； 5.3 试乘试驾注意事项	6.1 报价的前提； 6.2 顾客购车信号； 6.3 报价流程	7.1 交车的重要性； 7.2 交车内容； 7.3 交车前的准备工作； 7.4 交车流程	8.1 售后维系的重要性； 8.2 客户忠诚度； 8.3 联系老客户的时机与理由； 8.4 回访的内容
	5.1 主动提供试乘试驾； 5.2 试乘试驾准备，办理试驾手续； 5.3 完成客户试乘试驾，进行车辆动态展示； 5.4 了解顾客试乘试驾感受并总结	6.1 提前准备文件； 6.2 根据国家法律法规提供报价并解释说明； 6.3 客户异议处理； 6.4 解释并签订购车协议； 6.5 交车事项沟通； 6.6 流失客户管理	7.1 交车前准备； 7.2 介绍交车流程及时间； 7.3 新车确认及操作演示； 7.4 协助客户结清车款，移交各项票据； 7.5 保修和售后服务条款讲解； 7.6 举行交车仪式	8.1 回访准备； 8.2 定期回访； 8.3 保养提醒； 8.4 特别关怀：生日问候、节日问候、天气关怀； 8.5 营销维系：活动告知、促销推送、续保提醒
	工作环节 5 试乘试驾	洽谈成交 工作环节 6	交车管理 工作环节 7	工作环节 8 售后维系
	5.1 试乘试驾协议书； 5.2 试乘试驾意见表	6.1 汽车销售洽谈报价单； 6.2 购车合同	7.1 交车确认单	8.1 客户回访登记表
	5.1 良好的客户服务意识	6.1 法律意识，诚实守信	7.1 良好的客户服务意识	8.2 培养良好的客户服务意识及沟通能力

课程 4 汽车销售

学习任务 展厅销售

1 客户开发 → 2 展厅接待 → 3 需求分析 → 4 产品介绍 → 5 试乘试驾 → 6 洽谈成交 → 7 交车管理 → 8 售后维系

	工作子步骤	教师活动	学生活动	评价
客户开发	1. 客户邀约前的准备工作; 2. 客户邀约(互联网、电话); 3. 记录客户个人信息及购车信息; 4. 集客登记表填写; 5. 在客户管理系统中记录客户信息,设置回访计划	1. 组织课前分享环节; 2. 总结客户开发渠道:互联网(汽车网站、微信、微博)、电话、自然到店、推荐到店; 3. 播放客户邀约视频,要求学生编写《客户邀约话术》; 4. 组织学生展示并介绍《客户邀约话术》,提供修改建议; 5. 观看学生模拟客户邀约,进行过程记录考核,予以指导监控; 6. 组织学生对各组模拟客户邀约进行评价,点评任务实施过程	1. 课前分享,其他学生记录; 2. 课前思考讨论:4S 店的客户都来自哪里; 3. 观看客户邀约视频,根据要求完成《客户邀约话术》; 4. 各组展示《客户邀约话术》,根据评价意见完善《客户邀约话术》; 5. 根据《客户邀约话术》,按照标准执行客户邀约,通过各种方式邀约客户到店,其他成员观看并记录销售过程的优缺点,为下一步评价反馈使用; 6. 使用《4S 店销售考核标准》对各组模拟任务完成情况就可行性、有效性进行自评、组评	1. 教师抽问点评; 2. 工具:使用《4S 店销售考核标准——客户开发》对学生进行考核; 3. 方法:激励性的口头评价和客观性的书面考核评价相结合; 4. 主体:自我评价、小组评价、教师评价相结合
	课时: 8 课时 1. 硬资源:汽车 2 辆、计算机(含汽车销售管理系统)等。 2. 软资源:课件、学习任务书、汽车销售过程性考核表、集客登记表、4S 店销售考核表等。 3. 教学设施:多媒体教室(含一体机、白板、A1 纸、水笔)等			
展厅接待	1. 销售顾问主动热情迎接客户,自我介绍; 2. 询问客户姓名、到店目的; 3. 根据客户意愿引领到展车前或到洽谈区就座; 4. 主动提供饮品,询问偏好; 5. 询问客户了解品牌车型的信息渠道,初步建立联系	1. 组织课前分享环节; 2. 采用抽签软件,抽点学生回答客户开发内容; 3. 选择任务情境,分析任务要求; 4. 播放展厅接待视频,要求学生制定展厅接待流程图; 5. 组织学生展示并介绍展厅接待流程图,提供修改建议; 6. 观看学生模拟展厅接待,进行过程记录考核,予以指导监控; 7. 组织学生对各组模拟展厅接待进行评价,点评任务实施过程	1. 课前分享,其他学生记录; 2. 抽选学生回顾客户开发内容; 3. PPT 展示任务情境(分别为顾客到店后先就座和顾客到店后先看车),安排抽签选择情境,指导学生分析任务要求; 4. 观看展厅接待视频,根据要求完成展厅接待流程图; 5. 各组展示展厅接待流程图,根据评价意见完善; 6. 按照标准执行展厅接待,其他成员观看并记录销售过程的优缺点,在下一步评价反馈中使用; 7. 使用《4S 店销售考核标准》对各组模拟任务完成情况就可行性、有效性进行自评、组评	1. 工具:使用《4S 店销售考核标准——展厅接待》对学生进行考核; 2. 方法:激励性的口头评价和客观性的书面考核评价相结合; 3. 主体:自我评价、小组评价、教师评价相结合
	课时: 8 课时 1. 硬资源:汽车 2 辆、计算机(含汽车销售管理系统)等。 2. 软资源:课件、学习任务书、汽车销售过程性考核表、4S 店销售考核表等。 3. 教学设施:多媒体教室(含一体机、白板、A1 纸、水笔)等			

基准学时：72

1 客户开发　2 展厅接待　3 需求分析　4 产品介绍　5 试乘试驾　6 洽谈成交　7 交车管理　8 售后维系

需求分析

工作子步骤	教师活动	学生活动	评价
1. 通过开放和封闭的问题，了解顾客的基本需求； 2. 通过安全和动力等个性化偏好进行深入需求分析，不同的顾客类型应采取不同的应对策略； 3. 总结顾客需求，进行确认并推荐合适的车型	1. 组织课前分享环节； 2. 利用抽签软件，抽点学生回答展厅接待内容； 3. 引导学生明确需求分析的重要性； 4. 引入冰山理论； 5. 安排 3 组学生分别扮演理智型、领导型、社交型客户，要求学生判断并总结应对方式； 6. 播放需求分析视频，要求学生制定需求分析清单； 7. 示范需求分析并说明注意事项； 8. 观看学生模拟需求分析，进行过程记录考核； 9. 组织学生对各组模拟需求分析进行评价，点评任务实施过程	1. 课前分享，其他学生记录； 2. 抽选学生回顾展厅接待内容； 3. 学生讨论：为什么需要进行客户需求分析； 4. 学习冰山理论； 5. 观察倾听判断客户类型并回答应对方式，分析顾客购车动机，完成购车动机分析表； 6. 观看需求分析视频，根据要求完成需求分析清单； 7. 观看教师示范需求分析并记录注意事项； 8. 按照标准执行需求分析，其他成员观看并记录销售过程的优缺点，在下一步评价反馈中使用； 9. 使用《4S 店销售考核标准》对各组模拟任务完成情况就可行性、有效性进行自评、组评	1. 工具：使用《4S 店销售考核标准——需求分析》对学生进行考核； 2. 方法：激励性的口头评价和客观性的书面考核评价相结合； 3. 主体：自我评价、小组评价、教师评价相结合

课时： 12 课时

1. 硬资源：汽车 2 辆、计算机（含汽车销售管理系统）等。
2. 软资源：课件、学习任务书、汽车销售过程性考核表、需求分析清单、购车动机分析表等。
3. 教学设施：多媒体教室（含一体机、白板、A1 纸、水笔）等

课程 4 汽车销售

学习任务 展厅销售

1 客户开发　2 展厅接待　3 需求分析　4 产品介绍　5 试乘试驾　6 洽谈成交　7 交车管理　8 售后维系

	工作子步骤	教师活动	学生活动	评价
产品介绍	1. 复述并确认顾客购车需求; 2. 将顾客用车需求转化为车辆相应的配置性能; 3. 根据顾客的需求从外观、内饰和功能个性化进行展示(结合六方位绕车介绍法及 FAB 法); 4. 竞品对比，总结推介车型的全方位优势; 5. 待顾客离开展厅后及时整理和清洁展车，恢复原状	1. 组织课前分享环节; 2. 利用抽签软件，抽点学生回答需求分析内容; 3. 知新：通过启发式提问及借助广汽丰田官网，讲授六方位绕车和 FAB 法; 4. 播放展厅接待视频，要求学生制定产品介绍流程图; 5. 组织学生展示并介绍产品介绍流程图，提供修改建议; 6. 观看错误示范，找错纠错; 7. 观看学生模拟汽车介绍，进行过程记录考核，予以指导监控; 8. 组织学生对各组模拟客户邀约进行评价，点评任务实施过程中车辆技术服务过程是否准确; 9. 组织学生制定六方位绕车介绍思维导图并上交	1. 课前分享，其他学生记录; 2. 抽选学生回顾需求分析内; 3. 知新：通过汽车官网及教师讲授启发式学习六方位绕车介绍及 FAB 产品介绍法则; 4. 观看产品介绍视频，小组协商制定产品介绍流程图; 5. 各组展示产品介绍流程图，根据评价意见完善; 6. 观看教师安排的错误示范，找错纠错; 7. 将顾客用车需求转化为车辆相应的配置性能，根据顾客的需求从外观、内饰和功能个性化方面展示（结合六方位绕车介绍法及 FAB 法），总结所推荐车型的全方位优势，其他成员观看并记录销售过程的优缺点，在下一环节的评价反馈中使用; 8. 使用《4S 店销售考核标准》对各组模拟任务完成情况就可行性、有效性进行评价进行自评、组评; 9. 制定六方位绕车介绍思维导图并上交	1. 工具：使用《4S 店销售考核标准——产品介绍》对学生进行考核; 2. 方法：激励性的口头评价和客观性的书面考核评价相结合; 3. 主体：自我评价、小组评价、教师评价相结合

课时： 12 课时

1. 硬资源：汽车 2 辆、计算机（含汽车销售管理系统）等。
2. 软资源：课件、学习任务书、汽车销售过程性考核表、汽车性能介绍表等。
3. 教学设施：多媒体教室（含一体机、白板、A1 纸、水笔）等

基准学时：72

1 客户开发　2 展厅接待　3 需求分析　4 产品介绍　5 试乘试驾　6 洽谈成交　7 交车管理　8 售后维系

	工作子步骤	教师活动	学生活动	评价
试乘试驾	1. 主动提供试乘试驾； 2. 做好试乘试驾准备，办理试乘试驾手续，说明试乘试驾体验事项； 3. 完成客户试乘试驾，进行车辆动态展示； 4. 了解顾客试乘试驾感受并总结	1. 组织课前分享环节； 2. 利用抽签软件，抽点学生回答产品介绍内容； 3. 总结试乘试驾前的准备（工作文件、车辆）； 4. 播放试乘试驾视频，要求学生制定试乘试驾流程； 5. 组织学生展示并介绍试乘试驾流程，提供修改建议； 6. 观看学生模拟试乘试驾，进行过程记录考核，予以指导监控； 7. 组织学生对各组模拟试乘试驾进行评价，点评任务实施过程	1. 课前分享，其他学生记录； 2. 抽选学生回顾产品介绍内容； 3. 讨论试乘试驾前的准备工作有哪些； 4. 观看试乘试驾视频，根据要求完成试乘试驾行为准则； 5. 各组展示展厅接待流程图，根据评价意见完善； 6. 按照标准执行试乘试驾，其他成员观看并记录销售过程的优缺点，在下一步评价反馈中使用； 7. 使用《4S 店销售考核标准》对各组模拟任务完成情况就可行性、有效性进行自评、组评	1. 工具：使用《4S 店销售考核标准——试乘试驾》对学生进行考核； 2. 方法：激励性的口头评价和客观性的书面考核评价相结合； 3. 主体： 自我评价、小组评价、教师评价相结合

课时： 8 课时

1. 硬资源：汽车两辆、计算机（含汽车销售管理系统）等。
2. 软资源：课件、学习任务书、汽车销售过程性考核表、试乘试驾协议书、试乘试驾意见表、4S 店销售考核表等。
3. 教学设施：多媒体教室（含一体机、白板、A1 纸、水笔）等

	工作子步骤	教师活动	学生活动	评价
洽谈成交	1. 提前准备报价签约文件及工具； 2. 识别顾客购车信号，提供报价并解释说明； 3. 分析异议产生原因，进行客户异议处理； 4. 解释并签订购车协议； 5. 交车事项沟通； 6. 流失客户管理：明确顾客选择其他品牌的原因，分析流失原因，制定改善措施并执行	1. 安排顾客模拟购车，要求找出并总结购车信号； 2. 组织学生借助汽车之家购车计算器，明确汽车价格组成； 3. 通过启发式提问，联系实际产品讲授三明治报价法； 4. 展示汽车销售合同法律法规案例； 5. 播放教学视频； 6. 观看学生进行汽车销售报价成交，对过程进行记录考核，予以指导监控； 7. 使用汽车销售报价成交过程考核评价表评价，点评任务实施过程； 8. 组织学生进行案例分析	1. 观看顾客模拟购车，找出顾客购车信号并总结； 2. 借助汽车之家购车计算器，明确汽车价格组成； 3. 启发式学习三明治报价法； 4. 学习汽车销售合同相关法律法规； 5. 观看视频，学习客户异议处理及签约成交； 6. 根据国家法律法规，模拟洽谈成交并记录； 7. 使用《4S 店销售顾问考核标准》评价各组任务实施情况； 8. 案例分析：流失客户管理，明确顾客选择其他品牌的原因,分析流失原因，制定改善措施	1. 工具：使用《4S 店销售考核标准——洽谈成交》对学生进行考核； 2. 方法：激励性的口头评价和客观性的书面考核评价相结合； 3. 主体：自我评价、小组评价、教师评价相结合

课时： 8 课时

1. 硬资源：汽车 2 辆、计算机（含汽车销售管理系统）等。
2. 软资源：课件、学习任务书、汽车销售过程性考核表、车型资料、报价单、购车合同、4S 店销售考核表等。
3. 教学设施：多媒体教室（含一体机、白板、A1 纸、水笔）等

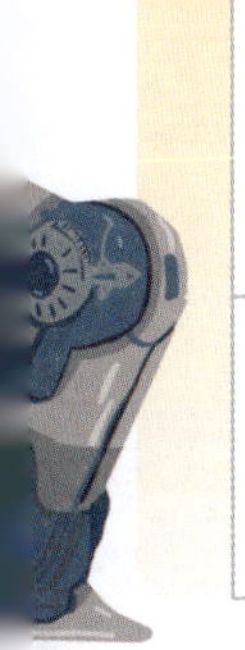

汽车销售

学习任务 展厅销售

1 客户开发 → 2 展厅接待 → 3 需求分析 → 4 产品介绍 → 5 试乘试驾 → 6 洽谈成交 → 7 交车管理 → 8 售后维系

	工作子步骤	教师活动	学生活动	评价
交车管理	1. 交车前准备; 2. 介绍交车流程及时间; 3. 新车确认及操作演示; 4.协助客户结清车款，移交各项票据; 5. 保修和售后服务条款讲解; 6. 举行交车仪式	1. 组织课前分享环节; 2. 利用抽签软件，抽点学生回答洽谈成交内容; 3.PPT 展示任务情境，指导学生分析任务要求; 4. 播放交车视频，要求学生制定交车流程图; 5. 教师组织学生展示并介绍交车流程图，提供修改建议; 6. 接龙游戏：交车前的准备工作有哪些，组织学生做好交车前准备; 7. 观看学生模拟展厅接待，进行过程记录考核; 8. 组织学生对各组情境模拟进行评价，点评任务实施过程	1. 课前分享，其他学生记录; 2. 被抽选的学生回顾洽谈成交内容; 3. 分析任务要求; 4. 观看交车管理视频，小组协作完成交车流程图; 5. 各组展示交车流程图，根据评价意见完善; 6. 做好交车前的准备工作：车辆物品准备、资料准备、人员准备、场地准备; 7. 按照标准执行交车，其他成员观看并记录销售过程的优缺点，在下一步评价反馈中使用; 8. 使用《4S 店销售考核标准》对各组模拟任务完成情况就可行性、有效性进行自评、组评	1. 工具：使用《4S 店销售考核标准——洽谈成交》对学生进行考核; 2. 方法：激励性的口头评价和客观性的书面考核评价相结合; 3. 主体：自我评价、小组评价、教师评价相结合

课时： 8 课时

1. 硬资源：汽车 2 辆、计算机（含汽车销售管理系统）等。
2. 软资源：课件、学习任务书、汽车销售过程性考核表、车型资料、交车单、4S 店销售考核表等。
3. 教学设施：多媒体教室（含一体机、白板、A1 纸、水笔）等

基准学时：72

1 客户开发　2 展厅接待　3 需求分析　4 产品介绍　5 试乘试驾　6 洽谈成交　7 交车管理　**8 售后维系**

	工作子步骤	教师活动	学生活动	评价
售后维系	1. 回访准备； 2. 定期回访； 3. 保养提醒：首保提醒及二保提醒； 4. 特别关怀：生日问候、节日问候、天气关怀； 5. 营销维系：活动告知、促销推送、续保提醒	1. 组织课前分享环节； 2. 利用抽签软件，抽点学生回答交车管理内容； 3. 选择任务情境，分析任务要求； 4. 播放展厅接待视频，要求学生小组协作编写售后维系话术； 5. 组织学生模拟售后维系，进行过程记录考核，予以指导监控； 6. 组织学生对各组模拟售后维系进行评价，点评任务实施过程； 7. 总结本课程内容，要求学生制定汽车销售标准行为思维导图	1. 课前分享，其他学生记录； 2. 抽选学生回顾交车管理内容； 3. PPT 展示任务情境（分别为定期回访、保养提醒、特别关怀、营销维系），安排抽签选择情境，指导学生分析任务要求； 4. 观看售后维系视频，小组协作编写售后维系话术； 5. 各组根据话术及按照标准执行售后维系，其他成员观看并记录销售过程的优缺点，在下一环节的评价反馈中使用； 6. 按使用《4S 店销售考核标准》对各组模拟任务完成情况就可行性、有效性进行自评、组评； 7. 提炼升华：制定汽车销售标准行为思维导图	1. 工具：使用《4S 店销售考核标准——售后维系》对学生进行考核； 2. 方法：激励性的口头评价和客观性的书面考核评价相结合； 3. 主体：自我评价、小组评价、教师评价相结合

课时： 8 课时

1. 硬资源：汽车 2 辆、计算机（含汽车销售管理系统）等。
2. 软资源：课件、学习任务书、汽车销售过程性考核表、客户回访登记表、4S 店销售考核表等。
3. 教学设施：多媒体教室（含一体机、白板、A1 纸、水笔）等

汽车销售

考核标准

情境描述

徐先生、王小姐是一对 80 后夫妻，到广州打拼多年后事业小有成就。朋友们给了很多建议，他们觉得很迷茫。二人看了 A 车，觉得外观时尚但是油耗高；认为 B 车省油但是外观老气。他们的购车预算是 20 万左右的中级车，要求外观好看，对日系车的安全性有疑虑。你作为销售顾问，为其介绍汽车并促成交易。

任务要求

1. 售前准备的内容。
2. 作为销售人员，分析顾客购车动机，写出判断的依据。
3. 在进行产品介绍时，你会着重介绍产品的哪些方面？请具体说明。(提示：NFABE[①])
4. 你将如何报价？
5. 运用何种促销手段促成交易？请说明原因。
6. 交车注意事项。

参考资料

回答上述问题时，可以使用所有的常见教学资料，如专业教材、个人笔记以及计算器等。

评价方式

由任课教师、专业组长、企业代表组成考评小组共同实施考核评价，取所有考核人员评分的平均分为学生考核成绩。

① NFABE 是需求（Need）、特点（Feature)、优点（Advantage）、利益（Benefit）、证据（Evidence）英文单词首字母缩写。

评价标准

评价项目	评价内容	分值	评分标准	得分
专业能力	正确识别客户购买信号	5	每漏一项扣 0.5 分	
	谈判成交的流程清晰、合理	5	流程不正确一项扣 1 分	
	谈判成交各项话术运用准确、完整	5	技术要求不正确一项扣 0.5 分；	
	向车主提出的销售建议合理、充分	5	建议不合理一项扣 0.5 分；	
	实施谈判成交的前期准备充分、正确（仪容仪表、销售表单、展车、车型资料、销售合同等）	5	每漏一项扣 0.5 分	
	为顾客提供打印的报价单并讲解报价内容	10	操作不规范每项扣 1 分	
	结合客户购车需求和销售曾策提供报价说明	10	流程不正确每项扣 1 分	
	询问客户有无其他品牌的意向车型，并且与竞品车型进行对比介绍，突出本品牌产品的优势	5	每漏一项扣 0.5 分；操作不规范一项扣 0.5 分	
	价格商谈结束后，销售顾问确认顾客是否还有疑问	5	每漏一项扣 0.5 分	
	购车合同关键内容要素是否完整、有效	5	每漏一项扣 1 分；操作不规范一项扣 1 分	
通用能力	能读懂任务书，与客户进行有效沟通，记录关键内容，整理客户需求	5	没有沟通扣 2 分；沟通不到位扣 1 分；无记录扣 2 分	
	能查阅相关企业网站及汽车行业网站，获取汽车销售谈判成交的流程等信息	5	没有查阅扣 3 分；查阅方法不对扣 2 分	
	能满足客户功能需求、使用价值，企业工作规范、安全性、环保性、成本效益等	5	完全不符合每项扣 1 分	
	能及时有效地解决谈判成交过程中的突发问题	5	视情况扣分；	
	能对已完成的工作进行记录存档、评价和反馈	5	无记录扣 2 分	
	在销售过程中保持 6S，销售后对展厅进行恢复整理	5	零件、工具、油水落地每项扣 0.5 分；6S 整理每漏一项扣 1 分	
	表述仪态自然、逻辑清晰，且与实际相符	5	仪态不自然、逻辑不清晰每项扣 1 分；表述与实际不符扣 1 分	
	分工明确，团队合作融洽	5	分工不明确扣 2 分；团队合作不融洽扣 2 分	
总分		100		

汽车销售

课程 5　客户服务

学习任务 1
客户档案统计整理
（18）学时

→

学习任务 2
客户预约
（18）学时

→

学习任务 3
客户回访
（36）学时

课程目标

学习完本课程后，学生应当能够胜任各品牌汽车 4S 店客服专员、汽车交易市场客服专员、汽车维修企业客服专员等工作，养成良好的服务意识和健全坚韧乐观的人格。具体目标为：

1. 能够准确描述客户、服务、客户服务三大专业术语及客服人员的基本要求；
2. 能够寻找并评估企业的潜在客户，掌握潜在客户的评估及管理方法，在实践中建立客户信息资料卡；
3. 能够运用常用的沟通方式进行沟通，能够为拜访做好准备，进行客户拜访及拜访结果的处理；
4. 接待不同客户时能够分析客户需求并做相应的准备，能够用不同的方法和技巧进行产品介绍；
5. 能够分析不同客户在不同特定环境下的期望，能够用听、问、复述的技巧理解客户的期望并进行管理；
6. 能够进行客户满意调查，理解客户关系对企业的重要意义，掌握客户关系管理实施步骤；
7. 明确投诉对企业的好处，掌握处理投诉的技巧和步骤，能够运用相关技巧处理企业的投诉最终留住客户；
8. 培养学生爱岗敬业的精神，具备良好的为客户服务的意识；
9. 培养学生团队合作的意识，培养学生吃苦耐劳的精神；
10. 培养学生坚韧乐观的人格，能够积极乐观地面对困难，完成工作。

课时：72

课程内容

对照本课程目标，学生应当掌握以下知识、技能及职业素养：

1. 汽车客服人员基本要求；
2. 汽车客服人员服务礼仪；
3. 汽车基础知识；
4. 汽车客服人员维修接待；
5. 客户关系管理；
6. 客户抱怨处理及应对话术；
7. 提升客户信息收集中的客户服务技巧；
8. 提升客户拜访中的客户服务技巧；
9. 提升售前过程中客户服务能力；
10. 提升售中过程中客户服务能力；
11. 提升售后过程中客户服务能力。

学习任务 1 客户档案统计整理

任务描述

学习任务学时：**18** 课时

任务情境

小李是我校即将毕业的新能源应用产业系汽车技术服务专业学生，在实习期间，她被安排进行某品牌汽车 4S 店的售后部门，主要负责客户档案管理工作。面对新的环境和新的工作，小李手足无措，立刻向专业内的教师和同学发出了求助信号。为了能帮助小李顺利完成任务，在实践中获得成长，我系教师了解情况后，迅速组织同学商讨对策。

客户档案

工作流程和标准

工作环节 1

接收任务，收集客户信息的来源

1

接收任务书，查阅资料，明确客户关系管理的概念，收集客户信息。

主要成果：客户信息登记表（使学生熟悉收集客户信息的方法）。

工作环节 2

客户档案分类

2

1. 收集客户档案信息，根据档案类别进行客户档案分类。
2. 根据分析客户类型，制定分类流程图。

主要成果：

1. 客户情况分析表（分析客户关键信息，确定分类方案）；
2. 分类流程图（使学生会分类流程，以指引客户信息整理）。

工作环节 3

录入客户档案

3

根据客户信息查询系统相关资料，完成客户网上系统档案录入。

主要成果：顾客数据库（使学生熟悉客户信息查询系统）。

工作环节 4

检索客户档案

4

1. 查询收集资料，列出汽车 4S 店售后服务流程。
2. 整理分类客户信息，注明注意事项。
3. 根据客户信息查询系统相关资料，完成客户网上系统档案检索。
4. 根据已学内容进行实操演练。

主要成果：
1. 汽车 4S 店管理软件的操作流程（使学生熟悉 4S 店管理软件的操作）；
2. 客户信息卡（总结客户信息分类整理，实操演练）。

工作环节 5

总结拓展

5

总结提炼客户关系管理的前提、资料准备及流程规划，形成思维导图。

主要成果：客户关系管理思维导图（总结客户关系管理及资料等）。

学习内容

知识点	1.1 客户关系管理的概念； 1.2 客户管理的艺术； 1.3 汽车服务行业中客户服务工作	2.1 客户档案类别； 2.2 客户关系管理； 2.3 7 天内、3 天内回访	3.1 客户档案包含的信息整理； 3.2 客户档案的录入操作； 3.3 客户档案界面
技能点	1.1 8S 管理； 1.2 客户管理系统的准备； 1.3 汽车 4S 店的服务流程概述； 1.4 客户信息来源	2.1 顾客调查； 2.2 组织顾客系列化； 2.3 顾客关系管理策略	3.1 顾客数据库的建立； 3.2 客户档案的录入
工作环节	工作环节 1 接收任务，收集客户信息的来源	工作环节 2 客户档案分类	工作环节 3 录入客户档案
成果	1.1 客户信息登记表	2.1 客户情况分析表； 2.2 分类流程图	3.1 顾客数据库
素养	1.1 信息检索能力； 1.2 阅读理解能力	2.1 对比分析能力； 2.2 沟通表达能力	3.1 信息整理能力； 3.2 分析能力

	4.1 汽车 4S 店售后服务流程； 4.2 客户信息的获取渠道； 4.3 客户数据隐私与保护； 4.4 汽车 4S 店部门之间的信息沟通； 4.5 客户服务日常查找的条件； 4.6 根据给定的条件找出相应的客户档案的操作	5.1 客户档案管理的工作安排规划； 5.2 编写客户档案管理总结点评
	4.1 客户信息卡的整理分类； 4.2 根据给定的条件找出相应的客户档案	5.1 编写客户档案管理总结； 5.2 自评与互评
	检索客户档案 工作环节 4	工作环节 5 总结拓展
	4.1 客户信息卡； 4.2 汽车 4S 店管理软件的操作流程	5.1 客户关系管理思维导图
	4.1 信息检索能力； 4.2 细致的工作态度	5.1 总结能力

课程 5 客户服务

学习任务 1 客户档案统计整理

1 接收任务，收集客户信息的来源 → 2 客户档案分类 → 3 录入客户档案 → 4 检索客户档案 → 5 总结拓展

	工作子步骤	教师活动	学生活动	评价
接收任务，收集客户信息的来源	接收任务书，查阅资料，明确客户关系管理的概念，收集客户信息	1. 展示课件的客户关系管理情境，分析任务的目标和学习内容。 2. 发放任务书，要求学生阅读任务书，确定任务书，并做好标记。 3. 要求学生查阅资料，收集客户信息；提前播放经典顾客代表角色视频，要求学生以小组为单位讨论，教师总结更正。 5. 要求 4 组分别针对不同经典顾客角色进行分析和信息整理，并填写客户信息登记表。 6. 组织各组分别展示客户信息登记表，并做点评。 7. 总结客户信息管理	1. 观看课件，确定课程任务的目标及学习内容； 2. 接收并阅读任务书，理解关系管理的概念，收集客户信息； 3. 根据教师展示的客户关系管理概念搜集客户信息，以小组为单位讨论经典顾客代表角色； 5. 按组分别针对不同经典顾客角色进行分析和信息整理，并填写客户信息登记表； 6. 按组分别展示客户信息登记表，听取教师点评； 7. 总结客户信息管理	1. 自评：对比教师的答案，判断客户信息标注是否准确； 2. 师评：口头点评各组展示的上牌政策信息表是否完整、准确
	课时： 4 课时 1. 硬资源：汽车营销学习工作站（含可上网计算机 4 台）等。 2. 软资源：课件、任务书等。 3. 教学设施：一体机、白板、A1 纸、水笔等			
客户档案分类	1. 收集客户档案信息，根据档案类别进行客户档分类； 2. 根据客户资质及需求，向客户介绍上牌的方案	1. 展示角色信息，要求学生按组分析整理； 2. 抽问并点评各组学生的分析成果； 3. 指导学生使用旋转木马法在 A4 纸上分别写出对人物瞬时刻画的方法，再依次交换查看其他组员所写的内容，讨论总结出小组最优获取信息的渠道分析表； 4. 指导各组展示答案，并由其他组进行点评； 5. 总结点评各组成果	1. 查看教师展示的角色信息，按组分析讨论该客户，根据客户信息登记表，整理填写客户情况分析表； 2. 回答教师问题，听取教师点评； 3. 接受教师任务：使用旋转木马法在 A4 纸上分别写出对人物瞬时刻画的方法，再依次交换查看其他组员所写的内容，总结出小组的最优答案； 4. 按组展示答案，其余组点评； 5. 各组听取并总结成果	1. 师评：通过抽问判断客户情况分析表是否准确； 2. 互评：由其他组口头评价客户情况分析表是否准确、完整、清晰； 3. 互评：由其他组推荐最准确、流程环节内容最清晰的一组
	课时： 4 课时 1. 硬资源：汽车营销学习工作站等。 2. 软资源：课件、视频资料、客户卡片等。 3. 教学设施：一体机、白板、A4 纸、水笔等			

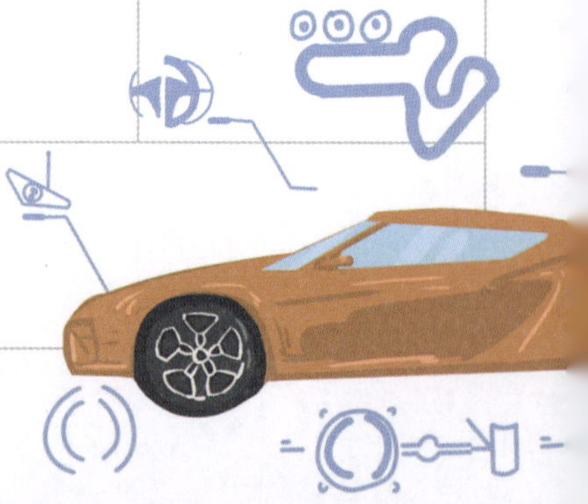

基准学时：18

1 接收任务，收集客户信息的来源 → 2 客户档案分类 → 3 录入客户档案 → 4 检索客户档案 → 5 总结拓展

	工作子步骤	教师活动	学生活动	评价
录入客户档案	根据客户信息查询系统相关资料，完成客户网上系统档案录入	1. 发放学习任务书，在任务书上设置不同条件的客户，要求学生根据任务书收集整理客户资料； 2. 要求学生小组讨论分析并写出分析整理客户信息的流程； 3. 播放相关视频，要求学生熟悉客户信息录入系统； 4. 要求每个学生用电脑熟悉操作客户信息管理系统； 5. 举行比赛活动：各个小组选派代表，根据教师提供的客户信息资料，操作客户信息管理信息系统，迅速、准确地操作的小组获胜； 6. 点评学生的表现； 7. 引导学生总结梳理本课的重点、难点	1. 领取学习任务，根据任务书收集客户资料； 2. 小组讨论分析并写出分析整理客户信息的流程； 3. 观看相关视频，熟悉客户信息录入系统； 4. 每个学生用电脑操作客户信息管理系统； 5. 参加比赛活动：各个小组选派代表，根据教师提供的客户信息资料，操作客户信息管理系统； 6. 听取教师的点评； 7. 总结梳理本课的重点、难点	1. 根据学生表现，点评学生能力表现； 2. 根据学生列出的流程图，点评学生
录入客户档案	**课时：** 2 课时 1. 硬资源：汽车营销学习工作站（含可上网计算机 4 台）等。 2. 软资源：课件、任务书等。 3. 教学设施：一体机、白板、水笔等			
检索客户档案	1. 查询收集资料，列出汽车 4S 店售后服务流程； 2. 整理分类客户信息，注明注意事项； 3. 根据客户信息查询系统相关资料，完成客户网上系统档案检索； 4. 根据已学内容进行实操演练	1. 将客户信息制成小卡片并打乱顺序，要求学生快速分类整理； 2. 抽问学生分类收录客户信息的注意事项； 3. 引导学生讨论并写出汽车 4S 店管理软件的操作流程及客户档案管理方案； 4. 组织指导学生分别扮演汽车销售顾问、汽车售后服务专员及顾客情境模拟指导监控； 5. 要求学生总结并列出 4S 店售后服务流程中每个步骤所需的资料	1. 查找学习资料，将客户信息按照正确顺序排好； 2. 思考回答分类收录客户信息的注意事项； 3. 查找学习资料回答教师的问题； 4. 分别扮演汽车销售顾问、汽车售后服务专员及顾客情境模拟； 5. 总结并列出 4S 店售后服务流程每个步骤所需资料	1. 准备资料清单是否齐全； 2. 师评：汽车 4S 店管理软件的操作流程及客户档案管理方案是否合理； 3. 师评：根据小组角色扮演，点评学生沟通表达能力
检索客户档案	**课时：** 4 课时 1. 硬资源：汽车营销学习工作站（含可上网计算机 4 台）等。 2. 软资源：课件、任务书等。 3. 教学设施：一体机、白板、A0 纸、水笔等			

客户服务

学习任务 1 客户档案统计整理

1 接收任务，收集客户信息的来源 → 2 客户档案分类 → 3 录入客户档案 → 4 检索客户档案 → 5 总结拓展

	工作子步骤	教师活动	学生活动	评价
总结拓展	总结提炼客户关系管理的前提、资料准备及流程规划，形成思维导图	1. 对各组模拟“4S 店售后服务客户关系管理”情况就可行性、有效性进行评价分析； 2. 根据评价结果，选出最佳服务小组，并由小组发言人上台谈感言； 3. 抽选学生总结本周任务要点； 4. 组织学生制定客户关系管理思维导图； 5. 组织学生展示思维导图，进行评比拍照； 6. 布置课后作业； 7. 组织学生 8S 管理	1. 对各组模拟“4S 店售后服务客户关系管理”情况进行互评； 2. 参与颁奖； 3. 总结本周任务要点； 4. 制定客户关系管理思维导图； 5. 展示讲解客户关系管理思维导图，包括客户信息整理、所需资料、流程相关知识等； 6. 记录并完成课后作业； 7. 8S 管理	互评：客户关系管理思维导图是否具有逻辑性，客户关系管理知识点、技能点是否完整，整体美观、大方

课时： 4 课时

1. 硬资源：汽车营销学习工作站等。
2. 软资源：课件、客户关系管理过程性考核标准等。
3. 教学设施：一体机、白板、A0 纸、水笔等

基准学时：18

客户服务

学习任务 2 客户预约

任务描述

学习任务学时：**18** 课时

任务情境

7 月夏季到来，某 4S 店策划了“来电保养送空调清洗”活动，现需要安排客服专员筛选出合适客户准备相关资料，使用规范的电话礼仪和热情周到的服务意识进行客户预约登记和电话接待，并将预约信息录入系统，将预约工单交调度员，协调沟通安排指定维修人员和工位进行施工。

预约登记表

工作流程和标准

工作环节 1

预约前准备

1

1. 查阅预约规定，编制预约准备清单，并按此准备预约登记本、笔等资料。
2. 根据 4S 店的预约流程，查询确定针对预约客户的优惠项目，绘制预约流程图。

主要成果：
1. 预约准备清单；
2. 预约流程图。

工作环节 2

预约登记

2

1. 根据顾客来电，填写预约登记表，确定客户的预约信息及车辆所需维修的情况。
2. 运用规范的电话礼仪进行预约和接待，在预约登记本中记录客户的预约需求并再次确认是否有其他维修项目。
3. 根据顾客的预约项目查询配件库存及工时费，预估维修费用，与顾客确认是否维修。

主要成果：预约登记表。

学习任务2 客户预约

工作环节3

预约信息录入系统

在销售管理系统中录入客户、车辆信息，打印信息录入预约工单。

主要成果：信息录入预约工单。

工作环节4

移交预约工单

1. 将预约工单交调度员，协调沟通安排指定维修人员和工位进行施工，填写快修车辆派工看板。
2. 编写预约物料表，并通知零部件部门准备材料，放在预约料架上。

主要成果：
1. 快修车辆派工看板；
2. 预约物料表。

工作环节5

填写预约车辆管理看板

根据顾客预约的日期，制作预约车辆管理看板，放置在接待处，以便服务顾问看到来车号码即可辨认，欢迎顾客的光临。

主要成果：预约车辆管理看板。

工作环节6

总结拓展

总结预约，绘制预约思维导图。

主要成果：预约思维导图。

学习内容

知识点	1.1 预约登记本的作用； 1.2 预约的分类； 1.3 预约的作用和意义； 1.4 预约的流程	2.1 接电话礼仪的规范； 2.2 预约登记本的填写要求； 2.3 5W2H 问诊方法	3.1 销售管理系统的使用方法； 3.2 客户信息及车辆信息的录入要点
技能点	1.1 准备预约登记本、笔等资料； 1.2 查询确定针对预约客户的优惠项目	2.1 填写预约登记表，确定客户的预约信息及车辆所需维修的情况； 2.2 使用规范的电话礼仪和热情周到的服务意识进行客户预约接待，在预约登记本中记录客户的预约需求，并再次确认是否有其他维修项目； 2.3 预估维修费用	3.1 在销售管理系统打印信息录入预约工单
工作环节	工作环节 1 预约前准备	预约登记 工作环节 2	工作环节 3 预约信息录入系统
成果	1.1 预约准备清单； 1.2 预约流程图	2.1 预约登记表	3.1 信息录入预约工单
素养	1.1 资料查阅能力	2.1 信息处理能力； 2.2 热情周到的服务态度	3.1 信息处理能力

	4.1 移交预约工单的流程及协调部门； 4.2 车牌派工看板的填写方法	5.1 预约车辆管理看板的录入和使用	
	4.1 将预约工单交调度员，协调沟通安排指定维修人员和工位进行施工； 4.2 填写快修车辆派工看板； 4.3 通知零部件部门准备材料，放在预约料架上	5.1 制作预约车辆管理看板	6.1 绘制预约思维导图
	移交预约工单 工作环节 4	工作环节 5 填写预约车辆管理看板	工作环节 6 总结拓展
	4.1 快修车辆派工看板； 4.2 预约物料表	5.1 预约车辆管理看板	6.1 预约管理思维导图
	4.1 与调度员、车间维修班组和配件部协同工作； 4.2 善于沟通	5.1 图示能力	6.1 总结能力

教学活动

课程 5 客户服务
学习任务 2 客户预约

1 预约前准备 → 2 预约登记 → 3 预约信息录入系统 → 4 移交预约工单 → 5 填写预约车辆管理看板 → 6 总结拓展

	工作子步骤	教师活动	学生活动	评价
预约前准备	1. 查阅预约规定，编制预约准备清单，并按此准备预约登记本、笔等资料； 2. 根据 4S 店的预约流程，查询确定针对预约客户的优惠项目，绘制预约流程图	1. 观看课件，确定课程任务的目标及学习内容； 2. 接收并阅读任务书，确定预约准备的信息并标记； 3. 根据教师展示的预约准备清单进行自评	1. 观看课件，确定课程任务的目标及学习内容； 2. 接收并阅读任务书，确定预约准备的信息并标记； 3. 根据教师展示的预约准备清单进行自评	自评：对比教师的答案，判断预约准备清单信息是否准确

课时： 4 课时
1. 硬资源：汽车营销学习工作站（含可上网计算机 4 台）等。
2. 软资源：课件、任务书、微课（《汽车维修预约登记流程》）、预约登记本等。
3. 教学设施：一体机、白板、A1 纸、水笔等

	工作子步骤	教师活动	学生活动	评价
预约登记	1. 根据顾客来电，填写预约登记表，确定客户的预约信息及车辆所需维修情况； 2. 运用 5W2H 方式进行电话问诊，在预约登记本中记录客户的预约需求并再次确认是否有其他维修项目； 3. 根据顾客的预约项目查询配件库存及工时费，预估维修费用，与顾客确认是否维修； 4. 针对预约客户的优惠项目，进行需要告知，以让客户感受到预约的优待性	1. 列出学生需要查找观看相关视频的要求，全班统一观看《预约登记》视频。 2. 派发预约登记表样单并提出填答工作页的活动要求。 3. 示范预约登记表的使用规则，让学生自行讨论总结、成果展示，并巡回指导评价。 4. 提出角色扮演的要求及要点，指导学生设计预约话术，要求学生在角色扮演时填写预约登记表信息并展示，其他小组评价是否使用规范的电话礼仪、热情周到的服务意识进行客户预约和接待。 5. 组织学生评价预约过程的电话语言是否规范到位，服务态度是否热情。 6. 总结各组展示过程中的问题及改进建议。 7. 组织所有小组同时按原角色扮演组合再次进行模拟演练，由组内同学检查是否改进。 8. 总结服务顾问在预约时的注意事项： (1) 要掌握的信息：如有变化应及时更改客户档案； (2) 客户关心的问题及预约要求； (3) 客户希望的进厂时间； (4) 客户预约作业的性质（保养、简单维修、故障维修、返修）	1. 通过观看《预约登记》相关视频，独立查阅资料进行环车检查步骤的收集。 2. 比对样单，小组讨论确定预约登记本的内容和工作页填写要求。 3. 观看教师示范预约登记表的使用规则，并进行总结。 4. 角色扮演，使用规范的电话礼仪进行客户预约，并运用 5W2H 方式进行电话问诊，在预约登记本中记录客户的预约需求并再次确认是否有其他维修项目；其他小组观看该组是否使用规范的电话礼仪、热情周到的服务意识进行客户预约和接待。 5. 评价预约过程的电话语言是否规范到位，服务态度是否热情； 6. 听取教师总结各组展示过程中的问题及改进建议。 7. 所有小组同时按原角色扮演组合再次进行模拟演练，由组内同学检查是否改进。 8. 听取教师总结	自评、互评、师评：检查学生电话礼仪是否规范，态度是否热情

课时： 4 课时
1. 硬资源：汽车营销学习工作站（含可上网计算机 4 台）、汽车等。
2. 软资源：课件、任务书、微课（《汽车维修预约登记流程》）、预约登记本等。
3. 教学设施：一体机、白板、A1 纸、水笔等

基准学时：18

1 预约前准备 → 2 预约登记 → 3 预约信息录入系统 → 4 移交预约工单 → 5 填写预约车辆管理看板 → 6 总结拓展

	工作子步骤	教师活动	学生活动	评价
预约信息录入系统	在销售管理系统中录入客户车辆信息，打印信息录入预约工单	1. 使用 PPT 展示客户信息及车辆信息的情境，分析并使学生明确此环节的工作步骤及要求，提出此环节的学习任务及目标； 2. 播放 DMS 系统的使用方法的视频，要求学生记录要点； 3. 展示信息录入要点； 4. 发放任务书，各组按照任务书进行信息录入； 5. 点评各组学生成果	1. 听取教师展示 PPT，确定任务及目标； 2. 观看销售管理系统的使用方法的视频； 3. 记录信息录入要点； 4. 接收任务书，各组按照任务进行信息录入； 5. 听取师评成果	师评：客户信息及车辆信息录入的准确性
	课时： 2 课时 1. 硬资源：汽车营销学习工作站（含可上网计算机 4 台）、汽车等。 2. 软资源：课件、任务书、预约登记本等。 3. 教学设施：一体机、白板、A1 纸、水笔等			
移交预约工单	1. 将预约工单交调度员，以便安排指定维修人员和工位进行施工； 2. 通知零部件部门准备材料，放在预约料架	1. 发放学习任务书，在任务书上设置不同条件的预约客户，要求学生确定移交工单的交接部门； 2. 要求学生总结需协调的部门，将预约工单交调度员，协调沟通安排指定维修人员和工位进行施工； 3. 播放视频要求学生总结并写出移交预约工单的流程； 4. 示范派工看板的填写，要求学生总结要点； 5. 举行比赛活动：要求各个小组选派代表，根据教师提供的预约客户资料，填写派工看板，越快越好的小组获胜； 6. 点评学生的表现，表现好的提出表扬，表现不好的给予更多的关注与提点； 7. 引导学生总结梳理本课的重点、难点	1. 领取学习任务，确定移交工单的交接部门； 2. 总结需协调的部门，将预约工单交调度员，协调沟通安排指定维修人员和工位进行施工； 3. 观看视频并写出移交工单的流程； 4. 观看教师示范并总结派工看板填写要点； 5. 参加比赛活动：各个小组选派代表，根据教师提供的预约客户资料，填写派工看板； 6. 听取教师的点评； 7. 总结梳理本课的重点、难点	师评：派工看板填写是否规范、准确
	课时： 2 课时 1. 硬资源：汽车营销学习工作站（含可上网计算机 4 台）、汽车等。 2. 软资源：课件、任务书、预约登记本等。 3. 教学设施：一体机、白板、A1 纸、水笔等			

客户服务

学习任务 2 客户预约

1 预约前准备 → 2 预约登记 → 3 预约信息录入系统 → 4 移交预约工单 → 5 填写预约车辆管理看板 → 6 总结拓展

	工作子步骤	教师活动	学生活动	评价
填写预约车辆管理看板	根据顾客预约的日期，制作预约车辆管理看板，放置在接待处，以便服务顾问看到来车号码即可辨认，欢迎顾客的光临	1. 发放资料，要求学生标记制作预约车辆管理看板的方法； 2. 展示参考答案； 3. 示范制作看板； 4. 向不同组发放不同人物制作管理看板； 5. 师评各组表现； 6. 引导学生总结要点	1. 接收教师发放的资料，在资料中标记制作预约车辆管理看板的方法； 2. 根据教师展示的参考答案自评； 3. 观看教师示范制作看板； 4. 不同组根据不同人物制作管理看板； 5. 听取教师点评； 6. 总结要点	师评：学生制作预约车辆管理看板是否规范
	课时： 4 课时 1. 硬资源：汽车营销学习工作站（含可上网计算机 4 台）、汽车等。 2. 软资源：课件、任务书、预约登记本等。 3. 教学设施：一体机、白板、A1 纸、水笔等			
总结拓展	总结提炼预约的知识，形成思维导图	1. 采用企业内部《预约过程性考核标准》对各组模拟的预约情况就可行性、有效性进行评价分析； 2. 根据评价结果,选出最佳预约专员，并颁发笔记本； 3. 抽选学生总结本周任务要点； 4. 组织学生制定预约思维导图； 5. 组织学生展示思维导图，进行评比拍照； 6. 布置课后任务：延保相关内容； 7. 组织学生 8S 管理	1. 采用《预约过程性考核标准》对各组模拟的预约情况进行互评； 2. 参与颁奖； 3. 总结本周任务要点； 4. 制定预约思维导图； 5. 展示讲解预约思维导图； 6. 记录并完成课后任务，查询延保的内容及作用； 7. 8S 管理	互评：预约思维导图是否具有逻辑性，预约知识点、技能点是否完整，整体美观、大方
	课时： 2 课时 1. 硬资源：汽车营销学习工作站等。 2. 软资源：课件（《预约过程性考核标准》）等。 3. 教学设施：一体机、白板、A0 纸、水笔等			

基准学时：18

客户服务

学习任务 3 客户回访

任务描述

学习任务学时：36 课时

任务情境

由于 11—12 月的节日活动非常多，4S 店人员紧张，现临时抽调我校新能源应用产业系汽车营销班为部分重要客户做相关回访策划。客户如下：张先生，42 岁，公务员，在店内购买一辆 A 车；刘小姐，26 岁，服装设计师，在店内购买一辆 B 车；单太太，39 岁，全职太太，在店内购买一辆 C 车；齐大爷，61 岁，会计（已退休），在店内购买一辆 D 车。营销班的同学接到任务后，需将方案拟好并交给营销经理评审，并按照 4S 店工作规范，树立服务意识，以积极乐观的心态对待客户，展示良好的职业形象和沟通礼仪。

策划
回访人员
×××
×××
×××
×××
分析表

工作流程和标准

工作环节 1

接收任务，获取区分 7DC、3DC 回访的工作信息

1

接收任务书，根据客户信息，查阅资料，确定获取区分 7DC①、3DC 回访的工作信息。

主要成果：客户满意度内容列表（使学生了解客户需求）。

工作环节 2

回访准备

2

1. 收集整理客户信息，制作客户情况分析表。
2. 制作 7DC、3DC 回访流程图。

主要成果：

1. 客户情况分析表（分析客户情况，制定针对性应对方案）；
2. 7DC、3DC 回访流程图（使学生熟悉回访流程，整理回访要点）。

工作环节 3

编制 7DC、3DC 回访方案

3

1. 整理客户列表。
2. 小组讨论回访要点，编制客户质疑应对话术，并制作 7DC、3DC 回访方案。

主要成果：

1. 客户列表（使学生熟悉客户信息并分类管理）
2. 7DC、3DC 回访方案（使学生整合资料，完善回访流程和重点）

① 7DC 回访指在客户提车后，销售服务店在 7 天内主动与客户联系，了解客户对销售服务店购车体验过程的满意度状况，倾听客户心声，及时消除客户抱怨，改进不足，从而提升客户满意度；3DC 类似，指 3 天内的回访。

学习任务3 客户回访

工作环节 4

填写 7DC、3DC 回访的工作表格

4

1. 根据 4S 店客户管理的规定，进行顾客回访，积极、乐观地应对客户疑问及质疑，并填写销售 7DC 调查表。
2. 根据 4S 店客户管理的规定，进行顾客回访，并填写维修 3DC 调查表。

主要成果：
1. 各流程资料表（让学生熟记回访流程的要点和难点）；
2. 7DC 回访工作表格（让学生学习 7DC 回访表格的填写要求）；
3. 3DC 回访工作表格（让学生学习 3DC 回访表格的填写要求）。

工作环节 5

总结拓展

5

总结提炼 7DC、3DC 回访流程的前提、资料准备及流程规划，形成思维导图。

主要成果：7DC、3DC 回访流程及方法思维导图（总结回访的知识点和技能点等）。

学习内容

知识点	1.1 客户满意的概念； 1.2 客户满意的意义； 1.3 “以客户为中心”，实现客户满意； 1.4 客户满意度跟踪； 1.5 PDCA 循环提升客户满意度	2.1 7DC、3DC 回访工作的定义； 2.2 7DC、3DC 回访工作的目的； 2.3 7DC、3DC 回访工作的具体过程； 2.4 7DC、3DC 回访工作的要求	3.1 电话礼仪、通话前的心态调整； 3.2 7DC、3DC 回访所需的资料； 3.3 7DC、3DC 回访的标准用语； 3.4 回答客户提问案例
技能点	1.1 查阅资料，讨论并确定客户满意度的内容	2.1 了解客户满意程度； 2.2 能够系统性地跟踪服务质量； 2.3 列出回访工作的流程图； 2.4 列出回访工作的注意事项	3.1 根据客户情况制定针对性方案； 3.2 使用合理话术及礼仪
工作环节	工作环节 1 接收任务，获取区分 7DC、3DC 回访的工作信息	回访准备 工作环节 2	工作环节 3 编制 7DC、3DC 回访方案
成果	1.1 客户满意度内容列表	2.1 客户情况分析表； 2.2 7DC、3DC 回访流程图	3.1 客户列表； 3.2 7DC、3DC 回访方案
素养	1.1 信息检索能力； 1.2 阅读理解能力	2.1 对比分析能力； 2.2 沟通表达能力	3.1 信息检索能力； 3.2 分析能力

学习任务 3　客户回访

	4.1 销售 7DC 调查表的内容； 4.2 维修 3DC 调查表的内容； 4.3 7DC、3DC 跟踪记录的填写方法	5.1 7DC、3DC 回访及相关各类报表总结 点评
	4.1 填写回访工作表格； 4.2 积极乐观地回应客户疑问及质疑	

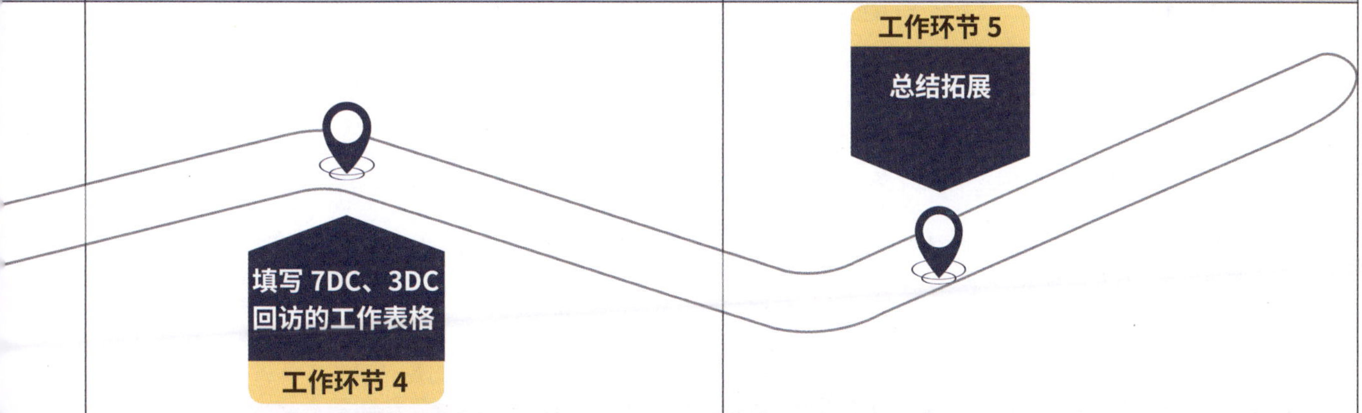

	4.1 7DC 回访工作表格； 4.2 3DC 回访工作表格； 4.3 各流程资料表	5.1 7DC、3DC 回访流程及方法思维导图
	4.1 沟通表达能力； 4.2 细致的工作态度； 4.3 健全人格（坚韧乐观）	5.1 总结能力

客户服务

课程 5 客户服务

学习任务 3 客户回访

1 接收任务，获取区分 7DC、3DC 回访的工作信息 → 2 回访准备 → 3 编制 7DC、3DC 回访方案 → 4 填写 7DC、3DC 回访的工作表格 → 5 总结拓展

	工作子步骤	教师活动	学生活动	评价
接收任务，获取区分 7DC、3DC 回访的工作信息	接收任务书，根据客户信息，查阅资料，确定获取区分 7DC、3DC 回访的工作信息	1. 随堂提问，复习客户沟通的内容； 2. 展示课件的任务情境，引导学生学习新的任务，分析任务的目标和学习内容； 3. 发放任务书，要求学生阅读任务书，确定任务书中 7DC、3DC 回访资料内容，并做好标记； 4. 展示 7DC、3DC 回访，要求学生据此自评； 5. 以“回访重不重要”为议题举办辩论赛； 6. 说明 7DC、3DC 回访的任务要求； 7. 要求 4 个小组分别使用计算机查找 7DC、3DC 回访的内容，并整理客户满意度要求内容	1. 回答教师的提问，对客户沟通内容进行复习； 2. 观看课件，确定课程任务的目标及学习内容； 3. 接收并阅读任务书，确定 7DC、3DC 回访的信息并标记； 4. 根据教师展示的 7DC、3DC 回访信息进行自评； 5. 以“回访重不重要”为议题举办辩论赛，听取教师的总结更正； 6. 听取教师说明查阅 7DC、3DC 回访的要求； 7. 按组分别使用计算机查找 7DC、3DC 回访的内容，并整理客户满意度要求的内容	1. 自评：对比教师的答案，判断 7DC、3DC 回访资料内容标注是否准确； 2. 师评：口头点评各组展示的 7DC、3DC 回访资料及客户满意度要求内容是否完整、准确
	课时： 8 课时 1. 硬资源：汽车营销学习工作站（含可上网计算机 4 台）等。 2. 软资源：课件、任务书等。 3. 教学设施：一体机、白板、A0 纸、水笔等			
回访准备	1. 整理客户信息，制作客户情况分析表； 2. 制作 7DC、3DC 回访流程图	1. 视频片段展示多个客户的相关信息，要求学生按组自由分配客户，分析客户情况，并填写客户情况分析表； 2. 点评各组学生填写的客户情况分析表； 3. 指导学生使用餐垫法在 A0 纸上分别写出针对不同客户的 7DC、3DC 回访流程图，再依次旋转查看其他组员所写的内容，总结各小组的优缺点； 4. 指导各组展示成果，并由其他组进行点评； 5. 总结 7DC、3DC 回访流程	1. 查看教师展示的关键信息，按组自由分配客户，分析客户情况，并填写客户情况分析表； 2. 回答教师问题，听取教师点评； 3. 使用餐垫法在 A0 纸上分别写出针对不同客户的 7DC、3DC 回访流程图，再依次旋转查看其他组员所写的内容，总结出各小组的优缺点按组展示答案，其余组点评； 4. 展示成果，并由其他组进行点评； 5. 听取并总结 7DC、3DC 回访流程	师评： 1. 根据学生列表，点评学生是否能整理客户信息，制作客户情况分析表； 2. 根据学生列出的客户情况分析表、7DC、3DC 回访流程点评
	课时： 8 课时 1. 硬资源：汽车营销学习工作站等。 2. 软资源：课件、客户视频资料、流程卡片等。 3. 教学设施：一体机、白板、A0 纸、水笔等			

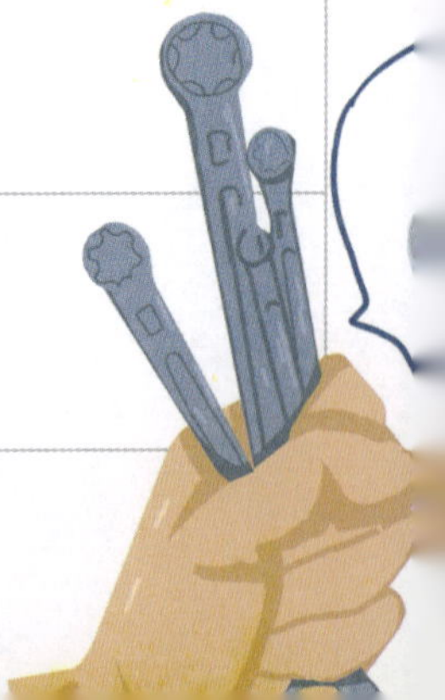

基准学时：36

① 接收任务，获取区分 7DC、3DC 回访的工作信息 → ② 回访准备 → ③ 编制 7DC、3DC 回访方案 → ④ 填写 7DC、3DC 回访的工作表格 → ⑤ 总结拓展

	工作子步骤	教师活动	学生活动	评价
编制 7DC、3DC 回访方案	1. 整理客户列表； 2. 小组讨论并制作 7DC、3DC 回访方案	1. 指导学生整理营销礼仪的内容； 2. 引导学生根据之前对客户的分析，总结并列出客户清单； 3. 要求小组讨论回访要点及需要应对的问题，用电脑操作整理讨论 7DC、3DC 回访方案； 4. 举行比赛活动：要求各个小组选派代表，上台解说各组方案，以举手投票的方式选取最合理的方案； 5. 点评学生的表现，表现好的提出表扬，表现不好的给予更多的关注与提点； 6. 引导学生总结梳理本课的重点、难点	1. 领取学习任务，整理营销礼仪内容； 2. 根据之前对客户的分析，总结并列出客户清单； 3. 讨论回访要点及需要应对的问题，用电脑操作整理讨论 7DC、3DC 回访方案； 4. 各个小组选派代表，上台解说各组方案，以举手投票的方式选取最合理的方案； 5. 回答问题，根据师评总结经验； 6. 总结梳理本课的重点、难点	师评：回访方案是否合理、清晰、全面
	课时： 8 课时 1. 硬资源：汽车营销学习工作站（含可上网计算机 4 台）等。 2. 软资源：课件、任务书等。 3. 教学设施：一体机、白板、A0 纸、水笔等。			
填写 7DC、3DC 回访的工作表格	根据 4S 店客户管理规定，进行顾客回访，并填写销售 7DC 调查表和维修 3DC 调查表	1. 将客户信息打乱重新随机分配并加入新的场境限制，各个小组重新分析整理； 2. 引导各组学生进行临场发挥式剧情接龙并按照新的剧情进行场景模拟，其中一组模拟刁难的客户，一组模拟客服代表，进行回访演练； 3. 组织各组点评模拟过程面对客户刁难的积极性，总结改进方式； 4. 要求学生填写 7DC 回访工作表格、3DC 回访工作表格； 5. 要求学生上台表演模拟情节并进行师评、互评； 6. 总结并要求学生列出填写销售 7DC 调查表和维修 3DC 调查表每个步骤所需的资料	1. 根据新场景，查找学习资料，把打乱重新随机分配的客户信息按照正确要求重新分析整理； 2. 各组学生进行临场发挥式剧情接龙，并按照新的剧情进行场景模拟，其中一组模拟刁难的客户，一组模拟客服代表，进行回访演练； 3. 各组点评模拟过程中面对客户刁难的积极性，总结改进方式； 4. 填写 7DC 回访工作表格、3DC 回访工作表格； 5. 上台演绎模拟情节并接受师评、互评； 6. 总结并列出填写销售 7DC 调查表和维修 3DC 调查表每个步骤所需的资料	师评： 1. 根据学生执行回访工作，点评学生是否能完成回访工作； 2. 根据小组角色扮演，点评学生团队合作能力
	课时： 4 课时 1. 硬资源：汽车营销学习工作站（含可上网计算机 4 台）等。 2. 软资源：课件、任务书等。 3. 教学设施：一体机、白板、A0 纸、水笔等			

课程 5 客户服务

学习任务 3 客户回访

1 接收任务，获取区分 7DC、3DC 回访的工作信息 → 2 回访准备 → 3 编制 7DC、3DC 回访方案 → 4 填写 7DC、3DC 回访的工作表格 → 5 总结拓展

总结拓展

工作子步骤	教师活动	学生活动	评价
总结提炼 7DC、3DC 回访流程的前提、资料准备及流程规划，形成思维导图	1. 采用企业内部《7DC、3DC 回访过程性考核标准》对各组模拟客户回访情况就可行性、有效性进行评价分析； 2. 根据评价结果，选出最佳回访专员，并颁发小礼品； 3. 抽选学生总结本周任务要点； 4. 组织学生制定 7DC、3DC 回访思维导图； 5. 组织学生展示思维导图，进行评比拍照； 6. 布置课后任务：节假日回访相关内容； 7. 组织学生 8S 管理	1. 采用《7DC、3DC 回访过程性考核标准》对各组模拟的客户回访情况进行互评； 2. 参与颁奖； 3. 总结本周任务要点； 4. 制定 7DC、3DC 回访思维导图； 5. 展示讲解 7DC、3DC 回访思维导图； 6. 记录并完成课后任务，查询节假日回访的内容及作用； 7. 8S 管理	互评：7DC、3DC 回访流程及方法思维导图是否具有逻辑性，汽车回访知识点、技能点是否完整，整体美观、大方

课时：8 课时

1. 硬资源：汽车营销学习工作站等。
2. 软资源：课件（《7DC、3DC 回访过程性考核标准》）等。
3. 教学设施：一体机、白板、A0 纸、水笔等

基准学时：36

考核标准

情境描述

刘先生购买了一辆银色轿车，半年行驶了 12 000 千米，突然致电客户部抱怨说："开车时听到发动机有异响，是怎么回事？上周才到店保养过，我还能不能开？因为下星期要去外地出差，所以想等周六日再过来。"客户专员告诉他："这样吧，电话里说不清楚，如果有时间的话，您最好现在把车开来4S店做检查。而且不要开得过快。因为这个声音现在无法判断，出于安全考虑，最好现在就过来检查。"客户最后听从了客服的建议，预约第二天到4S店检修。

请根据刘先生的来电情况，分析在用车过程中存在的风险，并制定处理解决客户抱怨的方案，填写汽车专营店的相关实训任务单，完成客户处理工作。

任务要求

1. 请根据情境帮助客户分析出现的问题；
2. 制定相应的客户抱怨处理方案；
3. 填写预约登记表；
4. 填写记录客户反映问题的接车单及客户抱怨处理登记表。

参考资料

回答上述问题时，可以使用所有的常见教学资料，如专业教材、个人笔记以及计算器等。

评价方式

由任课教师、专业组长、企业代表组成考评小组共同实施考核评价，取所有考核人员评分的平均分为学生考核成绩。

评价标准

评价项目	评价内容	分值	评分标准	得分
专业能力	准确写出客户档案建立的程序	5	遗漏一项扣 1 分	
	写出客户档案管理要点	5	错误或遗漏一项扣 1 分	
	写出汽车客服人员的销售回访内容及要点	10	错误或遗漏一项扣 1 分	
	写出汽车客服人员的维修回访内容及要点	10	错误或遗漏一项扣 1 分	
	能编制汽车客服人员处理客户抱怨方案	10	每漏一项扣 1 分；操作不规范每项扣 1 分	
	能正确选用和使用工具对场地进行布置	5	没有布置场地扣 2 分；布置不到位扣 1 分	
	能准确地演示汽车客服人员处理客户抱怨及应对话术的工作	10	每漏一项扣 1 分；建议不合理每项扣 0.5 分	
	能够积极处理客户抱怨，具有良好的服务意识	5	没有参与一项扣 2 分；不积极一项扣 1 分	
通用能力	能读懂任务书，记录关键内容，整理客户抱怨原因	5	没有记录扣 2 分；记录不准确扣 1 分；	
	能查阅相关资料，获取处理客户抱怨等信息	5	没有查阅扣 3 分，查阅方法不对扣 2 分	
	能及时有效地处理实操过程中遇到的问题	5	完全没有解决扣 3 分；解决不及时扣 2 分；无突发问题不扣分	
	能对已完成的工作进行记录存档、评价和反馈	5	无记录扣 2 分	
	表述仪态自然、吐字清晰、思路清晰，且与实际相符	10	仪态不自然、吐字模糊、思路不清晰每项扣 1 分；表述与实际不符扣 1 分	
	分工明确，团队合作融洽	5	分工不明确扣 2 分；团队合作不融洽扣 2 分	
	现场管理：服从工位安排、执行实训室“8S”管理规定	5	每漏一项扣 1 分；操作不规范每项扣 0.5 分	
总分		100		

课程 6　汽车配件管理

学习任务 1
汽车配件计划
（36）学时

学习任务 2
汽车配件采购
（18）学时

学习任务 3
汽车配件仓库管理
（18）学时

课程目标

学习完本课程后，学生应当能够胜任汽车配件计划、采购和汽车备件仓管等工作，并严格执行企业安全生产制度、环保管理制度和“8S”管理规定；在库存分析、仓库布局及出入库管理中，强化成本意识和责任意识，养成细致、耐心、一丝不苟等态度。具体目标为：

1. 能够根据配件编码识别汽车配件，能选择与鉴别货源；
2. 会查阅配件资料或利用配件系统（EPC）检索汽车零配件，确定配件的安装位置及编码；
3. 能够根据 JIT 理论（准时制生成方式）ABC 分析法分析库存及 min/max 订货方法计算订货量，使库存成本最低；
4. 能够对汽车配件的数量及质量进行验收，按相关规范进行入库，强化一丝不苟的工作态度和责任意识；
5. 能对配件进行保管和养护；
6. 能够从配件管理系统中导出盘点表，耐心对库存配件进行盘点；
7. 能够执行维修领料出库操作；
8. 能够进行汽车配件的保修和索赔工作；
9. 能够分析配件仓库的布局和场地要求，针对不同的货架及配件的流通性做仓库布局规划；
10. 具有良好、严谨的规范职业素养，能认真遵守与执行仓管员和计划员的工作规范要求；
11. 具备知识迁移能力和综合运用能力；
12. 具有良好的与人交流能力和团队合作能力。

课时：72

课程内容

对照本课程目标，学生应当掌握以下知识、技能及职业素养：

1. 汽车配件的分类；
2. 汽车常用维修配件的安装位置及用途；
3. VIN 码（车辆识别码）的作用及在汽车的位置；
4. 丰田、本田、大众汽车配件编码的表示方法及异同；
5. EPC 的使用方法；
6. ABC 分析法；
7. min/max 订货方法；
8. 配件质量的鉴别方法；
9. 计算机出入库的方法；
10. 仓库的布局；
11. 货架的形式；
12. 配件存放的原则；
13. 盘点的方法及结果处理；
14. 仓库 8S 管理；
15. 配件的保修索赔方法及范围。

学习任务 1 汽车配件计划

任务描述

学习任务学时：36 课时

任务情境

某品牌 4S 店汽车配件的订货周期快到了，配件经理告知作为 4S 店的配件计划员的你需做好配件订货。你需要根据库存配件情况、客户订货数等数据，依据主机厂和 4S 店对配件订货的要求，制定好配件订货单，交配件经理签字后向厂家提交订单。

汽车配件管理

工作流程和标准

工作环节 1

分析库存及缺货信息

1

1. 使用配件管理系统查询库存状态信息。
2. 使用 ABC 分析法分析库存，确定 ABC 类配件。
3. 安装 EPC。
4. 根据 VIN 码，在 EPC 中查询配件编码。

主要成果：
1. 库存状态表；
2.ABC 配件分类表；
3. 缺货配件清单。

工作环节 2

制作订单

2

1. 根据订货原则、订货周期、在库数等信息，计算各配件的订货量。
2. 根据所定配件的类型，制作订单。

主要成果：配件订单。

工作环节 3

审批及提交订单 3

1. 将审批订单提交配件经理。
2. 按照订货要求在销售管理系统提交订单。

主要成果：销售管理订单。

工作环节 4

订单跟踪 4

使用销售管理系统跟踪到货日期、数量、车型、品种等。

主要成果：汽车备件管理系统订单跟踪截图。

工作环节 5

总结拓展 5

总结并制作汽车配件订货思维导图。

主要成果：汽车配件订货思维导图。

学习内容

知识点	1.1 汽车配件的分类； 1.2 配件管理系统的使用方法； 1.3 ABC 分析法的使用方法； 1.4 VIN 码的构成及意义； 1.5 EPC 的安装及使用方法； 1.6 配件编码的含义； 1.7 常用配件的功用及安装位置	2.1 订货原则； 2.2 订货量的计算方法； 2.3 订单的类型
技能点	1.1 使用 ABC 分析法分析库存，确定 ABC 类配件； 1.2 使用配件管理系统查询库存状态信息； 1.3 安装 EPC； 1.4 根据 VIN 码，在 EPC 中查询配件编码	2.1 根据订货原则、订货周期、在库数等信息，计算各配件的订货量； 2.2 根据所定配件的类型，制作订单
工作环节	工作环节 1 分析库存及缺货信息	制作订单 工作环节 2
成果	1.1 库存状态表； 1.2 ABC 配件分类表； 1.3 缺货配件清单	2.1 配件订单
素养	1.1 细心做事、分析能力	2.1 细心做事、数字计算能力

	3.1 订货要求； 3.2 使用销售管理系统订货的方法	4.1 销售管理系统订单跟踪的方法	
	3.1 提交配件经理审批订单； 3.2 按照订货要求在销售管理系统提交订单	4.1 使用销售管理系统跟踪到货日期、数量、车型、品种等	5.1 总结并制作思维导图
	工作环节 3 审批及提交订单	工作环节 4 订单跟踪	总结拓展 工作环节 5
	3.1 销售管理订单		5.1 汽车配件订货思维导图
	3.1 细心做事	4.1 信息处理能力	5.1 总结能力

学习任务 1 汽车配件计划

1 分析库存及缺货信息 → 2 制作订单 → 3 审批及提交订单 → 4 订单跟踪 → 5 总结拓展

分析库存及缺货信息

工作子步骤	教师活动	学生活动	评价
使用配件管理系统查询库存状态信息	1. 介绍课程的学习内容、课程目标、学习任务; 2. 提出观看教师演示使用汽车配件管理系统的要求,记录相应步骤; 3. 展示汽车配件管理系统的使用方法; 4. 抽取学生进行配件系统使用展示,指正错误之处; 5. 组织学生分组进行汽车配件库存状态查询,并输出库存状态信息表; 6. 组织各组进行展示说明及点评	1. 听取教师介绍课程,记录课程的学习内容及任务,课程目标; 2. 听取教师演示配件管理系统的要求; 3. 观看教师演示汽车配件管理系统,做流程记录; 4. 抽中的学生展示配件管理系统的操作并接受教师点评; 5.分组进行汽车配件库存状态查询,并输出库存状态信息表; 6. 各组进行展示说明	师评:通过学生的演示判断学生能否正确使用汽车配件管理系统,导出的库存状态表是否完整、准确
课时: 4 课时 1. 硬资源:计算机 4 台(含汽车配件管理系统)等。 2. 软资源:课件、教材、工作页等。 3. 教学设施:多媒体教室(含一体机、白板、A1 纸、水笔)等			
使用 ABC 分析法分析库存,确定 ABC 类配件	1. 通过案例,展示汽车配件订货学习任务,并分析任务的要求、工作内容等,说明汽车配件订货的流程和方法,并要求学生做记录; 2. 展示不同的汽车配件,要求学生查阅教材,确定汽车配件的类属; 3. 用 PPT 展示答案,要求学生自评是否准确确定汽车配件的分类; 4. 总结汽车配件的分类,要求学生做相应的记录	1. 听取教师的案例,记录任务的要求,工作内容、工作流程和方法; 2. 观看 PPT 中的配件,查阅教材,判断配件的类属; 3. 根据教师公布的 PPT 答案进行自评; 4. 听取教师的总结,记录汽车配件的分类	自评:能否准确确定汽车配件的分类
课时: 4 课时 1. 硬资源:计算机 4 台(含汽车配件管理系统)等。 2. 软资源:课件、教材、工作页等。 3. 教学设施:多媒体教室(含一体机、白板、A1 纸、水笔)等			

基准学时：36

1 分析库存及缺货信息　2 制作订单　3 审批及提交订单　4 订单跟踪　5 总结拓展

分析库存及缺货信息

工作子步骤	教师活动	学生活动	评价
	1. 要求学生查阅教材，确定 ABC 分析法的含义； 2. 展示案例，说明 ABC 分级的方法； 3. 组织各组学生对库存状态表内的配件进行 ABC 分级，形成 ABC 配件分类表； 4. 组织各组进行展示并点评； 5. 指导各组修正 ABC 分类表	1. 查阅教材，确定 ABC 分析法的含义； 2. 观看教师展示案例，记录 ABC 分级的方法； 3. 各组学生对库存状态表内的配件进行 ABC 分级，形成 ABC 配件分类表； 4. 各组进行展示并接受教师点评； 5. 修正 ABC 分类表	师评：ABC 配件分类是否符合及分级的规定
课时： 4 课时 1. 硬资源：计算机 4 台（含汽车配件管理系统）等。 2. 软资源：课件、教材、工作页等。 3. 教学设施：多媒体教室（含一体机、白板、A1 纸、水笔）等			
安装 EPC	1. 说明汽车配件编码对正确选用汽车配件的意义； 2. 采用拼图法组织学生学习配件编码的含义； 3. 组织各组上台说明配件编号分部的含义，并进行汇总； 4. 举例一汽车配件编码抽问学生答出其意义； 5. 演示 EPC 的安装和使用方法，巡回指导各小组安装 EPC 及操作使用； 7. 抽问学生总结配件编码的含义及 EPC 安装使用方法	1. 听取教师说明汽车配件编码对正确选用汽车配件的意义； 2. 各组自学汽车配件编码分部的含义； 3. 各组上台说明配件编号分部的含义，汇总成编码的意义； 4. 被抽中学生回答教师提出的配件编码的意义； 5. 观看演示 EPC 的安装和使用方法，记录要点； 6. 以小组为单位进行 EPC 安装及操作使用； 7. 总结配件编码的含义及 EPC 的安装使用方法	师评：抽问学生能否正确说出汽车配件编码中相关数字的含义
课时： 6 课时 1. 硬资源：计算机 4 台（含汽车配件管理系统）等。 2. 软资源：课件、教材、工作页、EPC 电子目录等。 3. 教学设施：多媒体教室（含一体机、白板、A1 纸、水笔）等			

教学活动

课程 6　汽车配件管理

学习任务 1　汽车配件计划

1 分析库存及缺货信息 → 2 制作订单 → 3 审批及提交订单 → 4 订单跟踪 → 5 总结拓展

	工作子步骤	教师活动	学生活动	评价
分析库存及缺货信息	根据 VIN 码，在 EPC 中查询缺货配件编码	1. 通过 ABC 分类表，说明对 A 类配件进行重点管理，精确计算订货量的要求； 2. 通过案例说明不同车型对应不同配件； 3. 提出思考问题：如何确定某车型的配件； 4. 说明 VIN 对确定车型配件的作用； 5. 举例说明 VIN 码的构成及意义，要求学生记录在工作页中并检查； 6. 提出任务：根据 VIN 码，使用 EPC 确定 A 类配件的配件编码、安装位置、功用，形成缺货配件清单； 7. 巡回指导学生查找配件编码； 8. 组织各组展示配件清单并要求学生互评； 9. 总结配件编码的含义及查找方法	1. 听取教师说明任务要求； 2. 听取教师案例说明确定不同车型配件的差异； 3. 思考讨论问题：如何确定某车型的配件； 4. 听取教师说明 VIN 对确定车型配件的作用； 5. 听取教师举例说明 VIN 码的构成及意义，并记录在工作页中； 6. 确定任务：根据 VIN 码，使用 EPC 确定 A 类配件的配件编码、安装位置、功用，形成缺货配件清单； 7. 按教师指导，以小组为单位查找 A 类配件编码； 8. 各组展示配件清单并互评； 9. 总结配件编码的含义及查找方法	1. 抽问：学生能否准确答出 VIN 码各部件的含义； 2. 互评：不同组查阅的同一车型同一 A 类配件编码是否一致
	课时： 6 课时 1. 硬资源：计算机 4 台（含汽车配件管理系统）等。 2. 软资源：课件、教材、工作页、EPC 电子目录等。 3. 教学设施：多媒体教室（含一体机、白板、A1 纸、水笔）等			
制作订单	1. 根据订货原则、订货周期、在库数等信息，计算各配件的订货量； 2. 根据所定配件的类型，制作订单	1. 通过案例说明本次课的任务目标及学习内容； 2. 卡片法：发放订货流程卡片，要求学生拼出订货流程； 3. 展示正确的订货流程，要求学生自评； 4. 组织学生查阅资料，确定订货原则，并填入工作页中； 5. 举例要求学生选择例子中反映的订货原则； 6. 不同组布置不同的任务：各组分别学习在库数、在途数、安全库存、订货周期等计算定量的参数； 7. 组织各组相互交流所学的参数； 8. 举例订货：要求各组计算所学参数的量并展示合并后的最终订货量。 9. 要求各组成员分别计算缺货配件清单的各配件的订货量； 10. 展示不同配件的订单类型，要求学生制作配件订单； 11. 组织各组展示并点评	1. 观看教师案例，确定本次课的任务目标及学习内容； 2. 接收订货流程卡片，拼出订货流程； 3. 查看正确的订货流程并自评； 4. 查阅资料，确定订货原则，并填入工作页中； 5. 选择教师举例中反映的订货原则； 6. 各组分别学习在库数、在途数、安全库存、订货周期等计算定量的参数； 7. 各组相互交流所学的参数； 8. 以小组为单位，各组分别计算所学参数的量并展示合并后的最终订货量； 9. 各组成员分别计算缺货配件清单的各配件的订货量； 10. 观看教师展示不同配件的订单类型，制作配件订单； 11. 各组展示并点评接收教师点评	1. 自评：能否准确确定汽车配件的分类； 2. 师评：ABC 配件分类是否符合及分级的规定
	课时： 4 课时 1. 硬资源：计算机 4 台（含汽车配件管理系统）等。 2. 软资源：课件、教材、工作页等。 3. 教学设施：多媒体教室（含一体机、白板、A1 纸、水笔）等			

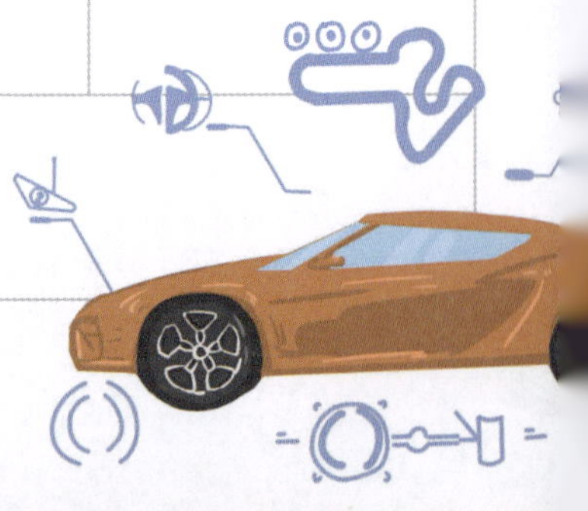

① 分析库存及缺货信息 ② 制作订单 ③ 审批及提交订单 ④ 订单跟踪 ⑤ 总结拓展

<table>
<tr><th></th><th>工作子步骤</th><th>教师活动</th><th>学生活动</th><th>评价</th></tr>
<tr><td rowspan="2">审批及提交订单</td><td>1. 提交配件经理审批订单；
2. 按照订货要求在DMS系统提交订单</td><td>1. 给各组发放订货要求，要求标记要点；
2. 展示案例，抽问学生回答案例反映的订货要求；
3. 使用DMS展示订货的方法；
4. 组织学生分组进行DMS订货模拟操作</td><td>1. 接收订货要求，按要求标记要点；
2. 观看案例，抽中的学生回答问题；
3. 观看教师DMS展示订货的方法；
4. 分组进行DMS订货模拟操作</td><td>抽评：学生能否及时、正确地回答订货要求</td></tr>
<tr><td colspan="4">课时：4课时
1. 硬资源：计算机4台（含汽车配件管理系统）。
2. 软资源：课件、教材、工作页、EPC电子目录。
3. 教学设施：多媒体教室（含一体机、白板、A1纸、水笔）</td></tr>
<tr><td rowspan="2">订单跟踪</td><td>使用销售管理系统跟踪到货日期、数量、车型、品种等</td><td>1. 引导学生以小组为单位使用销售管理系统进行订单跟踪，引导学生探讨备件的采购订货技巧和方案；
2. 抽取形式抽查4组代表1名学生分别讲解汽车备件订单跟踪的操作过程；
3. 结合作业过程所拍视频和图片进行总结点评并加分；
4. 根据评分总表的排名，奖励优秀小组及优秀学生；
5. 布置作业</td><td>1. 学生以小组为单位使用销售管理系统对汽车备件的订货情况进行跟踪反馈，补充并完善订货采购方案；
2. 展示汽车备件订货采购过程思维导图，并讲解汽车销售管理系统采购备件的操作过程（优点和不足）；
3. 听教师的总结与点评，并做好记录；
4. 接受奖励；
5. 做好作业记录</td><td>通过总结汇报，评价学生总结、反思的能力，语言组织、表达能力</td></tr>
<tr><td colspan="4">课时：2课时
1. 硬资源：电脑4台等。
2. 软资源：汽车销售管理系统、评分总表5张、作业过程的视频、作业过程的图片、交付备件查询工单规范等。
3. 教学设施：一体机、白板等。</td></tr>
<tr><td rowspan="2">总结拓展</td><td>总结汽车配件订货的方法和流程要点，形成思维导图</td><td>1. 抽选学生总结本周任务要点；
2. 组织学生制定汽车配件订货思维导图；
3. 组织学生展示思维导图，进行评比拍照；
4. 总结点评</td><td>1. 总结本周任务要点；
2. 制定汽车配件订货思维导图；
3. 展示讲解汽车配件订货思维导图，包括汽车配件的分类、订货量的计算方法、订货流程等；
4. 总结点评</td><td>互评：汽车配件订货思维导图是否具有逻辑性知识点、技能点是否完整，整体美观、大方</td></tr>
<tr><td colspan="4">课时：2课时
1. 硬资源：汽车营销学习工作站等。
2. 软资源：课件、教材等。
3. 教学设施：一体机、白板、A0纸、水笔等</td></tr>
</table>

学习任务 2 汽车配件采购

任务描述

学习任务学时：**18** 课时

任务情境

某汽配公司的配件销售已出现缺货情况，该店的采购员需要根据配件的销售和库存情况，制订采购计划，降低资金使用成本，选择合适的供应商，完成采购签单。

汽车配件管理

工作流程和标准

工作环节 1

销量 / 库量分析

1

查询配件管理系统，分析配件的销量、库存情况。

主要成果：
1. 销量库存情况表；
2. 重点配件信息表。

工作环节 2

制订采购计划

2

1. 根据进货时间、平均销量、安全存量确定进货点。
2. 根据定性分析法和定量分析法确定一类配件的进货量。
3. 根据进货点和进货量，拟订采购计划。

主要成果：
1. 订货量计算表；
2. 采购计划。

工作环节 3

选择供应商并提交订单 3

1. 查询供应商的资质、信用等信息。
2. 根据不同配件质量的鉴别方法，鉴别货源质量，避免采购劣质配件。

主要成果：
1. 供应商情况列表；
2. 常见配件鉴别方法列表。

工作环节 4

谈判签单 4

与供应商确定数量、价格、包装、验收、违约处理等情况，签订采购合同。

主要成果：采购合同。

工作环节 5

总结拓展 5

总结并制作汽车配件采购思维导图。

主要成果：汽车配件采购思维导图。

学习内容

	工作环节 1	工作环节 2
知识点	1.1 重点配件的品牌、功用与性能	2.1 进货点的考虑因素及计算方法； 2.2 定性分析法、定量分析法、经济批量和公式法的计算方法 2.3 采购计划的内容
技能点	1.1 查询配件管理系统，分析重点配件的销量、库存情况	2.1 根据进货时间、平均销量、安全存量确定进货点； 2.2 根据定性分析法和定量分析法确定进货量； 2.3 根据进货点和进货量拟订采购计划
工作环节	工作环节 1 销量 / 库量分析	制订采购计划 工作环节 2
成果	1.1 库存情况表； 1.2 重点配件信息表	2.1 订货量计算表； 2.2 采购计划
素养	1.1 细心做事、分析能力	2.1 细心做事、数字计算能力

	3.1 常见的供货渠道； 3.2 货源的鉴定方法	4.1 配件采购合同的内容及要点	
	3.1 查询供应商的资质、信用等信息； 3.2 根据不同配件质量的鉴别方法，鉴别货源质量，避免采购劣质配件	4.1 与供应商确定数量、价格、包装、验收、违约处理等情况，签订采购合同	5.1 总结并制作思维导图

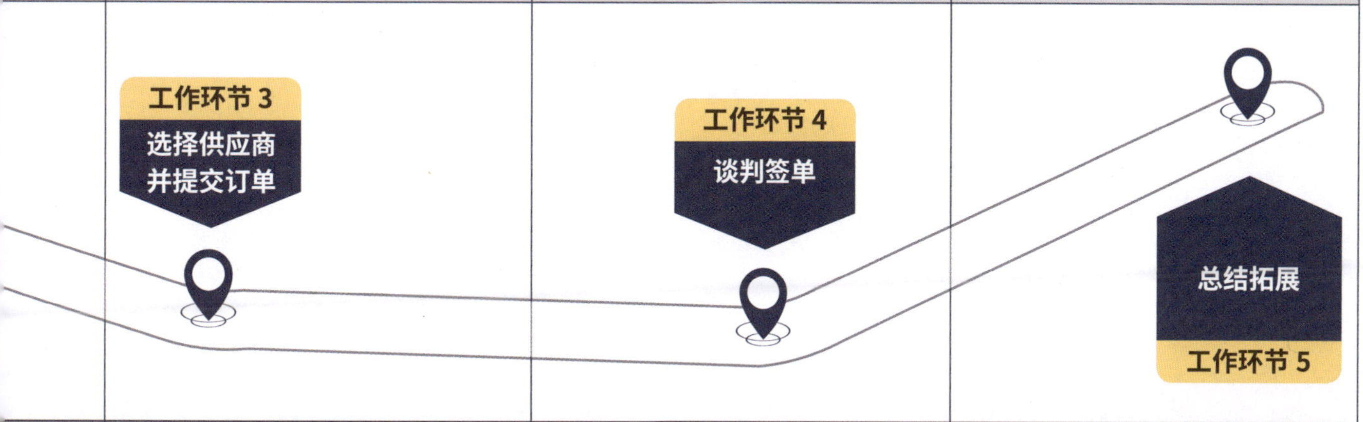

	3.1 供应商情况列表； 3.2 常见配件鉴别方法列表	4.1 采购合同	5.1 汽车配件采购思维导图
	3.1 信息查询能力、观察能力	4.1 沟通能力	5.1 总结能力

学习任务 2 汽车配件采购

1 销量 / 库量分析 → 2 制订采购计划 → 3 选择供应商并提交订单 → 4 谈判签单 → 5 总结拓展

销量 / 库量分析

工作子步骤	教师活动	学生活动	评价
查询配件管理系统，分析配件的销量、库存情况	1. 发放工作页； 2. 通过关键词法组织学生阅读工作页中任务书，明确学习任务； 3. 利用汽车备件采购任务中的库存清点视频，结合课件和企业的订货工单，讲解库存情况分析表的内容，引导学生通过阅读工作任务的内容，明确汽车备件采购订货需要获取的信息内容及工作方法，培养学生明确工作任务的图示化能力； 4. 以小组为单位，引导每组查询配件管理系统，完成库存量情况表并展示； 5. 组织各组学生代表上台点评他组库存量情况表，教师总评，培养学生的语言组织能力、语言表达能力； 6. 分配任务：以小组为单位分别用计算机查询机油、机油滤清器、轮胎、刹车片、蓄电池、火花塞的功用、常见品牌和性能参数，完成 PPT 制作； 7. 指导各组查阅资料制作 PPT； 8. 组织相邻各组学习其他组的 PPT，学习其他重点配件，并记录相关的问题； 9. 引导小组依次展示重点配件 PPT，并回答其他组的问题； 10. 总结，组织学生形成重点配件信息表	1. 领取工作页； 2. 阅读工作页中的任务，划出任务书中的关键词，明确学习任务； 3. 配合教师完成学习任务是否明确的抽查，填写工作页； 4. 通过库存清点视频，阅读汽车备件订货采购任务的内容，听教师讲解如何通过阅读任务清单，明确备件订货采购工作任务； 5. 以小组为单位查询配件管理系统，确定库存数量并填写库存量情况表并展示，各组代表上台对他组进行点评，其他同学记录，根据教师总评进行修改； 6. 听取教师分配任务，明确任务的要求； 7. 各组上网查阅资料，完成重点配件的 PPT 制作； 8. 各组交换 PPT，学习其他组的重点配件 PPT； 9. 各组依次展示 PPT 课件，并回答其他组的问题； 10. 听取教师总结，制作重点配件信息表	1. 库存量情况表（评价方法：以小组为单位展示库存量情况表，主要评价库存量情况表填写的完整性、合理性、职业性）； 2. 任务书（评价方法：汇报任务明确情况）

课时： 4 课时

1. 硬资源：库存货架 4 个，汽车发电机、雨刮片等备件若干等。
2. 软资源：工作页、备件使用手册 4 本、参考教材、课件、维修工单、任务书、维修工单视频等。
3. 教学设施：一体机、白板 4 块等

制订采购计划

工作子步骤	教师活动	学生活动	评价
根据进货时间、平均销量、安全存量确定进货点	1. 举例说明汽车配件进货点的考虑因素； 2. 引导学生参考教材，确定进货点的确定方法； 3. 提出两种不同确定订货点的情况，要求学生根据计算公式确定进货点； 4. 各组随机抽取一名同学上台展示计算进货点； 5. 引导其他组同学对计算结果进行点评，并做最终点评与总结	1. 听取教师说明进货点的考虑因素； 2. 查阅教材，确定进货点的计算方法； 3. 根据教师提出的情况计算进货点； 4. 各组抽中同学上台计算进货点； 5. 点评上台同学的计算结果，并听取教师的点评与总结	
课时：2 课时 1. 硬资源：无 2. 软资源：工作页、教材、课件等。 3. 教学设施：一体机等			
根据定性分析法和定量分析法确定一类配件的进货量	1. 讲解汽车备件市场调查和预测的方法及原则，引导学生通过知识的掌握转换为对当前汽车备件需求量的预测及核算能力； 2.播放汽车备件采购管理视频资料，巡查督导学生的掌握情况，视频后给出案例指引，使用案例描述引导学生理解汽车备件采购量的计算方法； 3. 随机抽查学生对备件订货量计算的掌握情况，对学生计算出的汽车备件的采购数核算是否正确做出点评与指导； 4. 采用头脑风暴法引导学生转化汽车备件采购中的相关专业名词的掌握认知，对学生讲解的潜在库存、最小库存、最大库存之间的联系做出点评与指导； 5. 给每一位学生发汽车备件采购量计算表，引导学生充分理解汽车备件采购数	1. 查阅汽车备件教材，对汽车备件市场调查和预测资讯展开学习，并完成工作页中关于汽车备件需求量的预测，通过定性及定量预测得出本次任务中的备件需求量； 2. 观看汽车备件采购管理视频资料，明白汽车备件采购必须根据进货点、采购费用和保管费用等信息，计算各配件的订货量； 3. 根据教师给出的案例题目计算汽车备件的订货数； 4. 相互评价，指出本次采购中的潜在库存、最小库存量、最大库存量，并对这些数据进行分析解说； 5.个别学生展示和讲解本次的采购量计算方法，其他学生听讲，必要时提问	1. 根据订货原则、订货周期、在库数等信息，计算各配件的订货量（评价方法：列表填写的准确性、正确度、整洁度和职业性，以及展示、讲解加分）； 2. 汽车备件的采购量（评价方法：汽车备件采购数核算的正确度、计算原则的应用原理解说、展示加分）
课时：2 课时 1. 硬资源：无。 2. 软资源：工作页、备件管理手册 4 本、参考教材、汽车备件近半年每月销售表格、课件、汽车备件需求量核算表格、汽车备件订货量核算表格、销售管理系统等。 3. 教学设施：一体机、白板等			

学习任务 2 汽车配件采购

1 销量 / 库量分析　2 制订采购计划　3 选择供应商并提交订单　4 谈判签单　5 总结拓展

	工作子步骤	教师活动	学生活动	评价
制订采购计划	根据进货点和进货量，拟订采购计划	1. 通过巡回指导法等教学方法组织学生完成汽车备件进货采购方案的制定，必要时进行讲解与纠正，示范操作，引导学生完善方案，培养学生的方案制定能力、分工合作能力、团队合作精神、策划能力。 (1) 以小组为单位，发放制定方案所需的工具（卡片纸若干　张、海报纸 4 张、剪刀 4 把、胶水 4 瓶、图钉等）； (2) 组织学生通过小组成员集体参与、讨论，结合所收集信息，分工合作完成方案的制定，教师进行巡回指导； (3) 以小组为单位引导学生将方案进行展示，抽取 4 名学生代表本组讲解本组所制定的方案，并接受教师和其他组学生提问、建议，引导各组再次完善方案，引导学生填写工作页。 2. 引导学生填写备件进货采购任务单，组织学生进行对比，挑选最最合适的进货点、供应商，等并讲述选择原因。 3. 以小组为单位派发备件采购工单、备件验收工具（游标卡尺、千分尺、百分表、厚薄规等）、备件管理销售管理系统等。 4. 通过课件 PPT，结合教材讲解帮助学生了解汽车维修企业的汽车备件业务流程。 5. 通过软件抽取 1 名学生讲解汽车备件的订货采购流程，另抽取 1 名学生讲述备件管理按照流程工作的重要性	1. 结合所收集信息（备件的销售历史、备件适用车型的保有量情况、备件的季节性销售特质、备件的需求量、备件的订货量、备件的进货渠道、备件的供货方式、进货方式及合作供应商的情况等），制订汽车备件进货计划表，并完善。 (1) 以小组为单位，领取制定方案所需的工具（卡片纸若干张、海报纸 4 张、剪刀 4 把、胶水 4 瓶、图钉等）； (2) 通过小组成员集体参与，集思广益，结合所收集信息，分工合作完成方案的制定，根据教师提出的修改意见完善方案； (3) 以小组为单位引导学生将计划表进行展示，代表学生对拟定好的方案进行讲解，根据教师和学生意见进行必要的修订，制定成一份可操作的备件查询方案，并填写工作页。 2. 确定本次任务中所需采购的汽车备件名称、备件编号、备件订购数量、备件进货渠道、采购方式、供应商等，并认真听教师总结。 3. 以小组为单位从备件主管（教师）处领取备件订货采购工单、查询工具（备件图册、CD 光盘、EPC 系统）、备件管理系统或销售管理系统等。 4. 通过查阅汽车备件的管理手册，了解汽车订货采购在汽车备件管理经营中的位置及重要意义，并做好笔记。 5. 个别学生讲解汽车备件订货程序的操作关键点，全体学生做好笔记	1. 汽车备件查询方案（评价方法：各组展示方案，每组抽取 1 名代表上台讲解和接受提问，考核小组根据方案评分标准对各组方案进行评价）； 2. 汽车备件查询工具领取单（评价方法：现场抽查学生讲解工具使用方法，必要时进行操作展示考核）

课时：2 课时

1. 硬资源：电脑 4 台等。
2. 软资源：工作页、备件管理手册 4 本、备件订货采购工单、销售管理系统 4 套、验收工具（游标卡尺、千分尺、百分表、厚薄规等）、参考教材、课件、流程评分标准 4 张、验收工具领取单 4 张等。
3. 教学设施：一体机、白板 4 块、卡片纸、海报纸 4 张、剪刀 4 把、胶水 4 瓶、图钉等

1 销量 / 库量分析 → 2 制订采购计划 → 3 选择供应商并提交订单 → 4 谈判签单 → 5 总结拓展

选择供应商并提交订单

工作子步骤	教师活动	学生活动	评价
查询供应商的资质、信用等信息	1. 通过巡回指导法等教学方法组织学生完成汽车进货渠道的分析和选择，点评学生对不同类型进货渠道优缺点的分析及其对应的订货方法的确定情况； 2. 引导学生填写汽车备件的供货方式选择表，听取学生讲解供货方式选择的原因和分析； 3. 引导学生对汽车企业类型、各类汽车备件的进货渠道以及不同汽车备件的特点做出分析，并听取学生的进货方式选择方案； 4. 通过课件 PPT，结合教材讲解帮助学生掌握汽车备件供应商选择的四大标准，查勘学生的列表选择情况； 5. 通过软件抽取 1 名学生讲解汽车备件供应商选择的重要标准，另抽取 1 名学生讲述备件管理原则展开备件工作的重要性	1. 对 A 类、B 类、C 类 3 类厂进货渠道进行跟踪分析，讲解不同类型进货渠道的优缺点及其对应的订货方法； 2. 查阅资料分析汽车企业常用的备件供货方式，完成教师提供的备件供货方式选择表，并指出各类备件所属类型； 3. 根据企业类型、各类汽车备件的进货渠道以及汽车备件的不同特点，合理安排组织进货； 4. 以小组为单位对教师提供的供应商情况列表做出合理判断和选择； 5. 个别学生讲解供应商选择的重要标准，全体学生做好笔记	1. 汽车备件进货渠道优缺点分析表（评价方法：各组展示方案，每组抽取 1 名代表上台讲解和接受提问，考核小组根据方案评分标准对各组方案进行评价）； 2. 汽车备件供应商选择列表（评价方法：通过抽查学生现场讲解供应商选择标准，必要时进行操作展示考核）

课时： 2 课时

1. 硬资源：电脑 4 台等。
2. 软资源：工作页、备件管理手册 4 本、汽车备件进货渠道优缺点分析表、汽车备件供应商选择列表、汽车备件供货方式选择表、参考教材、课件等。
3. 教学设施：一体机等

学习任务 2 汽车配件采购

1 销量 / 库量分析　2 制订采购计划　3 选择供应商并提交订单　4 谈判签单　5 总结拓展

选择供应商并提交订单

工作子步骤	教师活动	学生活动	评价
根据不同配件质量的鉴别方法，鉴别货源质量，避免采购劣质配件	1. 指导学生使用专业的汽车备件检验工具对给定的轴瓦刹车片机油、机油滤清器等汽车备件实施进货验收检验，训练学生的汽车备件进货检验把关的能力； 2. 提供汽车游标卡尺、千分尺、百分表、量块、粗糙比较块及万用表等工具，并巡回指导学生学习使用； 3. 组织学生学习使用“13 看”对汽车备件进行质量鉴别，巡回指导学生的缺漏及疑惑； 4. 组织学生查阅教材或网络资源，引导学生使用简单技术手段鉴别汽车备件质量的好坏及真假，对学生的掌握情况做出及时跟踪和点评； 5. 组织学生以小组为单位（小组成员分工协作）完成指定备件的质量鉴定工作，形成常见配件鉴别方法列表，并巡回指导，引导学生展开解说并拍摄视频	1. 使用专业的汽车备件检验工具对教师提供的轴瓦、刹车片、机油、机油滤清器等汽车备件实施进货验收检验，做好汽车备件进货质量的把关准备； 2. 练习使用汽车游标卡尺、千分尺、百分表、量块、粗糙比较块及万用表等工具； 3. 练习使用“13 看”进行汽车备件质量鉴别； 4. 阅读教材，借鉴使用简单技术手段鉴别汽车备件质量及产品真假； 5. 以小组为单位（小组成员分工操作），完成教师给定的汽车备件的质量鉴定工作，制作常见配件鉴别方法列表，展示并解说鉴定结果及其成因	汽车备件鉴定视频（评价方法：通过抽查学生对教师给定的汽车备件材料进行产品质量鉴别，考核学生的货源鉴别方法和技巧的掌握情况）

课时： 4 课时
1. 硬资源：货源鉴别工具、相关汽车配件等。
2. 软资源：课件、配件质量鉴别视频等。
3. 教学设施：一体机、白板等

1 销量 / 库量分析　2 制订采购计划　3 选择供应商并提交订单　4 谈判签单　5 总结拓展

	工作子步骤	教师活动	学生活动	评价
谈判签单	与供应商确定数量、价格、包装、验收、违约处理等情况，签订采购合同	1. 通过任务驱动法组织学生学习、查阅汽车备件订货合同的签订原则和注意事项，审核学生的合同概念及法律知识，培养学生查阅资料理解文字表达的能力； 2. 组织各组组长讲解本组签订的订货合同的情况； 3. 引导小组之间对订货合同进行评互评，并总结	1. 各组在教师的指导下查阅教材、工作页等资料，查找采购合同签订原则及注意事项并解读； 2. 各组学生根据此标准，在组长的带领下完成汽车备件购货合同的签订； 3. 小组间进行互评； 4. 根据教师指导与互评意见完善备件订货采购合同	订货合同（评价方法：以小组为单位，根据评分标准评价汽车备件采购订货订单合同内容的完整性、合理性、职业规范性）
	课时： 1 课时 1. 硬资源：电脑 4 台等。 2. 软资源：课件、备件订货合同 5 张、评分标准 5 张等。 3. 教学设施：一体机、白板等			
总结拓展	总结汽车配件采购的方法和流程要点，形成思维导图	1. 抽选学生总结本周任务要点； 2. 组织学生制定汽车配件采购思维导图； 3. 组织学生展示思维导图，进行评比拍照； 4. 总结点评	1. 总结本周任务要点； 2. 制定汽车配件采购思维导图； 3. 展示讲解汽车配件采购思维导图，包括汽车配件的分类、采购量的计算方法、采购流程等； 4. 听取教师总结点评	互评：汽车配件采购思维导图是否具有逻辑性，知识点、技能点是否完整，整体美观、大方
	课时： 1 课时 1. 硬资源：汽车营销学习工作站等。 2. 软资源：课件、教材等。 3. 教学设施：一体机、白板、A0 纸、水笔等			

汽车配件管理

学习任务 3 汽车配件仓库管理

任务描述

学习任务学时：**18** 课时

任务情境

某 4S 店所定汽车配件经物流运输已到货。作为该店的仓管员，你需要对该批配件按照企业规范进行仔细验收，确保配件数量无误和质量完好，再将此批配件按照配件存放的原则进行上架入库，同时做好仓库的 5S 和通风防潮管理及日常盘点，在维修工需要领料时做好汽车配件的领料出库。

汽车配件管理

工作流程和标准

工作环节 1

备件验收

1. 数量验收：按照运输单和开箱清单检查配件数量，避免漏发情况。
2. 质量验收：根据常损配件的检查方法，对配件进行检查，防止损坏配件进入仓库。
3. 配件索赔：根据主机厂对配件索赔的规定对损坏及漏发配件索赔。

主要成果：
1. 备件验收表；
2. 零件到货报告。

工作环节 2

备件入库

1. 安排货位用于配件上架。
2. 按照配件存放原则对配件上架。
3. 按照配件上架的数量及位置进行计算机入库登记。

主要成果：配件入库单。

工作环节 3

日常管理

1. 按照 5S 管理要求对仓库实行 5S 管理。
2. 按照配件存放对温度、湿度等的要求，对库存配件进行日常维护。

主要成果：常用配件维护方法列表。

工作环节 4

盘点

4

1. 根据人员情况，盘点准备方案，打印盘点清单。
2. 根据盘点清单配件货位，查对库存。
3. 根据盘点结果制作盘点报告。

主要成果：盘点报告。

工作环节 5

总结拓展

5

1. 审核出入库凭证。
2. 根据出库凭证，查询配件货位。
3. 按照配件货位进行拣货装篮发货。
4. 出库登记及出库问题处理。

主要成果：
1. 汽车备件出库流程图；
2. 备件出库单。

学习内容

知识点	1.1 配件索赔方法； 1.2 验收异常处理方法； 1.3 常见易损件的验收方法； 1.4 验收的流程和方法	2.1 计算机入库管理操作方法； 2.2 特殊汽车配件的存放方法； 2.3 汽车配件存放的原则； 2.4 汽车配件货架的形式； 2.5 汽车配件仓库的布局
技能点	1.1 数量验收：按照运输单和开箱清单检查配件数量，避免漏发情况； 1.2 质量验收：根据常损配件的检查方法，对配件进行检查，防止损坏配件进入仓库； 1.3 配件索赔：根据主机厂对配件索赔的规定、对损坏及漏发配件索赔	2.1 安排货位用于配件上架； 2.2 按照配件存放原则对配件上架； 2.3 按照配件上架的数量及位置进行计算机入库登记
工作环节	工作环节 1 备件验收	备件入库 工作环节 2
成果	1.1 配件验收表； 1.2 零件到货报告	2.1 汽车配件入库单
素养	1.1 观察能力； 1.2 爱岗敬业，一丝不苟的职业素养	2.1 信息处理能力

学习任务 3 汽车配件仓库管理

	3.1 5S 管理的内容与意义； 3.2 配件日常维护的方法	4.1 库存盘点的方法	5.1 配件出库的类型流程； 5.2 配件计算机出库操作方法
	3.1 按照 5S 管理要求对仓库实行 5S 管理； 3.2 按照配件存放对温度、湿度等的要求，对库存配件进行日常维护	4.1 根据人员情况，盘点准备方案，打印盘点清单； 4.2 根据盘点清单清点配件货位，查对库存； 4.3 根据盘点结果制作盘点报告	5.1 根据出库凭证，查询配件货位； 5.2 安装配件货物进行拣货装篮； 5.3 发料做出库登记
	工作环节 3 日常管理	工作环节 4 盘点	总结拓展 工作环节 5
	3.1 常用配件维护方法列表	4.1 盘点报告	5.1 汽车备件出库流程图； 5.2 备件出库单
	3.1 观察能力	4.1 团队合作、信息处理能力	5.1 沟通交流能力

学习任务 3 汽车配件仓库管理

1 备件验收 → 2 备件入库 → 3 日常管理 → 4 库存盘点 → 5 备件出库

备件验收

工作子步骤	教师活动	学生活动	评价
1. 数量验收：按照运输单和开箱清单检查配件数量，避免漏发情况； 2. 质量验收：根据常损配件的检查方法，对配件进行检查，防止损坏配件进入仓库	1. 卡片法：教师发放配件验收流程卡片，要求学生对卡片进行排序，并查找资料确定每一流程的工作内容和方法； 2. 点评学生能否准确完成卡片流程及内容； 3. 采用 PPT 等方式讲解汽车常见易损件的验收方法和注意要点； 4. 展示大灯、水箱等易损零件，要求学生说出此类配件验收的方法和注意事项； 5. 向学生发放备件验收表，对配件的数量和质量进行验收，并引导学生正确填写备件验收表； 6. 公布配件实际的数量及破损的配件情况，要求学生核对，对有异常的进行重新验收； 7. 讲述案例，说明一丝不苟的工作态度对汽车库管员的重要作用，并提出希望； 8. 发放异常配件的索赔方法与要求文件，要求学生参照处理方法填写零件到货报告； 9. 组织各组集中展示零件到货报告，教师进行点评	1. 卡片法：接收教师发放配件验收流程卡片，对卡片进行排序，并查找资料确定每一流程的工作内容和方法； 2. 听取教师点评； 3. 听取教师讲解汽车常见易损件的验收方法和要点； 4. 观察教师展示的易损件，说出配件的验收方法和注意问题； 5. 小组分工对配件的数量和质量进行验收，后汇总形成备件验收结果，并登记在备件验收表中； 6. 将备件验收表与教师公布的数量及质量情况进行核对，对有异常的进行重新验收； 7. 听取教师的案例，明确一丝不苟的工作态度； 8. 小组接收异常配件的索赔方法与要求文件，学生参照处理方法填写零件到货报告，填写零件到货报告表格； 9. 各组集中展示零件到货报告，听取教师点评	1. 师评：学生能否排列出准确的配件验收流程并写出每一流程的工作内容； 2. 师评：备件验收表的数量和质量是否与实际一致，学生能否做到认真核对

课时：4 课时

1. 硬资源：蓄电池、机油、火花塞、皮带、避震器等备件若干，磅秤、量尺、卡尺等工具。
2. 软资源：工作页、备件使用手册 4 本、备件验收表 4 份、订货单 4 份、异常情况处理要求表、零件到货报告 4 份、参考教材、课件等。
3. 教学设施：一体机等

工作子步骤	教师活动	学生活动	评价
1. 安排货位用于配件上架； 2. 按照配件存放原则对配件上架； 3. 按照配件上架的数量及位置进行计算机入库登记	1. 提供视频等资料，引导学生学习掌握汽车备件入库流程及备件入库相关手续； 2. 巡回指导学生对入库制度和流程的学习； 3. 使用头脑风暴法引导学生学习掌握汽车备件入库“四号定位”与“五五堆码法”等准则（四号定位：四个号码确定一个货位；五五堆码法：五五成方、五五成行、五五成堆、五五成包、五五成串），巡查并指导学生的货位安排情况，引导学生更合理地进行货柜堆码； 4. 提供电脑及销售管理系统，引导学 生完成入库手续的办理，进行登账、立卡等手续； 5. 引导学生根据汽车备件入库的工作过程，总结入库操作的工作过程及每一过程的工作要点及注意事项，记录在案并以小组为单位进行分享展示，适当点评； 6. 随机抽取一个学生讲解汽车备件入库的注意事项，检验学生的掌握情况	1. 观看汽车备件入库视频等资料，学习掌握汽车备件入库流程和备件入库相关手续； 2. 参考教材资料、备件管理手册等，解读汽车备件入库管理制度； 3. 通过教师的 PPT 讲解，头脑风暴汽车备件入库的实操分工及操作要点，记录形成策划方案； 4. 小组分工合作，开展汽车备件的入库搬运、货位安排、货柜堆码、入库登记等备件入库实操并录制视频提交给教师； 5. 使用汽车 EMS 备件管理系统对入库的备件进行入库登记，记录备件名称、备件编号、货位号、数量、规格等信息； 6. 根据操作的过程形成汽车备件入库经验总结，并以小组为单位进行分享； 7. 被抽中的学生讲解汽车备件入库过程中应注意哪些事项	1. 汽车备件入库实操视频（评价方法：汽车备件入库操作的准确性、正确度、整洁度和职业性，以及展示、讲解加分）； 2. 汽车备件入库登账立卡（评价方法：查看小组的汽车备件 EMS 管理系统当前库存情况，查看学生使用 EMS 对入库备件进行入库登记的信息的准确性、完整性、职业性等）

备件入库

课时： 4 课时

1. 硬资源：4 台电脑、4 个货柜、蓄电池、机油、火花塞、皮带、避震器等备件若干等。
2. 软资源：工作页、备件管理手册 4 本、参考教材、汽车备件入库验收单 4 份、课件、标签贴、销售管理系统等。
3. 教学设施：一体机、白板等

课程 6 汽车配件管理

学习任务 3 汽车配件仓库管理

1 备件验收 → 2 备件入库 → 3 日常管理 → 4 库存盘点 → 5 备件出库

日常管理

工作子步骤	教师活动	学生活动	评价
1. 按照5S管理要求对仓库实行5S管理； 2. 按照配件存放对温度、湿度等的要求，对库存配件进行日常维护	1. 播放汽车5S现场管理的标准照片及错误示范图片，引导学生认识5S管理的重要性。 2. 布置汽车企业5S现场管理的工作要求及标准学习任务，提供教材、工作页等方式辅助学生学习，并对过程中学生产生的问题进行解答。 3. 通过随机抽查的方式，抽查学生对5S管理知识的掌握情况。 4. 采用头脑风暴法，引导学生观察教师提供的备件仓库现场，分组讨论如何对教师提供的现场实施5S管理。 5. 引导学生对模拟仓库实施现场5S管理，巡查指导，并记录学生的表现。 6. 提供3份仓库5S评分表空表给每个小组学生，组织学生根据据备件仓库5S管理要求及考核标准，以互评的方式，对另外小组实施的现场5S管理进行评价，汇总学生的评价情况，并做出总结点评	1. 观看教师提供的汽车企业5S管理的标准照片及错误示范图片，叙述5S管理的含义； 2. 学习汽车企业5S现场管理的工作要求及标准，明确5S的内容、要求及意义； 3. 被抽中的同学回答教师提出的“执行5S管理在企业现场管理中的好处”问题； 4. 头脑风暴讨论如何对教师提供的现场实施5S管理； 5. 以小组为单位，分工合作，对教师提供的模拟仓库实施现场5S管理； 6. 根据备件仓库5S管理要求及考核标准，以互评的方式，对另外小组实施的现场5S管理进行评价，完成仓库5S评分表并提交给教师	1. 汽车5S现场管理图片（评价方法：根据学生对模拟仓库实施5S现场管理的实操情况，拍摄管理后的照片，对拍摄结果组织互评性评价，通过对《仓库5S评分表》评价进行汇总、教师点评、展示成果等方式考核学生的5S管理成果）。 2. 常用备件维护方法列表（评价方法：根据学生对备件管理员基本岗位掌握情况及备件仓库摆放原则的掌握程度，评价学生的实操能力及理论转化能力，通过查阅学生填写的常用备件维护方法列表，考核学生备件仓库日常维护的方法和技巧，表格填写的完整性、合理性、职业性）

课时： 2 课时

1. 硬资源：电脑4台，模拟仓库，扫把、抹布若干，蓄电池、爆震传感器、机油、汽油、金属件等备件若干。
2. 软资源：工作页、备件管理手册4本、参考教材、课件、5S管理贴纸、仓库5S评分表12份、常用备件维护方法列表4份、备件部门管理考核评分表5份、白纸4张等。
3. 教学设施：一体机、白板等

1 备件验收 2 备件入库 3 日常管理 4 库存盘点 5 备件出库

工作子步骤	教师活动	学生活动	评价
日常管理	1. 提供电脑、网络等资源，引导学生通过相关的招聘网页，查找各大汽车品牌公司关于仓库管理员的岗位基本职责信息。 2. 随机抽取学生回答关于仓库日常管理的问题，判断学生的资讯掌握情况，并及时做出点评。 3. 通过 PPT 讲解汽车维修企业备件管理工作中的备件仓库摆放七原则，引导学生学习掌握汽车备件仓库的摆放要求。 4. 假设一种仓库摆放情况，要求学生以小组为单位对仓库的摆放进行改良，观察学生的讨论情况，提示学生操作要根据原则指引，收集学生的改良结果并做出点评指导。 5. 提供模拟仓库，内设蓄电池、爆震传感器、机油、汽油、金属件等，引导学生查阅相关备件的日常维护方法和技巧，填写常用备件维护方法列表；对学生的日常维护做出指导和点评。 6. 根据学生对备件日常管理的工作表现及学生自评、互评的备件部门管理考核评分表做出点评	1. 查阅网络等资源，查阅各大品牌仓库管理员的岗位基本职责,并摘录简要，做好笔记。 2. 被抽中的学生回答教师关于仓库日常管理的问题，其他同学认真倾听并做好笔记； 3. 认真倾听汽车备件管理中的备件仓库摆放原则，明确备件仓库中的备件摆放要求，并做好笔记。 4. 以小组为单位，对教师给定的仓库摆放情况进行小组讨论，绘制出更加符合仓库管理的新的摆放方式，并指出改良之处及改良后的好处；提交改良图给教师，认真倾听教师的点评并重新思考和改进。 5. 在模拟仓库中，找到蓄电池、爆震传感器、机油、汽油、金属件等备件，并对相应的备件维护技巧进行自主学习和掌握；填写常用备件维护方法列表并上交，认真倾听教师的点评并做好笔记。 6. 以小组为单位对本小组的备件日常管理情况做出自评与互评，填写备件部门管理考核评分表	师评：常用备件维护方法列表能否准确记录常见配件的维护要求及方法

课时： 2 课时

1. 硬资源：常见配件等。
2. 软资源：PPT 等

课程 6 汽车配件管理

学习任务 3 汽车配件仓库管理

1 备件验收　2 备件入库　3 日常管理　4 库存盘点　5 备件出库

库存盘点

工作子步骤	教师活动	学生活动	评价
1. 根据人员情况，盘点准备方案，打印盘点清单； 2. 根据盘点清单清点配件货位，查对库存； 3. 根据盘点结果制作盘点报告	1. 向学生发放备件仓库盘点任务工单，并引导学生解读盘点工单的内容事项； 2. 引导学生学习何为库存盘点，库存盘点有哪些类型，并巡回指导，考核学生的掌握情况； 3.引导学生使用大纸绘制盘点工作流程图，并圈出工作要点，引导学生掌握汽车备件库存盘点的工作内容及工作步骤； 4. 提供备件管理系统，引导学生使用备件管理系统导出盘点清单，打印盘点清单，并根据盘点清单展开盘点工作，巡回指导学生的系统使用情况及盘点工作； 5. 引导学生填写备件缺货 / 预订货看板，核对学生盘点结果的正确度； 6. 对学生做出的盘点结果做出判断和分析，并进行倾听、点评和指导； 7. 巡回指引学生的盘点汇报填写情况，引导学生展开自评、互评，并对整体的工作做出点评	1. 接受教师发放的备件仓库盘点任务，解读汽车备件仓库盘点任务要求及任务要点； 2. 通过电脑网络、教材等查阅各汽车品牌库存盘点的含义及分类方法； 3. 以小组为单位选择本小组的盘点方式，并用大纸绘制本品牌的盘点工作流程图，圈出工作要点，粘贴展示； 4. 以小组为单位使用备件管理系统，导出盘点清单（盘点一览），根据清单进行盘点； 5. 将盘点结果及时反映在备件缺货 / 预订货看板上，并展示讲解； 6. 根据盘点结果判断库存的账实相符情况，并对于盘亏、盘盈的情况进行相应的分析和处理； 7. 根据盘点结果及账实相符情况的分析形成盘点报告，展示并讲述，其他同学倾听并做点评	盘点报告（评价方法：以小组为单位，使用备件管理系统导出备件清单，并对备件的库存情况展开盘点，生成盘点报告的过程；教师评价学生的操作标准性、备件系统的使用情况、账实相符的判断和分析等，并考核盘点报告填写的完整性、合理性、职业性）

课时： 2 课时

1. 硬资源：电脑 4 台、模拟仓库 1 个、货架 4 个、汽车发电机、雨刮片、曲柄连杆机构、发动机油等若干备件。
2. 软资源：课件、标签纸若干、汽车备件管理系统、数据库、盘点报告表 4 张、评分标准 5 张等。
3. 教学设施：一体机、白板等

工作子步骤	教师活动	学生活动	评价
出库凭证审核：对汽车备件的领料单进行出库单据核查，核实单据是否有效、是否经审核，是否经复核	1. 通过 PPT 讲解汽车配件管理规则，理解并掌握汽车备件管理制度； 2. 巡回指导学生对出库制度和流程的学习； 3. 使用头脑风暴法引导学生学习掌握汽车备件出库“三不”“三核”准则（三不：未接单据不登账，未经审核不备货，未经复核不出库；三核：核实凭证、核对账卡、核对实物）； 4. 使用案例教学法引导学生学习汽车备件出库核算方法，并引导学生为本小组的本次任务选择合适的出库方法； 5. 设定公开竞赛活动，设计合格及不合格的领料单样本，让学生抢答以验收学生的学习成果	1. 小组查阅教材及培训资料，编制本小组的备件出库管理制度，通过大纸展示并解读； 2. 小组编制备件出库流程； 3. 小组讨论备件出库凭证审核注意事项，并使用卡片罗列粘贴； 4. 收集资讯，学习汽车备件出库核算方法，回答教师问题； 5. 以抢答竞赛的方式判断领料单的有效性； 6. 确认备件出库类型，并做好登记	1. 根据汽车备件经营工作规章，绘制汽车备件出库流程图（评价方法：流程图绘制的准确性、正确性、整洁度和职业性，以及展示、讲解加分） 2. 汽车备件出库凭证的审核情况登记表(评价方法：汽车备件出库凭证审核情况登记表的正确性，“三不”“三核”原则的应用原理解说、展示加分)

课时： 1 课时

1. 硬资源：无。
2. 软资源：工作页、备件管理手册 4 本、参考教材、汽车备件近半年每月销售表格、课件、各类汽车备件出库凭证、销售管理系统等。
3. 教学设施：一体机、白板等

学习任务 3 汽车配件仓库管理

1 备件验收 2 备件入库 3 日常管理 4 库存盘点 5 备件出库

库存盘点

工作子步骤	教师活动	学生活动	评价
根据出库凭证，查询配件货位：按照备件经营的工作流程及工作标准，查阅维修工的领料单，使用销售管理系统查询汽车备件信息，进行备件出库信息处理	1. 提供汽车备件管理系统的使用说明视频资料供学生学习参考； 2. 巡查监督学生探索使用汽车备件管理系统，并对学生学习过程中产生的问题进行解答； 3. 检验学生操作系统的学习效果，对学生无法掌握或理解有误的地方展开讲解； 4. 采用准备好的若干备件资料小卡片，随机抽查学生完成备件信息的系统查询、报告库存数、货架号及备件价格等； 5. 点评小组当前库存分析及出库核算情况，做出点评和正确引导； 6. 巡回指导学生对汽车备件管理系统的出库操作； 7. 对完成的小组出库单进行复核签名	1. 观看教师提供的汽车备件管理系统使用说明； 2. 登录汽车备件管理系统，点击各功能键并做好系统使用情况记录，小组讨论汇总后罗列出备件出库需要使用的功能键及各功能键的作用； 3. 被抽中的同学根据教师提供的备件资料，登录汽车备件管理系统使用“当前库存”功能键查询备件信息,记录备件车型、备件名称、备件号、库存数、备件价格及货架号等并回答教师； 4. 小组分析备件库存信息，小组讨论每个配件的出库方法，并提交给教师； 5. 小组操作汽车备件管理系统实施备件出库操作，登记入系统并生成出库单； 6. 打印出库单并携带领料单请教师模拟的备件经理签名复核	汽车备件出库单（评价方法：通过学生使用汽车销售管理系统，查询备件资料，处理备件信息，生成出库单的实操展开过程性评价，通过对出库单填写的准确性职业性、有效性评价小组成果；通过抽查学生讲解汽车所需出库的备件的库存情况、价格、货位号等资讯了解学生的备件出库信息，判断学生的知识和技能掌握情况）

课时： 1 课时

1. 硬资源：电脑 4 台等。
2. 软资源：工作页、备件管理手册 4 本、参考教材、查询工具（备件图册、CD 光盘、EPC 系统）、销售管理系统、课件、白纸 4 张等。
3. 教学设施：一体机、白板等

1 备件验收 2 备件入库 3 日常管理 4 库存盘点 5 备件出库

备件出库

工作子步骤	教师活动	学生活动	评价
按照配件货位进行拣货装篮发货：根据领料单及出库单的信息，对应到备件仓库实施备件拣货、分货、装篮、发货检查及搬运到仓库发料区发料	1. 提出问题并引导学生思考和讨论，根据学生讨论的情况做好观察记录和评价； 2. 使用 PPT 展示备件出库“五检查”的内容和执行意义； 3. 引导学生领取指引牌和标签纸，巡查指导学生是否按照备件管理系统中预先录入的仓库编号信息进行填写和粘贴； 4. 巡回观察学生的仓库拣货活动，并对学生操作的 5S 情况进行登记考核； 5. 采用竞技的方式组织学生分组开展备件核查、验货、清点等工作，总结过程中的问题和缺漏，并记录反馈，与学生交流讨论更佳的工作模式； 6. 检查学生系统录入情况，进、存、销卡的填写情况	1. 分组讨论备件出库过程中可能出现的问题及应对措施，并罗列在大纸上粘贴； 2. 学习出库“五检查”的内容并熟练其操作； 3. 复习编制货架号分类和编码，并采用指示牌和标签纸粘贴显示； 4. 小组查找本小组维修任务所需备件对应的货架号信息，凭出库单到对应货架处拣货，实施 5S 管理； 5. 对拣好的备件进行分类摆放，核查备件名称、备件规格与待修车辆的匹配情况，根据活动过程中罗列的可能问题展开逐一排查，确保名实相符； 6. 开箱验货，杜绝将质量次品、过期产品交到客户手上； 7. 小组模拟交货现场，清点签单，并及时录入	拣货发货实操（评价方法：以小组为单位，根据任务活动开展汽车备件的库存拣货，发货前台分货、装篮、出货检验等过程；教师评价学生的操作标准性、发货验收反馈情况、出库备件是否符合出库核算方法等）
课时： 1 课时 1. 硬资源：电脑 4 台、货架 4 个、汽车发电机、雨刮片、曲柄连杆机构、发动机油等若干备件。 2. 软资源：课件、标签纸若干、备件篮 4 个、评分标准 5 张等。 3. 教学设施：一体机、白板等			
出库登记及出库问题处理：使用汽车销售管理系统或汽车备件管理系统对本次的备件出库进行出库信息登记，并对出库过程中出现的问题进行管理和反馈	1.引导学生使用汽车销售管理系统，将本次汽车备件的出库操作在管理系统中进行信息登记，并有效保存； 2.引导学生总结分析出库过程中出现的问题，并提出改进意见； 3.引导学生以小组为单位将备件出库过程制作成思维导图； 4.以抽取形式抽查 4 组代表分别讲解汽车维修所需备件的出库操作过程； 5.结合作业过程所拍的视频和图片进行总结点评并加分； 6.根据评分总表的排名，奖励优秀小组及优秀学生； 7.布置作业	1. 使用汽车销售管理系统，将本次汽车备件的出库操作在管理系统中进行信息登记，并有效保存； 2. 总结分析出库过程中出现的问题，并提出改善意见； 3. 以小组为单位将备件出库过程制作成思维导图； 4. 被抽中的 4 组代表分别讲解汽车维修所需备件的出库操作过程； 5. 完成教师布置的作业	通过总结汇报，评价学生总结、反思的能力，语言组织、表达能力
课时： 1 课时 1. 硬资源：电脑 4 台等。 2. 软资源：评分总表 5 张、作业过程的视频、作业过程图片、备件异常情况处理工作规范视频等。 3. 教学设施：一体机、白板等			

考核标准

情境描述

某 4S 新建店，需要对配件仓库进行布局规划，仓库长 20 米，宽 15 米，层高 2.5 米，要求布局后符合配件的验收入库、领料出库盘点等工作的需求，符合照明、消防、通风、安全等要求，使仓库功能满足运行要求，仓库库存容量最大，成本最低。小李接到经理的任务后，首先确定仓库配件的类型和数量，货架的尺寸及形式，根据配件仓库的要求划定配件功能区，并依据配件流通原则和消防、安全的要求规划配件仓库。

任务要求

请你根据顾客的实际需求和所学的知识，完成以下任务：

一、纸笔测试（制定完成工作任务的方案）

1. 配件流通的分类；

2. 配件功能区的要求和划分；

3. 货架的形式及尺寸；

4. 配件仓库的消防、安全、照明要求；

5. 仓库货架的布局安排。

二、任务实操

解决方案完成后，请针对王先生的要求，实施车辆调配。

参考资料

回答上述问题时，可以使用所有的常见教学资料，如参数表、专业教材、手机、个人笔记以及计算器等。

评价方式

由任课教师、专业组长、企业代表组成考评小组共同实施考核评价，取所有考核人员评分的平均分为学生考核成绩。

评价标准

评价项目	评价内容	分值	评分标准	得分
专业能力	根据汽车配件的尺寸、流通情况进行分类	5	每错一项扣 1 分	
	准确规划仓库的功能区及相关工具设备，且符合企业要求	5	每错一项扣 1 分	
	确定不同配件的货架的形式和尺寸	10	不正确的每项扣 1 分；每漏一项扣 1 分	
	正确安置不同货架的位置，符合出入库要求	10	货架安放位置错误一项扣 1 分	
	对配件仓库进行地面、空间划分，符合 8S 要求	10	每错一项扣 1 分	
	仓库布局能够最大限度地提升库存容量，做到成本最低	10	仓库容量可改进每项扣 1 分	
	仓库规划符合消防、照明、安全等要求	10	不符合要求每项扣 2 分	
通用能力	能读懂任务书，与备件经理进行有效沟通，记录关键内容，做好备件管理准备	5	没有沟通扣 2 分；沟通不到位扣 1 分；无记录扣 2 分	
	能查阅相关仓库管理资料	5	没有查阅扣 3 分；查阅方法不对扣 2 分	
	能满足企业维修工作需求，企业工作规范、安全性、环保性、成本效益等	5	完全不符合每项扣 1 分	
	能及时有效地解决备件仓库规划过程中的突发问题	5	完全没有解决扣 3 分；解决不及时扣 2 分；无突发问题不扣分	
	能对已完成的工作进行记录存档、评价和反馈	5	无记录扣 2 分	
	在备件出仓库规划过程中保持 8S 整理	5	8S 整理每漏一项扣 1 分	
	表述仪态自然、吐字清晰、思路清晰，且与实际相符	5	仪态不自然、吐字模糊、思路不清晰每项扣 1 分；表述与实际不符扣 1 分	
	分工明确，团队合作融洽	5	分工不明确扣 2 分；团队合作不融洽扣 2 分	
总分		100		

课程 7 增值服务

学习任务 1
汽车贷款
（18）学时

学习任务 2
精品销售
（18）学时

学习任务 3
新车上牌
（18）学时

课程目标

学习完本课程后，学生应当能够胜任汽车贷款、精品销售、延保销售、新车上牌等工作，养成诚信报价的职业操守，良好的沟通交流和服务意识等职业素养。具体目标为：

1. 能按照企业标准作业流程，分析客户的资质及需求，并制定相应的贷款方案；
2. 能根据银行及金融公司规定，计算贷款首付及月供；
3. 能按照企业标准，收集客户资料并为其办理汽车贷款业务；
4. 能明确精品的分类及各类精品的作用；
5. 能根据客户用车需求，按标准有效展示精品；
6. 能熟练使用精品促销工具，结合中国传统节日，运用 FAB 法规范进行精品促销报价；
7. 能明确延保服务的作用、延保产品种类、延保服务保障范围；
8. 能根据用车情况，介绍延保业务，解释附加增值服务的利益；
9. 根据延保方案，把握延保销售时机，提升延保服务的投保率；
10. 能按照客户上牌需求，协助客户竞拍或者摇号；
11. 能根据上牌规定，收集上牌资料并为客户办理上牌业务。
12. 能分析客户需求，适时向客户推销相关增值产品。

课时：72

学习任务 4

延保服务

（18）学时

课程内容

对照本课程目标，学生应当掌握以下知识、技能及职业素养：

1. 汽车贷款的渠道及优缺点；
2. 汽车贷款所需的资料（身份类、居住类、收入及工作类文件）；
3. 汽车贷款计算；
4. 汽车贷款流程；
5. 精品的分类及作用；
6. 精品销售的方法；
7. 精品的促销方式；
8. 延保服务的作用、延保产品种类、延保服务保障范围；
9. 延保销售时机的把握，延保销售流程；
10. 退保及补充购买；
11. 摇号及竞拍的资格要求及所需资料；
12. 新车上牌所需资料及流程。

学习任务 1 汽车贷款

任务描述

学习任务学时：18 课时

任务情境

张小姐和父母一起居住，大学毕业 3 年，是一家合资公司的业务员，月收入约 8 000 元，小有积蓄，有信用卡一张，使用 2 年，额度不高。因工作需要想贷款购车代步，价位约 10 万元，初步选择 A 车。因目前市面的汽车贷款方案较多，她短时间内不知如何抉择。你是 4S 店的按揭专员，服务宗旨是为客户提供贷款服务，满足客户的需求，从而让客户满意。

增值服务

工作流程和标准

工作环节 1

接受汽车贷款任务

1

1. 按 4S 店管理规定从销售经理（教师）处领取汽车贷款任务书，明确汽车贷款工作任务。
2. 根据客户的要求及接待标准，阅读客户相关资料，分析客户的需求及实际情况。

主要成果：客户需求汇总表及贷款要素表。

工作环节 2

拟订汽车贷款方案

2

1. 根据不同贷款渠道的特点，分析各汽车贷款渠道的优缺点，为选择最优的贷款渠道做准备。
2. 根据客户资质及需求选择贷款渠道，拟订汽车贷款方案向客户进行理由陈述，并根据客户意见及时修订，制订一份优化汽车贷款方案。

主要成果：
1. 汽车贷款渠道汇总表；
2. 汽车贷款方案。

学习任务 1　汽车贷款

工作环节 3

贷款资料准备及贷款计算

3

1. 根据银行等金融机构的要求，提醒客户准备汽车贷款所需的资料（客户身份类、居住类、收入及工作类文件），并打印贷款资料清单交给客户。
2. 根据银行等金融机构的相关规定，计算汽车贷款的首付和月供。

主要成果：
1. 汽车贷款资料清单；
2. 汽车销报价单。

工作环节 4

汽车贷款

4

1. 按相关金融机构的规定，协助客户填写车贷申请表格。
2. 按 4S 店按揭规定，向客户详细解释车贷申请所需文件内容和要求，签订贷款合同。

主要成果：
1. 贷款申请表；
2. 汽车贷款合同。

工作环节 5

总结与反馈

5

1. 根据本次任务完成情况，总结汽车贷款是否符合客户要求。
2. 本次汽车贷款流程是否准时完成。
3. 根据本次任务知识技能点，制定汽车贷款思维导图。

主要成果：汽车贷款思维导图。

学习内容

知识点	1.1 消费信贷的作用； 1.2 汽车贷款的组成要素	2.1 各种贷款渠道的优缺点； 2.2 汽车贷款的资格条件； 2.3 贷款方案的组成	3.1 贷款资料的组成； 3.2 贷款首付和月供的计算方法
技能点	1.1 阅读客户资料，分析客户需求与实际情况	2.1 分析各贷款方案的优劣； 2.2 根据客户的实际情况，拟订贷款方案，以满足客户的需求	3.1 准备贷款资料，并把贷款资料清单打印出来给客户，以免客户记错或漏记； 3.2 计算贷款的首付和月供
工作环节	工作环节 1 接受汽车贷款任务	拟订汽车贷款方案 工作环节 2	工作环节 3 贷款资料准备及贷款计算
成果	1.1 客户需求汇总表； 1.2 贷款要素表	2.1 汽车贷款渠道汇总表； 2.2 汽车贷款方案	3.1 汽车贷款资料清单； 3.2 贷款首付及月供表
素养	1.1 阅读能力、客户意识、服务意识	2.1 分析能力、客户意识、服务意识	3.1 数字计算能力、客户意识、服务意识

	4.1 汽车贷款所需资料及要求； 4.2 汽车贷款合同的格式和内容	5.1 汽车贷款注意事项
	4.1 协助客户填写车贷申请； 4.2 向客户详细解释车贷申请所需文件内容和要求，在客户到点之前，电话或者微信通知客户带齐资料，并以文字的形式把资料清单发给客户； 4.3 递交车贷申请材料； 4.4 跟踪车贷审批进度，通知客户审批结果	
	工作环节 4 汽车贷款	工作环节 5 总结与反馈
	4.1 贷款申请表； 4.2 汽车贷款合同	5.1 汽车贷款思维导图
	4.1 做事细致、沟通表达能力、服务意识	5.1 总结能力

学习任务 1 汽车贷款

1 接受汽车贷款任务 → 2 拟订汽车贷款方案 → 3 贷款资料准备及贷款计算 → 4 汽车贷款 → 5 总结与反馈

<table>
<tr><th></th><th>工作子步骤</th><th>教师活动</th><th>学生活动</th><th>评价</th></tr>
<tr><td rowspan="2">接受汽车贷款任务</td><td>1. 按 4S 店管理规定从销售经理(教师)处领取汽车贷款任务书，明确汽车贷款工作任务；
2. 根据客户的要求及接待标准，阅读客户相关资料，分析客户的需求及实际情况</td><td>1. 提问并展示企业招聘按揭专员的要求及岗位职责；
2. 通过抽签软件，抽选学生说明汽车销售流程；
3. 询问学生引入汽车贷款的时机，并总结点评；
4. 设置讨论题目，总结汽车消费信贷的作用；
5. 组织学生用手机借助汽车之家购车计算器，编制汽车贷款要素表；
6. 展示标准答案，指导学生对贷款要素进行自评</td><td>1. 回答并观看招聘要求及岗位职责；
2. 回答汽车销售流程；
3. 思考教师提问，小组将引入汽车贷款的时机写在卡片并粘贴到白板上；
4. 讨论为什么任务中张小姐要贷款购车，回答汽车消费信贷的作用；
5. 借助汽车之家购车计算器，明确汽车贷款要素，编制贷款要素表；
6. 查对标准答案，对贷款要素表进行自评</td><td>自评：对比教师的答案，判断贷款要素表是否准确、完整</td></tr>
<tr><td colspan="4">课时：4 课时
1. 硬资源：销售工具夹、名片等。
2. 软资源：工作页、贷款资料、PPT、汽车之家及汽车企业官网、汽车企业公众号等。
3. 教学设施：投影、白板、卡片纸、水笔、磁钉、直尺等</td></tr>
<tr><td rowspan="2">拟订汽车贷款方案</td><td>1. 根据不同贷款渠道的特点，分析各汽车贷款渠道的优缺点，为选择最优的贷款渠道做准备；
2. 根据客户资质及需求选择贷款渠道，拟订汽车贷款方案向客户进行理由陈述，并根据客户意见及时修订，制订一份优化汽车贷款方案</td><td>1. 通过启发式提问，联系实际汽车贷款渠道；
2. 结合官网查询不同贷款渠道的贷款条件、审批速度、贷款期限、贷款金额等，组织学生对比不同贷款方式的优缺点；
3. 设疑，引发学生思考讨论总结贷款资格；
4. 组织学生展示并介绍汽车贷款方案；
5. 以“满足客户需求”为评价标准，点评贷款方案，要求学生完善改进</td><td>1. 自主学习汽车贷款渠道；
2. 结合官网查询不同贷款渠道的贷款条件、审批速度、贷款期限、贷款金额等，对比不同贷款渠道的优缺点；
3. 思考讨论如果你是按揭专员，会贷款给什么样的客户，总结贷款资格；
4. 根据张小姐贷款资质及需求，制定讲解贷款方案；
5. 展示方案，根据他人意见进行完善改进，为任务实施做准备</td><td>1. 教师口头评价汽车贷款渠道优缺点对比。评价标准：是否综合考虑利率、贷款年限、审批时间、申请难易度。
2. 师生共评汽车贷款方案，评价标准：是否综合考虑客户贷款需求及客户资质，具有逻辑性及完整性</td></tr>
<tr><td colspan="4">课时：4 课时
1. 硬资源：销售工具夹、名片等。
2. 软资源：工作页、贷款资料、PPT、汽车之家及汽车企业官网、汽车企业公众号等。
3. 教学设施：投影、白板、A0 纸、卡片纸、水笔、磁钉、直尺等</td></tr>
</table>

1 接受汽车贷款任务 → 2 拟订汽车贷款方案 → 3 贷款资料准备及贷款计算 → 4 汽车贷款 → 5 总结与反馈

贷款资料准备及贷款计算

工作子步骤	教师活动	学生活动	评价
1. 根据银行等金融机构的要求，提醒客户准备汽车贷款所需的资料（客户身份类、居住类、收入及工作类文件），并把贷款资料清单打印出来给客户，以免客户记错或漏记。 2. 根据银行等金融机构的相关规定，计算汽车贷款的首付和月供	1. 展示任务情境，说明要点； 2. 两组学生查询银行及金融公司贷款所需资料，制成清单并粘贴在白板上进行对比总结； 3. 巡回检查，抽签选择学生上台计算； 4. 组织学生上网查询银行及金融公司的贷款利率，进行过程监控； 5. 用银行利率计算月供后要求学生举一反三，各个小组分别用工行、农行、汽车企业金融利率计算月供，教师巡回指导； 6. 邀请各小组派代表上台讲解计算月供并点评，计算正确者平时分加 5 分； 7. 组织学生借助汽车之家购车计算器计算首付及月供进行结果对比，强化信息化手段使用	1. 明确任务要求； 2. 两组学生查询银行及金融公司贷款所需资料，制成清单并粘贴在白板上进行对比总结； 3. 计算客户购车首付，检查计算是否正确； 4. 分组上网查询四大银行及汽车企业金融的利率，将结果填入表格中； 5. 记录月供计算方法，各组员分别用工行、农行、汽车企业金融利率独立完成月供计算； 6. 各小组派代表上台讲解计算月供，统一检查计算是否正确； 7. 借助汽车之家购车计算器计算首付及月供，将结果与自己计算的结果进行对比	1. 教师评价汽车贷款资料清单。评价标准：贷款清单是否完整有序，符合企业实际要求，能否满足客户需求。 2. 师生共同评价汽车销报价单的贷款计算，评价标准：首付及月供计算是否准确

课时： 2 课时

1. 硬资源：销售工具夹、名片等。
2. 软资源：工作页、贷款资料、4S 店洽谈报价单、PPT、汽车之家及汽车企业官网、汽车企业公众号等。
3. 教学设施：多媒体教室（含一体机、白板、A1 纸、水笔）等

课程 7　增值服务

学习任务 1　汽车贷款

1 接受汽车贷款任务 → 2 拟订汽车贷款方案 → 3 贷款资料准备及贷款计算 → 4 汽车贷款 → 5 总结与反馈

	工作子步骤	教师活动	学生活动	评价
汽车贷款	1. 协助客户填写车贷申请表格； 2. 向客户详细解释车贷申请所需文件内容和要求； 3. 收取申请文件，在客户到店之前，贷款专员要电话或者微信联系客户，提醒客户带齐资料(汽车贷款资料清单)，并把资料清单以文字的形式发给客户，递交车贷申请材料； 4. 跟踪车贷审批进度，通知客户审批结果	1. 发放贷款申请表，指导学生填写； 2. 播放汽车贷款视频，要求学生记录执行要点； 3. 要求学生思考，汽车贷款除了需要填写申请表外，还需要填写什么文本？抽选学生回答； 4. 抽签选择学生分别扮演销售顾问、贷款专员及顾客情境模拟； 5. 指导监控，关注其他同学是否记录情境模拟同学的任务实施情况	1. 根据张小姐贷款需求及实际情况，填写贷款申请； 2. 观看汽车贷款视频，记录执行要点为完成任务做准备； 3. 根据视频，回答教师问题； 4. 根据汽车贷款方案，分别扮演销售顾问、贷款专员及顾客情境模拟； 5. 其他同学记录优缺点并点评	师生共同评价汽车贷款申请书。评价标准：以小组为单位展示贷款申请书，主要评价贷款申请书填写的完整性、合理性、职业性，能否满足客户需求
	课时： 4 课时 1. 硬资源：销售工具夹、名片等。 2. 软资源：工作页、贷款资料、银行个人汽车消费贷款申请表、汽车贷款合同、PPT、汽车之家及汽车企业官网、汽车企业公众号等。 3. 教学设施：投影、白板、A0 纸、卡片纸、水笔、磁钉、直尺等			
总结与反馈	1. 评价反馈汽车贷款任务执行情况； 2. 总结本周任务知识技能点； 3. 课后任务	1. 结合汽车贷款专员岗位职责《汽车贷款过程性考核标准》对各组模拟“汽车贷款”情况就可行性、有效性进行评价分析； 2. 根据评价结果，选出最佳贷款专员，并颁发小礼品； 3. 抽选学生讲解本周任务要点，总结汽车贷款流程、计算机注意事项； 4. 组织学生制定汽车贷款思维导图； 5. 组织学生展示思维导图，进行评比拍照； 6. 布置课后任务：汽车上牌相关政策； 7. 组织学生 8S 管理	1. 结合汽车贷款专员岗位职责《汽车贷款过程性考核标准》对各组模拟“汽车贷款”情况进行互评； 2. 积极参与颁奖； 3. 根据教师安排，总结本周任务要点； 4. 规范完成汽车贷款思维导图； 5. 展示讲解汽车贷款思维导图，包括汽车贷款所需渠道、所需资料、计算、流程等； 6. 记录并完成课后任务； 7. 8S 管理； 8. 根据思维导图，找出服务过程中可增加服务之处，创造服务价值	1. 师生共同评价各小组汽车贷款情境模拟情况。评价标准：汽车贷款过程性考核标准。 2. 教师评价（口头评价 + 打分）汽车贷款思维导图。评价标准：是否具有逻辑性，汽车贷款知识点、技能点是否完整，整体美观、大方
	课时： 4 课时 1. 硬资源：销售工具夹等。 2. 软资源：工作页、贷款资料、PPT、汽车之家及汽车企业官网、汽车企业公众号、思维导图软件等。 3. 教学设施：投影、白板、A0 纸、卡片纸、水笔、彩笔、磁钉、直尺等			

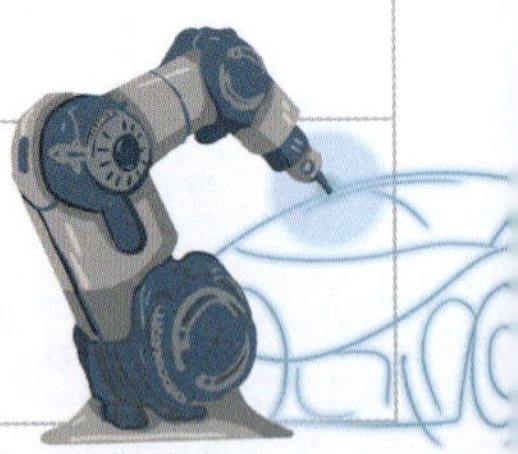

基准学时：18

学习任务 2 精品销售

任务描述

学习任务学时：**18** 课时

任务情境

王先生是一名外企的高级管理者，在我店购买了一辆 SUV。王先生喜欢和亲朋好友一起旅游，因此希望可以在国庆假期前提车。请你为王先生推荐合适的精品，并促成交易。

增值服务

工作流程和标准

工作环节 1

客户接待

1. 按照 4S 店规范进行客户接待，消除客户的疑虑，获得良好的第一印象，为后续的销售工作，营造良好的氛围。
2. 分析客户类型，根据客户的性格特点，指定客户的应对、接待方案。

主要成果：不同性格顾客应对策略。

工作环节 2

接受精品销售任务

1. 根据客户购置车辆的车型，查阅资料，确定车辆配置，为后续精品推销做准备。
2. 查询配件仓库中精品的类型及库存，确定各精品的功用。

主要成果：

1. 车型配置表；
2. 汽车精品作用汇总表

工作环节 3

拟订汽车精品销售方案

1. 收集客户信息及用车情况，深入挖掘客户精品需求。
2. 根据客户需求选择精品，制订精品销售方案。

主要成果：

1. 客户精品需求分析表；
2. 汽车精品销售方案。

工作环节 5

实施精品销售

4

1. 按 4S 店的标准，在精品柜前对精品进行有效展示。
2. 根据精品销售方案及客户需求，运用 FAB 法则为其做介绍。
3. 规范报价，积极向客户提出针对性意见促成交易。
4. 填写精品销售确认单，与安装师傅协调精品安装时间。

主要成果：
1. 汽车精品介绍话术；
2. 精品销售确认单。

工作环节 5

总结与反馈

5

总结精品销售的流程，各类精品的用途、特点，形成思维导图。

主要成果：精品销售思维导图。

增值服务

学习内容

知识点	1.1 客户接待流程； 1.2 顾客行为分析方法	2.1 不同车型的配置区别； 2.2 精品的分类和常见精品的功用	3.1 客户需求的分析确认方法； 3.2 车辆汽车精品的常见组合方案
技能点	1.1 顾客性格分析	2.1 查阅资料，确定车型配置； 2.2 查询配件仓库中精品的类型及库存	3.1 收集客户信息及用车情况，深入挖掘客户精品需求； 3.2 按客户需求制定精品销售方案
 工作环节	工作环节 1 客户接待	接受精品销售任务 工作环节 2	工作环节 3 拟订汽车精品销售方案
成果	1.1 不同性格顾客应对策略	2.1 汽车精品作用汇总表	3.1 客户精品需求分析表； 3.2 汽车精品销售方案
素养	1.1 观察能力	2.1 分析能力	3.1 分析能力

学习任务 2 精品销售

	4.1 精品销售的 4S 店标准销售流程； 4.2 汽车精品的 FAB 介绍方法； 4.3 销售确认单的填写方法	5.1 精品销售注意事项
	4.1 按标准有效展示精品； 4.2 运用 FAB 法进行精品销售； 4.3 对精品报价，填写销售确认单，与安装师傅协调安装时间	
	实施精品销售 工作环节 4	工作环节 5 总结与反馈
	4.1 汽车精品介绍话术； 4.2 精品销售确认单	5.1 精品销售思维导图
	4.1 表达能力、沟通能力	5.1 总结分析能力

学习任务 2 精品销售

① 客户接待 → ② 接受精品销售任务 → ③ 拟订汽车精品销售方案 → ④ 实施精品销售 → ⑤ 总结与反馈

	工作子步骤	教师活动	学生活动	评价
客户接待	1. 按照 4S 店规范进行客户接待，消除客户的疑虑，获得良好的第一印象，为后面的销售工作，建立良好的氛围； 2. 分析客户类型，根据客户的性格特点，指定客户的应对、接待方案	1. 通过 PPT 介绍课程学习的内容、目标、学习任务等，抽问学生说出课程的学习任务； 2. 展示任务情境，说明本次任务的学习内容和目标，要求学生记录在工作页中； 3. 介绍客户接待的流程及意义，抽取各组学生回答销售顾问会遇到的客户问题； 4. 举例说明客户异议，展示案例，要求各组学生分别回答例子中的客户异议； 5. 提出阅读教材关于客户异议的内容，要求学生根据所学内容，以小组为单位讨论分析任务情境中消费者的性格特点及应对策略，填入工作页中； 6. 给出参考答案，要求学生自评	1. 观看 PPT，听取教师介绍课程，抽中的学生回答课程的学习任务； 2. 观看任务情境，将学习目标记录在工作页中； 3. 根据教师对客户接待的流程及重要意义的说明，思考并列举客户接待过程中销售顾问会遇到的问题； 4. 观看例子，各组学生分别回答例子中遇到的客户问题，销售顾问该如何解决； 5. 阅读教材，小组讨论分析情境中消费者的性格特点以及应对策略； 6. 根据参考答案自评	1. 师评：抽问客户的性格特点分析，并分析其正确性； 2. 自评：填写工作页与参考比较
	课时： 4 课时 1. 硬资源：汽车营销学习工作站（含精品展示架）等。 2. 软资源：课件、任务书等。 3. 教学设施：一体机、白板、A0 纸、水笔等			
接受精品销售任务	根据客户购置车辆的车型，查阅资料，确定车辆配置，为后续精品推销做准备	1. 播放汽车精品微课，讲述汽车精品的定义，要求学生填写工作页； 2. 提出观看视频的规则，要求学生通过视频确定汽车精品发展的特点，并填写在工作页中； 3. 给出参考答案，要求学生自评； 4. 指导学生上网查阅制定车型的配置，编制车型配置表； 5. 组织各组学生按组抽取学生展示并点评	1. 观看微课，听取教师讲解，将汽车精品的概念填写在工作页中； 2. 观看视频，将汽车精品的种类及作用记录在工作页中； 3. 根据参考答案自评； 4. 上网查阅车型配置，编制车型配置表； 5. 展示查阅结果并听取教师点评	师评：点评车辆配置查阅是否准确、完整
	课时： 1 课时 1. 硬资源：汽车营销学习工作站（含可上网计算机 4 台）等。 2. 软资源：课件、任务书等。 3. 教学设施：一体机、白板、A0 纸、水笔等			

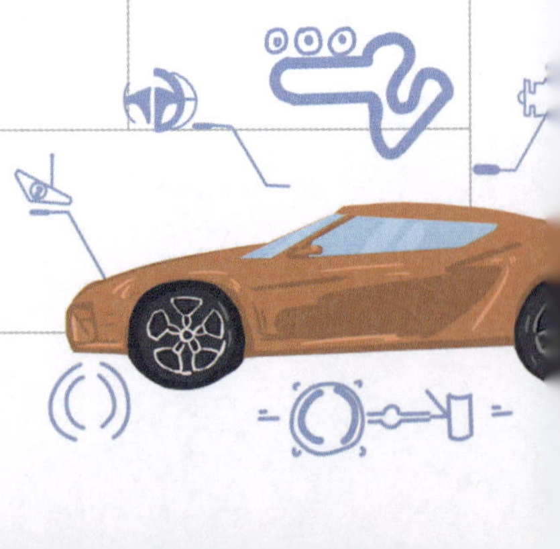

基准学时：18

1 客户接待　2 接受精品销售任务　3 拟订汽车精品销售方案　4 实施精品销售　5 总结与反馈

<table>
<tr><th></th><th>工作子步骤</th><th>教师活动</th><th>学生活动</th><th>评价</th></tr>
<tr><td rowspan="2">接受精品销售任务</td><td>根据配件仓库中精品的类型及库存，确定各精品的功用</td><td>1. 介绍 FAB 产品介绍法的特点及用法，提出案例，要求学生根据案例中客户的需求和特点介绍同一个汽车精品，各组回答不同案例并填入工作页；
2. 抽问各组答案，并做相关解释，要求学生自评；
3. 总结 FAB 产品介绍法的用法及技巧等要点；
4. 向 4 个小组分别发放太阳膜、座椅套、行车记录仪、电动充气泵的资料；
5. 要求学生按组学习各组的资料，学完后交叉学习其他组的资料；
6. 各组按序向其他组展示所学内容；
7. 要求学生个人编制汽车精品的 FAB 介绍话术；
8. 要求学生使用 FAB 法向相邻同学介绍汽车精品，并互评</td><td>1. 听取教师讲解 FAB 产品介绍法的概念及特点，并填入工作页；
2. 回答教师抽问 FAB 产品介绍法与六部绕车介绍法的区别，听取教师解释并自评；
3. 听取教师总结；
4. 接收学习资料；
5. 学习完本组资料后交叉学习其他组的资料；
6. 编制汽车精品、FAB 介绍话术；
7. 相邻同学相互展示介绍汽车精品，并互评</td><td>1. 抽问学生能否准确回答问题；
2. 学生自评：能否准确、完整介绍汽车精品；
3. 学生互评：能否使用 FAB 法介绍汽车精品的功能、特点和优势</td></tr>
<tr><td colspan="4">课时：3 课时
1. 硬资源：汽车营销学习工作站（含可上网计算机 4 台）等。
2. 软资源：课件、汽车精品学习资料等。
3. 教学设施：一体机、白板、A0 纸、水笔等</td></tr>
<tr><td rowspan="2">拟订汽车精品销售方案</td><td>收集客户信息及用车情况，深入挖掘客户精品需求</td><td>1. 向 4 组学生分别发放不同的客户车辆信息及用车情况，要求按组讨论客户精品加装需求；
2. 组织各组分别展示不同情境的客户精品需求；
3. 使用 PPT 展示客户及用车情况，抽问学习连线汽车精品；
4. 总结客户及用车情况所对应的精品需求，要求学生编制客户精品需求分析表；
5. 巡回点评学生的精品分析表，并抽取每组最优展示分析</td><td>1. 接收不同客户和用车情况资料，小组讨论精品需求；
2. 按组展示本组情境的精品需求；
3. 抽中学生练习用车情况及精品；
4. 听取教师总结精品需求，编制客户精品需求分析表；
5. 接收教师点评，展示本组最优精品分析表</td><td>师评：口头分析精品需求分析表是否与用车及客户信息相符</td></tr>
<tr><td colspan="4">课时：2 课时
1. 硬资源：汽车营销学习工作站（含可上网计算机 4 台）等。
2. 软资源：课件、不同客户用车情况任务书等。
3. 教学设施：一体机、白板、A0 纸、水笔等</td></tr>
</table>

学习任务 2 精品销售

1 客户接待 → 2 制定采购计划 → 3 拟订汽车精品销售方案 → 4 实施精品销售 → 5 总结与反馈

	工作子步骤	教师活动	学生活动	评价
拟订汽车精品销售方案	根据客户需求选择精品，制订精品销售方案	1. 介绍不同精品组合的优缺点及技巧； 2. 指导学生根据情境，确定精品方案，并填入工作页中； 3. 组织各组学生模拟向客户介绍，展示说明精品组合方案； 4. 给出评价表，组织各组投票选出最优方案	1. 根据消费者的消费特点及真实需要，确定精品组合方案并填入工作页； 2. 各组模拟向客户介绍展示精品组合方案； 3. 投票选出最优方案	互评：投票选出最佳投保方案
	课时：2 课时 1. 硬资源：汽车营销学习工作站（含可上网计算机 4 台）等。 2. 软资源：课件、不同客户用车情况任务书等。 3. 教学设施：一体机、白板、A0 纸、水笔等			
实施精品销售	1. 按 4S 店的标准，在精品柜前对精品进行有效展示； 2. 根据精品销售方案及客户需求，运用 FAB 法则为其做介绍； 3. 规范报价，积极向客户提出针对性意见，促成交易； 4. 填写精品销售确认单，与安装师傅协调精品安装时间	1. 播放精品销售视频，说明精品销售流程； 2. 举例说明销售确认单的填写方法； 3. 指导学生根据此前所写的精品销售方案，两人为一组，一人模拟顾客，一人模拟精品销售员对本人所拟订的精品销售方案向客户推销，填写精品销售确认单； 4. 点评； 5. 总结精品销售环节的常见错误及要点	1. 观看精品销售视频，学习精品销售流程； 2. 观看教师演示，记录销售确认单的填写方法； 3. 两人为一组，一人模拟顾客，一人模拟精品销售员对本人所拟订的精品销售方案向客户推销，填写精品销售确认单； 4. 听取教师点评并改进； 5. 听取教师总结	师评：学生向客户推销过程是否符合 4S 店规范
	课时：4 课时 1. 硬资源：汽车营销学习工作站（含精品展示柜，有较大的展示空间）等。 2. 软资源：课件、任务书等。 3. 教学设施：一体机、白板、A0 纸、水笔等			

总结与反馈

工作子步骤	教师活动	学生活动	评价
总结精品销售的流程，各类精品的用途、特点，形成思维导图	1. 总结汽车精品销售的流程，不同精品的功用及注意事项； 2. 指导学生根据所学内容编制精品销售思维导图； 3. 展示编制的思维导图，说明评价标准，要求学生自评	1. 听取教师总结精品销售； 2. 编制思维导图； 3. 自评	自评：思维导图是否清晰、完整、易读

课时： 2 课时

1. 硬资源：汽车营销学习工作站等。
2. 软资源：课件、任务书等。
3. 教学设施：一体机、白板、A0 纸、水笔等

学习任务 3 新车上牌

任务描述

学习任务学时：**18** 课时

任务情境

林先生 32 岁，年收入 15 万元，名下没有汽车。现付款购买一辆轿车作为代步车上下班，但是并未上牌。现安排校企合作二级店的上牌专员根据林先生信息，确定上牌指标情况，收集上牌所需资料（购买交强险和车船税，填写购置税申请并纳税取得完税证明），按照车管所的流程进行车辆的注册申请、刑侦验车、选号等工作，最终完成车辆上牌及取得车辆行驶证。

增值服务

工作流程和标准

工作环节 1

接收任务，获取上牌政策信息

1

接收任务书，根据客户信息，查阅资料，确定车牌所在地的上牌政策（要求）。

主要成果：各地上牌政策信息表（让学生了解各地不同的上牌政策）。

工作环节 2

确定上牌方案

2

1. 收集客户上牌所需信息：客户户口、社保年限、上牌意向等，确定客户车牌指标获取渠道。
2. 根据客户资质及需求，向客户介绍上牌方案。

主要成果：配件入库单。

工作环节 3

协助客户获取车牌指标

3

根据客户信息和当地的竞拍、摇号政策，准备相关资料，指导客户完成网上摇号、竞拍，获取上牌指标。

主要成果：

1. 摇号、竞拍条件列表（判断客户是否具备摇号或竞拍资格）；
2. 摇号、竞拍流程图（指引客户竞拍或摇号）。

学习任务3 新车上牌

工作环节4

协助客户车辆上牌

4

1. 根据车管所关于上牌的规定，协助客户准备交强险保单、车船税证明、购置税完税证明等资料，为申请临牌及车辆注册做准备。
2. 根据车管所关于办理临牌的规定，准备所需资料，到车管所申请临牌，为驾驶车辆至车管所做准备。
3. 根据车管所上牌的规定，驾驶上牌车辆至车管所，协助客户提交申请表及相关资料至不同部门，待车管所完成刑侦验车后协助客户选号，申领车牌及行驶证。

主要成果：
1. 缴纳购置税资料清单（指引客户准备资料，为上牌做准备）；
2. 临牌申请资料清单（为申请临牌做准备）；
3. 上牌各流程资料表（为客户代理上牌）。

工作环节5

总结拓展

5

总结提炼上牌的前提，资料准备及流程规划，形成思维导图。

主要成果：上牌思维导图（总结上牌流程及资料等）。

学习内容

知识点	1.1 不同城市上牌的资格条件； 1.2 车牌的分类	2.1 不同地市车牌的获取方法； 2.2 摇号、竞拍及异地上牌的优缺点； 2.3 新车上牌的流程	3.1 摇号及竞拍的资格要求； 3.2 摇号及竞拍所需的资料； 3.3 异地上牌的条件及所需资料
技能点	1.1 查阅资料确定车牌所在地的上牌政策	2.1 收集客户上牌所需信息； 2.2 确定客户上牌指标获取渠道； 2.3 向客户介绍上牌流程	3.1 收集客户上牌所需信息，确定客户车牌指标情况； 3.2 根据客户资质及需求获取上牌指标
工作环节	工作环节 1 接收任务，获取上牌政策信息	确定上牌方案 工作环节 2	工作环节 3 协助客户获取车牌指标
成果	1.1 各地上牌政策信息表	2.1 上牌客户情况分析表； 2.2 车牌指标获取渠道分析表； 2.3 上牌流程图	3.1 摇号、竞拍条件列表； 3.2 摇号、竞拍流程图
素养	1.1 信息检索能力； 1.2 阅读理解能力	2.1 对比分析能力； 2.2 沟通表达能力	3.1 信息检索能力； 3.2 分析能力

学习任务3 新车上牌

	4.1 车辆注册所需资料； 4.2 交强险保单和车船税证明的获得方法； 4.3 缴纳购置税所需资料及方法； 4.4 临牌的类型和申请临牌所需资料； 4.5 车管所上牌的流程及每一流程所需资料； 4.6 车牌选号的规则及方法	5.1 新车上牌的工作安排规划
	4.1 协助客户准备交强险保单、购置税完税证明等资料； 4.2 准备申请临牌资料，申请获取车辆临牌； 4.3 协助客户按流程提交相关资料至车管所不同部门； 4.4 协助客户选号	
	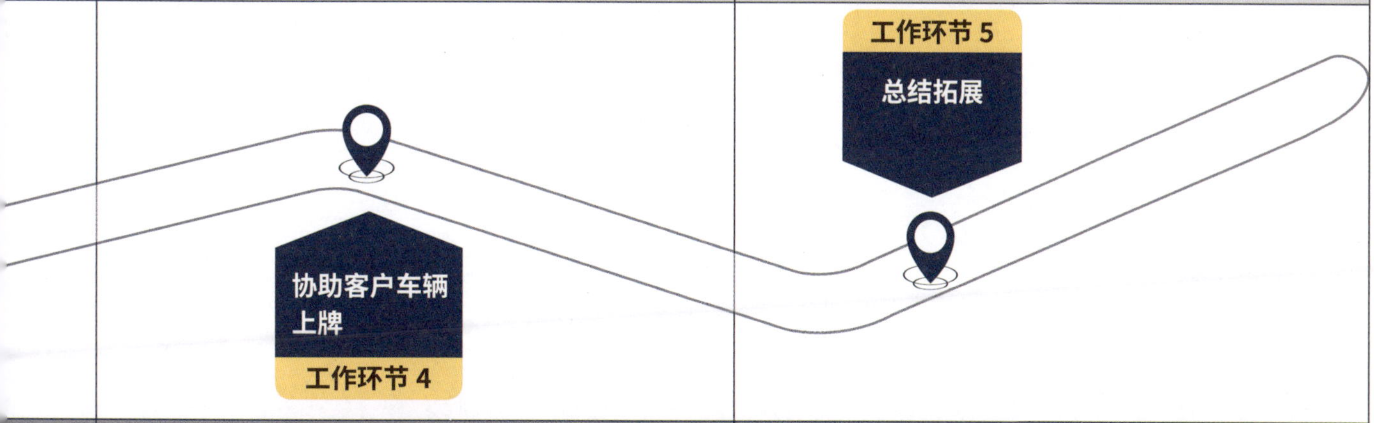	
	4.1 缴纳购置税资料清单； 4.2 临牌申请资料清单； 4.3 上牌各流程资料表	5.1 上牌思维导图
	4.1 沟通表达能力； 4.2 细致的工作态度	5.1 总结能力

学习任务 3 新车上牌

1 接收任务，获取上牌政策信息 → 2 确定上牌方案 → 3 协助客户获取车牌指标 → 4 协助客户车辆上牌 → 5 总结拓展

接收任务，获取上牌政策信息

工作子步骤	教师活动	学生活动	评价
接收任务书，根据客户信息查阅资料，确定车牌所在地的上牌政策（要求）	1. 展示课件的上牌任务情境，分析任务的目标和学习内容； 2. 发放任务书，要求学生阅读任务书，确定任务书的客户信息，并做好标记； 3. 展示客户信息，要求学生自评； 4. 提前将“看颜色，识车牌”的内容发到班群，课上 PPT 展示不同车牌，要求学生抢答，教师总结更正； 5. 说明查阅当地上牌政策的任务要求； 6. 要求 4 组分别使用计算机查找广州、深圳、肇庆及广西梧州的上牌政策（资格），并填写上牌政策信息表； 7. 组织各组分别展示各地的上牌政策，并做点评； 8. 总结广东不同地区汽车上牌的政策	1. 观看课件，确定课程任务的目标及学习内容； 2. 接收并阅读任务书，确定客户关于上牌的信息并标记； 3. 根据教师展示的客户上牌信息进行自评； 4. 抢答“看颜色，识车牌”，听取教师的总结更正； 5. 听取教师说明查阅各地上牌政策的要求； 6. 按组分别使用计算机查找广州、深圳、肇庆及广西梧州的上牌政策，并填写上牌政策信息表； 7. 按组分别展示各地的上牌政策，听取教师点评； 8. 总结各地上牌政策	1. 自评：对比教师的答案，判断客户信息标注是否准确； 2. 师评：口头点评各组展示的上牌政策信息表是否完整、准确

课时： 4 课时

1. 硬资源：汽车营销学习工作站（含可上网计算机 4 台）等。
2. 软资源：课件、任务书等。
3. 教学设施：一体机、白板、A1 纸、水笔等

1 接收任务，获取上牌政策信息 → 2 确定上牌方案 → 3 协助客户获取车牌指标 → 4 协助客户车辆上牌 → 5 总结拓展

确定上牌方案

工作子步骤	教师活动	学生活动	评价
1. 收集客户上牌所需信息：客户户口、社保年限、上牌意向等，确定客户车牌指标获取渠道； 2. 根据客户资质及需求，向客户介绍上牌的方案	1. 展示客户上牌的关键信息，要求学生按组结合各地上牌政策，分析是否可以获得该地市的上牌指标，并填写上牌客户情况分析表； 2. 抽问并点评各组学生该客户是否具备上牌条件及如何获取； 3. 以广州为例，按组分别发放摇号、竞拍及异地上牌资料； 4. 指导学生使用餐垫法在 A0 纸上分别写出几种方案的方法，再依次旋转查看其他组员所写的内容，总结出小组最优的车牌指标获取渠道分析表； 5. 指导各组展示答案，并由其他组进行点评； 6. 总结竞拍、摇号及异地上牌的优缺点； 7. 按组发放一套汽车上牌流程卡片，要求学生查阅教材，对卡片进行排序，并在每张卡片上记录该流程的工作内容； 8. 组织各组交叉学习其他组的流程，并修改本组的流程图； 9. 组织各组投票最佳流程图； 10. 抽问每一流程的工作内容，并展示正确答案； 11. 组织学生组内按流程分别说出每一流程的内容； 12. 总结上牌流程	1. 查看教师展示的关键信息，按组分析讨论该客户是否能在该地获得指标，填写客户情况分析表； 2. 回答教师问题，听取教师点评； 3. 接受教师发放的竞拍、摇号及异地上牌的资料； 4. 使用餐垫法在 A0 纸上分别写出几种方案的方法，再依次旋转查看其他组员所写的内容，总结出小组最优的答案； 5. 按组展示答案，其余组点评； 6. 听取并总结竞拍、摇号及异地上牌的优缺点； 7. 接受上牌流程卡片，查阅资料后小组讨论对卡片排序，并记录每一流程卡片的主要内容； 8. 交叉学习其他组的流程，并修改本组的流程图； 9. 对各组的流程图方案投票，选出最优的一组； 10. 回答教师提问； 11. 组内按序分别说出流程的内容； 12. 听取并总结上牌流程	1. 师评：通过抽问判断客户情况分析表是否准确，与当地政策相符； 2. 互评：由其他组口头评价车牌指标获取渠道分析表是否准确、完整、清晰； 3. 互评：由其他组推荐最准确、流程环节内容最清晰的一组

课时： 4 课时

1. 硬资源：汽车营销学习工作站等。
2. 软资源：课件、摇号、竞拍及异地上牌资料，上牌流程卡片等。
3. 教学设施：一体机、白板、A0 纸、卡片纸、水笔等

增值服务

课程 7 增值服务
学习任务 3 新车上牌

1. 接收任务，获取上牌政策信息
2. 确定上牌方案
3. 协助客户获取车牌指标
4. 协助客户车辆上牌
5. 总结拓展

	工作子步骤	教师活动	学生活动	评价
协助客户获取车牌指标	根据客户信息和当地的竞拍、摇号政策,准备相关资料,指导客户完成网上摇号、竞拍，获取上牌指标	1. 发放学习任务书，在任务书上设置不同条件的客户，要求学生判断该客户是否具备摇号、竞拍的条件; 2. 要求学生总结并列表备具备摇号、竞拍的条件; 3. 播放视频，要求学生总结并写出摇号的流程; 4. 播放竞拍视频，要求学生总结竞拍的流程图; 5. 要求每个学生用电脑操作广州市中小客车指标调控管理信息系统; 6. 举行比赛活动：要求各个小组选派代表，根据教师提供的客户资料，操作广州市中小客车指标调控管理信息系统，操作得越快越好的小组获胜; 7. 点评学生的表现，表现好的提出表扬，表现不好的给予更多的关注与提点; 8. 引导学生总结梳理本课的重点、难点	1. 领取学习任务，判断任务书上各种客户是否具备摇号、竞拍的条件; 2. 列表具备摇号、竞拍的条件; 3. 观看摇号视频并写出摇号的流程; 4. 观看竞拍视频，要求学生总结竞拍的流程图; 5. 每个学生用电脑操作广州市中小客车指标调控管理信息系统; 6. 参加比赛活动：各个小组选派代表，根据教师提供的客户资料，操作广州市中小客车指标调控管理信息系统; 7. 听取教师的点评; 8. 学生总结梳理本课的重点、难点	教师评价: 1. 根据学生列表，点评学生是否能判断具备摇号、竞拍的条件; 2. 根据学生列出的摇号、竞拍流程图，点评学生

课时： 2 课时

1. 硬资源：汽车营销学习工作站（含可上网计算机 4 台）等。
2. 软资源：课件、视频（摇号流程、车牌竞拍）等。
3. 教学设施：一体机、白板、A0 纸、水笔等

	工作子步骤	教师活动	学生活动	评价
协助客户车辆上牌	1. 根据车管所关于上牌的规定，协助客户准备交强险保单、车船税证明、购置税完税证明等资料，为申请临牌及车辆注册做准备; 2. 根据车管所关于办理临牌的规定，准备所需资料，到车管所申请临牌，为驾驶车辆至车管所做准备	1. 将上牌流程制成小卡片并打乱顺序，要求学生查找学习资料，把流程按照正确的顺序排好（流程包括准备材料、购买保险、缴纳购置税、刑侦检测、资料采集、验车、选号上牌、领取环保标志）; 2. 通过启发式提问：汽车上牌需准备哪些资料，如何获取交强险保单和车船税证明; 3. 设疑：缴纳购置税去哪个部门购买，需要准备哪些资料，购买后获取到哪些证明，要求学生列出缴纳购置税资料清单; 4. 要求学生列出临牌申请资料清单; 5. 要求学生分析选号方式及其优缺点	1. 查找学习资料，把流程图按照正确的顺序排好; 2. 思考回答需准备哪些资料进行购买保险与车船税; 3. 思考回答关于购买购置税的问题; 4. 查找学习资料，列出临牌申请资料清单; 5. 分析选号的方式（十选一、网上选号、自编自选区选号）及其优缺点，在实操过程中根据客户需求为其推荐	教师评价: 1. 上牌流程是否正确; 2. 缴纳购置税资料清单是否齐全; 3. 上牌各流程资料清单是否齐全; 4. 能否根据客户需求，为客户推荐合适的选号方式; 5. 能否为客户临牌申请资料

课时： 4 课时

1. 硬资源：汽车营销学习工作站（含可上网计算机 4 台）等。
2. 软资源：课件、任务流程卡纸等。
3. 教学设施：一体机、白板、A0 纸、水笔等

1 接收任务，获取上牌政策信息 → 2 确定上牌方案 → 3 协助客户获取车牌指标 → 4 协助客户车辆上牌 → 5 总结拓展

	工作子步骤	教师活动	学生活动	评价
协助客户车辆上牌	根据车管所关于上牌的规定，驾驶上牌车辆至车管所，协助客户提交申请表及相关资料至不同部门，待车管所完成刑侦验车后协助客户选号，申领车牌及行驶证	1. 播放汽车上牌视频，要求学生记录执行要点； 2. 抽签选择学生分别扮演销售顾问、上牌专员及顾客情境模拟指导监控； 3. 总结上牌后领取到的资料； 4. 要求学生总结并列出上牌流程每个步骤所需的资料	1. 观看汽车上牌视频，记录执行要点，为完成任务做准备； 2. 根据汽车上牌方案，分别扮演销售顾问、上牌专员及顾客情境模拟，其他同学记录优缺点并点评； 3. 总结上牌后领取到的资料； 4. 总结并列出上牌流程每个步骤所需的资料	教师评价： 1. 根据学生执行上牌工作，点评学生是否完成上牌工作； 2. 根据小组角色扮演，点评学生团队合作能力
	课时：2 课时 1. 硬资源：汽车营销学习工作站（含可上网计算机 4 台）等。 2. 软资源：课件、任务书等。 3. 教学设施：一体机、白板、A0 纸、水笔等			
总结拓展	总结提炼新车上牌的工作内容、流程、所需资料等，完成思维导图	1. 采用企业内部《新车上牌过程性考核标准》对各组模拟“汽车上牌”情况就可行性、有效性进行评价分析； 2. 根据评价结果，选出最佳上牌专员，并颁发笔记本； 3. 抽选学生总结本周任务要点； 4. 组织学生制定汽车上牌思维导图； 5. 组织学生展示思维导图，进行评比拍照； 6. 组织学生进行 8S 管理	1. 采用《新车上牌过程性考核标准》对各组模拟“汽车上牌”情况进行互评； 2. 参与颁奖； 3. 总结本周任务要点； 4. 制定汽车上牌思维导图； 5. 展示讲解汽车上牌思维导图，包括汽车上牌渠道、所需资料、流程、车辆购置税、临牌相关知识等； 6. 进行 8S 管理	互评：汽车上牌思维导图是否具有逻辑性，汽车上牌知识点、技能点是否完整，整体美观、大方
	课时：2 课时 1. 硬资源：汽车营销学习工作站等。 2. 软资源：课件（《新车上牌过程性考核标准》）等。 3. 教学设施：一体机、白板、A0 纸、水笔等			

学习任务 4 延保服务

任务描述

学习任务学时：18 课时

任务情境

车辆行驶时间越长，里程数越多，发生故障的概率也就越大。黄先生在本店购买了一辆轿车。你作为 4S 店的销售顾问，向其介绍了延长保修服务、本店提供不同的保障范围和年限的组合，并根据黄先生的需要来介绍最合适的延保方案。

保修服务
方案

工作流程和标准

工作环节 1

接受延长保修销售任务，需求分析

1

根据任务书，确认延长保修的作用、种类、内容等信息。

主要成果：延保信息表。

工作环节 2

确定延长保修销售方案

2

1. 查阅资料，确定 4S 店的汽车延保服务的种类及保障范围，选择最适合客户的服务种类。
2. 根据客户的消费特点和消费能力，结合客户需求，向客户介绍最佳的延保方案，确保客户同意投保方案。

主要成果：
1. 汽车各延保服务种类对比分析表；
2. 延保方案。

学习任务4 延保服务

工作环节 3

延长保修销售

3

1. 销售部的销售顾问在销售新车时，根据案例分析客户的实际情况，推荐适合客户的延保方案，完成销售。
2. 售后部和客服部在接待客户的时候，根据客户的实际情况，向客户推荐延保方案，完成销售。

主要成果：延长保修证书。

工作环节 4

总结与反馈

4

总结提炼汽车延保流程、资料准备及流程规划，形成思维导图。

主要成果：汽车延保思维导图。

增值服务

学习内容

知识点	1.1 延保服务的作用； 1.2 延保产品种类	2.1 延长保修购买条件； 2.2 延保服务保障范围； 2.3 延保除外责任
技能点	1.1 接待客户，分析客户需求	2.1 根据客户需求确定延保方案； 2.2 向客户说明延保范围、期限、金额
工作环节	工作环节 1 接受延长保修销售任务，需求分析	确定延长保修销售方案 工作环节 2
成果	1.1 延保信息表	2.1 延保初步方案
素养	1.1 分析能力	2.1 分析能力、沟通能力

学习任务 4　延保服务

	3.1 延长保证书的填写方法； 3.2 延保销售流程	4.1 汽车延保服务的注意事项
	3.1 向顾客推介延保服务	
	工作环节 3 延长保修销售	工作环节 4 总结与反馈
	3.1 延长保修证书	4.1 汽车延保思维导图
	3.1 沟通能力	4.1 总结分析能力

学习任务 4 延保服务

1 接受延长保修销售任务，需求分析 → 2 确定延长保修销售方案 → 3 延长保修销售 → 4 总价与反馈

接受延长保修销售任务，需求分析

工作子步骤	教师活动	学生活动	评价
根据任务书，确认延长保修的作用、种类、内容等信息	1. 通过 PPT 介绍课程学习的内容、目标、学习任务等，抽问学生说出课程的学习任务； 2. 展示任务情境，说明本次任务的学习内容和目标，要求学生记录在工作页中； 3. 介绍汽车保修的定义，抽取各组同学回答“三保”的保障范围及免责范围； 4. 呈现参考答案，要求学生自评	1. 观看 PPT，听取教师介绍课程，抽中学生回答课程的学习任务； 2. 观看任务情境，将学习目标记录在工作页中； 3. 根据教师对汽车保修定义的说明，思考并列举汽车“三保”的保障范围及免责范围，并写在工作页中； 4. 根据参考答案自评	1. 师评：抽问“三保”相关政策是否准确； 2. 自评：填写工作页与参考比较
课时：4 课时 1. 硬资源：汽车营销学习工作站（含可上网计算机 4 台）等。 2. 软资源：课件、任务书等。 3. 教学设施：一体机、白板、A1 纸、水笔等			
	1. 介绍汽车延保条款的组成，提出案例，要求学生查看条款，各组回答不同例子的问题并填入工作页； 2. 抽问各组答案，并做相关解释，要求学生自评； 3. 抽取各组展示介绍汽车延保，要求组间评价	1. 听取教师讲解汽车延保的概念，阅读汽车延保相关条款，回答案例中的问题，填入工作页； 2. 回答教师抽问，听取教师解释并自评； 3. 听取教师总结； 4. 各组展示介绍汽车延保服务，组间评价	1. 抽问学生能否准确回答问题； 2. 学生自评：能否准确、完整地介绍汽车延保服务
课时：2 课时 1. 硬资源：汽车营销学习工作站（含可上网计算机 4 台）等。 2. 软资源：课件、任务书、汽车延保条款等。 3. 教学设施：一体机、白板、A1 纸、水笔等			

基准学时：18

1 接受延长保修销售任务，需求分析 → 2 确定延长保修销售方案 → 3 延长保修销售 → 4 总结与反馈

	工作子步骤	教师活动	学生活动	评价
确定延长保修销售方案	查阅资料，确定4S店的汽车延保服务的种类及保障范围，选择最适合客户的服务种类	1. 介绍4S店的延保服务； 2. 要求学生上网查阅资料，各组分别确定各种延保服务的保障范围及价格； 3. 组织各组介绍各种延保服务的保障范围及价格； 4. 点评学生的展示； 5. 总结汽车各延保服务种类对比分析表	1. 听取教师介绍； 2. 上网查阅4S店公司资料，记录4S店汽车延保服务相关政策； 3. 各组分别展示不同种类的延保服务的保障范围及价格； 4. 听取教师点评； 5. 听取教师总结，填写汽车延保服务对比分析表	师评：学生展示汽车延保服务种类的保障范围是否准确
	课时： 2课时 1. 硬资源：汽车营销学习工作站（含可上网计算机4台）等。 2. 软资源：课件、任务书、汽车延保条款等。 3. 教学设施：一体机、白板、A1纸、水笔等			
	根据客户的消费特点和消费能力，结合客户需求，向客户介绍最佳的延保方案，确保客户同意投保方案	1. 介绍不同方案的优缺点及缺点； 2. 指导学生根据情境分析，确定延保方案，并填入工作页中； 3. 组织各组学生模拟向客户介绍，展示说明投保方案； 4. 给出评价表，组织各组投票选出最优方案	1. 听取教师对延保方案的介绍； 2. 根据汽车延保方案对比分析表，确定投保方案并填入工作页中； 3. 各组模拟向客户介绍展示延保方案； 4. 投票选出最优方案	互评：投票选出最佳延保方案
	课时： 2课时 1. 硬资源：汽车营销学习工作站（含可上网计算机4台）等。 2. 软资源：课件、任务书、汽车延保评价表等。 3. 教学设施：一体机、白板、A1纸、水笔等			

学习任务 4 延保服务

延长保修销售

工作子步骤	教师活动	学生活动	评价
销售部的销售顾问在销售新车时，根据案例分析客户的实际情况，推荐适合客户的延保方案，完成销售	1. 指导学生查阅延保条款，确定各延保方案的保障范围及价格，填入工作页； 2. 举例讲解并指导学生填写延长保修证书； 3. 呈现参考答案，学生自评； 4. 指导学生根据此前所写的延保销售方案，两人为一组，一人模拟顾客，一人模拟延保销售员对本人所拟订的延保销售方案向客户推销，填写延长保修证书； 5. 点评； 6. 总结延保销售环节的常见错误及要点	1. 查阅延保条款，确定延保方案并填入工作页； 2. 听取教师讲解，根据案例确定延保方案，并填写延长保修书； 3. 与参考答案比较，自评； 4. 两人为一组，一人模拟顾客，一人模拟延保销售员对本人所拟订的精品销售方案向客户推销，填写延长保修证书； 5. 听取教师点评并改进； 6. 听取教师总结	自评：延保方案的选择是否合理、延长保修证书填写是否准确
课时： 4 课时 1. 硬资源：汽车营销学习工作站（含可上网计算机 4 台）等。 2. 软资源：课件、任务书、汽车延保证书等。 3. 教学设施：一体机、白板、A1 纸、水笔等			
售后部和客服部在接待客户的时候，根据客户的实际情况，向客户推荐延保方案，完成销售	1. 给出案例，要求学生根据案例分析，总结销售话术，并填入工作页； 2. 抽取学生展示延保销售过程，评价延保销售过程和方案推荐是否合理	1. 根据案例，分析延保服务的销售时机，并总结延保销售话术； 2. 抽中的同学展示延保销售过程，接受教师点评； 3. 根据案例分析，填写延长保修证书	1. 自评：分析客户的真实需要，推荐的延保方案是否满足客户需求； 2. 抽评学生能否准确地填写延长保证书
课时： 2 课时 1. 硬资源：汽车营销学习工作站（含可上网计算机 4 台）等。 2. 软资源：课件、任务书、汽车延保证书等。 3. 教学设施：一体机、白板、A1 纸、水笔等			

基准学时：18

1 接受延长保修销售任务，需求分析 → 2 确定延长保修销售方案 → 3 延长保修销售 → 4 总结与反馈

总结与反馈

工作子步骤	教师活动	学生活动	评价
总结提炼汽车延保流程、资料准备及流程规划，形成思维导图	1. 总结汽车延保服务的流程，不同精品的功用及注意事项； 2. 指导学生根据所学内容编制延保服务思维导图； 3. 展示编制的思维导图，说明评价标准，要求学生自评	1. 听取教师总结延保服务； 2. 编制思维导图； 3. 自评	自评：思维导图是否清晰、完整、易读

课时： 2 课时

1. 硬资源：汽车营销学习工作站等。
2. 软资源：课件、任务书等。
3. 教学设施：一体机、白板、A0 纸、水笔等

考核标准

情境描述

董先生是一位 35 岁的外企高管，工作繁忙经常出差，他为董太太购买了一辆尊贵版 A 车，希望太太用车安全方便，自己也会放心省心。董太太是一名 31 岁的企业会计，刚刚拿到驾照不久。董先生夫妇打算贷款购车，并准备竞拍上牌资格。请你根据董太太的购车及用车需求，结合 4S 店销售任务，为其介绍增值服务。

任务要求

1. 根据客户的购车需求，制订贷款方案，并分析各贷款渠道的优缺点；
2. 计算董太太购车的首付及月供；
3. 向董太太介绍贷款所需资料及流程；
4. 根据董太太的用车需求，为其推荐适合的精品；
5. 向客户说明竞拍及摇号的资格要求；
6. 说明上牌所需资料及上牌流程；
7. 延保服务介绍。

参考资料

回答上述问题时，可以使用所有的常见教学资料，如专业教材、个人笔记以及计算器等。

评价方式

由任课教师、专业组长、企业代表组成考评小组共同实施考核评价，取所有考核人员评分的平均分为学生考核成绩。

评价标准

评价项目	评价内容	分值	评分标准	得分
专业能力	根据客户的购车需求，制订贷款方案	5	每漏一项扣 0.5 分	
	购车的首付及月供计算正确	10	流程不正确每项扣 1 分	
	汽车贷款资料完整	5	技术要求不正确每项扣 0.5 分；每漏一项扣 0.5 分	
	汽车贷款流程准确	5	建议不合理每项扣 0.5 分；每漏一项扣 1 分	
	实施业务介绍的前期准备充分、正确（仪容仪表、销售表单、贷款及上牌资料等）	5	每漏一项扣 0.5 分	
	根据董太太的用车需求，为其推荐适合的精品	5	每漏一项扣 1 分；操作不规范每项扣 1 分	
	竞拍及摇号的资格要求说明清晰	5	流程不正确每项扣 1 分；操作不规范每项扣 1 分	
	上牌资料准备完整	5	每漏一项扣 0.5 分；操作不规范每项扣 0.5 分	
	上牌流程介绍准确无误	5	每漏一项扣 0.5 分	
	结合客户需求重点介绍延保服务	5	每漏一项扣 1 分；操作不规范每项扣 1 分	
	销售顾问在产品说明中清楚回答顾客的提问	5	每漏一项扣 1 分；操作不规范每项扣 1 分	
通用能力	能读懂任务书，与客户进行有效沟通，记录关键内容，整理客户需求	5	没有沟通扣 2 分；沟通不到位扣 1 分；无记录扣 2 分	
	能查阅相关车型资料及汽车行业网站，获取汽车贷款、上牌、精品销售等信息	5	没有查阅扣 3 分，查阅方法不对扣 2 分	
	能满足客户功能需求、使用价值，企业工作规范、安全性、环保性、成本效益等	5	完全不符合每项扣 1 分	
	能及时有效地解决汽车销售过程中的突发问题	5	完全没有解决扣 3 分；解决不及时扣 2 分；无突发问题不扣分	
	能对已完成的工作进行记录存档、评价和反馈	5	无记录扣 2 分	
	在销售过程中保持 6S，销售后对展厅进行恢复整理	5	零件、工具、油水落地每项扣 0.5 分；6S 整理每漏一项扣 1 分	
	表述仪态自然、逻辑清晰，且与实际相符	5	仪态不自然、逻辑不清晰每项扣 1 分；表述与实际不符扣 1 分	
	分工明确，团队合作融洽	5	分工不明确扣 2 分；团队合作不融洽扣 2 分	
总分		100		

课程 8　汽车售后服务管理

学习任务 1
预约管理
（18）学时

学习任务 2
维修管理
（54）学时

课程目标

学习完本课程后，学生应当能够胜任售后服务岗位的工作，养成良好的服务意识，并提升沟通交流能力。具体目标为：

1. 能够说出汽车售后服务工作流程和操作要点；
2. 能规范填写汽车售后服务相关单据、看板，会正确操作售后服务系统软件；
3. 能够根据客户信息确定预约客户，并使用标准话术进行客户预约；
4. 能够按企业服务规范接待客户和掌握客户需求，并能利用售后服务系统软件制作委托维修单据；
5. 能够合理派工并进行维修质量的检查、验收；
6. 能够向客户解释维修项目及费用并办理交车手续和进行回访工作；
7. 能说出保修索赔工作程序并能执行保修车辆接待和管理工作；
8. 能说出保险索赔工作程序并能执行保险车辆接待和管理工作；
9. 具有良好的沟通交流、团队合作能力，能做好客户与公司之间沟通的桥梁，能做好公司各部门之间售后业务的协调与合作事务；
10. 具有严谨的工作态度和良好的服务意识，能充分贯彻执行汽车售后服务标准，提升客户满意度；
11. 具备知识迁移能力和综合运用能力。

课时：72

课程内容

1. 预约服务工作流程和操作要点；
2. 使用售后服务系统查询和完善客户档案的步骤；
3. 规范填写预约单据、预约看板的方法；
4. 接待准备工作事项；
5. 接待预检工作流程和操作要点；
6. 维修防护用品的安装方法，外观检查表的填写方法；
7. 汽车定期保养项目的内容；
8. 咨询服务工作流程和操作要点；
9. 使用售后系统制作委托维修估价单的方法；
10. 客户休息引导工作流程和操作要点；
11. 派工、诊断、追加、维修工作流程和操作要点；
12. 使用售后系统制作委托维修派工单、追加单的方法；
13. 质检工作流程和操作要点；
14. 交车工作流程和操作要点；
15. 交车介绍车辆定期保养具体情况的具体方法；
16. 使用售后系统制作维修结算单的方法；
17. 修后关怀工作流程和操作要点。

学习任务 1 预约管理

任务描述

学习任务学时：18 课时

任务情境

顾客张先生致电某售后部，预约 3 天后早上 9 点进行 10 000 千米保养。其车型为 2015 款 B 车。售后服务顾问（SA）应准备好预约相关资料，登记车辆及顾客信息，预估维修保养费用并录入客户管理系统，随后移交预约工单并填写预约车辆管理看板。

预约登记
姓名：张小强
车牌号：AONC03
预约时间：3天后早上9点
项目：10000公里保养

工作流程和标准

工作环节 1

预约前准备

1

1. 预约电话旁准备预约登记本、笔。
2. 查询确定针对预约客户的优惠项目，让客户感受到预约的好处。

主要成果：
1. 预约准备清单；
2. 预约流程图。

工作环节 2

预约登记

2

1. 根据顾客来电，填写预约登记表，确定客户的预约信息及车辆所需维修的情况。
2. 运用 5W2H 方式进行电话问诊，在预约登记本中记录客户的预约需求并再次确认是否有其他维修项目。
3. 根据顾客的预约项目查询配件库存及工时费，预估维修费用，与顾客确认是否维修。

主要成果：预约登记表。

工作环节 3

预约信息录入系统

3

在客户管理系统中录入客户、车辆信息，打印信息录入预约工单。

主要成果：信息录入预约工单。

工作环节 4

移交预约工单

4

1. 将预约工单交调度员，以便安排指定维修人员和工位进行施工。
2. 通知零部件部门准备材料，放在预约料架上。

主要成果：

1. 快修车辆派工看板；
2. 预约物料表。

工作环节 5

填写预约车辆管理看板

5

根据顾客预约的日期，制作预约车辆管理看板，放置在接待处，以便服务顾问看到来车号码即可辨别，欢迎顾客的光临。

主要成果：预约车辆管理看板。

学习内容

知识点	1.1 预约登记本的用途及内容； 1.2 预约的分类； 1.3 预约的作用和意义； 1.4 预约的流程	2.1 接听电话的礼仪规范； 2.2 预约登记本的填写要求； 2.3 工时及配件查询方法； 2.4 常见的优惠项目	3.1 客户管理系统的使用方法； 3.2 客户信息及车辆信息的录入要点
技能点	1.1 准备预约登记本、笔等资料； 1.2 查询确定针对预约客户的优惠项目	2.1 根据顾客来电，填写预约登记表，确定客户的预约信息及车辆所需维修的情况； 2.2 运用 5W2H 方式进行电话问诊，在预约登记本中记录客户的预约需求并再次确认是否有其他维修项目； 2.3 根据顾客的预约项目查询配件库存及工时费，预估维修费用，与顾客确认是否维修； 2.4 告知预约客户的优惠项目	3.1 在客户管理系统中录入客户及车辆信息
工作环节	工作环节 1 预约前准备	工作环节 2 预约登记	工作环节 3 预约信息录入系统
成果	1.1 预约准备清单； 1.2 预约流程图	2.1 预约登记表	3.1 信息录入预约工单
素养		2.1 信息处理能力	3.1 细致工作的能力

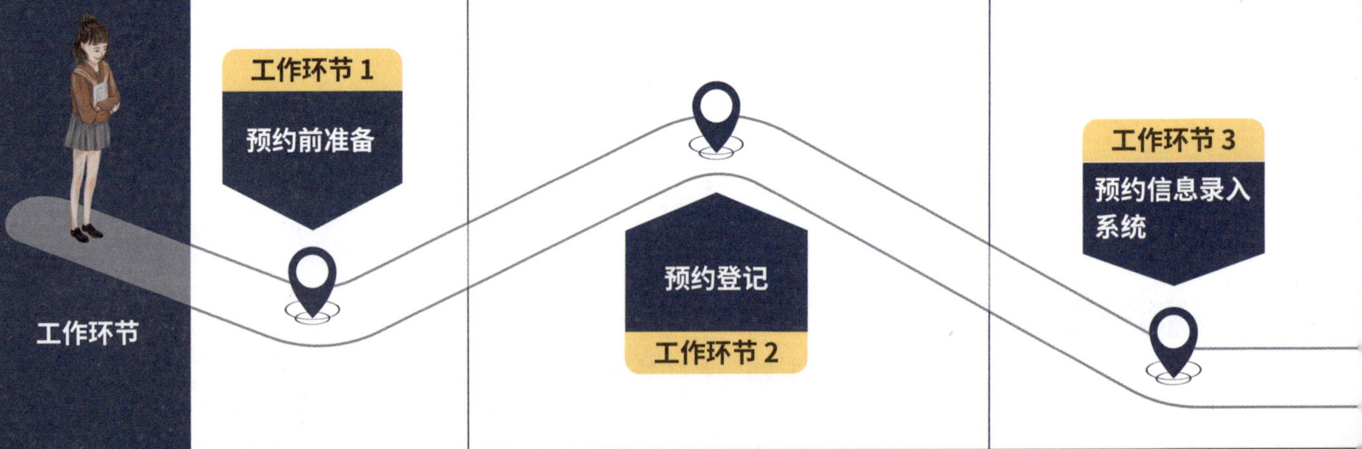

学习任务 1 预约管理

4.1 移交预约工单的流程及协调部门； 4.2 车牌派工看板的填写方法	5.1 预约车辆管理看板的录入和使用
4.1 将预约工单交调度员，以便安排指定维修人员和工位进行施工； 4.2 填写快修车辆派工看板； 4.3 通知零部件部门准备材料，放在预约料架上	5.1 制作预约车辆管理看板
工作环节 4 **移交预约工单**	**工作环节 5** **填写预约车辆管理看板**
4.1 快修车辆派工看板； 4.2 预约物料表	5.1 预约车辆管理看板
4.1 与调度员、车间维修班组和配件部协同工作	5.1 图示能力

课程 8 汽车售后服务管理

学习任务 1 预约管理

1. 预约前准备
2. 预约登记
3. 预约信息录入系统
4. 移交预约工单
5. 填写预约车辆管理看板

	工作子步骤	教师活动	学生活动	评价
预约前准备	1. 预约电话旁准备预约登记本、笔； 2. 针对预约客户的优惠项目、需要告知，以让客户感受到预约的好处	1. 提供剧本安排 2 名学生提前准备预约情境的错误示范，待学生示范后随机抽点 10 名学生进行点评，指出错误之处并指正； 2. 根据学生的评价内容引出此环节的学习任务及目标； 3. 说明观看视频《汽车维修预约登记流程》的要求及需解答的问题，制作预约准备清单； 4. 说明观看视频《汽车维修预约登记流程》需回答的问题，抽学生回答； 5. 引导学生使用头脑风暴方式制作预约流程图； 6. 使用随机软件抽取学生展示预约流程图，并进行评价标准说明； 7. 使用 PPT 讲授预约的分类、作用和意义	1. 被抽选的学生按照已有剧本排练展示预约情境的错误示范； 2. 被随机抽点到的 10 名观众对错误的情境示范，完成点评指正任务； 3. 观看《汽车维修预约登记流程》视频材料，分组讨论总结出要点回答老师的问题，制作预约准备清单； 4. 使用头脑风暴方法制作预约流程图进行展示、互评	1. 回答工作页中的问题，教师抽问点评； 2. 学生互评：学生根据评价表对是否规范进行评价； 3. 教师点评：点评接电话是否规范，能否从微课中筛选出接电话的要点
	课时： 8 课时 1. 硬资源：计算机（含客户管理系统）等。 2. 软资源：课件、工作页、视频、微课（《汽车维修预约登记流程》）、预约登记本等。 3. 教学设施：一体机、白板、贴纸等			
预约登记	1. 根据顾客来电，填写预约登记表，确定客户的预约信息及车辆所需维修的情况； 2. 运用 5W2H 方式进行电话问诊，在预约登记本中记录客户的预约需求，并再次确认是否有其他维修项目； 3. 根据顾客的预约项目查询配件库存及工时费，预估维修费用，与顾客确认是否维修； 4. 针对预约客户的优惠项目、需要告知，让客户感受到预约的好处	1. 列出学生需要查找观看《预约登记》相关视频的要求。 2. 派发预约登记表样单，并提出填答工作页的活动要求。 3. 示范预约登记表的使用规则，让学生自行讨论总结、成果展示，并巡回指导评价。 4. 要求学生在角色扮演时填写预约登记表的信息，并展示互评。 5. 总结服务顾问在预约时的注意事项 (1) 要掌握的信息，如有变化应及时更改客户档案； (2) 客户关心的问题及预约要求； (3) 客户希望的进厂时间； (4) 客户预约作业的性质（保养、简单维修、故障维修、返修）	1. 观看《预约登记》相关视频，独立查阅资料进行环车检查步骤的收集； 2. 比对样单，小组讨论确定预约登记本的内容和工作页填写要求； 3. 角色扮演运用 5W2H 方式进行电话问诊，在预约登记本中记录客户的预约需求并再次确认是否有其他维修项目； 4. 展示互评	自评、互评、师评：学生实操演练成果比较，检测学生团队合作能力
	课时： 6 课时 1. 硬资源：计算机（含客户管理系统）等。 2. 软资源：课件、工作页、视频、微课（《汽车维修预约登记流程》）、预约登记本等。 3. 教学设施：一体机、白板、贴纸等			

基准学时：18

1 预约前准备 → 2 预约登记 → 3 预约信息录入系统 → 4 移交预约工单 → 5 填写预约车辆管理看板

	工作子步骤	教师活动	学生活动	评价
预约信息录入系统	1. 学习客户管理系统的使用方法； 2. 将预约信息录入系统； 3. 打印信息录入预约工单	1. 播放客户管理系统使用方法的视频； 2. 使用 PPT 展示客户信息及车辆信息的情境，分析并使学生明确此环节的工作步骤及要求，提出此环节的学习任务及目标	1. 观看客户管理系统的使用方法的视频； 2. 录入客户信息及车辆信息	点评客户信息及车辆信息录入的准确性
	课时： 1 课时 1. 硬资源：计算机（含客户管理系统） 2. 软资源：课件、工作页、视频、微课（《汽车维修预约登记流程》）、预约登记本等。 3. 教学设施：一体机、白板、贴纸等			
移交预约工单	1. 将预约工单交调度员，以便安排指定维修人员和工位进行施工； 2. 通知零部件部门准备材料，放在预约料架上	1. 展示任务情境，说明移交预约工单的任务； 2. 发放移交预约工单流程及部门卡片，要求学生查阅资料进行排序； 3. 巡回指导学生进行流程排序； 4. 组织各组依次展示移交预约工单流程，点评各组的流程是否正确； 5. 播放《车牌派工看板的填写方法》视频，要求学生记录填写要点； 6. 向各组发放车牌派工看板纸，要求学生填写； 7. 巡回指导各组填写车牌派工看板； 8. 指导学生总结移交工单流程及车牌派工看板填写方法	1. 根据任务情境，确定移交预约工单的任务； 2. 接受移交预约工单流程及部门卡片，查阅资料进行排序； 3. 根据教师指导进行流程排序； 4. 各小组依次展示移交预约工单流程，听取教师点评各组流程是否正确； 5. 观看《车牌派工看板的填写方法》视频，记录填写要点； 6. 接收车牌派工看板，确定填写要求； 7. 填写车牌派工看板； 8. 总结移交工单流程及车牌派工看板填写方法	1. 师评：移交预约工单流程是否正确； 2. 师评：车牌派工看板填写是否准确
	课时： 1 课时 1. 硬资源：车牌派工看板等。 2. 软资源：课件、《车牌派工看板的填写方法》视频、工作页等。 3. 教学设施：一体机、白板、A1 纸、水笔等			
填写预约车辆管理看板	根据顾客预约的日期，制作预约车辆管理看板，放置在接待处，以便服务顾问看到来车号码即可辨别，欢迎顾客的光临	1. 播放企业预约管理视频； 2. 指导学生填写工作页； 3. 引导学生制作预约车辆管理看板，并进行巡回指导； 4. 总结提升：总结预约管理的知识、技能点及注意事项； 5. 布置课后任务	1. 观看企业预约管理视频； 2. 填写工作页； 3. 制作预约车辆管理看板； 4. 自我总结预约管理的知识、技能点及注意事项； 5. 完成课后任务	师评：预约车辆管理看板是否规范、准确
	课时： 2 课时 1. 硬资源：计算机（含客户管理系统）等。 2. 软资源：课件、工作页、视频、预约管理看板等。 3. 教学设施：一体机、白板、贴纸等			

汽车售后服务管理

学习任务 2 维修管理

任务描述

学习任务学时：**54** 课时

任务情境

张小姐的轿车已行驶 15 000 千米，达到了定期保养的公里数，便驾驶车辆到附近的 4S 店保养。作为售后服务顾问（SA），你需要按照 4S 店的服务规范接待张小姐，进行车辆问诊、环车检查等工作，并对保养费用、交车时间做出预估，交客户确认维修后移交车间修理；在车辆完成修理后陪同客户验车，向客户解释维修方案的必要性及维修更换的配件、工时，打印费用清单，引导客户结账并交车。

汽车售后服务管理

工作流程和标准

工作环节 1

接待登记

1

1. 售后服务顾问准备接车问诊单、四件套、名片，按 4S 店服务规范迎接客户，询问客户来意；引导客户停车，钥匙挂牌，为车辆预检做准备。
2. 售后服务顾问在客户管理系统中录入客户、车辆信息，为打印单据做准备。
3. 售后服务顾问当着顾客的面规范安装四件套，实施车辆防护，提醒顾客拿走车内贵重物品，随身携带。

主要成果：
1. 接待流程图；
2. 信息录入列表；
3. 四件套的安装图。

工作环节 2

车况预检

2

1. 售后服务顾问使用六方位环车检查法验车，将检查结果填入接车问诊单，确定客户车辆的情况。
2. 售后服务顾问运用 5W2H 方式进行问诊，在接车问诊单中记录客户的保养需求并确认是否有其他维修项目。
3. 确认客户是否留旧件及洗车。

主要成果：接车问诊单。

学习任务 2　维修管理

工作环节 3

估价确认

3

1. 售后服务顾问确定 15 000 千米的保养方案，为顾客介绍保养的内容。
2. 售后服务顾问引导客户到前台，将所需的配件及工时报给顾客，预估维修费用，并让客户签字确认维修，为车辆的车间维修做准备。

主要成果：委托维修估价单。

工作环节 4

移交工单、监控维修进度

4

1. 售后服务顾问将车辆开进车间并将维修工单交给调度员，以便安排维修人员进行维修。
2. 售后服务顾问根据预估的维修时间监控维修进度，如有追加维修项目及时与客户沟通，达成共识后重新制作委托维修估价单，以便继续维修。

主要成果：更新后的委托维修估价单。

工作环节 5

修后交车

5

1. 维修车间竣工交接后，售后服务顾问根据委托维修估价单的项目确定车辆是否竣工并完成洗车，打印维修结算清单。
2. 在交车区辅助顾客验收，展示、说明作业项目和维修效果，增加客户对维修的满意度。
3. 根据维修结算清单向客户解释维修费用，减少客户对维修费用的异议，并请客户确认后引导客户结算。
4. 交付钥匙、维修单据后送别客户，完成交车。

主要成果：维修结算清单。

学习内容

知识点	1.1 接车礼仪的规范； 1.2 车辆钥匙的管理规定； 1.3 客户管理系统的使用方法； 1.4 客户信息及车辆信息的录入要点； 1.5 四件套的用途、安装规范及要求	2.1 六方位环车检查法的检查项目； 2.2 接车问诊单的用途、填写方法； 2.3 5W2H 的问诊方法	3.1 15 000 千米保养内容； 3.2 售后管理软件的配件库存、工时的查询方法； 3.3 委托维修估价单的用途及内容
技能点	1.1 准备接车问诊单、四件套、名片，按照 4S 店服务规范接待客户，询问客户来意，引导客户停车，钥匙挂牌； 1.2 在客户管理系统中录入客户、车辆信息； 1.3 规范安装四件套，实施车辆防护	2.1 六方位环车检查，将结果填入接车问诊单； 2.2 准确地在接车问诊单中记录客户描述的故障情况； 2.3 车辆初步检查（油液、轮胎磨损）； 2.4 与顾客确认是否留旧件、洗车	3.1 向客户介绍 15 000 千米保养内容； 3.2 引导客户到前台，查询配件库存及工时，预估维修费用； 3.3 查询车间运作情况，与车间调度员沟通，预估交车时间； 3.4 制作委托维修估价单，向客户解释维修项目，并让客户签字确认维修
工作环节	工作环节 1 接待登记	车况预检 工作环节 2	工作环节 3 估价确认
成果	1.1 接待流程图； 1.2 信息录入列表； 1.3 四件套的安装图	2.1 接车问诊单； 2.2 预检流程图； 2.3 15 000 千米保养提问列表	3.1 15 000 千米保养方案表； 3.2 委托维修估价单
素养	1.1 爱岗敬业（服务意识）	2.1 倾听客户的描述，进行信息分析、筛选	3.1 沟通交流能力

学习任务 2 维修管理

4.1 调度员的作用； 4.2 车间运行状况的查询方法	5.1 交车前外观及车况检查表的用途； 5.2 车辆维修位置及更换零件的必要性； 5.3 交车时需要向客户提交的资料； 5.4 送别客户的礼仪
4.1 将车辆开进车间并将维修工单交给调度员，以便安排维修人员进行维修； 4.2 监控维修进度，就追加维修项目与客户沟通，达成共识后重新制作委托维修估价单； 4.3 确认旧件是否已留	5.1 竣工交接后，根据委托维修估价单，确认维修项目与洗车的完成情况； 5.2 在交车区辅助顾客验收，展示、说明作业项目和维修效果； 5.3 根据维修结算清单向客户解释维修费用，并请客户确认后引导客户结算； 5.4 交付钥匙、送别客户

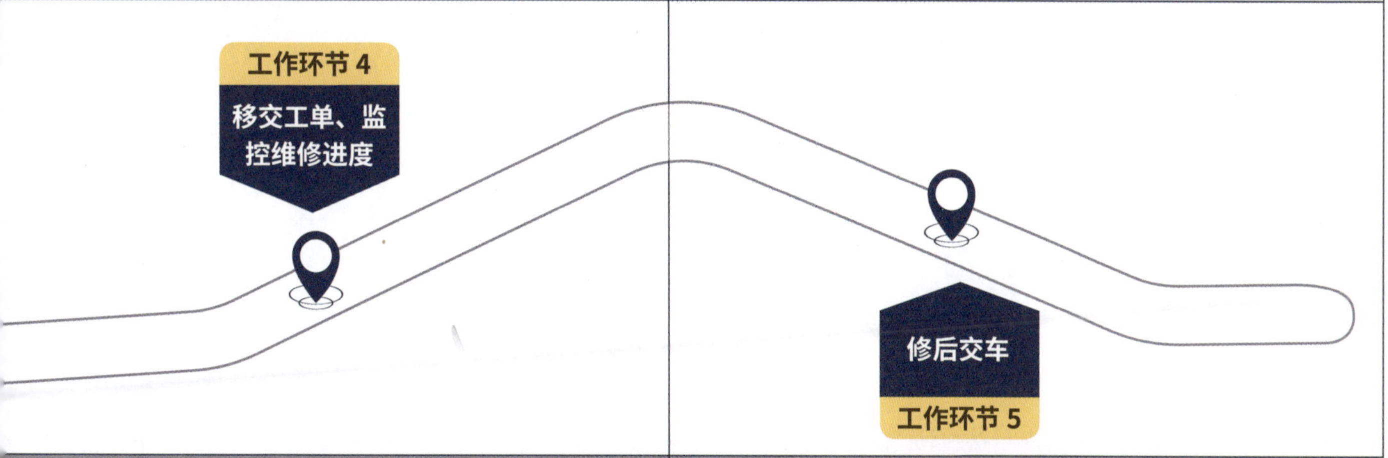

4.1 更新后的委托维修估价单	5.1 维修结算清单； 5.2 交车流程图
4.1 与调度员、修理工协同工作	5.1 沟通交流能力

汽车售后服务管理

课程 8 汽车售后服务管理

学习任务 2 维修管理

1 接待登记 → 2 车况预检 → 3 估价确认 → 4 移交工单、监控维修进度 → 5 修后交车

	工作子步骤	教师活动	学生活动	评价
接待登记	1. 接待准备：准备接车问诊单、四件套、名片，迎接客户，询问客户来意，引导客户停车，钥匙挂牌； 2. 信息录入：在客户管理系统中录入客户、车辆信息； 3. 车辆防护：规范安装四件套，实施车辆防护	1. 使用 PPT 展示 4S 店售后维修接待的工作情境，分析并使学生明确此任务的工作步骤及要求，提出此环节的学习任务及目标； 2. 说明观看视频《汽车维修接待流程》的要求及需解答的问题； 3. 说明观看《接待登记流程》需回答的问题，抽学生回答车辆钥匙管理的问题； 4. 使用随机软件抽取学生展示接待过程，并进行评价标准说明； 5. 引导学生确认客户管理系统信息录入要点； 6. 对学生信息录入进行巡回指导； 7. 演示安装四件套，引导学生了解安装规范及要求； 8. 说明四件套安装展示的要点，引导学生对此进行评价	1. 根据教师给定的情境，在教师分析引导下确定定期保养项目维修接待的工作步骤及要求； 2. 学生观看视频《汽车维修接待规范》，回答工作页中的问题； 3. 学生观看视频《接待登记流程》，制作接待准备清单，回答教师问题； 3. 每组随机抽取一位学生，展示接待过程，其余学生点评该学生能否设身处地进行顾客接待； 4. 听讲客户管理系统信息录入的要点及使用方法； 5. 将给定的信息录入客户管理系统中，导出客户、车辆信息表； 6. 观看教师安装四件套，说出安装四件套的规范、要求； 7. 展示安装四件套，并进行评价	1. 回答工作页中的问题，教师抽问点评； 2. 学生互评：学生根据评价表对是否规范进行评价； 3. 教师点评：点评接待是否规范，能否从微课中筛选出接待的要点； 4. 在客户管理系统中录入相关信息，与标准录入信息表做比较，确定录入是否准确，有无遗漏； 5. 学生对安装四件套的快速性及规范性进行互评
	课时： 18 课时 1. 硬资源：计算机（客户管理系统）、四件套、汽车 1 辆等。 2. 软资源：视频（《汽车维修接待规范》《接待登记流程》）、接车问诊单等。 3. 教学设施：一体机、白板等			
车况预检	1. 环车检查：按接车问诊单进行环车检查； 2. 问诊：准确地在接车问诊单中记录客户描述的故障情况； 3. 故障初步检查：检查（油液情况轮胎磨损），判断故障范围，录入接车问诊单中	1. 提出独自观看《环车检查》相关视频的规则； 2. 提供接车问诊单样单并提出填答工作页的活动要求； 3. 在实车中示范找出需要保养的零件，提出找出实车保养零件的任务，巡回指导学生查找车身保养零件； 4. 引导学生整理确定保养检查项目提问的列表； 5. 组织学生分组展示演练成果，并引导学生评价	1. 观看视频、查阅相关资料，进行环车检查步骤的收集； 2. 比对样单，小组讨论确定接车问诊单的内容和工作页填写要求； 3. 比照实车，与理论知识相结合确定保养所需更换零部件名称和所在位置； 4. 小组讨论：使用 5W2H 法问诊保养以外的其他需求； 5. 观看 15 000 千米保养检查表；	1. 回答《环车检查》步骤及内容问题，检测学生自学能力、信息处理能力，教师抽问点评； 2. 对接车问诊单工作页进行抽展点评，检测学生信息处理能力； 3. 使用实物抽点提问学生，检测学生信息处理能力； 4. 抽点问诊问题（自评、师评），检测学生沟通能力、解决问题能力；

1 接待登记　2 车况预检　3 估价确认　4 移交工单、监控维修进度　5 修后交车

	工作子步骤	教师活动	学生活动	评价
车况预检			6. 两人一组就环车检查、接车问诊、故障初步检查进行模拟演练，并进行互评	5. 编制保养检查表，并与参考样表比较； 6. 学生实操演练成果比较（自评、互评、师评），检测学生团队合作能力
	课时： 10 课时 1. 硬资源：计算机（客户管理系统）、四件套、汽车 1 辆等。 2. 软资源：视频（《环车检查》）、接车问诊单等。 3. 教学设施：一体机、白板等			
估价确认	1. 移交工单：移交车辆给维修技师确定项目； 2. 预估费用：引导客户到前台，查询配件库存及工时，预估维修费用； 3. 预估时间：查询车间运作，与车间调度员沟通，预估交车时间； 4. 制单：制作委托维修估价单，向客户解释维修项目，并让客户签字确认维修	1. 展示估价的情境，使学生明确此环节的工作步骤及要求，提出此环节的学习任务及目标，展示委托维修估价单样单，说明其用途及内容； 2. 巡回指导学生自我学习表格的内容，使用击鼓传花法随机提问学生； 3. 示范根据保养项目检查出来的故障，在配件管理系统中找出配件编码、价格等，并要求学生记录此估价环节的注意事项； 4. 每组发放工时价目表，指导学生查找出对应的配件的工时费用； 5. 展示维修看板，说明交车时间的确定方法，指导每组确定交车时间，引导各组展示委托维修估价单，说明评价标准进行点评； 6. 组织各组进行报价话术设计，引导每组进行维修估价展示，说明评价标准，引导学生进行评价	1. 根据教师给定的情境，在教师分析引导下，确定估价确认环节的工作步骤及要求，明确委托维修估价单的用途及内容； 2. 观看视频《汽车维修接待流程》中的估价环节； 3. 在教师的指导下，留意估价环节的注意事项； 4. 每组根据教师给出的不同公里数的车辆选择不同的保养套餐，并找出所需更换的配件，查找配件编码、价格及库存状况，填入委托维修估价单； 5. 在工时价目表中找出对应配件的维修工时，填入委托维修估价单； 6. 观看维修进度看板，每组推算交车时间，填入委托维修估价单并进行展示； 7. 小组合作设计报价话术，模拟与顾客说明委托维修估价单的作业项目，进行组间评价	1. 随机抽取学生提问，评价其能否准确说出委托维修估价单的用途及内容； 2. 抽问学生是否能准确说出 15 000 千米保养检查内容； 3. 给出其他公里数的保养项目表做对比，判断维修方案是否准确； 4. 评价各组能否清晰、准确地向客户说明维修方案的必要性； 5. 评价各组委托维修估价单中的配件编码、工时、交车时间是否准确
	课时： 10 课时 1. 硬资源：计算机（客户管理系统）、四件套、汽车 1 辆等。 2. 软资源：委托维修估价单、工时价目表等。 3. 教学设施：一体机、白板等			

学习任务 2 维修管理

1 接待登记 → 2 车况预检 → 3 估价确认 → 4 移交工单、监控维修进度 → 5 修后交车

移交工单、监控维修进度

工作子步骤	教师活动	学生活动	评价
1. 休息引导：引导客户休息或离开； 2. 将维修工单交调度员； 3. 监控维修进度，就追加维修项目与客户沟通，达成共识后重新制作委托维修估价单	1. 展示任务情境，要求学生查阅教材，确定调度员的工作内容； 2. 提供教学需要的相关资料，巡回指导学生思路，对学生进行抽点提问； 3. 提出观看《顾客情绪安抚》相关视频的规则，抽点学生进行点评讨论； 4. 组织学生两人一组进行模拟演练，用随机软件抽取学生展示，提出活动规则	1. 查阅教材，确定调度员的工作内容； 2. 根据教师提供的顾客的不同情绪情况制定应对方案，回答教师提问； 3. 学习图片、PPT 等资料，观看相关《顾客情绪安抚》视频，被抽点学生进行点评； 4. 每组随机抽取 2 位学生，分别扮演服务顾问和客户模拟安顿客户，为客户介绍休息区分布，向客户解释追加维修项目，并让客户在委托维修估价单上签字确认维修	1. 回答工作页中的问题，教师抽问点评； 2. 点评角色扮演中不规范的操作

课时： 8 课时

1. 硬资源：计算机（已安装配件管理系统）等。
2. 软资源：课件、微课、工作页、委托维修估价单等。
3. 教学设施：一体机、白板、A1 纸、水笔等

基准学时：54

1 接待登记 → 2 车况预检 → 3 估价确认 → 4 移交工单、监控维修进度 → 5 修后交车

修后交车

工作子步骤	教师活动	学生活动	评价
1. 交车检查：竣工交接后，根据交车前外观及车况检查表，确认维修项目与洗车情况； 2. 共同验收：在交车区辅助顾客验收，展示、说明作业项目和维修效果，提供用车及保养建议； 3. 费用说明：根据委托维修估价单向客户解释维修费用，并请客户确认后引导客户结算； 4. 送行：交付钥匙、维修单据后送别客户	1. 播放企业交车视频； 2. 指导学生完成工作页； 3. 引导学生制订修后交车方案，巡回指导； 4. 评价交车方案； 5. 引导学生准备交车所需表单及工具； 6. 说明交车流程的要求及注意事项，安排学生根据交车方案模拟交车； 7. 巡回监控指导，并根据交车标准流程考核表打分； 8. 引导小组互评，填写交车考核表； 9. 评价反馈：修后交车模拟情况，公布考核结果； 10. 总结提升：总结交车知识、技能点及注意事项； 11. 布置课后任务	1. 观看企业交车视频。 2. 完成工作页填写。 3. 小组成员共同制定修后交车流程图。 4. 各小组展示方案，互评后完善交车方案。 5. 准备交车所需表单及工具。 6. 根据交车方案： (1) 填写交车前外观及车况检查表； (2) 每组抽取 2 位同学分别扮演服务顾问与顾客验收，展示、说明作业项目和维修效果，提供用车及保养建议； (3) 解释维修项目及维修费用，引导客户结算； (4) 交付钥匙、维修单据后送别客户； (5) 将信息录入客户管理系统。 7. 小组互评，填写交车考核表	1. 师评：轿车方案的可行性及流程是否正确； 2. 师评：通过交车考核表及互评、师评，评价学生模拟交车流程是否符合企业规范

课时： 8 课时
1. 硬资源：计算机（客户管理系统）、四件套、汽车 1 辆等。
2. 软资源：结算单、委托维修估价单、工时价目表、学习任务书、保养车接待工作页、保养手册、交车标准流程检查表等。
3. 教学设施：一体机、白板等

考核标准

情境描述

李先生是被预约回店进行 5 万千米保养的。回店后他向服务顾问描述说，他的车子近段时间加速无力，油耗明显升高，排气管有冒黑烟现象。你作为 4S 店的服务顾问，需按照企业服务规范进行接待、检查问诊，估时估价，根据维修最终完成交车工作。

车辆资料：××；行驶里程 50 200 千米；

客户资料：李先生，32 岁，驾龄 5 年。

任务要求

请根据任务要求，完成以下任务：

一、纸笔测试（制订完成工作任务的方案）

1. 预约目的及准备工作；
2. 请写出汽车售后服务流程；
3. 请分析故障原因并进行问诊；
4. 告知顾客保养及维修的项目、费用、所需时间；
5. 服务顾问独立完成交车，写出交车标准步骤。

二、任务实操

策划方案完成后，请根据任务，模拟接待。

参考资料

回答上述问题时，可以使用所有的常见教学资料，如专业教材、个人笔记以及计算器等。

评价方式

由任课教师、专业组长、企业代表组成考评小组共同实施考核评价，取所有考核人员评分的平均分为学生考核成绩。

评价标准

评价项目	评价内容	分值	评分标准	得分
专业能力	按照企业规范进行客户接待	5	错误或遗漏分析每项扣 1 分	
	根据加速无力故障向客户问诊	10	问诊问题遗漏每项扣 2 分	
	写出加速无力的原因	10	遗漏每项扣 2 分	
	准确对加速无力做基本检查	10	遗漏每项扣 2 分	
	规范填写接车问诊单	5	每错一项扣 1 分	
	准确估时估价，不虚报维修项目	5	每错一项扣 1 分；	
	准确地向客户说明加速无力的故障原因	10	每错一项扣 2 分；	
	准确地向客户解释维修费用	5	每错一项扣 1 分；	
通用能力	能读懂任务书，与客户进行有效沟通，记录关键内容，整理客户需求	5	没有沟通扣 2 分；沟通不到位扣 1 分；无记录扣 2 分	
	能查阅相关资料，获取车险相关条款等信息	5	没有查阅扣 3 分；查阅方法不对扣 2 分	
	能满足客户功能需求、使用价值，企业工作规范、安全性、环保性、成本效益等	5	完全不符合每项扣 1 分	
	能及时有效地处理接待过程中的客户异议	5	完全没有解决扣 3 分；解决不及时扣 2 分；无突发问题不扣分	
	能对已完成的工作进行记录存档、评价和反馈	5	无记录扣 2 分	
	表述仪态自然、吐字清晰、思路清晰，且与实际相符	10	仪态不自然、吐字模糊、思路不清晰每项扣 1 分；表述与实际不符扣 1 分	
	分工明确，团队合作融洽	5	分工不明确扣 2 分；团队合作不融洽扣 2 分	
总分		100		

课程 9 汽车保险与理赔

学习任务 1	学习任务 2
汽车保险销售	汽车保险理赔
（36）学时	（36）学时

课程目标

学习完本课程后，学生应当能够胜任汽车保险销售、汽车保险理赔等工作。要引导学生认识到汽车服务从业人员的职业素养、劳动保护和环保意识、合作与沟通等职业能力的重要性；引导学生严格执行相关操作规范，树立求真务实的理念，培养良好的职业习惯。具体目标为：

1. 能够按照企业标准作业流程，分析客户用车过程中所存在的风险，并制定相应符合客户需求，含交强险、商业主险和附加险的投保方案；
2. 能够运用专业的术语向客户介绍投保方案中各险种的保险责任及除外责任，并通过举例等方式说明投保此方案的正确性及必要性，促成客户投保；
3. 能够对比竞争保险公司的优劣势，向客户推销车险产品；
4. 能查阅保监会相关资料，计算投保方案中交强险、商业主险和附加险的保费；
5. 能够根据保险公司的规范，协助客户完成投保单的填写；
6. 车辆出险后能够协助客户向保险公司报案，说明事故的发生时间、地点、事故原因、受损情况等；
7. 能够按照保险公司关于查勘的规范，协助轻微事故车辆的现场查勘，拍摄现场照片，撰写查勘报告，真实客观地反映事故的真实性，杜绝虚假案件；
8. 能够根据事故车辆碰撞的实际损失情况，确定维修方案，不虚报维修项目，完成定损单；
9. 能够根据事故责任计算保险公司的赔款；
10. 能够根据事故分类，协助客户填写索赔申请书，准备相关资料向保险公司索赔。

课时：72

课程内容

对照本课程目标，学生应当掌握以下知识、技能及职业素养：

1. 风险的含义、风险要素及风险分析；
2. 交强险和商业险条款的内容；
3. 投保方案的确定原则；
4. 交强险与商业险的保费计算方法；
5. 投保单的填写方法；
6. 报案的方式与内容；
7. 现场拍照的方法；
8. 现场查勘的方法；
9. 事故车辆损失和维修方案的确定方法；
10. 汽车钣金、喷漆工时费的确定方法；
11. 赔款计算方法；
12. 不同事故类型的索赔资料清单。

学习任务 1 汽车保险销售

任务描述

学习任务学时：**36** 课时

任务情境

客户李先生于 2014 年购置了一辆轿车，今年及上一年都没有出过险，车辆主要是用于李先生上下班代步，李太太有时也会开。夫妇俩有一个女儿，全家经常在节假日驾车外出自驾游。因李先生居住的小区为旧小区，停车位紧张，所以车辆只能停放在小区外的路边停车位。因保险快到期了，李先生委托 4S 店售后服务顾问进行续保。请根据李先生的用车情况，分析在用车过程中存在的风险，为李先生设计一份投保方案并说明方案的必要性，填写投保单最终完成保险出单，完成续保工作。

汽车保险与理赔

工作流程和标准

工作环节 1

风险分析

1

1. 分析任务情境中的例子，确定任务的目标及学习的内容。
2. 通过询问，获取客户个人信息、用车情况和车辆信息等，分析客户使用车辆所存在的风险。

主要成果：风险分析表。

工作环节 2

介绍车险

2

1. 了解保险的概念、车险的分类、车险条款的组成等，确定向客户介绍汽车保险的内容。
2. 根据交强险条款的内容，向客户介绍交强险的功用、保险责任及除外责任。
3. 根据基本险的组成及条款内容，向客户介绍基本险的功用、保险责任及除外责任。
4. 根据附加险与基本险的关系、组成和条款内容，向客户介绍附加险。

主要成果：
1. 交强险介绍话术；
2. 基本险介绍话术；
3. 附加险介绍话术。

学习任务1 汽车保险销售

工作环节3

制订投保方案

3

1. 查阅资料，确定各家保险公司的条款及理赔优势，选择最适合客户的保险公司及投保渠道。
2. 根据风险分析结果确定投保的组合险种，结合客户需求，向客户介绍投保方案，确保客户同意投保方案。

主要成果：
1. 车险公司对比分析表；
2. 投保方案。

工作环节4

投保出单

4

1. 根据保险公司条款对保险金额的约定，确定投保方案各险种的保险金额。
2. 查阅保监会及保险公司对保费计算的规定，确定各险种的基准风险和费率调整系数，计算各险种的保费。
3. 根据客户及车辆信息，按照保险公司关于投保单的填写规范及要求，完成投保单的填写。
4. 录入投保单，缴纳保费，打印保单。

主要成果：
1. 汽车保险投保单；
2. 汽车保险保单。

工作环节5

总结拓展

5

总结不同险种的分类及功能特点，绘制思维导图。

主要成果：思维导图。

学习内容

知识点	1.1 风险的含义； 1.2 风险要素； 1.3 车辆所面临的风险； 1.4 人所面临的风险	2.1 汽车保险的概念； 2.2 汽车保险的分类； 2.3 交强险的特征、保险责任、责任限额、垫付情况和责任免除； 2.4 基本险（车损险、三者险、车上人员责任险、盗抢险）的保险责任及责任免除； 2.5 附加险（玻璃险、划痕险、涉水险责任险、自燃险、不计免赔率险等）的保险责任及责任免除	3.1 不同车险公司的理赔优势及投保渠道； 3.2 投保方案中险种组合技巧
技能点	1.1 分析任务情境中的例子，确定任务的目标及学习的内容； 1.2 通过询问，获取客户个人信息、用车情况和车辆信息等，分析客户使用车辆所存在的风险	2.1 车险的分类、车险条款的组成等，确定向客户介绍汽车保险的内容； 2.2 根据交强险条款的内容，向客户介绍交强险； 2.3 根据基本险的组成及条款内容，向客户介绍基本险； 2.4 根据附加险的组成及条款内容，向客户介绍附加险	3.1 查阅资料，确定各家保险公司的条款及理赔优势，选择最适合客户的保险公司及投保渠道； 3.2 根据风险分析结果确定投保的组合险种，结合客户需求，向客户介绍投保方案，确保客户同意投保方案
工作环节	工作环节 1 风险分析	介绍车险 工作环节 2	工作环节 3 制订投保方案
成果	1.1 风险分析表	2.1 交强险介绍话术； 2.2 基本险介绍话术； 2.3 附加险介绍话术	3.1 车险公司对比分析表； 3.2 投保方案
素养	1.1 倾听能力、信息筛选能力	2.1 表达能力	3.1 分析能力

学习任务 1 汽车保险销售

4.1 各险种保险金额的确定方法； 4.2 交强险保费的计算方法； 4.3 商业险保费的计算方法； 4.4 投保单的内容及填写要点； 4.5 保险承保流程	
4.1 根据保险公司条款对保险金额的约定，确定投保方案各险种的保险金额； 4.2 查阅保监会及保险公司对保费计算的规定，确定各险种的基准风险和费率调整系数，计算各险种的保费； 4.3 根据客户及车辆信息，按照保险公司关于投保单的填写规范及要求，完成投保单的填写； 4.4 录入投保单，缴纳保费，打印保单	5.1 总结不同险种的分类及功能特点，绘制思维导图

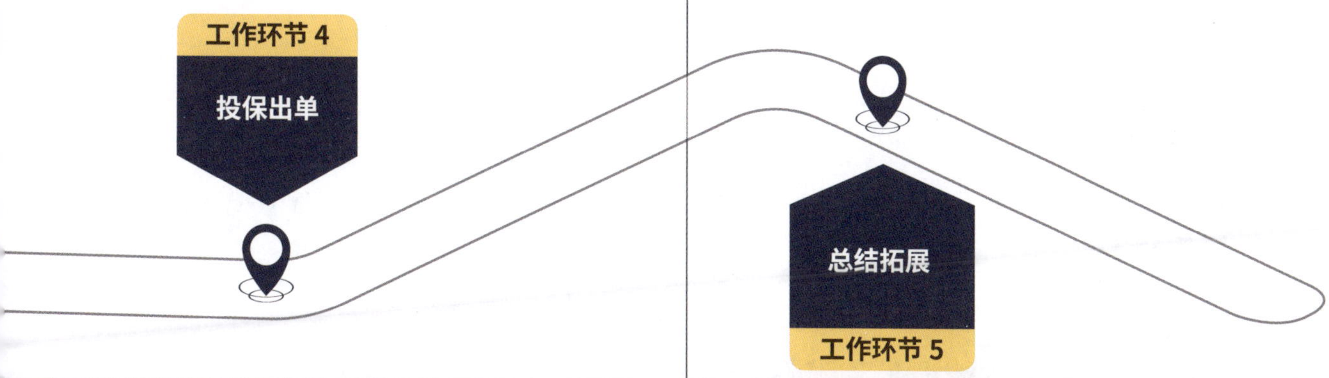

4.1 汽车保险投保单	5.1 汽车保险思维导图
4.1 做事细致	5.1 归纳总结能力

课程 9 汽车保险与理赔

学习任务 1 汽车保险销售

1 风险分析 → 2 介绍车险 → 3 设计投保方案 → 4 投保出单 → 5 总结拓展

	工作子步骤	教师活动	学生活动	评价
风险分析	获取信息，分析风险：通过询问，获取客户个人信息、用车情况和车辆信息等，分析客户使用车辆所存在的风险	1. 通过 PPT 介绍课程学习的内容、目标、学习任务等，抽问学生说出课程的学习任务； 2. 展示任务情境，说明本次任务的学习内容和目标，要求学生记录在工作页中； 3. 介绍风险的定义，抽取各组同学回答用车过程中的风险； 4. 举例说明风险要素，展示案例，要求各组学生分别回答例子中的风险要素； 5. 提出阅读教材关于车辆风险的内容，要求学生根据所学内容，以小组为单位讨论分析任务情境中人和车辆所面临的风险，填入工作页中； 6. 呈现参考答案，要求学生自评	1. 观看 PPT，听取教师介绍课程，抽中的学生回答课程的学习任务； 2. 观看任务情境，将学习目标记录在工作页中； 3. 根据教师对风险定义的说明，思考并列举用车过程中的风险； 4. 观看例子，各组学生分别回答例子中的风险要素； 5. 阅读教材，小组讨论分析情境中的人、车风险； 6. 根据参考答案自评	1. 师评：抽问风险要素是否准确； 2. 自评：填写工作页与参考比较
	课时： 4 课时 1. 硬资源：计算机 4 台等。 2. 软资源：课件、教材、工作页、保险条款、参考答案等。 3. 教学设施：多媒体教室（含一体机、白板、A1 纸、水笔）等			
介绍车险	了解保险的概念、车险的分类、车险条款的组成等，确定向客户介绍汽车保险的内容	1. 播放保险历史微课，讲述保险的定义，要求学生填写工作页； 2. 提出观看视频的规则，要求学生通过视频确定保险分类，并填写在工作页中； 3. 呈现参考答案，要求学生自评	1. 观看微课，听取教师讲解，将保险定义填写在工作页中； 2. 观看视频，将保险的分类记录在工作页中； 3. 根据参考答案自评	自评：与参考答案比较
	课时： 2 课时 1. 硬资源：计算机 4 台等。 2. 软资源：课件、教材、工作页、保险条款、车险历史微课等。 3. 教学设施：多媒体教室（含一体机、白板、A1 纸、水笔）等			

1 风险分析　2 介绍车险　3 设计投保方案　4 投保出单　5 总结拓展

介绍车险

工作子步骤	教师活动	学生活动	评价
根据交强险条款的内容，向客户介绍交强险	1. 介绍交强险条款的组成，提出案例，要求学生查看条款，各组回答不同例子的问题并填入工作页中； 2. 抽问各组答案，并做相关解释，要求学生自评； 3. 总结交强险的保险责任、赔偿限额、责任免除、垫付情况等要点； 4. 要求学生编制交强险的介绍话术； 5. 抽取各组展示介绍交强险，要求组间评价	1. 听取教师讲解交强险条款的组成等，阅读交强险条款，回答案例中的问题，并填入工作页中； 2. 回答教师抽问，听取教师解释并自评； 3. 听取教师总结； 4. 编制交强险介绍话术； 5. 各组展示介绍交强险，组间评价	1. 抽问学生能否准确回答问题； 2. 学生自评：能否准确、完整地介绍交强险
课时：2 课时 1. 硬资源：计算机 4 台等。 2. 软资源：课件、教材、工作页、保险条款、交强险介绍评价表等。 3. 教学设施：多媒体教室（含一体机、白板、A1 纸、水笔）等			
根据基本险的组成及条款内容，向客户介绍基本险	1. 各组发放不同主险条款，要求各组学生阅读条款后向其余组介绍； 2. 组织各组分别展示介绍 4 个主险，要求观看者记录在工作页中并提出相关问题； 3. 向介绍小组提问； 4. 总结各主险的保险责任、责任免除； 5. 要求学生编制介绍各主险的介绍话术，填入工作页中，教师巡回指导	1. 各组分别接收不同的主险条款，阅读确定介绍方式； 2. 各组分别展示介绍所阅读的主险，观看组将介绍内容记录在工作页中并提出相应问题； 3. 向介绍险种的组员提问，介绍所在小组作答； 4. 听取教师总结主险； 5. 编制主险介绍话术，填写工作页	抽问学生能否准确回答教师或同学的提问
课时：8 课时 1. 硬资源：计算机 4 台等。 2. 软资源：课件、教材、工作页、保险条款等。 3. 教学设施：多媒体教室（含一体机、白板、A1 纸、水笔）等			

学习任务 1 汽车保险销售

1 风险分析 → 2 介绍车险 → 3 设计投保方案 → 4 投保出单 → 5 总结拓展

	工作子步骤	教师活动	学生活动	评价
介绍车险	根据附加险与基本险的关系、组成和条款内容，向客户介绍基本险	1. 向各组发放附加险条款，说明任务及规则； 2. 巡回指导各组阅读理解条款； 3. 使用 PPT 播放相应案例问题，组织各组抢答并给出成绩； 4. 总结常见附加险的保险责任及责任免除； 5. 指导点评学生编制附加险介绍话术	1. 接收附加险条款，听取教师对任务及规则的说明； 2. 各组阅读附加险条款； 3. 根据 PPT 案例抢答； 4. 听取教师总结附加险保险责任及免除； 5. 编制附加险介绍话术，接受教师指导，自评	1. 根据学生抢答问题是否准确，评价学生能否了解附加险； 2. 师评：附加险介绍话术是否准确及完整； 3. 自评：与评价表对比，评价介绍话术是否准确、完整
	课时： 4 课时 1. 硬资源：计算机 4 台等。 2. 软资源：课件、教材、工作页、保险条款、附加险条款、抢答题目等。 3. 教学设施：多媒体教室（含一体机、白板、A1 纸、水笔）等			
设计投保方案	查阅资料，确定各家保险公司的条款及理赔优势，选择最适合客户的保险公司及投保渠道	1. 介绍保险的投保渠道及常见的保险公司； 2. 要求学生上网查阅资料，各组分别确定四大车险公司的优劣势及投保渠道的优劣势； 3. 组织各组介绍所查阅车险公司的优劣势及投保渠道； 4. 点评学生的展示； 5. 总结各车险公司优劣后指导学生填写车险公司对比分析表	1. 听取教师介绍； 2. 上网查阅车险公司资料，记录车险公司的理赔优势； 3. 各组分别展示车险公司的优劣势及投保渠道； 4. 听取教师点评； 5. 听取教师总结，填写车险公司对比分析表	师评：学生展示的各车险公司的优劣是否准确
	课时： 2 课时 1. 硬资源：计算机 4 台等。 2. 软资源：课件、教材、工作页、保险条款等。 3. 教学设施：多媒体教室（含一体机、白板、A1 纸、水笔）等			

基准学时：36

1. 风险分析
2. 介绍车险
3. 设计投保方案
4. 投保出单
5. 总结拓展

<table>
<tr><th></th><th>工作子步骤</th><th>教师活动</th><th>学生活动</th><th>评价</th></tr>
<tr><td rowspan="2">设计投保方案</td><td>根据风险分析结果确定投保的组合险种，结合客户需求，向客户介绍投保方案，确保客户同意投保方案</td><td>1. 介绍不同险种组合的优缺点及技巧；
2. 指导学生根据情境风险，确定投保方案，并填入工作页中；
3. 组织各组学生模拟向客户介绍，展示说明投保方案；
4. 给出评价表，组织各组投票选出最优方案</td><td>1. 听取教师对险种组合的介绍；
2. 根据风险分析表，确定投保方案并填入工作页中；
3. 各组模拟向客户介绍展示投保方案；
4. 投票选出最优方案</td><td>互评：投票选出最优投保方案</td></tr>
<tr><td colspan="4">课时：2 课时
1. 硬资源：计算机 4 台。
2. 软资源：课件、教材、工作页、保险条款、投保方案评价表。
3. 教学设施：多媒体教室（含一体机、白板、A1 纸、水笔）等</td></tr>
<tr><td rowspan="2">投保出单</td><td>根据保险公司条款对保险金额的约定，确定投保方案各险种的保险金额</td><td>1. 指导学生查阅保险条款，确定各险种保险金额的计算方法，填入工作页中；
2. 举例讲解车辆实际价值的计算方法，指导学生计算任务情境中车辆的实际价值，将各险种的保险金额填入投保单中；
3. 呈现参考答案，学生自评</td><td>1. 查阅保险条款，确定各险种的保险金额并填入工作页中；
2. 听取教师讲解实际价值的计算,计算任务车辆的实际价值，将各险种的保险金额填入投保单中；
3. 与参考答案比较，自评</td><td>自评：保险金额是否准确、合理</td></tr>
<tr><td colspan="4">课时：2 课时
1. 硬资源：计算机 4 台等。
2. 软资源：课件、教材、工作页、保险条款、保险金额参考等。
3. 教学设施：多媒体教室（含一体机、白板、A1 纸、水笔）等</td></tr>
</table>

教学活动

课程 9 汽车保险与理赔

学习任务 1 汽车保险销售

1 风险分析 → 2 介绍车险 → 3 设计投保方案 → 4 投保出单 → 5 总结拓展

<table>
<tr><th></th><th>工作子步骤</th><th>教师活动</th><th>学生活动</th><th>评价</th></tr>
<tr><td rowspan="4">投保出单</td><td>查阅保监会及保险公司对保费计算的规定，确定各险种的基准风险和费率调整系数，计算各险种的保费</td><td>1. 给出交强险及商业险保费的计算公式及相关资料，要求学生登录保监会网站查阅资料，确定商业险费率并填入工作页中；
2. 给出交强险浮动费率和广东省商业险各险种费率，要求学生自评；
3. 举例说明计算保费的方法；
4. 指导学生计算保费，根据投保方案确定保险金；
5. 抽取学生展示计算过程，评价计算是否准确</td><td>1. 登录保监会网站，查找资料确定商业险费率填入工作页中；
2. 参考教师给出费率，自评查找是否准确；
3. 观看教师计算保费；
4. 根据投保方案和确定的保险金额计算保费；
5. 抽中的同学展示保费计算过程，接受教师点评</td><td>1. 自评：与标准费率对比，检查查找的费率是否准确；
2. 抽评学生能否准确计算保费</td></tr>
<tr><td colspan="4">课时：4 课时
1. 硬资源：计算机 4 台等。
2. 软资源：课件、教材、工作页、保险条款等。
3. 教学设施：多媒体教室（含一体机、白板、A1 纸、水笔）等</td></tr>
<tr><td>根据客户及车辆信息，按照保险公司关于投保单的填写规范及要求，完成投保单的填写</td><td>1. 说明投保单的内容及注意事项；
2. 展示错误填写的投保单，要求学生指出错误之处；
3. 巡回指导学生填写投保单；
4. 组织学生交叉互评投保单填写是否规范、准确</td><td>1. 听取教师说明投保单；
2. 观看错误填写投保单的例子，并指出错误；
3. 按要求填写投保单；
4. 互评投保单</td><td>互评：投保单填写是否规范、准确</td></tr>
<tr><td colspan="4">课时：3 课时
1. 硬资源：计算机 4 台等。
2. 软资源：课件、教材、工作页、投保单等。
3. 教学设施：多媒体教室（含一体机、白板、A1 纸、水笔）等</td></tr>
</table>

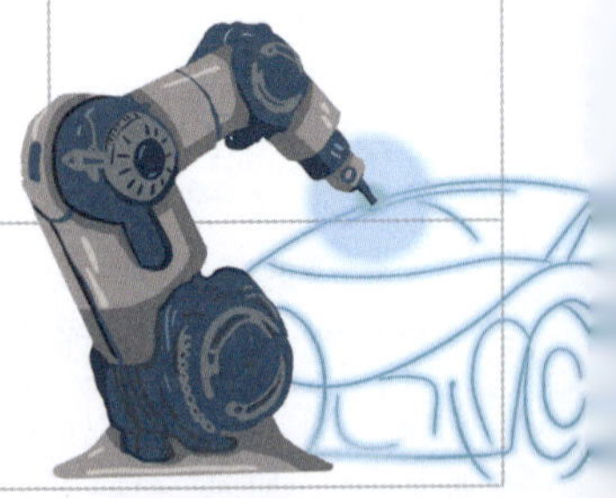

	工作子步骤	教师活动	学生活动	评价
投保出单	录入投保单，缴纳保费，打印保单	1. 介绍汽车保险承保的流程，要求学生记录在工作页中； 2. 展示汽车保单、保险卡等； 3. 要求学生总结保险销售流程	1. 听取教师介绍保险承保流程并记录在工作页中； 2. 观看教师展示； 3. 总结保险销售流程	互评：投票选出最佳投保方案
	课时： 1 课时 1. 硬资源：计算机 4 台等。 2. 软资源：课件、教材、工作页、保险单、保险卡等。 3. 教学设施：多媒体教室（含一体机、白板、A1 纸、水笔）等			
总结拓展	总结提炼汽车保险销售的工作内容、流程，所需资料等，完成思维导图	1. 采用企业内部《汽车保险销售过程性考核标准》对各组模拟“汽车保险销售”情况就可行性、有效性进行评价分析； 2. 根据评价结果，选出最佳销售专员，并颁发笔记本； 3. 抽选学生总结本周任务要点； 4. 组织学生制定汽车保险销售思维导图； 5. 组织学生展示思维导图，进行评比拍照； 6. 组织学生进行 8S 管理	1. 采用《汽车保险销售过程性考核标准》对各组模拟“汽车保险销售”情况进行互评； 2. 参与颁奖； 3. 总结本周任务要点； 4. 制定汽车保险销售思维导图； 5. 展示讲解汽车保险销售思维导图：包括汽车保险销售流程、分类、各险种基本内容等； 6. 8S 管理	互评：汽车保险销售思维导图是否具有逻辑性，汽车保险销售知识点、技能点是否完整，整体美观、大方
	课时： 2 课时 1. 硬资源：汽车营销学习工作站等。 2. 软资源：课件（《汽车保险销售过程性考核标准》）等。 3. 教学设施：一体机、白板、A0 纸、水笔等			

学习任务 2 汽车保险理赔

任务描述

学习任务学时：**36** 课时

任务情境

客户李先生上班途中驾驶轿车，在变道时不慎与相邻车道的王先生驾驶的汽车发生剐蹭，致使双方车辆受损。两车均在中国平安保险公司投保了交强险、车损险、三者险（保额 100 万元）、不计免赔率险和机动车损失保险（无法找到第三方特约险）。现李先生向 4S 店保险专员进咨询，保险专员需要指导李先生进行报案，协助保险公司查勘。保险专员到事故现场后需通过车辆碰撞痕迹、当事人之间的描述和事故现场的参照物进行仔细查勘，按实分析事故发生的时间、原因，判断事故的真实性。在定损过程中应当根据车辆的实际损失确定损失清单，待车辆完成维修后帮助李先生向保险公司索赔，完成保险理赔的工作。

汽车保险与理赔

工作流程和标准

工作环节 1

协助报案

1

按照保险公司关于报案的规定，询问并将保险车辆信息、出险信息、报案人信息及第三方车辆信息等报案信息记录在报案信息表中，并告知客户索赔程序和事故现场处理方法。

主要成果：报案信息表。

工作环节 2

现场查勘

2

1. 根据《查勘定损人员操作实务及规范指引》，准备查勘资料，赶赴事故现场。
2. 根据 VIN 码、行驶证、事故痕迹、事故当事人的描述等信息，缜密如实分析事故出险时间、地点、原因，判断事故的真实性及保险责任。
3. 按照查勘照片拍摄规范，拍摄事故现场照片，反映事故发生情况。
4. 按照保险公司关于查勘报告撰写的规定，撰写查勘报告，记录事故发生情况及责任。

主要成果：
1. 查勘资料准备清单；
2. 事故情况记录表；
3. 查勘照片；
4. 查勘报告。

学习任务 2 汽车保险理赔

工作环节 3

定损维修 3

1. 根据碰撞角度、车身结构形式，目测检查及拆检零件，确定车辆的受损部位、损失项目和损失程度，填写损失项目清单。
2. 根据定损原则、车辆的修复标准，严格按照车辆的实际损失情况与客户确定修理方案，明确车辆损失，签订定损单并进行车辆维修。

主要成果：
1. 损失项目清单；
2. 定损单。

工作环节 4

赔款计算 4

按照交强险、商业险关于赔款计算的规定，根据损失金额、责任比例等相关要素计算各险种的赔款。

主要成果：赔款计算书。

工作环节 5

协助客户索赔 5

按车险事故的类型，制作索赔资料清单，填写索赔申请书，准备相应的索赔资料，递交保险公司进行索赔。

主要成果：
1. 索赔申请书；
2. 索赔资料清单。

工作环节 6

总结拓展 6

总结提炼汽车保险理赔的工作内容、流程，所需资料等，完成思维导图。

主要成果：汽车保险理赔思维导图。

学习内容

知识点	1.1 报案信息的内容； 1.2 索赔注意事项； 1.3 事故现场处理的方法	2.1 查勘所需准备的资料； 2.2 现场查勘的流程和内容； 2.3 现场查勘的方法； 2.4 交通事故责任划分方式； 2.5 事故现场拍照的方法； 2.6 查勘报告的撰写方法	3.1 事故损失项目的检查方法； 3.2 定损的流程、原则； 3.3 常损零件的更换与维修标准； 3.4 事故损失材料、工时的确定方法； 3.5 汽车保险定损单的填写方法
技能点	1.1 记录报案信息，告知索赔程序和事故现场处理的方法	1.1 准备查勘资料； 1.2 缜密如实分析事故出险时间、地点、原因，判断事故的真实性及保险责任； 1.3 拍摄事故现场照片； 1.4 撰写查勘报告	3.1 确定车辆的受损部位、损失项目和损失程度； 3.2 按实际损失与客户协商确定修理方案，签订损失情况确认书并维修
工作环节	工作环节 1 协助报案	工作环节 2 现场查勘	工作环节 3 定损维修
成果	1.1 报案信息表	2.1 查勘资料准备清单； 2.2 事故情况记录表； 2.3 查勘照片； 2.4 查勘报告	3.1 损失项目清单； 3.2 定损单
素养	1.1 信息处理能力、人文关怀	2.1 观察能力，分析能力，求真务实的理念	3.1 观察能力，分析能力，缜密分析、尊重事实和证据、规则意识（遵守职业操守）

学习任务 2　汽车保险理赔

4.1 交强险的赔款计算方法； 4.2 三者损失赔款的计算方法； 4.3 标的损失赔款的计算方法	5.1 索赔申请书的填写方法； 5.2 涉及车损的索赔资料	
4.1 计算各险种的赔款	5.1 准备相应的索赔资料，递交保险公司进行索赔	6.1 制作 PPT； 6.2 汇报展示二手车的评估结果
工作环节 4 **赔款计算**	**工作环节 5** **协助客户索赔**	**工作环节 6** **总结拓展**
4.1 赔款计算书	5.1 索赔资料清单； 5.2 索赔申请书	6.1 汽车保险理赔思维导图
4.1 做事细致，严谨求实、一丝不苟的工作作风	5.1 严谨理性、忠诚担当	6.1 总结能力

学习任务 2 汽车保险理赔

1 协助报案 → 2 现场查勘 → 3 定损维修 → 4 赔款计算 → 5 协助客户索赔 → 6 总结拓展

	工作子步骤	教师活动	学生活动	评价
协助报案	按照保险公司关于报案的规定，询问并将保险车辆信息、出险信息、报案人信息及第三方车辆信息等报案信息记录在报案信息表中，并告知客户索赔程序和事故现场处理方法	1. 播放 PPT，分析任务情境，目标及任务完成的流程； 2. 介绍报案的流程及目的； 3. 播放报案微课，要求学生从中找出报案的信息内容，填入工作页中； 4. 展示参考答案，要求学生自评； 5. 点评； 6. 通过播放视频说明索赔程序及事故现场处理方法； 7. 总结报案流程及内容	1. 聆听教师分析任务情境，明确学习目标及学习任务； 2. 聆听老师报案的流程及目的； 3. 观看微课并获取报案信息； 4. 展示协助客户报案工作； 5. 听取教师点评； 6. 观看视频、聆听教师讲解索赔程序及事故现场处理方法； 7. 聆听教师总结报案流程	自评：报案内容是否与参考答案一致
	课时： 1 课时 1. 硬资源：汽车营销学习工作站（含可上网计算机 4 台）等。 2. 软资源：课件、报案微课、工作页等。 3. 教学设施：一体机、白板、A1 纸、水笔等			
现场查勘	根据《查勘定损人员操作实务及规范指引》，准备查勘资料，赶赴事故现场	1. 介绍查勘的流程和内容，列举查勘所需的资料，要求学生查阅资料，选出查勘所需准备的资料； 2. 呈现参考答案，要求学生自评； 3. 解释和答疑	1. 查阅资料，选出查勘所需准备的资料； 2. 核对参考答案并自评； 3. 提出疑难问题	自评：查勘资料是否遗漏、错误
	课时： 1 课时 1. 硬资源：汽车营销学习工作站（含可上网计算机 4 台）、查勘定损包（皮尺、手电筒、相机等）等。 2. 软资源：课件（《查勘定损人员操作实务及规范指引》）、工作页等。 3. 教学设施：一体机、白板、A1 纸、水笔等			

1 协助报案 → 2 现场查勘 → 3 定损维修 → 4 赔款计算 → 5 协助客户索赔 → 6 总结拓展

现场查勘

工作子步骤	教师活动	学生活动	评价
根据 VIN 码、行驶证、事故痕迹、事故当事人的描述等信息，缜密分析事故出险时间、地点、原因，判断事故的真实性及保险责任	1. 播放视频，展示保险查勘人员与修理厂勾结,制作事故假现场的视频，强调说明保险查勘需尊重事实和证据的职业操守； 2. 通过图片展示事故痕迹、事故发生时间、地点的检查方法，要求学生将相关要点记录在工作页中； 3. 向各组发放 4 个不同事故现场图片，要求学生观看后根据图片所展示的视图痕迹、碎片等信息，分析判断出险时间、地点、原因是否与报案信息一致； 4. 组织各组展示说明事故的真实性； 5. 展示事故真实性的判断点，要求学生自评本组表现； 6. 总结	1. 观看保险查勘人员与修理厂勾结，制作事故假现场的视频，明确保险查勘需尊重事实和证据的职业操守； 2. 聆听教师通过图片展示事故痕迹、事故发生时间、地点的检查方法，将相关要点记录在工作页中； 3. 各组查看分析事故现场图片，根据图片所展示的视图痕迹、碎片等信息分析判断出险时间、地点、原因是否与报案信息一致性； 4. 各组上台展示说明事故的真实性； 5. 观看教师展示事故真实性的判断点，自评本组表现； 6. 聆听教师总结	自评：事故情况记录表能否准确、如实地反映事故的真实性

课时： 4 课时

1. 硬资源：汽车营销学习工作站（含可上网计算机 4 台）、查勘定损包（皮尺、手电筒、相机等）、汽车 2 辆等。
2. 软资源：课件（《查勘定损人员操作实务及规范指引》）、工作页等。
3. 教学设施：一体机、白板、A1 纸、水笔等

工作子步骤	教师活动	学生活动	评价
按照查勘照片拍摄规范，拍摄事故现场照片，反映事故发生情况	1. 发放《车险查勘相片拍摄规范》，要求学生自学并完成工作页中的问题； 2. 检查学生是否能够准确完成； 3. 举例说明事故现场的拍摄，总结拍摄照片的要求、原则与方法； 4. 分别设置 2 个事故模拟现场，要求学生按组依次进行拍摄； 5. 巡回指导各组拍摄； 6. 发放评价表，组织各组展示拍摄照片，小组互评； 7. 总结任务完成情况	1. 领取《车险查勘相片拍摄规范》，学生自学并完成工作页中的问题； 2. 接受教师的定期检查； 3. 聆听教师案例，总结拍摄照片的要求、原则与方法； 4. 学生分组，对事故模拟现场进行拍摄； 5. 接受教师的检查； 6. 领取评价表,各组展示拍摄照片，小组互评； 7. 聆听教师总结	小组互评：拍摄照片是否规范、清晰、完整，能否反映现场情况

课时： 4 课时

1. 硬资源：汽车营销学习工作站（含可上网计算机 4 台）、查勘定损包（皮尺、手电筒、相机等）、汽车 2 辆等。
2. 软资源：课件、《车险查勘相片拍摄规范》、工作页等。
3. 教学设施：一体机、白板、A1 纸、水笔等

教学活动

课程 9 汽车保险与理赔

学习任务 2 汽车保险理赔

1 协助报案 → 2 现场查勘 → 3 定损维修 → 4 赔款计算 → 5 协助客户索赔 → 6 总结拓展

	工作子步骤	教师活动	学生活动	评价
现场查勘	按照保险公司关于查勘报告撰写的规定，撰写查勘报告，记录事故发生情况及责任	1. 发放查勘报告及撰写说明，要求学生完成工作页中的问题； 2. 抽问查勘报告的撰写要点及现场图的绘制方法； 3. 播放事故图片，由学生抢答事故责任的划分； 4. 组织各组按事故现场撰写查勘报告； 5. 发放评价表，组内互评	1. 领取查勘报告及撰写说明，完成工作页中的问题； 2. 抽中的学生回答问题； 3. 抢答事故责任划分； 4. 各组按事故现场撰写查勘报告； 5. 领取评价表，组内互评	互评：根据评价表评价查勘报告撰写是否完整、规范

课时： 4 课时

1. 硬资源：汽车营销学习工作站（含可上网计算机 4 台）、查勘定损包（皮尺、手电筒、相机等）、汽车 2 辆等。
2. 软资源：课件、查勘报告、工作页等。
3. 教学设施：一体机、白板、A1 纸、水笔等

	工作子步骤	教师活动	学生活动	评价
定损维修	根据碰撞角度、车身结构形式，目测检查及拆检零件，确定车辆的受损部位、损失项目和损失程度，填写损失项目清单	1. 播放 PPT，分析任务情境，目标及学习任务内容； 2. 讲解车辆定损的案例，说明定损的流程； 3. 在车辆上展示撞击车辆损失项目与损失程度的确定方法，要求学生记录在工作页中； 4. 展示参考答案，要求学生自评	1. 聆听老师分析任务情境，明确学习目标及学习任务； 2. 聆听老师介绍定损案例，明确定损原则、定损流程； 3. 听取教师展示撞击车辆损失项目与损失程度的确定方法，记录在工作页中； 4. 与参考答案比较，自评	自评：与参考答案比较

课时： 4 课时

1. 硬资源：汽车营销学习工作站（含可上网计算机 4 台）、汽车（可举升）等。
2. 软资源：课件、工作页等。
3. 教学设施：一体机、白板、A1 纸、水笔等

基准学时：36

1 协助报案 2 现场查勘 3 定损维修 4 赔款计算 5 协助客户索赔 6 总结拓展

定损维修

工作子步骤	教师活动	学生活动	评价
根据定损原则、车辆的修复标准，严格按照车辆的实际损失情况与客户确定修理方案，明确车辆损失，签订定损单并进行车辆维修	1. 展示任务情境：某车事故碰撞定损过程中，客户要求将之前剐蹭的车门一同修复，你作为定损员如何处理？ 2. 分析任务情境，确定目标及学习任务内容； 3. 播放视频规则，播放钣金和喷漆视频，确定车损的维修工艺； 4. 发放《定损参考》，要求学生查阅确定常见零件的更换标准并填写在工作页中； 5. 播放车损照片，要求参考资料，确定车辆的维修方案、工时及配件价格； 6. 展示定损单模板并说明，要求学生按事故车损照片填写定损单； 7. 展示定损单，并通过案例说明定损时应尊重事实和证据，要有诚实守信的职业操守，不得将非本次事故损失及虚报项目纳入定损单中，之后，抽查学生能否准确、按实填写； 8. 要求学生总结定损的工作内容	1. 聆听老师分析任务情境，明确学习目标及学习任务； 2. 观看视频，在工作页中记录常损零件的维修方法与维修标准； 3. 接收查阅《定损参考》，确定常见零件的更换标准，并将之填入工作页； 4. 观看车损照片，参考《定损参考》等资料，确定照片中车辆的维修方案、工时及配件价格； 5. 观看教师展示的定损单，听取填写说明，填写定损单； 6. 听取教师案例，说明定损时尊重事实和证据，有诚实守信的职业操守，不得将非本次事故损失及虚报项目纳入定损单中，接受教师抽查定损单的真实性； 7. 总结定损的工作内容	师评：抽查学生能否准确、按实写出定损单

课时： 8 课时

1. 硬资源：汽车营销学习工作站（含可上网计算机 4 台）、汽车（可举升）等。
2. 软资源：课件、工作页、钣金视频、喷漆视频、车损照片、《定损参考》等。
3. 教学设施：一体机、白板、A1 纸、水笔等

汽车保险与理赔

学习任务 2 汽车保险理赔

1 协助报案 → 2 现场查勘 → 3 定损维修 → 4 赔款计算 → 5 协助客户索赔 → 6 总结拓展

	工作子步骤	教师活动	学生活动	评价
赔款计算	按照交强险、商业险关于赔款计算的规定，根据损失金额，责任比例等相关要素计算各险种的赔款	1. 播放 PPT，分析任务情境、目标及任务完成的流程； 2. 讲解交强险的赔款计算方法并要求学生做计算任务情境中的交强险赔款； 3. 讲解三者车辆和标的车辆车险赔款计算方法，要求学生计算任务情境的商业险赔款； 4. 巡回指导学生完成赔款计算书； 5. 展示参考答案，要求学生自评； 6. 疑难解答	1. 聆听老师分析任务情境，明确学习目标及学习任务； 2. 聆听老师介绍交强险的赔款计算方法并做交强险的赔款计算； 3. 聆听教师介绍三者车辆和标的车辆车险赔款，计算任务情境的商业险赔款计算； 4. 填写赔款计算书； 5. 参考教师答案，自评； 6. 听取教师疑难解答	自评：赔款计算书中的赔款是否准确
	课时： 6 课时 1. 硬资源：汽车营销学习工作站（含可上网计算机 4 台）等。 2. 软资源：课件、工作页等。 3. 教学设施：一体机、白板、A1 纸、水笔等			
协助客户索赔	按车险事故的类型，准备相应的索赔资料，递交保险公司进行索赔	1. 播放 PPT，分析任务情境（各种类型事故，列出索赔清单，并协助客户索赔）； 2. 讲解各种情境的索赔资料（包括单方车损事故、双方事故、盗抢险等）； 3. 讲解协助客户索赔流程； 4. 展示索赔申请书，要求学生根据事故完成索赔申请书的填写； 5. 监控学生展示协助客户索赔工作，要求学生互评	1. 聆听教师分析任务情境，明确学习目标及学习任务； 2. 聆听教师介绍各种索赔单证的作用及清单； 3. 聆听教师介绍协助客户索赔流程； 4. 填写索赔申请书； 5. 展示协助客户索赔流程，互评	互评：能否准确填写索赔申请书
	课时： 2 课时 1. 硬资源：汽车营销学习工作站（含可上网计算机 4 台）、汽车（可举升）等。 2. 软资源：课件、工作页等。 3. 教学设施：一体机、白板、A1 纸、水笔等			

1 协助报案 2 现场查勘 3 定损维修 4 赔款计算 5 协助客户索赔 6 总结拓展

总结拓展

工作子步骤	教师活动	学生活动	评价
总结提炼汽车保险理赔的工作内容、流程，所需资料等，完成思维导图	1. 采用企业内部《汽车保险理赔过程性考核标准》对各组模拟的“汽车保险理赔”情况就可行性、有效性进行评价分析； 2. 根据评价结果，选出最佳理赔专员，并颁发笔记本； 3. 抽选学生总结本周任务要点； 4. 组织学生制定汽车保险理赔思维导图； 5. 组织学生展示思维导图，进行评比拍照； 6. 组织学生进行 8S 管理	1. 采用《汽车保险理赔过程性考核标准》对各组模拟的“汽车保险理赔”情况进行互评； 2. 参与颁奖； 3. 总结本周任务要点； 4. 制定汽车保险理赔思维导图； 5. 展示讲解汽车保险理赔思维导图，包括汽车保险理赔流程、工作内容、定损方法等相关知识； 6. 8S 管理	互评：汽车保险理赔思维导图是否具有逻辑性，汽车保险理赔知识点、技能点是否完整，整体美观、大方

课时： 2 课时
1. 硬资源：汽车营销学习工作站等。
2. 软资源：课件（《汽车保险理赔过程性考核标准》）等。
3. 教学设施：一体机、白板、A0 纸、水笔等

考核标准

情境描述

客户李先生上班途中驾驶其 2014 年购置的轿车，在变道时不慎与相邻车道的王先生驾驶的 2014 款轿车发生剐蹭，致使双方车辆受损。两车均在中国平安保险公司投保了交强险、车损险、三者险（保额 100 万元）、不计免赔率险和机动车损失保险（无法找到第三方特约险）。现李先生向作为 4S 店保险专员的你进行咨询，请你指导李先生进行报案，协助保险公司查勘定损，监控车辆维修等工作，待车辆完成维修后帮助李先生向保险公司索赔，完成保险理赔的工作。

任务要求

请你根据任务要求，完成以下任务：

一、纸笔测试（制定完成工作任务的方案）

1. 报案的要点；

2. 查勘拍摄照片的组成；

3. 按实际维修项目列出定损清单；

4. 向客户说明保险赔款；

5. 收集需要向保险公司递交的资料。

二、任务实操

策划方案完成后，根据任务，模拟汽车保险理赔的过程。

参考资料

完成上述任务时，可以使用所有的常见教学资料，如工作页、专业教材、平安汽车商业险条款、个人笔记以及计算器等。

评价方式

由任课教师、专业组长、企业代表组成考评小组共同实施考核评价，取所有考核人员评分的平均分为学生考核成绩。

评价标准

课程名称		汽车保险与理赔				
学习任务名称	汽车保险理赔	学生姓名				
评价项目	评价内容	分值	评分标准	得分	小计分数	扣分原因
专业能力	准确地向客户说明如何报案	5	错误或遗漏分析一项扣 1 分			
	按规范进行查勘拍照	10	遗漏一项扣 1 分			
	按规范填写查勘报告，反映事故真实性	10	填写不规范每项扣 1 分			
	根据车辆实际受损情况，给出维修方案（定损单），不得虚报维修项目	10	错误或遗漏每项扣 2 分			
	准确计算赔偿金额	10	每错一项扣 5 分			
	协助客户填写索赔申请书	5	每错一项扣 1 分			
	根据出险情况，协助客户收集必要的资料递交保险公司	10	错交或遗漏一项资料扣 2 分			
通用能力	能读懂任务书，与客户进行有效沟通，记录关键内容，整理客户需求	5	没有沟通扣 2 分；沟通不到位扣 1 分；无记录扣 2 分			
	能查阅相关资料，获取车险相关条款等信息	5	没有查阅扣 3 分，查阅方法不对扣 2 分			
	能满足客户功能需求、使用价值，企业工作规范、安全性、环保性、成本效益等	5	完全不符合每项扣 1 分			
	能及时有效地处理销售过程中的客户异议	5	完全没有解决扣 3 分；解决不及时扣 2 分；无突发问题不扣分			
	能对已完成的工作进行记录存档、评价和反馈	5	无记录扣 2 分			
	表述仪态自然、吐字清晰、思路清晰，且与实际相符	10	仪态不自然、吐字模糊、思路不清晰每项扣 1 分；表述与实际不符扣 1 分			
	分工明确，团队合作融洽	5	分工不明确扣 2 分；团队合作不融洽扣 2 分			
总分		100				
学生自评：						

课程 10 二手车鉴定与评估

学习任务 1	学习任务 2
二手车鉴定	二手车评估
（24）学时	（24）学时

课程目标

学习完本课程后，学生应当能够胜任二手车鉴定、评估和销售的工作，编写二手车评估报告，向客户推销二手车；认识到汽车服务从业人员的职业素养、劳动保护和环保意识、合作与沟通等职业能力的重要性；严格执行相关操作规范，培养良好的职业习惯，养成良好的职业素养。具体目标为：

1. 能熟练运用工具、设备（电筒、漆膜检测仪、标尺、内窥镜、轮胎花纹检测仪、升降机）。
2. 能熟练填写评估单、车辆检查单、维修整备报告书、维修建议书。
3. 能通过十六方位静态检测、路面动态检测、全举升底盘检测、半举升底部检测清晰准确地判断出车辆的等级、有无事故、事故部位、事故损伤程度，并做出详细的评估报告及维修整备费用。
4. 能针对车辆状况、出具的准确的评估报告，不得将事故车、泡水车等作为正常二手车销售。
5. 能给出维修整备费用给出合理、有效的车辆收购价格建议。
5. 在评估过程中严格遵守汽车评估师的职业道德，具备吃苦耐劳、爱岗敬业的工作态度和良好的职业认同感。
6. 能与信息员、部门领导、销售顾问及顾客等相关人员进行工作上的及时有效沟通与合作。

课时：72

学习任务 3

二手车交易

（24）学时

课程内容

对照本课程目标，学生应当掌握以下知识、技能及职业素养：

1. 二手车市场的发展历史；
2. 国内外二手车贸易的异同；
3. 二手车贸易的模式；
4. 二手车贸易的功能；
5. 汽车的分类；
6. 汽车主要技术参数和性能指标；
7. 车辆识别代码；
8. 国产汽车产品型号代码；
9. 汽车的使用寿命和报废标准；
10. 常见国产、进口品牌车型介绍；
11. 旧车评估的基本方法；
12. 旧车交易的手续检查；
13. 事故车的鉴定；
14. 旧车技术状况的鉴定；
15. 旧车估价实操；
16. 二手车交易；
17. 二手车置换；
18. 二手车租赁；
19. 二手车的整修与翻新；
20. 二手车的售后服务。

学习任务 1 二手车鉴定

任务描述

学习任务学时：**24** 课时

任务情境

吴先生刚换工作，由于新工作所在地距离家里路途较远，考虑到资金有限，他决定买一辆二手车代步。但是他从来没有买过二手车，对二手车市场不太了解，经朋友介绍打算买一辆 2008 年的 A 车。由于缺乏二手车鉴定的相关经验和知识，经朋友协商得到车主允许，他找来一家专业的二手车评估机构对车辆进行评估。要求二手车鉴定评估师按照工作流程完成二手车鉴定。

二手车鉴定与评估

工作流程和标准

工作环节 1

分析任务，明确工作要求

1

1. 认真听取工作要求，记录小组讨论重要节点，对任务进行分解，明确工作内容。
2. 自学二手车鉴定基本知识，使用关键词法提炼关键词。
3. 网络收集二手车市场发展现状与前景的相关信息，分组并进行自由辩论。

主要成果：陈述工作要求和工作目标分解图。

工作环节 2

鉴定前准备工作

2

1. 接待客户与客户进行沟通，获取客户资料和汽车资料，填写二手车鉴定委托书。
2. 核查二手车鉴定相关税费证件，填写二手车技术鉴定表——基本信息。
3. 签订二手车鉴定委托书。
4. 根据常规，二手车鉴定需要结合客户需要配备二手车鉴定物品。

主要成果：
1. 二手车鉴定任务委托书；
2. 二手车技术鉴定表——基本信息；
3. 准备物品列表。

工作环节 3

制订二手车鉴定方案

3

1. 结合委托任务与客户沟通结果确立二手车检测项目。
2. 根据二手车技术状况检测工作流程以及鉴定标准制订二手车鉴定方案。

主要成果：二手车鉴定方案。

工作环节 4

二手车技术鉴定评级

4

1. 根据客户委托书，依据二手车鉴定方案，按照企业活动相关的规章制度要求，进行二手车静态鉴定。
2. 根据客户委托书，依据二手车鉴定方案，按照企业活动相关的规章制度要求，进行二手车动态鉴定。
3. 结合静态检测结果以及动态检测结果进行技术状况评级。
4. 根据静态检测结果、动态检测结果以及评级结果填写二手车技术鉴定表——静态、动态检测结果。

主要成果: 二手车技术鉴定表——静态、动态检测结果。

工作环节 5

结论展示与评价

5

1. 根据二手车检测全过程，制作展示 PPT，进行汇报并进行评价。
2. 填写鉴定报告。

主要成果：
1. 二手车鉴定结果汇报 PPT、评价表；
2. 任务报告。

学习内容

知识点	1.1 二手车鉴定的定义； 1.2 二手车鉴定的作用； 1.3 二手车鉴定市场发展趋势	2.1 接受委托的基本内容； 2.2 税费证件的种类； 2.3 委托沟通的话术； 2.4 评估所需物品、工具的种类与使用方法	3.1 二手车鉴定方案框架； 3.2 二手车静态检测标准； 3.3 二手车动态检测标准； 3.4 二手车静态检测内容； 3.5 二手车动态检测内容； 3.6 二手车技术状况检测工作流程
技能点	1.1 提炼任务关键词； 1.2 阐述工作要求； 1.3 分解目标； 1.4 收集信息	2.1 填写二手车技术鉴定表——基本信息； 2.2 填写二手车鉴定任务委托书； 2.3 制作二手车鉴定委托沟通话术表； 2.4 核查税费证件； 2.5 使用及配备二手车鉴定物品	3.1 列出二手车检查项目； 3.2 确认鉴定标准； 3.3 制定鉴定流程； 3.4 制订二手车鉴定方案
工作环节	工作环节 1 分析任务，明确工作要求	鉴定前准备工作 工作环节 2	工作环节 3 制订二手车鉴定方案
成果	1.1 陈述工作要求和工作目标分解图	2.1 鉴定任务委托书； 2.2 二手车技术状况鉴定表——基本信息； 2.3 准备物品列表	3.1 二手车鉴定方案
素养	1.1 阅读理解能力、自我学习能力	2.1 获取信息能力、分析整合能力、语言运用能力	3.1 总结归纳能力、策划写作能力

学习任务 1　二手车鉴定

4.1 二手车静态检测的方法与技巧； 4.2 二手车动态检测的方法与技巧； 4.3 二手车技术状况的分级标准	5.1 PPT 的制作技巧（版式应用、配色、图表图片插入等基本技巧）； 5.2 PPT 的展示与汇报技巧； 5.3 评价标准； 5.4 任务报告内容及要点
4.1 静态检测（内容：识伪检查、外观检查）； 4.2 动态检测（内容：准备路试、发动机检查、路试检查、路试后检查）； 4.3 二手车技术状况评级； 4.4 填写二手车技术鉴定表	5.1 制作 PPT； 5.2 汇报二手车鉴定结果； 5.3 评价小组展示成果； 5.4 撰写任务报告
工作环节 4 二手车技术鉴定评级	工作环节 5 结论展示与评价
4.1 二手车技术状况鉴定表——静态、动态检测结果	5.1 二手车鉴定结果汇报 PPT； 5.2 评价表； 5.3 任务报告
4.1 技术检测专业能力、思考能力	5.1 写作能力、语言表达能力、逻辑思维能力、办公室软件应用能力

学习任务 1 二手车鉴定

1 分析任务，明确工作要求 → 2 鉴定前准备工作 → 3 制订二手车鉴定方案 → 4 二手车技术鉴定评级 → 5 结论展示与评价

	工作子步骤	教师活动	学生活动	评价
分析任务，明确工作要求	1. 独立阅读吴先生的二手车鉴定任务，提炼任务关键要点； 2. 小组内阐述要点，形成共识； 3. 明确此次二手车鉴定的工作要求	1. 呈现任务书； 2. 视频播放吴先生案例相关资料； 3. 引导学生用关键词法提炼并陈述目标任务要求； 4. 组织学生初步自学二手车鉴定基本知识，使用关键词法提炼关键词； 5. 有重点地讲授二手车的作用、内容等基本知识； 6. 把学生分成两组，每组派出一名代表抽取辩题； 7. 组织学生上网收集辩题相关资料； 8. 组织学生按照正反方的出场顺序进行自由辩论； 9. 记录学生辩论过程，并引导小组总结归纳支撑本组辩题的观点	1. 独立阅读并分析二手车鉴定任务，用关键词法提炼并陈述目标任务要求； 2. 查阅书籍：二手车鉴定的含义、作用，明确二手车鉴定的重要性； 3. 分组，两个小组各持正反方，利用网络收集二手车市场发展现状与前景的相关信息； 4. 根据所持辩题自由讨论； 5. 总结归纳支撑本组辩题的观点	师评：工作要求和目标分解图是否准确
	课时： 4 课时 1. 硬资源：多媒体、计算机、互联网、相机等。 2. 软资源：教学视频、工作页、参考教材、授课 PPT、企业资源等			
鉴定前准备工作	1. 接待客户与客户进行沟通，获取客户资料和汽车资料填写二手车鉴定委托书； 2. 核查二手车鉴定相关税费证件，填写二手车技术鉴定表——基本信息； 3. 签订二手车鉴定委托书； 4. 讨论并进行二手车鉴定前物品准备	1. 发放表格以及演练的情境； 2. 用情境模拟法组织小组进行客户接待演练，要求获取客户资料并填写二手车技术鉴定表——基本信息和二手车鉴定任务委托书并核查相关税费单据； 3. 引导学生模拟签订二手车鉴定任务委托书； 4.派发二手车检测所需物品和工具，要求学生自学对应的品类名称和用途，通过小组竞赛的方式强化学生对工具名称和用途的认知；	1. 小组研究情境并进行演练：接待客户并获取客户资料和汽车资料等信息，完成资料的收集以及二手车鉴定任务委托书； 2. 二手车技术鉴定表——基本信息信息表格的资料内容填写并核查有关税费单据； 3. 签订二手车鉴定任务委托书； 4.领取二手车检测所需物品和工具，小组查找资料了解其名称及用途，小组竞赛指出物品和工具的品类的名称及用途；	师评：二手车鉴定任务委托书、二手车技术鉴定表——基本信息、准备物品列表是否准确、规范

基准学时：24

1 分析任务，明确工作要求 → 2 鉴定前准备工作 → 3 制订二手车鉴定方案 → 4 二手技术车鉴定评级 → 5 结论展示与评价

	工作子步骤	教师活动	学生活动	评价
鉴定前准备工作		5. 播放视频和示范工具的正确使用方法； 6. 引导学生根据委托以及沟通结果配备二手车鉴定前物品	5. 观看视频及教师示范，学习物品、工具的正确使用方法； 6. 根据委托以及沟通结果配备二手车鉴定前物品	
	课时： 4 课时 1. 硬资源：多媒体、计算机、互联网、二手车检测物品和工具等。 2. 软资源：工作页、参考教材、授课 PPT 等。 3. 教学设施：投影、白板、大白纸、磁铁、油性笔、凤尾夹、评价表等			
制订二手车鉴定方案	1. 结合委托任务与客户沟通结果确立二手车检测项目； 2. 根据二手车技术状况检测工作流程以及鉴定标准制订二手车鉴定方案	1. 派发二手车鉴定方案范例，要求学生小结鉴定方案的结构框架，最后教师总结二手车鉴定方案框架。 2. 派发企业静态检测、动态检测检视内容及评价指标汇总表，播放企业检测实施视频，要求每个学生结合资料及视频完成两个任务： （1）做好笔记并记录有疑问的内容，小组汇总问题； （2）观看视频，小组列出技术状况鉴定流程。最后教师针对学生汇总的疑问进行一一解答，并在演示文档上给出标准的技术状况鉴定流程。 3. 巡回指导小组制定二手车鉴定方案，最后对各小组制定的方案进行评价	1. 小组领取范例，分析并小结得出鉴定方案框架，根据教师总结对小组成果进行修改。 2. 领取企业静态检测、动态检测检视内容及评价指标汇总表，观看企业检测实施视频完成两个任务： （1）做好笔记并记录有疑问的内容，小组长汇总并上报问题。 （2）观看视频，小组列出技术状况鉴定流程。认真倾听教师答疑并做好记录。结合教师的标准流程修改小组归纳的技术状况鉴定流程。 3. 小组根据所学的鉴定方案框架、检测内容及评价指标、技术状况鉴定工作流程，结合情境制定二手车鉴定方案，最后每组派出一名代表展示本组制订的方案	互评：组间互评二手车鉴定方案是否完整，符合相关要求
	课时： 4 课时 1. 硬资源：多媒体、计算机、互联网等。 2. 软资源：范例文本、企业评价标准、视频、工作页、参考教材、授课 PPT、评价表（见工作页）等。 3. 教学设施：投影、白板、大白纸、油性笔、磁铁、凤尾夹等			

学习任务 1 二手车鉴定

1 分析任务，明确工作要求　2 鉴定前准备工作　3 制订二手车鉴定方案　4 二手车技术鉴定评级　5 结论展示与评价

	工作子步骤	教师活动	学生活动	评价
二手车技术鉴定评级	1. 根据客户委托书，依据二手车鉴定方案，按照企业活动相关的规章制度要求，进行二手车静态鉴定； 2. 根据客户委托书，依据二手车鉴定方案，按照企业活动相关的规章制度要求，进行二手车动态鉴定； 3. 结合静态检测结果以及动态检测结果进行技术状况评级； 4. 根据静态检测结果、动态检测结果以及评级结果填写二手车技术鉴定表	1. 示范二手车的静态检测及动态检测，直观地展示二手车静、动态检测的方法与技巧并解答学生的疑问； 2. 巡回指导，把控学生进行二手车静态检测、动态检测，在任务实施的场所进行管控和指导，确保活动的实施有效和有序； 3. 讲授并示范二手车技术状况评级，发放二手车技术状况分级标准表指导学生进行二手车技术等级评定，正确进行管控和指导，确保活动的实施有效和有序； 4. 引导学生正确填写二手车技术鉴定表； 5. 点评学生的鉴定任务成果，提出改进意见	1. 围观教师示范，学习二手车静、动态检测的方法与技巧并提出疑问； 2. 结合小组制订的鉴定方案以及掌握的二手车静、动态检测的方法与技巧，用准备好的检测工具实施二手车静态检测，并记录检测结果； 3. 结合小组制订的鉴定方案以及掌握的二手车静、动态检测的方法与技巧，用准备好的检测工具实施二手车动态检测，并记录检测结果； 4. 倾听并观看教师进行二手车技术状况评级，领取二手车技术状况分级标准表结合检测结果以及所学内容进行二手车技术等级评定； 5. 根据静、动态检测结果以及二手车技术评定等级填写二手车技术鉴定表； 6. 任务完成后，各小组展示学习成果及佐证材料	自评、互评：二手车技术鉴定表——静态、动态检测结果是否准确、符合要求

课时： 8 课时

1. 硬资源：多媒体、计算机、互联网、实体车、检测工具。
2. 软资源：视频制作软件、二手车技术鉴定表空表。
3. 教学设施：一体机、实体车等

基准学时：24

1 分析任务，明确工作要求 → 2 鉴定前准备工作 → 3 制订二手车鉴定方案 → 4 二手车技术鉴定评级 → 5 结论展示与评价

结论展示与评价

工作子步骤	教师活动	学生活动	评价
填写鉴定报告	1. 巡回课堂，监控 PPT 制作过程，及时处理课堂纪律问题，并对 PPT 制作过程中普遍性的问题进行讲评； 2. 分析评分标准，组织其他小组进行点评，认真听取各组汇报； 3. 对各组汇报质量给予简洁到位的点评； 4. 组织学生填写任务报告； 5. 总结	1. 分组制作结果汇报 PPT； 2. 各组按照抽签的顺序，上台进行 10~15 分钟的结果展示和说明； 3. 汇报组根据评分标准进行点评并填写评价表； 4. 认真记录教师点评内容； 5. 填写任务报告	师评：二手车鉴定结果是否准确

课时： 4 课时

1. 硬资源：通用型计算机机房、互联网等。
2. 软资源：工作页、参考教材、授课 PPT、评价表（见工作页）、任务报告表格等。
3. 教学设施：投影、交互式一体机等

二手车鉴定与评估

学习任务 2 二手车评估

任务描述

学习任务学时：**24** 课时

任务情境

王先生为了解决上班距离较远的问题，想要买一辆二手车代步。现已在某二手经销商找到 1 台，但他听说有人买的二手车表面看起来很新，汽车的漆面无刮痕，试车时发动、变速、刹车等都表现良好，但开不了半年就暴露出发动机性能不稳定、冷却系统损坏等一些严重的问题。故王先生找到作为二手车评估员的李先生，要求李先生通过科学的评估判断这辆二手车的真实新旧程度。李先生需要按照工作流程完成二手车评估流程，对车辆进行评估。

二手车评估
XXX

工作流程和标准

工作环节 1

分析任务，明确工作要求

1

1. 认真听取工作要求，记录重要节点、提交成果和成果验收标准。
2. 小组讨论，对任务进行分解，明确工作步骤，形成陈述工作要求和工作目标分解图。
3. 学习二手车评估的前提条件并参考相关案例中二手车评估的计价标准，制定出合理的评估计价标准表。
4. 向企业代表或专业教师汇报结论，充分沟通，达成共识。

主要成果：
1. 陈述工作要求和工作目标分解图；
2. 估计价标准表。

工作环节 2

选择评估方法

2

1. 认真阅读工具书，小组讨论学习成新率的计算方法、计算步骤、特点及适用范围。
2. 认真阅读工具书，小组讨论学习现行市价法的计算方法、计算步骤、特点及适用范围。
3. 认真阅读工具书，小组讨论学习重置成本法的计算方法、计算步骤、特点及适用范围。
4. 认真阅读工具书，小组讨论学习收益现值法的计算方法、计算步骤、特点及适用范围。
5. 认真阅读工具书，小组讨论学习清算价格法的计算方法、计算步骤、特点及适用范围。
6. 小组讨论并制定出各种评估方法的对比表格。

主要成果：评估方法分析对比表。

工作环节 3

制订二手车评估方案

3

1. 小组独立选取范例，分析二手车评估方案框架、小结鉴定方案框架。
2. 小组讨论分析二手车评估方案要求，结合学习任务，设计、撰写二手车评估方案。
3. 最后小组利用 PPT、文案演示、情节模拟等方式对成果进行展示。

主要成果：二手车评估方案。

工作环节 4

二手车评估实施

4

1. 根据二手车评估方案，实施二手车评估。
2. 利用二手车评估计算公式进行二手车评估计算。
3. 根据二手车评估结果合理准确地填写二手车评估表。

主要成果：
1. 二手车评估计算过程；
2. 二手车评估表。

工作流程和标准

工作环节 5

形成二手车评估报告

5

1. 根据二手车评估报告的内容和框架，制作二手车评估报告。
2. 结合客户以及汽车基本资料、二手车检测结果、二手车评估结果撰写完善二手车评估报告。

主要成果：二手车评估报告。

工作环节 6

结论展示

6

1. 根据二手车评估全过程，制作展示 PPT。
2. 播放 PPT，对二手车评估的全过程进行展示。

主要成果：二手车评估结果汇报 PPT。

工作环节 7

评价反馈

7

1. 综合展示学生学业成果和工作成果，学生代表畅谈工作心得和成果情况，各组成员互评。
2. 各小组召开小组总结会议，小组成员每人写个人总结报告，各组组长撰写本次工作的总结报告并递交给企业代表审阅，总结报告内容包括工作内容、主要经验与收获、不足之处、接待工作改进建议等。
3. 组员对组长的工作情况进行评议，组长对各个组员的工作表现做出口头点评。
4. 整理所有相关工作资料，装订成册，交企业代表核对查验，并上交相关部门存档。

主要成果:

1. 评价表;
2. 总结报告。

学习内容

知识点	1.1 汽车已使用年限与国家规定汽车使用年限； 1.2 累计行驶里程与规定行驶里程； 1.3 二手车评估的前提条件	2.1 重置成本法（成新率）的计算方法、计算步骤、特点及适用范围； 2.2 现行市价法的计算方法、计算步骤、特点及适用范围； 2.3 收益现值法的计算方法、计算步骤、特点及适用范围； 2.4 清算价格法的计算方法、计算步骤、特点及适用范围	3.1 二手车评估标准； 3.2 二手车评估方案的内容及框架
技能点	1.1 认真精确地提炼任务关键词； 1.2 如实详尽地阐述工作要求； 1.3 认真地分解目标； 1.4 明确二手车流通的条件	2.1 如实并认真计算重置成本（成新率）； 2.2 如实并认真计算现行市价； 2.3 如实并认真计算收益现值； 2.4 如实并认真计算清算价格	3.1 明确二手车评估标准； 3.2 撰写二手车评估方案
工作环节	工作环节 1 分析任务，明确工作要求	选择评估方法 工作环节 2	工作环节 3 制订二手车评估方案
成果	1.1 陈述工作要求和工作目标分解图	2.1 评估方法分析对比表	3.1 二手车评估方案
素养	1.1 逻辑思维能力、语言表达能力、协同能力、严谨理性	2.1 运算能力、分析整合能力、获取信息能力、严谨理性	3.1 总结归纳能力、策划写作能力、严谨理性

	5.1 二手车评估报告内容； 5.2 二手车评估报告框架	6.1 PPT 的制作技巧（版式应用、配色、图表图片插入等基本技巧）； 6.2 PPT 的展示与汇报技巧	7.1 评价要点； 7.2 总结报告框架、内容及要点
4.1 选用合理的评估方法，收集相关资料； 4.2 选取有效数据，科学运算二手车价格； 4.3 填写二手车评估表	5.1 制作二手车评估报告； 5.2 认真细致如实地填写二手车评估报告	6.1 制作 PPT； 6.2 汇报展示二手车评估结果	7.1 要点评价； 7.2 撰写总结报告
工作环节 4 **二手车评估实施**	**工作环节 5** **形成二手车评估报告**	**工作环节 6** **结论展示**	**工作环节 7** **评价反馈**
4.1 二手车评估表； 4.2 二手车评估计算过程	5.1 二手车评估报告；	6.1 二手车评估结果汇报 PPT	7.1 评价表、总结报告
4.1 语言组织能力、逻辑思维能力、运算能力、严谨理性	5.1 语言组织能力、归纳整合能力、严谨理性	6.1 语言表达能力、逻辑思维能力、办公软件应用能力	7.1 评价能力、语言表达能力、严谨理性

学习任务 2 二手车评估

1 分析任务，明确工作要求 → 2 选择评估方法 → 3 制订二手车评估方案 → 4 二手车评估实施 → 5 形成二手车评估报告 → 6 结论展示 → 7 评价反馈

阶段	工作子步骤	教师活动	学生活动	评价
分析任务，明确工作要求	1. 接受王先生的二手车评估任务，提炼任务关键要点； 2. 小组内阐述要点，形成共识； 3. 明确此次二手车评估的工作要求； 4. 小组自学二手车评估的前提条件、汽车使用年限以及行驶里程相关知识	1. 呈现任务书； 2. 视频播放王先生案例相关资料； 3. 组织学生初步自学汽车已使用年限与国家规定汽车使用年限、累计行驶里程与规定行驶里程、二手车评估的前提条件等基础知识； 4. 组织小组间进行知识竞赛，强化二手车市场流通条件相关知识点，最后归纳总结二手车流通市场的要点	1. 认真阅读、分析、分解二手车鉴定任务，用关键词法提炼并阐述任务要求； 2. 查阅汽车已使用年限与国家规定汽车使用年限、累计行驶里程与规定行驶里程、二手车评估的前提条件，明确二手车市场流通条件； 3. 小组间知识竞赛，强化二手车市场流通条件相关知识点，认真倾听教师总结归纳的知识要点	师评：工作要求和目标分解图是否准确
	课时： 4 课时 1. 硬资源：多媒体、计算机、互联网等。 2. 软资源：教学视频、工作页、参考教材、授课 PPT、评分表（见工作页）等			
选择评估方法	回顾评估方法	1. 利用讲授法、提问法引导学生学习各种评估计算方法的基础理论知识； 2. 利用案例分析法引导学生正确地选择适合的评估方法与案例进行匹配； 3. 引导小组讨论归纳出评估方法分析对比表	1. 查找资料，参考工具书，掌握各种评估方法的理论知识； 2. 阅读分析各种评估案例，结合所学理论知识匹配对应的评估方法； 3. 制作评估方法分析对比表	自评：评估方法分析对比表是否准确
	课时： 8 课时 1. 硬资源：多媒体、计算机、互联网等。 2. 软资源：工作页、参考教材、授课 PPT 等。 3. 教学设施：投影、白板、大白纸、磁铁、油性笔、凤尾夹、评价表（个人评价、组长评价、教师评价）等			

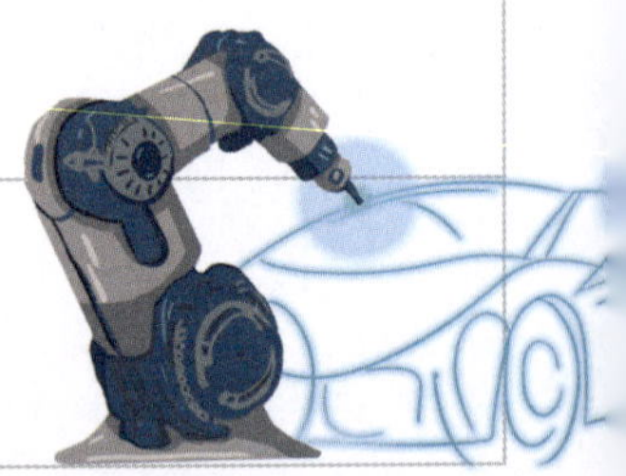

基准学时：24

1. 分析任务，明确工作要求
2. 选择评估方法
3. 制订二手车评估方案
4. 二手车评估实施
5. 形成二手车评估报告
6. 结论展示
7. 评价反馈

	工作子步骤	教师活动	学生活动	评价
制订二手车评估方案	根据评估任务结合评估经验制订二手车评估方案	1. 指导学生进行案例的筛选和阅读； 2. 讲授撰写接待方案的方法和技巧； 3. 引导学生确定最终方案框架； 4. 巡回指导，对普遍存在的问题进行点评，必要的时候重申小组活动规则和要求； 5. 组织并参与学生方案的展示，评价； 6. 发放二手车评估标准视频，引导学生列出评估标准事项	1. 小组独立选取范例，分析二手车评估方案框架、小结鉴定方案框架； 2. 小组讨论分析二手车评估方案要求，汇总形成小组最终方案框架； 3. 结合学习任务，设计、撰写二手车评估方案； 4. 根据小组方案，进行创意展示，包括PPT、文案演示、情节模拟等方式； 5. 小组互评，进一步修改完善方案； 6. 领取二手车评估标准视频，在白纸上列出评估标准事项	互评：组间互评二手车评估方案是否完整、符合相关要求
	课时： 4 课时 1. 硬资源：多媒体、计算机、互联网等。 2. 软资源：案例文本、工作页、参考教材、授课 PPT、评价表（见工作页）等。 3. 教学设施：投影、白板、大白纸、油性笔、磁铁、凤尾夹等			
二手车评估实施	1. 根据二手车鉴定方案，结合企业相关的标准要求，按照二手车评估实施流程进行二手车评估计算； 2. 根据二手车评估结果填写二手车鉴定评估表	1. 引导学生根据评估方案选取并确定合适的二手车评估方法，并根据所选用的评估方法收集相关的资料； 2. 指导学生对二手车的价格进行运算评估； 3. 引导学生正确填写二手车技术鉴定表； 4. 点评学生的评估任务，提出改进意见	1. 根据方案，选取并确认进行二手车评估方法，针对所选取的评估方法进行相关资料的收集； 2. 结合所收集的资料和数据利用所选定的计算方法对二手车的价格进行运算评估，得出二手车评估计算全过程； 3. 根据评估计算结果准确填写二手车技术鉴定表； 4. 任务完成后，各小组展示任务佐证材料	自评、互评：二手车鉴定评估表、二手车评估计算过程是否准确、符合要求
	课时： 2 课时 1. 硬资源：多媒体、计算机、互联网等。 2. 软资源：二手车技术鉴定表、教学 PPT 等。 3. 教学设施：投影、白板、大白纸、油性笔、磁铁、凤尾夹等			

学习任务 2 二手车评估

1 分析任务，明确工作要求 → 2 选择评估方法 → 3 制订二手车评估方案 → 4 二手车评估实施 → 5 形成二手车评估报告 → 6 结论展示 → 7 评价反馈

	工作子步骤	教师活动	学生活动	评价
形成二手车评估报告	1. 根据二手车鉴定结果、评估结果撰写二手车评估报告； 2. 把二手车评估报告交付客户并向客户详细说明二手车报价	1. 巡回课堂，监控各小组利用书籍学习二手车评估报告内容、二手车评估报告框架等相关知识过程，及时处理课堂纪律问题，并对学习过程中普遍性的问题进行讲评； 2. 播放视频，学生自学一般客户沟通的技巧与方法； 3. 巡回指导小组撰写二手车评估报告； 4. 认真听取各组汇报，汇报后组织其他小组进行点评； 5. 对各组汇报质量给予简洁到位的点评； 6. 组织各小组派代表解说二手车报价的演练； 7. 认真观看各组演练，汇报后组织其他小组进行点评； 8. 对各组演练质量给予简洁到位的点评	1. 小组独立学习书本上二手车评估报告的内容、二手车评估报告框架等相关知识； 2. 通过视频学习一般客户沟通的技巧与方法； 3. 各小组撰写二手车评估报告； 4. 各小组派代表对评估报告进行汇报并由各小组进行互评、教师进行点评； 5. 认真记录教师点评内容； 6. 各小组演练，向客户解说报价	师评：二手车评估报告是否准确、填写是否规范
	课时： 2 课时 1. 硬资源：通用型计算机机房、互联网等。 2. 软资源：工作页、参考教材、授课 PPT、各组的分析结果评价表（见工作页）等。 3. 教学设施：投影、白板、交互式一体机等			
结论展示	制作 PPT，展示本组的二手车评估实施结论和数据分析结论	1. 巡回课堂，监控 PPT 制作过程，及时处理课堂纪律问题，并对 PPT 制作过程中的普遍性问题进行讲评； 2. 认真听取各组汇报，汇报后组织其他小组进行点评； 3. 对各组汇报质量给予简洁到位的点评	1. 分组制作结果汇报 PPT； 2. 各组按照抽签的顺序，上台进行 10~15 分钟的结果展示和说明； 3. 其他小组对汇报组进行点评，汇报组记录； 4. 认真记录教师点评内容	师评：二手车评估结果是否准确
	课时： 2 课时 1. 硬资源：通用型计算机机房、互联网等。 2. 软资源：工作页、参考教材、授课 PPT、各组的分析结果评价表（见工作页）等。 3. 教学设施：投影、白板、交互式一体机等			

基准学时：24

1 分析任务，明确工作要求 → 2 选择评估方法 → 3 制订二手车评估方案 → 4 二手车评估实施 → 5 形成二手车评估报告 → 6 结论展示 → 7 评价反馈

评价反馈

工作子步骤	教师活动	学生活动	评价
1. 填写相应的评价表,完成个人总结; 2. 将任务资料提交企业代表,供企业相关部门存档	1. 布置评价表填写和个人总结拟写的任务，说明评价表的填写要求和个人总结的质量标准，提供相应的评价表; 2. 审阅评价表，在评价表教师评价的部分对学生表现做出评价，对不合理的自评和互评结果做出反馈; 3. 阅读学生的总结，做出书面点评; 4. 对评价表和总结的情况做点评	1. 根据小组内部评价会议提出的意见和结论，填写工作页中的评价表; 2. 结合小组评价时的反馈拟写总结，要求总结收获、心得，反思不足，提出改进方法	师评：评价表和总结是否准确、规范

课时： 2 课时

软资源：工作页、评价表（见工作页）、参考教材、本组及个人的任务过程资料、任务阶段性成果一套等

学习任务3 二手车交易

任务描述

学习任务学时：**24** 课时

任务情境

刘先生为解决上班距离较远的问题，考虑到目前资金状况，打算买一辆二手车代步，他之前已经对二手车市场以及自己钟爱的车型进行了详细的了解。经朋友介绍，他来到了距离家较近的一家二手车销售店，请为刘先生介绍一辆合适他的二手车。

工作流程和标准

工作环节 1

客户接待

1

1. 销售顾问主动热情迎接客户，并做自我介绍。
2. 询问客户姓名、到店目的。
3. 引领客户到洽谈区就座。
4. 主动提供饮品，询问偏好。
5. 询问客户了解品牌车型的信息渠道，初步建立联系。

主要成果：客户接待流程图。

工作环节 2

需求分析

2

1. 通过开放和封闭的问题，了解顾客的基本需求。
2. 通过安全和动力等个性化偏好进行深入需求分析，不同的顾客类型应采取不同的应对策略。

主要成果：
1. 需求分析清单；
2. 购车动机分析表。

工作环节 3

产品介绍

3

1. 复述并确认顾客购车需求。
2. 将顾客用车需求与购车心理价位转化为对应的车辆。根据顾客的需求对车辆的外观、内饰和功能个性化进行针对性展示（结合六方位绕车介绍法及 FAB 法）。
3. 竞品对比，总结所推介车型的全方位优势。
4. 待顾客离开展厅后及时整理和清洁展车，恢复原状。

主要成果：汽车性能介绍表。

工作环节 4

试乘试驾

4

1. 主动提供试乘试驾。
2. 做好试乘试驾准备，办理试驾手续，说明试乘试驾体验事项。
3. 客户试乘试驾，进行车辆动态展示。
4. 了解顾客试乘试驾感受并总结。

主要成果：试乘试驾意见表。

工作流程和标准

工作环节 5

谈判签约

5

1. 提前准备报价签约文件。
2. 识别顾客购车信号，提供报价并解释说明。
3. 分析异议产生原因，客户异议处理。
4. 解释并签订购车协议。
5. 交车事项沟通。
6. 流失客户管理：明确顾客异议，分析流失原因，制定改善措施并执行。

主要成果：购车合同。

工作环节 6

办理过户以及税费变更

6

1. 同城过户流程。
2. 异地过户流程。
3. 过户所需资料。
4. 过户前的准备。

主要成果：
1. 同城过户流程图；
2. 异地过户流程图。

学习任务 3 二手车交易

工作环节 7

交车管理

7

1. 交车前准备。
2. 协助客户结清各种费用及移交各项税费单。
3. 保修和售后服务条款讲解。
4. 举行交车仪式。

主要成果：交车确认单。

工作环节 8

售后跟踪回访

8

1. 回访准备。
2. 定期回访。
3. 特别关怀：生日问候、节日问候、天气关怀。
4. 营销维系：活动告知、促销推送。

主要成果：客户回访登记表。

工作环节 9

评价反馈

9

1. 制作并展示演示文档。
2. 要点评价、总结。

主要成果：
1.PPT；
2. 评价表。

学习内容

知识点	1.1 客户接待礼仪； 1.2 客户接待的流程	2.1 需求分析的重要性； 2.2 冰山理论：显性需求与隐性需求； 2.3 开放式提问与封闭式提问； 2.4 客户类型； 2.5 需求分析流程； 2.6 顾客购车动机	3.1 六方位绕车介绍法； 3.2 FABE 汽车介绍法； 3.3 竞品比较的原则； 3.4 产品介绍注意事项	4.1 试乘试驾的目的； 4.2 车辆动态展示方法； 4.3 试乘试驾注意事项
技能点	1.1 客户接待礼仪运用； 1.2 客户接待话术运用； 1.3 学习客户接待的标准行为	2.1 探寻客户购车需求； 2.2 5W2H 提问； 2.3 客户类型分析； 2.4 确认顾客需求并推荐合适车型	3.1 复述并确认顾客购车需求； 3.2 将顾客用车需求转化为对应的二手车； 3.3 根据顾客的需求从外观、内饰和功能个性化方面进行展示（结合六方位绕车介绍法及 FAB 法）	4.1 主动提供试乘试驾； 4.2 试乘试驾准备，办理试驾手续； 4.3 客户试乘试驾，进行车辆动态展示； 4.4 了解顾客试乘试驾感受并总结
 工作环节	工作环节 1 客户接待	需求分析 工作环节 2	工作环节 3 产品介绍	工作环节 4 试乘试驾
成果	1.1 客户接待流程图	2.1 需求分析清单、购车动机分析表	3.1 汽车性能介绍表	4.1 试乘试驾意见表
素养	1.1 语言运用能力、沟通协调能力	2.1 分析能力、语言组织能力、总结能力	3.1 沟通协调能力、语言应用能力	4.1 沟通协作能力

学习任务 3 二手车交易

5.1 报价的前提； 5.2 顾客购车信号； 5.3 报价流程	6.1 同城过户流程； 6.2 异地过户流程； 6.3 过户所需资料； 6.4 过户前的准备	7.1 交车的重要性； 7.2 交车内容； 7.3 交车前的准备工作； 7.4 交车流程	8.1 售后维系的重要性； 8.2 客户忠诚度； 8.3 联系老客户的时机与理由； 8.4 回访的内容	9.1 演示文档内容及功能； 9.2 评价要点
5.1 提前准备文件； 5.2 提供报价并解释说明； 5.3 客户异议处理； 5.4 解释并签订购车协议； 5.5 交车事项沟通； 5.6 流失客户管理	6.1 掌握不同情况的过户流程； 6.2 明确过户所需资料； 6.3 做好过户前的准备	7.1 交车前准备； 7.2 协助客户结清各种费用及移交各项税费单； 7.3 保修和售后服务条款讲解； 7.4 举行交车仪式	8.1 进行回访前准备； 8.2 定期回访； 8.3 特别关怀：生日问候、节日问候、天气关怀； 8.4 营销维系：活动告知、促销推送	9.1 制作并展示演示文档； 9.2 要点评价、总结
工作环节 5 谈判签约	工作环节 6 办理过户以及税费变更	工作环节 7 交车管理	工作环节 8 售后跟踪回访	工作环节 9 评价反馈
5.1 购车合同	6.1 同城过户流程图； 6.2 异地过户流程图	7.1 交车确认单	8.1 客户回访登记表	9.1 评价表、PPT
5.1 沟通能力	6.1 沟通能力、协作能力	7.1 协作能力	8.1 服务意识	9.1 评价能力、总结能力

课程 10 二手车鉴定与评估

学习任务 3 二手车交易

1 客户接待 → 2 需求分析 → 3 产品介绍 → 4 试乘试驾 → 5 谈判签约 → 6 办理过户以及税费变更 → 7 交车管理 → 8 售后跟踪回访 → 9 评价反馈

	工作子步骤	教师活动	学生活动	评价
客户接待	1. 销售顾问主动热情迎接客户，自我介绍； 2. 询问客户姓名、到店目的； 3. 把客户引领到洽谈区就座； 4. 主动提供饮品，询问偏好； 5. 询问客户了解品牌车型的信息渠道，初步建立联系	1. 组织课前分享环节； 2. 选择任务情境，分析任务要求； 3. 播放展厅接待视频，要求学生制定客户接待流程图； 4. 组织学生展示并介绍客户接待流程图，提供修改建议； 5. 观看学生模拟客户接待，进行过程记录考核，予以指导监控； 6. 组织学生对各组模拟客户接待进行评价，点评任务实施过程	1. 课前分享，其他学生记录； 2.PPT 展示任务情境，安排抽签选择情境，指导学生分析任务要求； 3. 观看客户接待视频，根据要求完成客户接待流程图； 4. 各组展示客户接待流程图，根据评价意见完善； 5. 按照标准执行客户接待，其他成员观看并记录接待过程的优缺点，为下一步评价反馈使用； 6. 使用《汽车销售考核标准》对各组模拟任务完成情况就可行性、有效性进行自评、组评	自评、互评：客户接待流程图是否准确
	课时： 2 课时 1. 硬资源：电脑、手机等。 2. 软资源：教材、学习任务书、汽车销售过程性考核表、展车、车型资料、汽车销售考核表等。 3. 教学设施：A0 纸、A4 纸、水性笔、直尺等			
需求分析	1. 通过开放和封闭的问题，了解顾客的基本需求； 2. 通过安全和动力等个性化偏好进行深入需求分析，对不同的顾客应采取不同的应对策略； 3. 总结顾客需求，进行确认并推荐合适的二手车	1. 组织课前分享环节； 2. 采用抽签软件，抽取学生回答客户接待内容； 3. 引导学生明确需求分析的重要性； 4. 引入冰山理论； 5. 安排学生进行不同客户的角色扮演，要求学生判断并总结应对方式； 6. 播放需求分析视频，要求学生制定需求分析清单； 7. 示范需求分析并说明注意事项； 8. 观看学生模拟需求分析，进行过程记录考核，予以指导监控； 9. 组织学生对各组模拟需求分析进行评价，点评任务实施过程	1. 课前分享，其他学生记录； 2. 抽选学生回顾客户接待内容； 3. 讨论：为什么要进行需求分析； 4. 学习冰山理论； 5. 观察倾听判断客户类型并回答应对方式，分析顾客购车动机，完成购车动机分析表； 6. 观看需求分析视频，根据要求完成需求分析清单； 7. 观看教师示范需求分析并记录注意事项； 8. 执行需求分析，其他成员观看并记录销售过程的优缺点，为下一步评价反馈使用； 9. 使用《汽车销售考核标准》对各组模拟任务完成情况就可行性、有效性进行自评、组评	自评、互评：需求分析清单、购车动机分析表是否清晰、完整、准确
	课时： 2 课时 1. 硬资源：多媒体、计算机、互联网等。 2. 软资源：工作页、参考教材、授课 PPT 等。 3. 教学设施：投影、白板、大白纸、磁铁、油性笔、凤尾夹、评价表（个人评价、组长评价、教师评价）等			

基准学时：24

1 客户接待 → 2 需求分析 → 3 产品介绍 → 4 试乘试驾 → 5 谈判签约 → 6 办理过户以及税费变更 → 7 交车管理 → 8 售后跟踪回访 → 9 评价反馈

	工作子步骤	教师活动	学生活动	评价
产品介绍	1. 复述并确认顾客购车需求； 2. 将顾客用车需求转化为对应二手车； 3. 根据顾客的需求对车辆的外观、内饰和功能个性化进行针对性展示（结合六方位绕车介绍法及FAB法）； 4. 待顾客离开展厅后及时整理和清洁展车，将其恢复原状	1. 组织课前分享环节； 2. 通过抽签软件，抽点学生回答需求分析内容； 3. 知新：通过启发式提问及借助汽车官网，讲授六方位绕车介绍和FABE法； 4. 播放客户接待视频，要求学生制定产品介绍流程图； 5. 组织学生展示并介绍产品介绍流程图，提供修改建议； 6. 观看错误示范，找错纠错； 7. 观看学生模拟产品介绍，进行过程记录考核，予以指导监控； 8. 组织学生对各组模拟产品介绍进行评价，点评任务实施过程； 9. 组织学生制定六方位绕车介绍思维导图并上交	1. 课前分享，其他学生记录； 2. 抽选学生回顾需求分析； 3. 知新：通过汽车官网及教师讲授启发式学习六方位绕车介绍及FAB产品介绍法则内容； 4. 观看产品介绍视频，小组协商制定产品介绍流程图； 5. 各组展示产品介绍流程图，根据评价意见完善； 6. 按照教师安排的错误示范，找错纠错； 7. 按照标准执行产品介绍，其他成员观看并记录销售过程的优缺点，在下一步评价反馈中使用； 8. 使用《汽车销售考核标准》对各组模拟任务完成情况就可行性、有效性进行评价进行自评、组评； 9. 制定六方位绕车介绍思维导图并上交	互评：汽车性能介绍表填写是否准确、清晰
	课时： 4 课时 1. 硬资源：电脑、手机等。 2. 软资源：教材、学习任务书、汽车销售过程性考核表、汽车性能介绍表、展车、车型资料、汽车销售考核表等。 3. 教学设施：A0 纸、A4 纸、水性笔、直尺等			
试乘试驾	1. 主动提供试乘试驾； 2. 做好试乘试驾准备，办理试驾手续，说明试乘试驾体验事项； 3. 客户试乘试驾，进行车辆动态展示； 4. 了解顾客试乘试驾感受并总结	1. 组织课前分享环节； 2. 通过抽签软件，抽点学生回答产品介绍内容； 3. 总结试乘试驾前的准备工作（文件、车辆）； 4. 播放试乘试驾视频，要求学生制定试乘试驾流程； 5. 组织学生展示并介绍试乘试驾流程，提供修改建议； 6. 观看学生模拟试乘试驾，进行过程记录考核，予以指导监控；	1. 课前分享，其他学生记录； 2. 被抽选的学生回顾产品介绍内容； 3. 讨论试乘试驾前的准备工作有哪些； 4. 观看试乘试驾视频，根据要求完成试乘试驾行为准则； 5. 按照标准执行试乘试驾，其他成员观看并记录销售过程的优缺点，在下一步评价反馈中使用； 6. 使用《汽车销售考核标准》对各组模拟任务完成情况就可行性、有效性进行评价进行自评、组评	自评、互评：试乘试驾意见表填写是否完整、规范

学习任务 3 二手车交易

1 客户接待 2 需求分析 3 产品介绍 4 试乘试驾 5 谈判签约 6 办理过户以及税费变更
7 交车管理 8 售后跟踪回访 9 评价反馈

	工作子步骤	教师活动	学生活动	评价
试乘试驾		7. 组织学生对各组模拟试乘试驾进行评价，点评任务实施过程		
	课时： 4 课时 1. 硬资源：电脑、手机等。 2. 软资源：教材、学习任务书、汽车销售过程性考核表、试乘试驾协议书、试乘试驾意见表、展车、车型资料、汽车销售考核表等。 3. 教学设施：A0 纸、A4 纸、水性笔、直尺等			
谈判签约	1. 提前准备报价签约文件及工具； 2. 识别顾客购车信号，提供报价并解释说明； 3. 分析异议产生原因,客户异议处理; 4. 解释并签订购车协议； 5. 流失客户管理：明确顾客选择其他品牌的原因，分析流失原因，制定改善措施并执行	1. 安排顾客模拟购车，要求找出并总结购车信号； 2. 通过启发式提问，联系实际产品讲授三明治报价法； 3. 播放教学视频； 4. 观看学生进行二手车销售报价成交过程，进行过程记录考核，予以指导监控； 5. 使用汽车销售洽谈成交过程考核评价表评价，点评任务实施过程； 6. 组织学生进行案例分析	1. 观看顾客模拟购车，找出顾客购车信号并总结； 2. 学习三明治报价法； 3. 观看视频，学习客户异议处理及签约成交； 4. 通过情境模拟洽谈成交并记录； 5. 使用《汽车销售顾问考核标准》评价各组任务实施情况； 6. 案例分析：流失客户管理，明确顾客选择其他品牌的原因，分析流失原因，制定改善措施	师评：购车合同填写是否完整、规范
	课时： 2 课时 1. 硬资源：电脑、手机等。 2. 软资源：教材、学习任务书、汽车销售过程性考核表、车型资料、报价单、购车合同、汽车销售考核表等。 3. 教学设施：A0 纸、A4 纸、水性笔、直尺等			

基准学时：24

1 客户接待 → 2 需求分析 → 3 产品介绍 → 4 试乘试驾 → 5 谈判签约 → 6 办理过户以及税费变更 → 7 交车管理 → 8 售后跟踪回访 → 9 评价反馈

	工作子步骤	教师活动	学生活动	评价
办理过户以及税费变更	1. 过户前准备； 2. 填写旧机动车买卖合同，申请转移受理； 3. 过户验车； 4. 缴纳过户费； 5. 转移受理； 6. 上牌	1. 播放二手车同城过户的视频以及二手车异地过户的视频； 2. 引导各小组通过观看的视频总结并绘制同城过户流程图、异地过户流程图； 3. 发放情境模拟案例，引导小组根据流程图角色扮演二手车过户以及税费变更	1. 观看二手车同城过户的视频以及二手车异地过户的视频； 2. 小组通过观看的视频总结并绘制同城过户流程图、异地过户流程图； 3. 阅读情境模拟案例，小组根据流程图角色扮演二手车过户以及税费变更	自评、互评：同城过户流程图、异地过户流程图是否准确
	课时： 4 课时 1. 硬资源：电脑、手机等。 2. 软资源：教材、学习任务书、汽车销售过程性考核表、案例、汽车销售考核表等。 3. 教学设施：A0 纸、A4 纸、水性笔、直尺等			
交车管理	1. 交车前准备； 2. 协助客户结清各种费用及移交各项票据； 3. 保修和售后服务条款讲解； 4. 举行交车仪式	1. 组织课前分享环节； 2. 通过抽签软件，抽点学生回答过户以及税费变更内容； 3. 分析任务要求； 4. 播放交车视频，要求学生制定交车流程图； 5. 各组展示交车流程图，根据评价意见完善； 6. 接龙游戏：交车前的准备工作有哪些？组织学生做好交车前准备； 7. 组织学生按照标准执行交车，让其他成员观看并记录过程的优缺点，在下一步评价反馈中使用； 8. 组织学生使用《汽车销售考核标准》对各组模拟任务完成情况就可行性、有效性进行评价进行自评、组评	1. 课前分享，其他学生记录； 2. 被抽选学生回顾办理过户以及税费变更内容； 3. 根据 PPT 展示的任务情境，分析任务要求； 4. 观看二手车交车管理视频，小组协作完成交车流程图； 5. 展示并介绍交车流程图，提供修改建议； 6. 做好交车前的准备工作：车辆物品准备、资料准备、人员准备、场地准备； 7. 模拟二手车交车； 8. 对各组模拟二手车交车进行评价	互评：交车确认单是否完整、规范
	课时： 4 课时 1. 硬资源：电脑、手机等。 2. 软资源：教材、学习任务书、汽车销售过程性考核表、展车、交车单、汽车销售考核表等。 3. 教学设施：A0 纸、A4 纸、水性笔、直尺等			

学习任务 3 二手车交易

1 客户接待 → 2 需求分析 → 3 产品介绍 → 4 试乘试驾 → 5 谈判签约 → 6 办理过户以及税费变更 → 7 交车管理 → 8 售后跟踪回访 → 9 评价反馈

	工作子步骤	教师活动	学生活动	评价
售后跟踪回访	1. 回访准备; 2. 定期回访; 3. 特别关怀：生日问候、节日问候、天气关怀; 4. 营销维系：活动告知、促销推送	1. 组织课前分享环节; 2. 采用抽签软件，抽取学生回答交车管理内容; 3. 选择任务情境，分析任务要求; 4. 播放展厅售后跟踪回访视频，要求学生小组协作编写售后维系话术; 5. 组织学生模拟售后维系，进行过程记录考核，予以指导监控; 6. 组织学生对各组模拟售后维系进行评价，点评任务实施过程; 7. 总结本课程内容，要求学生制定售后回访思维导图	1. 课前分享，其他学生记录; 2. 根据抽签软件结果回顾交车管理内容; 3. PPT 展示任务情境（分别为定期回访、特别关怀、营销维系），根据抽签结果选择情境，分析任务要求; 4. 观看售后维系视频，小组协作编写售后维系话术; 5. 各组根据话术及按照标准执行售后维系，其他成员观看并记录售后回访过程的优缺点，在下一步评价反馈中使用; 6. 使用《汽车销售考核标准》对各组模拟任务完成情况就可行性、有效性进行评价进行自评、组评; 7. 提炼升华：制定售后回访思维导图	师评：客户回访登记表记录是否完整

课时： 1 课时

1. 硬资源：电脑、手机等。
2. 软资源：教材、学习任务书、汽车销售过程性考核表、客户回访登记表、汽车销售考核表等。
3. 教学设施：A0 大纸、A4 纸、水性笔、直尺等

1 客户接待 → 2 需求分析 → 3 产品介绍 → 4 试乘试驾 → 5 谈判签约 → 6 办理过户以及税费变更 → 7 交车管理 → 8 售后跟踪回访 → 9 评价反馈

评价反馈

工作子步骤	教师活动	学生活动	评价
评价、总结	1. 巡回课堂，监控 PPT 制作过程，及时处理课堂纪律问题，并对 PPT 制作过程中的普遍性问题进行讲评； 2. 分析评分标准，组织其他小组进行点评，认真听取各组汇报； 3. 对各组汇报质量给予简洁到位的点评； 4. 总结	1. 分组制作结果汇报 PPT； 2. 各组按照抽签的顺序，上台进行 10~15 分钟的结果展示和说明； 3. 汇报组根据评分标准进行点评并填写评价表； 4. 认真记录教师点评内容	师评：点评各组的汇报质量

课时： 1 课时

1. 硬资源：通用型计算机机房、互联网等。
2. 软资源：工作页、参考教材、授课 PPT、评价表（见工作页）、任务报告表格等。
3. 教学设施：投影、交互式一体机等

考核标准

情境描述

某天一个中年男子走进一个二手车交易店，要求店内的二手车评估师帮忙核实一下他的 2008 款二手车值多少钱，他想出售。小李接到经理任务后需对车辆进行静态和动态评估，填写评估报告。

任务要求

1. 能否制定性价比高，相对合理的评估方案；
2. 能否与用户充分沟通，按用户要求完成二手车的评估和交易工作；
3. 能否按二手车鉴定评估的流程对二手车进行静态、动态检测，检测符合《GB/T 30323—2013 二手车鉴定评估技术规范》要求；
4. 制订完评估方案后，进行检测，确保按照法律要求合理合法地对二手车的价格进行鉴定；
5. 任务过程中体现应有的职业素养和诚实守信的职业操守。

参考资料

完成上述任务时，学生可以使用二手车鉴定评估工作流程、二手车交易工作流程、二手车鉴定评估方法、评估单、车辆检查单、维修整备报告书、维修建议书等教学资料。

评价标准

课程名称		二手车鉴定与评估				
学习任务名称	二手车评估	学生姓名				
评价项目	评价内容	分值	评分标准	得分	小计分数	扣分原因
专业能力	准确地向客户说明车辆评估的流程和时间	5	错误或遗漏分析一项扣 1 分			
	按规范进行发动机静态评估	10	遗漏一项扣 1 分			
	按规范进行底盘评估	10	评估不规范每项扣 1 分			
	按规范进行电气空调评估	10	错误或遗漏每项扣 2 分			
	按规范发动机变速器进行动态评估	10	每错一项扣 5 分			
	准确地对车辆底盘进行动态评估	5	每错一项扣 1 分；			
	能对车辆进行准确评估，无错漏项	5	每错一项扣 1 分；			
	规范地填写评估报告	5	错交或遗漏一项资料扣 1 分；			
通用能力	能读懂任务书，与客户进行有效沟通，记录关键内容，整理客户需求	5	没有沟通扣 2 分；沟通不到位扣 1 分；无记录扣 2 分			
	能查阅相关资料，获取二手车相关信息	5	没有查阅扣 3 分，查阅方法不对扣 2 分			
	能满足客户功能需求、使用价值，企业工作规范、安全性、环保性、成本效益等	5	完全不符合每项扣 1 分			
	能及时有效地处理销售过程中的客户异议	5	完全没有解决扣 3 分；解决不及时扣 2 分；无突发问题不扣分			
	能对已完成的工作进行记录存档、评价和反馈	5	无记录扣 2 分			
	表述仪态自然、吐字清晰、思路清晰，且与实际相符	10	仪态不自然、吐字模糊、思路不清晰每项扣 1 分；表述与实际不符扣 1 分			
	分工明确，团队合作融洽	5	分工不明确扣 2 分；团队合作不融洽扣 2 分			
总分		100				
学生自评：						

课程 11 汽车网络营销

学习任务 1
电话营销
（36）学时

学习任务 2
网络营销
（36）学时

课程目标

学习完本课程后，学生应当能够胜任电话营销、汽车及配件网络营销与网络推广等工作，养成良好的职业素养，并锻炼学生批判质疑的务实精神。具体目标为：

1. 能借助电话、短信等辅助方式，通过专用电话营销号码，以公司名义与客户直接联系，并运用公司自动化信息管理技术和专业化运行平台，完成汽车的推介、咨询、报价以及产品成交条件确认等主要营销过程的业务。
2. 能定期策划并辅助执行线上及线下活动。
3. 能分析汽车电子商务的优缺点，完成汽车网络的运营。
4. 能对汽车网络营销方案进行评价并提供修改意见。
5. 能利用搜索引擎的各种命令检索新车型相关技术参数，并制定或选择合适的网站进行宣传和推广。

课时：72

课程内容

对照本课程目标，学生应当掌握以下知识、技能及职业素养：

1. 电话礼仪；

2. 电话销售的技巧；

3. 电话销售的流程；

4. 网站营销的形式；

5. 电子商务的模式；

6. 汽车 4S 店 B2C+O2O 电商模式解读及优点；

7. 汽车网站运营会出现的问题；

8. 汽车信息网上发布和推广流程。

学习任务 1 电话营销

任务描述

学习任务学时：**36** 课时

任务情境

在激烈的市场竞争中，电话营销作为一种能够帮助企业获取更多利润的营销模式，正越来越多地为众多企业所采用，且对社会发展具有深远的影响。作为一种营销手段，电话销售能使企业在一定的时间内，快速地将信息传递给目标客户，及时抢占目标市场。电话销售已经成为帮助企业增加利润的一种有效销售模式，其省时、省力、省钱，并能快速获利。小王是 4S 店汽车电话销售顾问，刘先生是该品牌汽车的意向客户，小王该如何开展工作？

工作流程和标准

工作环节 1

接收任务，认识电话销售

1

接收任务书，查阅资料，认识汽车电话销售。

主要成果：分析对比电话销售与传统销售之间的区别和联系。

工作环节 2

查阅资料，掌握并练习电话销售的礼仪

2

查阅资料，掌握拨打电话的流程及拨打电话的礼仪。

主要成果：电话销售岗位应该具备的礼仪。

学习任务1 电话营销

工作环节3

认识并掌握电话销售的技巧

3

根据客户的性格特点，制定不同的应对方式。

主要成果：用5W2H分析法对刘先生进行提问，在了解了刘先生的情况后，正确处理刘先生对该品牌汽车的异议（方案策划+实操）。

工作环节4

根据任务描述，实施销售方案

4

根据任务描述，结合所学知识，制订相应的应对方案，分组实操。

主要成果：针对刘先生的电话营销（方案策划+实操）。

工作环节5

总结拓展

5

总结提炼电话销售的相关知识，形成思维导图。

主要成果：汽车电话销售的思维导图。

学习内容

知识点	1.1 电话销售的定义； 1.2 电话销售的流程； 1.3 电话销售的特点； 1.4 电话销售的优势； 1.5 电话销售的挑战	2.1 拨打电话的流程； 2.2 拨打电话的礼仪规范	3.1 电话销售的技巧
技能点	1.1 认识电话销售； 1.2 掌握电话销售的流程； 1.3 掌握电话销售的优势； 1.4 通过与传统销售对比，掌握电话销售的优势； 1.5 查阅资料，了解电话销售所面临的挑战	2.1 掌握拨打电话的流程； 2.2 掌握并演练拨打电话的礼仪	3.1 掌握电话销售的技巧
工作环节	工作环节 1 接收任务，认识电话销售	查阅资料，掌握并练习电话销售的礼仪 工作环节 2	工作环节 3 认识并掌握电话销售的技巧
成果	1.1 分析对比电话销售与传统销售之间的区别和联系	2.1 查阅资料，总结电话销售岗位应该具备的礼仪	3.1 客户性格特点分析及应对方式对比图
素养	1.1 信息检索能力； 1.2 阅读理解能力	2.1 对比分析能力； 2.2 沟通表达能力	3.1. 信息检索能力； 3.2 分析能力

学习任务1 电话营销

4.1 根据所学内容，结合实际制订方案策划； 4.2 根据方案策划实施电话销售工作	
4.1 结合所学知识制订方案策划； 4.2 根据方案策划实施电话销售工作	

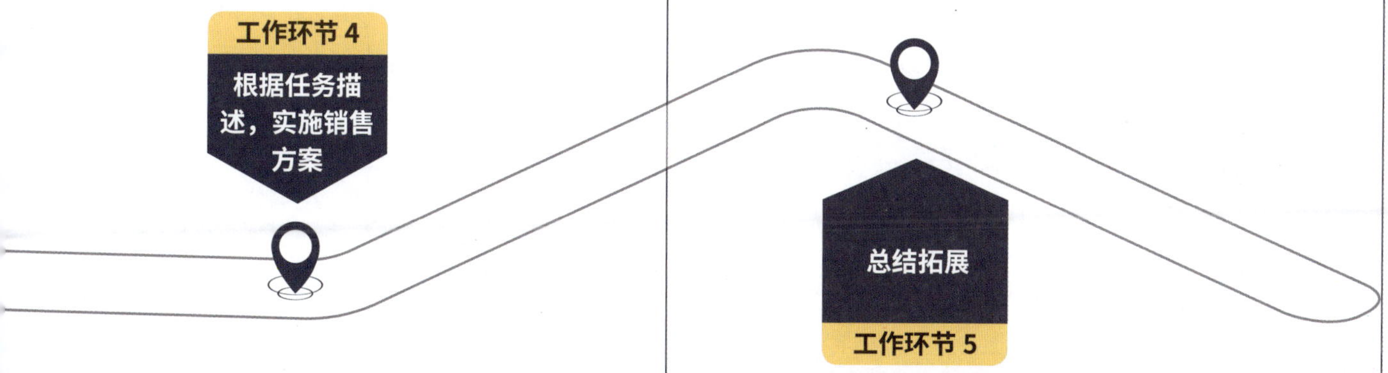

4.1 针对刘先生的电话营销（实操）	5.1 电话销售思维导图
4.1 沟通表达能力； 4.2 细致的工作态度	5.1 总结能力

学习任务 1 电话营销

1 接收任务，认识电话销售 → 2 查阅资料，掌握并练习电话销售的礼仪 → 3 认识并掌握电话销售的技巧 → 4 根据任务描述，实施销售方案 → 5 总结拓展

	工作子步骤	教师活动	学生活动	评价
接收任务，认识电话销售	接收任务书，查阅资料，了解电话销售的特点	1. 展示课件的电话营销任务情境，分析任务的目标和学习内容； 2. 发放任务书，要求学生阅读任务书，确定任务书的信息，并做好标记； 3. 引导学生查找并回忆以前所学知识，总结提炼传统营销的特点； 4. 引导学生看教材，并讲解电话营销的相关内容； 5. 说明电话销售的特征； 6. 要求 4 个小组分别对比分析电话销售对比传统销售来说，其优势所在并分别展示、做点评； 7. 总结电话销售的优势	1. 回顾以前所学内容，总结提炼传统营销的特点，并把结果写在任务书上； 2. 根据自己查找到的相关资料，结合教师所讲的内容，总结提炼电话营销的特点，并把结果写在任务书上； 3. 按组分别展示与传统销售相比，电话销售的优势，听取教师点评	1. 自评：对比教师的答案，判断自己总结提炼的内容是否正确、完整； 2. 师评：口头点评各组展示的上牌政策信息表是否完整、准确
	课时： 8 课时 1. 硬资源：汽车营销学习工作站（含可上网计算机 4 台）等。 2. 软资源：课件、任务书等。 3. 教学设施：一体机、白板、A1 纸、电话模型、水笔等			
查阅资料，掌握并练习电话销售的礼仪	结合所了解的信息，对比传统汽车销售，总结电话销售技巧	1. 抽问并点评各组学生该客户是否具备上牌条件及如何获取； 2. 引导学生回顾以前所学的电话礼仪的内容，指导各组展示答案，并由其他组进行点评； 3. 总结电话礼仪内容，并说明电话销售的技巧； 4.组织各组交叉学习其他组的流程，并修改本组的流程图； 5. 组织各组投票最佳流程图； 6. 抽问每一流程的工作内容，并展示正确答案； 7. 组织学生组内按流程分别说出每一流程的内容	1. 查看教师展示的关键信息，按组分析讨论电话销售的技巧，填写在工作页上； 2. 引学生回顾以前所学的电话礼仪，把电话礼仪相关内容写在工作页上； 3. 按组展示答案，其余组点评； 4. 交叉学习其他组的流程，并修改本组的流程图； 5. 对各组的流程图方案投票，选出最优一组； 6. 回答教师提问； 7. 组内按序分别说出每一流程的内容； 8. 听取并总结电话销售	1. 师评：通过抽问判断学生的电话销售技巧总结的是否正确； 2. 互评：由其他组推荐最准确，流程环节内容最清晰的一组
	课时： 8 课时 1. 硬资源：汽车营销学习工作站等。 2. 软资源：课件、视频、汽车资料、销售话术、任务书等。 3. 教学设施：一体机、白板、电话模型、A0 纸、水笔等			

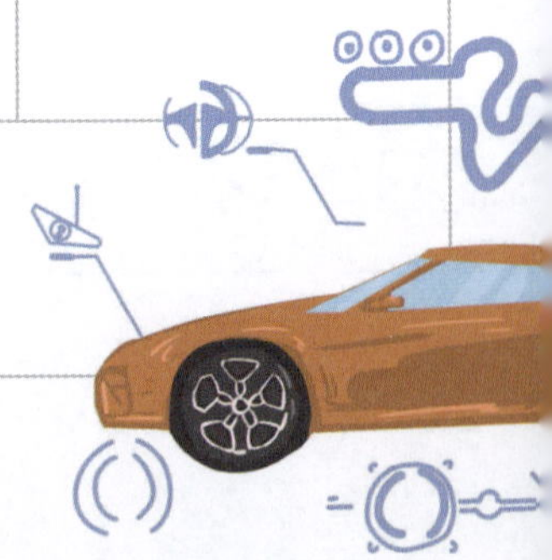

① 接收任务，了解电话销售 ② 查阅资料，掌握并练习电话销售的礼仪 ③ 认识并掌握电话销售的技巧 ④ 根据任务描述，实施销售方案 ⑤ 总结拓展

	工作子步骤	教师活动	学生活动	评价
认识并掌握电话销售的技巧	根据客户的性格特点，制定不同的应对方式	1. 教师发放学习任务书，任务书上设置不同条件的客户，要求学生判断该客户的类型； 2. 根据客户的不同，要求学生分析总结如何与性格不同的客户沟通交流； 3. 根据不同的客户性格特点，要求学生处理每一个顾客关于“价格太贵了”这一异议的方式，并把话术写在工作页上； 4. 点评学生的表现，表现好的提出表扬，表现不好的给予更多的关注与提点； 5. 引导学生总结梳理本课的重点、难点	1. 领取学习任务，判断任务书上各种客户的性格特点； 2. 在与学习任务书上不同性格的客户沟通时，应该采用什么样的沟通方式，把结果写在任务书上； 3. 当不同性格的客户有异议时，我们该如何处理，把结果写在任务书上； 4. 听取教师的点评； 5. 总结梳理本课的重点、难点	1. 师评：根据学生制定的客户性格特点分析及应对方式对比图进行点评； 2. 自评：由其他组推荐最准确、最合理的一组
	课时： 8 课时 1. 硬资源：汽车营销学习工作站（含可上网计算机 4 台）等。 2. 软资源：课件、任务书等。 3. 教学设施：一体机、白板、A0 纸、水笔等			
根据任务描述，实施销售方案	给刘先生赋予不同的性格特点，针对不同的性格特点，制定相应的应对方案，分组实操	1. 向每一个小组分配任务：每个小组特定一个性格类型的客户； 2. 引导学生制订方案策划； 3. 评价方案策划，指出方案策划的优缺点； 4. 要求学生列出临牌申请资料清单； 5. 要求学生分析选号方式及其优缺点； 6. 引导学生进行互评； 7. 要求学生总结并列出上牌流程每个步骤所需的资料	1. 小组分工合作，根据所了解的知识及客户信息，制订方案策划书； 2. 思考回答电话销售前的准备工作有哪些； 3. 方案实施前的角色确认； 4. 学生实施方案策划； 5. 学生互评各小组的实操过程，并投票选择最好的一组	师评：教师评价各小组的方案策划，是否正确分析了各客户的性格特点及应对方式，方案策划是否合理
	课时： 8 课时 1. 硬资源：汽车营销学习工作站（含可上网计算机 4 台）等。 2. 软资源：课件、任务书等。 3. 教学设施：一体机、白板、A0 纸、电话模型、水笔等			

汽车网络营销

学习任务 1 电话营销

1 接收任务，认识电话销售 → 2 查阅资料，掌握并练习电话销售的礼仪 → 3 认识并掌握电话销售的技巧 → 4 根据任务描述，实施销售方案 → 5 总结拓展

	工作子步骤	教师活动	学生活动	评价
总结拓展	接收任务书，查阅资料，了解电话销售的特点	1. 采用企业内部《电话销售过程性考核标准》对各组模拟的“电话销售”情况就可行性、有效性进行评价分析； 2. 根据评价结果，选出最佳电话销售专员，并颁发笔记本； 3. 抽选学生总结本周任务要点； 4. 组织学生制定电话销售思维导图； 5. 组织学生展示思维导图，并进行评比拍照； 6. 组织学生进行 8S 管理	1. 采用《电话营销过程性考核标准》对各组模拟的“电话销售”情况进行互评； 2. 参与颁奖； 3. 总结本周任务要点； 4. 制定电话销售思维导图； 5. 展示讲解电话销售思维导图，记录并完成课后任务； 6. 8S 管理	互评：电话销售思维导图是否具有逻辑性，电话知识点、技能点是否完整，整体美观、大方

课时： 4 课时

1. 硬资源：汽车营销学习工作站等。
2. 软资源：课件（《电话销售过程性考核标准》）等。
3. 教学设施：一体机、白板、A0 纸、水笔等

基准学时：36

学习任务 2 网络营销

任务描述

学习任务学时：**36** 课时

任务情境

某品牌汽车 4S 店汽车销量不佳，现公司希望通过网络销售扩大汽车的销售额，网络营销员接到任务后，需获取网络销售信息，选择合适的电商模式，制订网络营销方案，并能够辨别方案的优缺点。

工作流程和标准

工作环节 1

接收任务，获取网络营销方式

1

接收任务书，根据客户信息，查阅资料，获取网络营销方式。

主要成果：网络营销方式列表。

工作环节 2

分析电子商务对汽车销售的影响

2

1. 查阅资料，收集信息，了解 4S 店运营的弊端及电子商务对 4S 店的作用。
2. 根据所了解的信息，结合 4S 内部的实际情况和客户的特点、社会大环境和汽车行业的发展特点，运用 SWOT 分析法，确定 4S 店转型的方法。

主要成果：
1. 汽车电子商务商机；
2. 汽车 4S 店转型办法。

工作环节 3

选择合适的电商模式

3

分析总结电商模式 B2C+O2O 的优缺点，选择合适的网络营销模式。

主要成果：汽车 4S 店 B2C+O2O 模式的优缺点列表。

工作环节 4

制订网站的运营方案

4

1. 根据目前的问题及现状，采用 SWOT 分析法综合分析 4S 店的运营情况，选择合适的汽车网络运营模式。
2. 对比分析其他成熟的汽车网站各自的特点，结合 4S 店自身特点，制定 4S 店的网络营销方案。
3. 制定网络营销方案评价标准，评价他人的方案并修订自己的网络营销方案。

主要成果：汽车网络营销策划方案。

工作环节 5

总结拓展

5

总结提炼汽车网络营销的相关内容，制作思维导图，并根据网络营销策划方案进行实操。

主要成果：汽车网络营销思维导图。

学习内容

知识点	1.1 网络营销的定义； 1.2 网络营销推广的注意事项； 1.3 电子商城汽车营销的内容； 1.4 手机 App 汽车营销的内容； 1.5 微信汽车营销的内容； 1.6 微博汽车营销的内容	1.1 汽车 4S 店运营的弊端； 1.2 汽车后市场电子商务的冲击； 1.3 电子商务对汽车 4S 店的作用； 1.4 汽车 4S 店转型的原因； 1.5 汽车 4S 店转型的方法
技能点	1.1 接收任务书，查阅资料，获取网络营销方式	2.1 通过查阅资料、网络、到店观察等手段，收集 4S 店的相关信息，了解 4S 店的经营现状； 2.2 根据所了解的信息，结合 4S 内部的实际情况和客户的特点、社会大环境和汽车行业的发展确实，运用 SWOT 分析法，确定 4S 店转型的方法
 工作环节	工作环节 1 接收任务，获取网络销售方式	分析电子商务对汽车销售的影响 工作环节 2
成果	1.1 网络营销方式列表	2.1 汽车电子商务商机； 2.2 汽车 4S 店转型办法
素养	1.1 信息检索能力	2.1 对比分析能力； 2.2 沟通表达能力

学习任务 2 网络营销

3.1 了解 O2O 电商模式——电子商城、微博官网等； 3.2 了解 B2C 的电商模式——齐齐网； 3.3 了解 B2B 的电商模式——中国汽车配件网； 3.4 汽车 4S 店选择 B2C+O2O 电商模式的原因； 3.5 汽车 4S 店 B2C+O2O 电商模式解读及优点； 3.6 汽车 4S 店 B2C+O2O 电商模式应用要点及注意事项	4.1 汽车网站运营将会出现的问题； 4.2 汽车网站运营将会出现的方法； 4.3 国内主要汽车网站的对比分析	
3.1 登录某汽车品牌的电子商城、微博官网，了解该品牌的营销模式； 3.2 登录齐齐网总结分析该网站的销售模式； 3.3 登录中国汽车配件网，分析总结该网站的销售模式； 3.4 根据所了解的难容，总结 B2C+O2O 营销模式的优势	4.1 SWOT 分析 4S 店的运营情况，选择合适的汽车网络运营模式； 4.2 对比分析成熟的汽车网站的特点，制定 4S 店的网络营销方案； 4.3 制定网络营销方案评价标准，评价他人的方案并修订自己的网络营销方案	5.1 绘制汽车网络营销思维导图
工作环节 3 **选择合适的电商模式**	**工作环节 4** **制订网站的运营方案**	**总结拓展** **工作环节 5**
3.1 汽车 4S 店 B2C+O2O 模式的优缺点列表	4.1 制订以元旦为主题的营销策划方案	5.1 汽车网络营销思维导图
3.1 信息检索能力； 3.2 分析能力	4.1 沟通表达能力； 4.2 细致的工作态度； 4.3 批判质疑的能力	5.1 实践能力

课程 11 汽车网络营销

学习任务 2 网络营销

1 接收任务，获取网络销售方式　2 分析电子商务对汽车销售的影响　3 选择合适的电商模式　4 制订网站的运营方案　5 总结拓展

	工作子步骤	教师活动	学生活动	评价
接收任务，获取网络销售方式	接收任务书，根据客户信息，查阅资料，获取网络营销方式	1. 发放任务书，要求学生阅读任务书，确定任务书的要求。 2. 引导学生查看相关的汽车电子商城网站、汽车 App 网站，引导学生总结分析这些网站的营销模式。 3. 要求 4 个小组学生分辨讨论电子商城汽车营销模式、汽车手机 App 销售模式、微信汽车营销、微博汽车营销并展示成果；要求学生抢答，教师总结更正。 4. 组织各组分别展示自己的讨论成果。 5. 总结各种营销模式的特点，并对各小组的成果进行评价	1. 观看课件，确定课程任务的目标及学习内容； 2. 接收并阅读任务书，确定任务； 3. 通过网络资料和教材查找汽车电子商城、汽车手机 App 销售模式、微信汽车营销、微博汽车营销等营销模式的相关信息； 4. 分析所得到的信息，总结各种营销模式的特点，并把结果写在白纸上，按小组展示成果，听取教师点评	1. 自评：对比教师的答案，评价各小组的展示成果，指出优点及不足； 2. 师评：口头点评各组展示的成果是否完整、准确

课时：4 课时

1. 硬资源：汽车营销学习工作站（含可上网计算机 4 台）等。
2. 软资源：课件、任务书等。
3. 教学设施：一体机、白板、A1 纸、水笔等

	工作子步骤	教师活动	学生活动	评价
分析电子商务对汽车销售的影响	1. 查阅资料，收集信息，了解 4S 店运营的弊端及电子商务对 4S 店的作用； 2. 根据所了解的信息，结合 4S 内部的实际情况和客户的特点、社会大环境和汽车行业的发展特点，运用 SWOT 分析法，确定 4S 店转型的方法	1. 用 PPT 展示目前 4S 店存在的问题，说明任务和讨论要求； 2. 引导学生思考网络带给我们什么样的便利，以及对我们的消费习惯有哪些影响； 3. 组织学生讨论网络时代的到来，给我们汽车行业带来了哪些机会； 4. 组织学生展示各组的讨论结果，并对各小组进行评价	1. 查看教师展示的关键信息，按组分析讨论该传统 4S 店运行的弊端，并把结果写在任务书上； 2. 回答教师提问，听取教师点评； 3. 查阅资料目前市场上比较常用的汽车网络营销的方法，并分别讨论该方法的优缺点，把结果写在展示白纸上，并上台展示该小组的成果，其余组点评； 4. 听取老师的总结、点评，并把最终结果记录在任务书上	1. 师评：通过学生的成果展示，判断学生的信息检索能力、总结能力； 2. 互评：不同汽车网络营销方法的优缺点是否准确、合理

课时：8 课时

1. 硬资源：汽车营销学习工作站（含可上网计算机 4 台）等。
2. 软资源：课件、任务书等。
3. 教学设施：一体机、白板、A1 纸、水笔等

基准学时：36

1 接收任务，获取网络销售方式 → 2 分析电子商务对汽车销售的影响 → 3 选择合适的电商模式 → 4 制订网站的运营方案 → 5 总结拓展

	工作子步骤	教师活动	学生活动	评价
分析电子商务对汽车销售的影响	1. 查阅资料，收集信息，了解 4S 店运营的弊端及电子商务对 4S 店的作用； 2. 根据所了解的信息，结合 4S 内部的实际情况和客户的特点、社会大环境和汽车行业的发展特点，运用 SWOT 分析法，确定 4S 店转型的方法	1. 利用 PPT 课件向学生介绍，网络对我们购车行为的改变； 2. 引导学生创新思维，根据消费者的消费习惯，如何利用网络让消费者购车更方便、更省钱，如何与消费者接触更亲密，更精确地锁定目标客户； 3. 组织每组学生讨论问题，并安排学生展示成果； 4. 点评	1. 针对以上讨论结果，结合当下消费者的消费习惯，讨论并找出适合汽车行业的网络销售途径并把结果记录在展示白纸上； 2. 每组安排一名展示人员（展示人员轮流安排，尽量做到每个学生都有发言表现的机会）； 3. 回答教师提问； 4. 听取其他组的展示结果，交流学习，总结针对 4S 店的网络营销模式	1. 师评：通过学生的成果展示，判断学生的信息检索能力，总结能力； 2. 互评：汽车行业的网络销售途径是否正确、合理
	课时： 8 课时 1. 硬资源：汽车营销学习工作站（含可上网计算机 4 台）等。 2. 软资源：课件、任务书等。 3. 教学设施：一体机、白板、A1 纸、水笔等			
选择合适的电商模式	分析总结电商模式 B2C+O2O 的优缺点，选择合适的网络营销模式	1. 向不同组发放不同学习任务书； 2. 引导学生利用手机登录齐齐网，了解齐齐网的销售模式，通过齐齐网平台了解 B2C 营销模式； 3.引导学生利用手机登录中国汽车配件网，了解汽车配件网的销售模式，通过汽车配件网平台了解 B2B 营销模式； 4.引导学生利用手机登录某汽车微博官网，了解微博的销售模式，通过微博平台了解 O2O 营销模式； 5. 发布任务要求，指导学生制作汽车 4S 店 B2C+O2O 模式的优缺点列表； 6. 组织学生展示，并对每小组的结果进行点评； 7. 总结讲解 B2C+O2O 电商模式； 8. 引导学生总结梳理本课的重点、难点	1. 领取任务书，根据任务要求，找寻关键字； 2. 在教师的引导下登录齐齐网，通过齐齐网的营销模式，了解 B2C 营销模式； 3. 在教师的引导下登录汽车配件网，通过汽车配件网的营销模式，了解 B2B 营销模式； 4. 在教师的引导下登录某汽车微博官网，通过某汽车微博官网的营销模式，了解 O2O 营销模式； 5. 根据任务要求，制作汽车 4S 店 B2C+O2O 模式的优缺点列表； 6. 按组展示学习成果； 7. 听取教师总结讲解 B2C+O2O 电商模式； 8. 总结梳理本课的重点、难点	1. 师评：通过学生的问题回答及展示的成果判断学生对知识的理解及掌握情况； 2. 互评：根据老师的点评对比各小组的成果展示，评选出最优的一组
	课时： 6 课时 1. 硬资源：汽车营销学习工作站（含可上网计算机 4 台）等。 2. 软资源：课件、任务书等。 3. 教学设施：一体机、白板、A0 纸、水笔等			

1 接收任务，获取网络销售方式 → 2 分析电子商务对汽车销售的影响 → 3 选择合适的电商模式 → **4 制订网站的运营方案** → 5 总结拓展

制订网站的运营方案

工作子步骤	教师活动	学生活动	评价
1. 根据目前的问题及现状，采用 SWOT 分析法综合分析 4S 店的运营情况，选择合适的汽车网络运营模式； 2. 对比分析其他成熟的汽车网站各自的特点，结合 4S 店自身特点，制定 4S 店的网络营销方案	1. 讲解某汽车的类型及汽车的特点，确定该汽车的目标客户，并对目标客户进行分析； 2. 引导学生根据分析的结果讨论，该汽车适合什么样的网络营销方式，组织学生分组讨论，并把结果写在展示白纸上； 3. 要求学生分组展示，并对展示结果进行点评； 4. 组织学生以小组为单位，讨论确定汽车网络销售方案所包含的要素及内容，以餐垫法的形式每人在白纸上写出网络营销方案每一步骤的要点，归类整理出一份汽车网络销售方案	1. 根据教师提供的资料，了解某汽车的系列及特点，了解该汽车的目标客户的消费特点； 2. 根据所学知识，结合目前汽车品牌网络营销成功的案例，各小组讨论，什么样的网络营销方式适合该汽车； 3. 各小组把讨论结果写在展示白纸上，每组派一名代表展示小组的成果； 4. 学生以小组为单位，讨论确定汽车网络销售方案所包含的要素及内容，以餐垫法的形式每人在白纸上写出网络营销方案每一步骤的要点，归类整理出一份汽车网络销售方案	1. 教师评价： (1) 上牌流程是否正确； (2) 缴纳购置税资料清单是否齐全； (3) 上牌各流程资料清单是否齐全； (4) 根据客户需求，为客户推荐合适的选号方式； (5) 能为客户整理临牌申请资料。 2. 师评：老师根据学生的展示情况和展示结果，对学生和成果进行点评，指出其中的精彩点与不足之处。 3. 互评：学生根据老师的点评，对其他小组进行评价，选出最优的一组
课时：4 课时 1. 硬资源：汽车营销学习工作站（含可上网计算机 4 台）等。 2. 软资源：课件、任务书等。 3. 教学设施：一体机、白板、A1 纸、水笔等			
制定网络营销方案评价标准，评价他人的方案并修订自己的网络营销方案	1. 组织各组派代表依次展示网络营销方案，其余组别的成员分别在 A4 纸上分别写出各组方案的 3 个优点、3 个缺点及针对缺点的改进意见，并按组进行意见汇总； 2. 组织各组展示对方案的评价意见，点评评价意见是否全面、准确，是否具有针对性； 3. 说明编制方案评价标准的要求，组织各组按组以头脑风暴的方法列出评价的要点及每个要点的赋分； 4. 巡回指导并评价各组评价标准的制定，并提供修改意见；	1. 各组派代表依次展示网络营销方案，其余组成员分别在 A4 纸上分别写出各组方案的 3 个优点、3 个缺点及针对缺点的改进意见，并按组进行意见汇总； 2. 各组展示对方案的评价意见，听取教师点评； 3. 听取教师说明编制方案评价标准的要求，按组以头脑风暴的方法列出评价的要点及每个要点的赋分； 4. 根据教师指导意见修订评价标准；	师评：评价各组网络营销方案的评价标准是否全面、准确，能否反映出方案所存在的问题，改进建议是否具有针对性

	工作子步骤	教师活动	学生活动	评价
制订网站的运营方案		5. 组织各组按照既定的评价标准重新对方案进行评价并提供改进建议，各组根据评价结果修订网络营销方案； 6. 进行网络营销方案的评价总结	5. 各组按照既定的评价标准重新对方案进行评价，各组根据评价结果修订网络营销方案； 6. 听取教师进行网络营销方案的评价，并进行自我总结	
	课时： 4 课时 1. 硬资源：汽车营销学习工作站（含可上网计算机 4 台）等。 2. 软资源：课件、任务书等。 3. 教学设施：一体机、白板、A1 纸、水笔等			
总结拓展	总结提炼汽车网络营销的相关内容	1. 组织学生按照方案策划做好方案实施前的准备工作； 2. 引导学生制作邀请函； 3. 引导学生根据方案策划进行现场布置； 4. 监督与指导活动的开展过程； 5. 活动结束后，对整个活动进行总结与评价，并引导学生制作网络营销的思维导图； 6. 布置课后任务：网络营销相关内容； 7. 组织学生进行 8S 管理	1. 根据制订的方案策划，选出创新最优的一组，根据方案策划内容，实施网络营销活动； 2. 制作邀请函，邀请其他学生前来参加活动； 3. 布置现场，为活动的开始做准备； 4. 进行角色扮演，担任不同的岗位职员； 5. 总结本周任务要点； 6. 制定网络营销思维导图，记录并完成课后任务； 7. 8S 管理	1. 互评：根据学生在活动中的表现，找出自己的不足，并说出改正方法； 2. 师评：教师根据每个学生的表现，指出学生的不足，肯定学生的优点
	课时： 2 课时 1. 硬资源：汽车营销学习工作站等。 2. 软资源：课件、工作页等。 3. 教学设施：一体机、白板、A0 纸、水笔等			

考核标准

情境描述

某商务公司进口了一批机油，但是此批机油的品牌在国内知名度不高，多数车主不了解此机油品牌。现公司要求你通过网络渠道去推广销售此批机油，请你制定一份网络推广方案，提高此机油品牌的知名度，便于通过网络渠道销售此机油。

任务要求

1. 查阅资料，写出此品牌机油的历史及特点；

2. 列举网络推广渠道及每种渠道的特点；

3. 编制一份此机油的网络推广方案。

参考资料

回答上述问题时，可以使用所有的常见教学资料，如专业教材、个人笔记以及计算机等。

评价标准

评价项目	评价内容	分值	评分标准	得分
专业能力	准确写出机油品牌的历史和特点	5	主题不突出扣 1 分	
	准确列举网络推广的渠道	5	错误或遗漏一项扣 1 分	
	准确写出不同网络推广渠道的特点	10	错误或不突出主题一项扣 1 分	
	写出网络推广的内容及要点	10	错误或遗漏一项扣 1 分	
	机油的网络推广方案信息要素完整	5	每漏一项扣 1 分；操作不规范一项扣 1 分	
	机油的网络推广方案可实施性强	10	没有布置场地扣 2 分；布置不到位扣 1 分	
	能写出机油的网络推广方案的不足之处	5	按匹配程度扣分	
	能针对机油的网络推广方案写出改进意见	5	按匹配程度扣分	
	学习态度：积极主动参与学习、能辅导其他同学	5	没有参与一项扣 2 分；不积极一项扣 1 分	
通用能力	能读懂任务书，记录关键内容，整理客户需求	5	没有记录扣 2 分；记录不准确扣 1 分；	
	能查阅相关资料，获取户外销售策划的信息	5	没有查阅扣 3 分；查阅方法不对扣 2 分	
	能独立思考，辩证分析方案的优缺点	5	完全没有解决扣 3 分；解决不及时扣 2 分；无突发问题不扣分	
	能对已完成的工作进行记录存档、评价和反馈	5	无记录扣 2 分	
	表述仪态自然、吐字清晰、思路清晰，且与实际相符	10	仪态不自然、吐字模糊、思路不清晰每项扣 1 分；表述与实际不符扣 1 分	
	分工明确，团队合作融洽	5	分工不明确扣 2 分；团队合作不融洽扣 2 分	
	现场管理：服从工位安排、执行实训室“8S”管理规定	5	每漏一项扣 1 分；操作不规范每项扣 0.5 分	
总分		100		

课程 12 汽车市场营销策划

学习任务 1

汽车市场调研

（36）学时

学习任务 2

汽车营销活动策划

（36）学时

课程目标

学习完本课程后，学生应当能够胜任汽车市场调研分析、营销活动策划等工作，增强对我国发展新能源汽车产业的信心和爱国情怀，养成良好的职业素养。具体目标为：

1. 能执行我国新能源汽车市场调研工作，设计市场调研问卷及开展实地调研；
2. 能通过完成调研数据的分析统计，撰写调查报告；
3. 能正确分析汽车市场营销宏观和微观环境；
4. 能根据市场分析，选择合适的促销方式或组合；
5. 能制订中秋节或其他中国传统节日汽车促销活动策划方案；
6. 具有良好的信息处理能力、自学能力、沟通协调、知识迁移、综合运用等核心能力。

课时：72

课程内容

对照本课程目标，学生应当掌握以下知识、技能及职业素养：

1. 汽车市场调研的步骤和主要内容；
2. 汽车市场调研策划书的格式和内容要求；
3. 问卷设计的原则；
4. 问卷设计技巧、设计问题及答案；
5. 运用 Excel 和编码规则对问卷问题和答案进行编码，以及建立数据库的方法；
6. 汽车市场调研报告的特点和撰写原则及方法；
7. 汽车市场营销活动背景的分析方法；
8. 对汽车产品所处的生命周期阶段进行 SWOT 分析的方法；
9. 促销活动的位置选择方法；
10. 人员推销的方法和技巧；
11. 广告宣传策略的选择方法；
12. 依据活动内容和时间规划出行程安排方法；
13. 预估促销活动的费用投入和产出的方法。

学习任务 1 汽车市场调研

任务描述

学习任务学时：**36** 课时

任务情境

某汽车公司了解到 2018 中国新能源汽车消费协会数据显示，2018 年 1～8 月，新能源汽车累计产销分别完成 60.7 万辆和 60.1 万辆，同比 2017 年分别增长 75.4% 和 88%。近日，公司市场部表示要加大本公司的新能源汽车推广力度，从而提高产销量，现要求市场部做一份关于中国新能源汽车市场的调研报告，确定我国新能源汽车产业的优势，增强国家对新能源汽车发展的自信。

现安排4S店市场部的调研员，确定调研主题，收集任务背景信息及客户需求，按照市场调研流程设计市场调查方案、制定调查问卷、开展实地调查和网络市场调查、分析调研资料、撰写调研报告。

调研

工作流程和标准

工作环节 1

接收任务，获取新能源汽车政策信息

1

接收任务书，查阅资料，汇总新能源汽车的相关政策信息。

主要成果：

1. 新能源汽车的政策信息表；
2. 市场调查方案设计工作流程图。

工作环节 2

确定市场调查方案

2

1. 确定市场调查的目的。

准备调查目标确定流程表，试根据任务背景、市场调查方案设计工作流程图，运用调查方法，设计出该项目的调查目标。

2. 确定市场调查内容。

根据调查目标确定流程表，确定市场调查的内容，为选择市场调查对象和调查单位做准备。

3. 选择市场调查对象和调查单位。

结合调查目标确定流程表的调查目标，完成调查对象和调查单位的确定（调查背景是中国新能源汽车市场的调查背景）。

4. 选择市场调查方法。

5. 安排市场调查日程。

请各调研团队的成员依据工作任务中的调查背景，试安排并填写市场调查日程安排表。

6. 预算市场调查经费。

根据工作任务单的调查背景，试着对市场调查的经费进行相应的预算安排，并填写市场调查经费预算表。

7. 撰写市场调查方案。

按照以上步骤，完成市场调查方案的撰写。

主要成果：

1. 调查目标确定流程表；
2. 调查内容与调查目的的关系图；
3. 调查对象与调查单位的确定表；
4. 调查方法的优缺点及适用范围汇总表；
5. 市场调查日程安排表；
6. 市场调查经费预算表；
7. 关于中国新能源汽车市场调查方案。

工作环节 3

制定调查问卷

3

1．确定调查问卷的标题。

根据工作中的调查背景，拟定该项目调查问卷的标题。

2．撰写调查问卷说明词。

以范例的问卷说明为模板，试着设计出工作任务单中关于中国新能源汽车市场调查问卷的问卷说明。

3．设计调查问卷的问题与答案。

分析问卷范例的问题与答案，试着设计出工作任务单中关于中国新能源汽车市场调查问卷的问题与答案。

4．运用调查问卷的设计技巧。

请根据问卷说明词的设计技巧、问题的语言与措辞技巧、问题的排序技巧、试着修改关于中国新能源汽车市场调查问卷的问卷说明。

5．设计市场调查问卷。

请根据问卷范例，试着设计一份完整的关于中国新能源汽车市场的调查问卷并试着调查。

6．修订调查问卷。

学生根据关于中国新能源汽车市场的调查问卷试调查结果，查找问卷中可能存在的问题进行重新修订成最终稿，并总结调查问卷制订流程图。

主要成果：

1. 本次调查问卷的标题；
2. 问卷说明词；
3. 问卷的问题与答案、问卷问题的多种提问方式的思维导图；
4. 关于中国新能源汽车市场调查问卷的问卷说明修订版；
5. 关于中国新能源汽车市场的调查问卷初稿；
6. 关于中国新能源汽车市场的调查问卷最终稿、调查问卷制定流程图。

工作环节 4

开展实地调查和网络市场调研

4

各调研团队，上网收集二手资料，注册问卷星会员、掌握实地调查和网络市场调研的基本知识、调研步骤、方法及技巧、阅读实地调查的范例，并根据已定的调查内容、调查目的、调查问卷，运用实地调查和网络调查的基本知识、方法及技巧，总结出关于中国新能源汽车市场的实地调查和网络调查活动流程并进行调查。

主要成果：

1. 调查人员招聘方案；
2. 调查质量控制方案；
3. 问卷的督查记实表；
4. 有效问卷审查结果记录表；
5. 网上调查问卷。

工作流程和标准

工作环节 5

分析整理调研资料

5

问卷回收、登记与甄别，确认数据资料，填写问卷登记表，每个小组结合工作任务单的任务背景描述及调查的目的和要求，对数据进行分析并形成数据分析报告。

主要成果：
1. 分析调研资料工作流程图；
2. 问卷登记表；
3. 数据分析图表。

工作环节 6

撰写调研报告

6

结合前期新能源市场调查的结果，查找调研报告的结构，撰写方法及注意事项，整理资料分析结果，提炼观点；结合当下社会现象，分析新能源汽车市场出现的问题，找出原因，提出办法；参照调研报告的基本形式撰写中国新能源汽车市场调研报告，加强对中国新能源汽车发展的自信。

主要成果：关于中国新能源汽车市场的调研报告。

工作环节 7

总结拓展

7

总结提炼汽车市场调研的步骤、资料准备及调查规划，形成思维导图。

主要成果：市场调研思维导图（总结市场调研各步骤流程）。

学习内容

知识点	1.1 汽车上牌政策及新能源汽车的相关补贴政策信息表； 1.2 市场调查方案设计工作流程图	2.1 提炼调查目标的方法； 2.2 调查目标确定流程； 2.3 调查方法的种类； 2.4 调查方法的优缺点； 2.5 调查方法的适用范围； 2.6 市场调查日程安排内容； 2.7 市场调查经费预算结构； 2.8 调查方案设计的基本内容和格式； 2.9 撰写调查方案应注意的问题	3.1 调查问卷的标题及说明词的包含要素； 3.2 问卷问题的提问方式技巧； 3.3 问卷问题答案的设计原则； 3.4 问卷说明词、问题的语言与措辞技巧； 3.5 问卷问题的排序技巧； 3.6 调查问卷的构成部分
技能点	1.1 查阅资料确定新能源汽车的相关政策； 1.2 查阅资料，写出市场调查方案设计的工作流程	2.1 确定提炼调查目标的方法； 2.2 向其他组员介绍调查目标确定流程； 2.3 汇总调查方法的种类； 2.4 列出调查方法的优缺点； 2.5 写出调查方法的适用范围； 2.6 汇总市场调查日程安排内容； 2.7 分析市场调查经费预算结构； 2.8 获取调查方案设计的基本内容和格式； 2.9 列出撰写调查方案应注意的问题	3.1 分析调查问卷设计流程，确定本次调查问卷的主题及说明词； 3.2 根据问卷问题提问方式技巧，设计调查问卷的问题； 3.3 根据问卷问题答案设计原则，设计调查问卷的答案； 3.4 根据调查问卷说明词的技巧，修订调查问卷的主题及说明词； 3.5 根据问题的排序技巧，修订问卷的问题与答案顺序； 3.6 根据调查问卷的构成部分，修订问卷的最终稿
工作环节	工作环节 1 接收任务，获取新能源汽车政策信息	工作环节 2 确定市场调查方案	工作环节 3 制定调查问卷
成果	1.1 汽车上牌政策及新能源汽车的相关补贴政策信息表； 1.2 市场调查方案设计工作流程图	2.1 调查目标确定流程表； 2.2 调查内容与调查目的关系图； 2.3 各种调查方法的优缺点及适用范围汇总表； 2.4 汇总调查方法的种类； 2.5 调查方法的优缺点； 2.6 调查方法的适用范围； 2.7 市场调查日程安排表； 2.8 市场调查经费预算表； 2.9 市场调查日程安排表； 2.10 市场调查经费预算表； 2.11 中国新能源汽车市场调查方案	3.1 调查问卷的标题； 3.2 问卷说明词； 3.3 问卷的问题与答案； 3.4 问卷问题的多种提问方式的思维导图； 3.5 调查问卷的标题、说明词、问题与答案修订版； 3.6 调查问卷初稿； 3.7 调查问卷制定流程图
素养	1.1 文笔写作能力； 1.2 沟通表达能力； 1.3 资料整理能力	2.1 文笔写作能力； 2.2 沟通表达能力； 2.3 资料整理能力	2.1 信息检索能力； 2.2 分析问题能力； 2.3 沟通表达能力； 2.4 团队合作能力； 2.5 国情观念

学习任务1 汽车市场调研

4.1 实地调查法； 4.2 调查员的培训内容； 4.3 市场调查质量控制方案内容； 4.4 调查网站会员注册； 4.5 网络市场调研步骤； 4.6 网络市场调研的特点及局限性； 4.7 网络市场调研方法	5.1 资料分析流程； 5.2 资料分析方法及适用领域； 5.3 数据统计工具； 5.4 数据表示方法	6.1 调研报告主体结构； 6.2 调研报告主体撰写格式、步骤、撰写形式	7.1 总结市场调研各步骤的思维导图
4.1 查阅资料，写出实地调查的方法； 4.2 根据背景，确定调查员的培训内容，设计出调查人员的招聘方案； 4.3 围绕调查背景设计出调查质量控制方案的内容； 4.4 自行实践操作问卷星调查网站会员注册； 4.5 根据调查背景实施网上调查问卷的设计； 4.6 填写网上调查问卷； 4.7 将设计好的问卷通过网站、邮件、博客、论坛发布调查，并随时查看答卷详情	5.1 对收集到的问卷进行辨别； 5.2 对收集到的问卷进行整理； 5.3 利用统计工具对数据进行分析； 5.4 挖掘数据分析结果，并用图表展示	6.1 查阅资料，总结调研报告主体及撰写调研报告工作的流程图； 6.2 根据调研结果，分析研究中发现的问题、找出原因、提出办法，撰写调研报告	7.1 学生根据本课程所学的内容进行总结、提炼，形成本课程的思维导图
工作环节 4 **开展实地调查和网络市场调研**	**工作环节 5** **分析整理调研资料**	**工作环节 6** **撰写调研报告**	**工作环节 7** **总结拓展**
4.1 调查人员招聘方案； 4.2 调查质量控制方案； 4.3 问卷的督查纪实表； 4.4 有效问卷审查结果记录表	5.1 分析调研资料工作流程图； 5.2 问卷登记表； 5.3 数据分析图表	6.1 撰写调研报告工作的流程图； 6.2 关于中国新能源汽车市场的调研报告	7.1 市场调研思维导图
4.1 信息检索能力； 4.2 沟通表达能力； 4.3 计算机操作能力	5.1 数据整理能力； 5.2 沟通表达能力； 5.3 计算机操作能力	6.1 国情观念	7.1 总结能力

课程 12 汽车市场营销策划

学习任务 1 汽车市场调研

1 接收任务，获取新能源汽车政策信息 → 2 确定市场调查方案 → 3 制定调查问卷 → 4 开展实地调查和网络市场调研 → 5 分析整理调研资料 → 6 撰写调研报告 → 7 总结拓展

	工作子步骤	教师活动	学生活动	评价
接收任务，获取新能源汽车政策信息	接收任务书，根据背景信息，查阅资料，汇总新能源汽车的相关政策信息	1. 展示课件的工作任务情境，分析任务的目标和学习内容； 2. 发放任务书,确定任务书的关键词，并做好标记； 3. 指导学生使用计算机查阅新能源汽车政策信息； 4. 组织学生用计算机或教材等资料，查找出市场调查方案设计工作的流程，并填写在工作页或各组白板上； 5. 组织学生按组分别派人汇报我国新能源汽车政策信息和市场调查方案设计工作的流程； 6. 总结并点评各组的新能源汽车相关政策信息及市场调查方案设计工作的流程、信息和市场调查方案设计工作的流程	1. 观看课件，确定课程任务的目标及学习内容； 2. 接收并阅读任务书，确定关键词等信息并标记； 3. 听取教师说明按组分别使用计算机查阅我国新能源汽车政策信息； 4. 通过用计算机或教材等资料，总结出市场调查方案设计工作的流程，并填写在工作页或各组白板上； 5. 按组分别派学生汇报我国新能源汽车政策信息和市场调查方案设计工作的流程； 6. 听取教师点评	1. 自评： (1) 根据本节课内容进行自评本组是否能汇总出新能源汽车的相关政策信息； (2) 是否能设计市场调查方案的工作流程； (3) 自评本组在完成任务时的优点和不足之处。 2. 互评：由其他组口头评价各组的信息表是否准确、完整、清晰并选出最优的小组。 3. 师评：口头点评各组展示的我国新能源汽车的相关政策和市场调查方案设计工作流程是否完整、准确
	课时：2 课时 1. 硬资源：汽车营销学习工作站（含可上网计算机 4 台）、汽车销售工具夹（纸、笔、名片、产品宣传单张、便笺、报价表、合同、试乘试驾表、活动所需用的表格）、礼物等。 2. 软资源：课件、任务书等。 3. 教学设施：一体机、白板、A1 纸、水笔等			
确定市场调查方案	1. 确定市场调查目的； 2. 调查内容； 3. 调查对象、调查单位	1. 展示了解企业需要解决问题的方法、提炼调查目标的方法、调查目标确定流程等关键信息，要求学生按组分析讨论该企业需要解决的问题及调查目标确定流程，填写调查目标确定流程表； 2. 抽问并点评各组学生调查目标的确定方法； 3. 指导学生使用餐垫法在 A0 纸上分别写出需解决的问题和调查的目的及其对应的调查内容，再依次旋转查看其他组员所写的内容，总结出小组最优的答案； 4. 指导各组展示答案，并由其他组进行点评；	1. 查看教师展示的关键信息，按组分析讨论该企业需要解决的问题及调查目标确定流程，填写调查目标确定流程表； 2. 回答教师问题，听取教师点评； 3. 使用餐垫法在 A0 纸上分别写出需解决的问题及调查的目的及其对应的调查内容，再依次旋转查看其他组员所写的内容，总结出小组最优的答案； 4. 按组展示答案，其余组点评；	1. 自评：各小组根据本次课的内容自评本小组是否能确定调查目标及调查内容，并说明本组在完成任务时的优点和不足之处； 2. 互评：由其他组口头评价各组的调查目标确定流程表是否准确、完整、清晰，并选出最优答案小组； 3. 师评：通过抽问判断各组调查目标确定流程表是否准确，与企业需要解决的问题是否相符

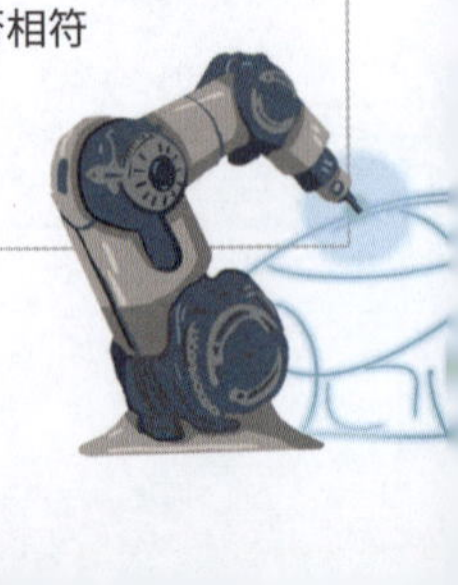

确定市场调查方案

工作子步骤	教师活动	学生活动	评价
	5. 教师总结调查目的与调查内容的关系	5. 听取其他组对本组的建议，总结完善本组的调查目的和调查内容	
课时： 2 课时 1. 硬资源：汽车营销学习工作站等。 2. 软资源：课件、教材、工作页、调查目标确定流程表等。 3. 教学设施：一体机、白板、A0 纸、水笔等			
选择市场调查方法	1. 按组发放调查方法的优缺点及适用范围汇总表，要求学生查阅教材进行汇总并填写； 2. 组织各组交叉学习其他组的流程，并修改本组的汇总表； 3. 组织各组投票选出最佳的汇总表； 4. 抽问每一种调查方法的优缺点等内容，并展示正确答案； 5. 组织学生按小组汇总分别说出每一种调查方法的优缺点及适用范围； 6. 总结调查方法的种类及优缺点和适用范围	1. 接收调查方法的优缺点及适用范围表格，查阅资料，汇总调查方法的种类及其优缺点和其所适用范围； 2. 交叉学习其他组所汇总的内容，并修改本组的表格； 3. 对各组的表格进行投票，选出最优的一组； 4. 回答教师提问； 5. 组内按序分别说出每一类调查方法的优缺点； 6. 听取并总结调查方法种类	1. 自评：各小组根据本次课内容自评，本小组针对本任务选择的调查方法是否恰当合适，以及自评本组在完成本任务时的优点和不足之处； 2. 互评：由其他组讨论推荐选出最准确，汇总表内容最清晰、最完整的一组； 3. 师评：通过抽问判断各组调查方法的掌握情况，及企业需要解决的问题是否选择合适的调查方法
课时： 2 课时 1. 硬资源：汽车营销学习工作站等。 2. 软资源：课件、教材、工作页、调查方法的优缺点及适用范围汇总表等。 3. 教学设施：一体机、白板、A0 纸、水笔等			

课程 12 汽车市场营销策划

学习任务 1 汽车市场调研

1 接收任务，获取新能源汽车政策信息 → 2 确定市场调查方案 → 3 制定调查问卷 → 4 开展实地调查和网络市场调研 → 5 分析整理调研资料 → 6 撰写调研报告 → 7 总结拓展

确定市场调查方案

工作子步骤	教师活动	学生活动	评价
1. 安排市场调查日程； 2. 预算市场调查经费	1. 按组发放市场调查日程安排表及市场调查经费预算表汇总表，要求学生查阅教材工作页等资料进行汇总并填写； 2. 组织各组交叉学习其他组的表格后并修改本组的表格； 3. 组织各组投票选出最优的汇总表； 4. 随机抽问两表中的内容并展示正确答案； 5. 组织学生组内按序分别说出每项日程安排和每项市场调查经费预算依据； 6. 总结日程安排和市场调查经费预算依据	1. 接收市场调查日程安排表及市场调查经费预算表，小组讨论，填写好市场调查日程安排表及市场调查经费预算表； 2. 交叉学习其他组所填写的表格后修改本组的表格； 3. 对各组的表格进行投票，选出最优的一组； 4. 回答教师提问； 5. 组内按序分别说出每项日程安排和每项市场调查经费预算依据； 6. 听取并总结各组的日程安排和市场调查经费预算依据	1. 自评：各小组根据教师的授课内容自评本组的日程安排表和市场调查经费预算的依据，并说明本小组在完成任务中的优缺点； 2. 互评：由其他组讨论推荐选出最准确，汇总表内容最清晰、依据最完整的一组； 3. 师评：通过随机抽问判断各组市场调查日程的安排和市场调查经费预算结构的掌握情况，及企业需要解决的问题是否选择合适的调查方法
课时： 2 课时 1. 硬资源：汽车营销学习工作站等。 2. 软资源：课件、教材、工作页、市场调查日程安排表、市场调查经费预算表等。 3. 教学设施：一体机、白板、A0 纸、水笔等			
撰写市场调查方案	1. 下达撰写市场调查方案的任务，要求学生查阅教材工作页获取调查方案设计的基本内容和格式、列出撰写调查方案应注意的问题、列出调查方案的可行性判断方法； 2. 组织各组交叉学习其他组的方案，结合其他组的优点修改本组的方案； 3. 组织各组投票选出最佳的调查方案； 4. 随机抽问调查方案的基本内容、格式和撰写调查方案应注意的问题，并展示正确答案； 5. 组内讨论分别说出本组及其他组在完成任务中的优点和不足之处； 6. 总结调查方案的基本内容、格式，及撰写调查方案应注意的问题	1. 接收撰写市场调查方案任务，查阅资料，获取调查方案设计的基本内容和格式、列出撰写调查方案应注意的问题、列出调查方案的可行性判断方法； 2. 交叉学习其他组汇总列举的内容及方案，并修改本组的方案； 3. 对各组的方案进行投票，选出最优的一组； 4. 回答教师提问； 5. 组内讨论分别说出本组及其他组在完成任务中的优点和不足之处； 6. 听取并总结撰写市场调查方案的基本内容、格式及应注意事项	1. 自评：各小组根据教师的授课内容自评本组的方案，并说明本小组在完成本任务时的优点和不足之处； 2. 互评：由其他组讨论推荐选出最完整、最佳的一组方案； 3. 师评：通过抽问判断各组调查方案撰写的掌握情况，及企业需要解决的问题是否选择合适的调查方案
课时： 4 课时 1. 硬资源：汽车营销学习工作站等。 2. 软资源：课件、教材、工作页、市场调查方案设计范例等。 3. 教学设施：一体机、白板、A0 纸、水笔等			

基准学时：36

1 接收任务，获取新能源汽车政策信息　2 确定市场调查方案　3 制定调查问卷　4 开展实地调查和网络市场调研　5 分析整理调研资料　6 撰写调研报告　7 总结拓展

制定调查问卷

工作子步骤	教师活动	学生活动	评价
1. 根据工作中的调查背景，拟定该项目调查问卷的标题； 2. 根据范例，试着设计调查问卷的说明词； 3. 根据范例设计问卷的问题与答案	1. 发放学习任务书或工作页，任务书或工作页上设置不同内容的调查问卷标题、说明词、问卷问题与答案的排序，要求学生判断哪些是正确完整的问卷标题、说明词和问卷问题与答案的排序技巧； 2. 要求学生总结并列出问卷标题包括的要素及说明词涉及的内容； 3. 要求学生参照范例，总结出问卷问题的多种提问方式思维导图； 4. 讲授并点评问卷问题的多种提问方式思维导图； 5. 点评学生的表现，表现好的提出表扬，表现不好的给予更多的关注与提点； 6. 引导学生总结梳理本课的重点、难点	1. 接收学习任务，判断工作页或任务书上各种调查问卷标题、问卷说明词、问题与答案的排序是否合理； 2. 列出问卷标题包括的要素及说明词涉及的内容； 3. 写出设计问卷问题的技巧和排序技巧； 4. 参照范例，总结出问卷问题的多种提问方式思维导图； 5. 听取教师的点评； 6. 总结梳理本课的重点、难点	1. 自评：各小组根据教师的授课内容自评本组的完成内容，并说明本小组在完成本任务时的优点和不足之处。 2. 互评：由其他组讨论互评并推荐选出综合分最优的一组。 3. 师评： （1）根据学生列表，点评学生是否能判断正确完整的问卷标题、说明词和问卷问题与答案的排序技巧； （2）根据学生列出的问卷标题包括的要素及说明词涉及的内容、问卷问题与答案排序设计技巧，问卷问题的多种提问方式思维导图，点评学生； （3）根据学生完成本任务的课堂表现来点评学生
课时：4 课时 1. 硬资源：汽车营销学习工作站（含可上网计算机 4 台）等。 2. 软资源：教材、工作页、课件、任务书等。 3. 教学设施：一体机、白板、A0 纸、水笔等			
1. 修订问卷的标题、问卷说明词及问卷的问题和答案的排序； 2. 设计市场调查问卷； 3. 修订调查问卷最终稿	1. 讲解问卷说明词设计技巧，要求学生重新修订问卷的标题； 2. 讲解问卷问题的语言与措辞技巧，要求学生重新修订问卷说明词； 3. 讲解问卷问题的排序技巧，要求学生重新修订问卷问题的排序； 4. 要求学生查阅资料，参考范例，设计调查问卷的初稿； 5. 引导学生修订调查问卷终稿； 6. 点评学生完成的调查问卷，并点评学生完成本次任务的表现，表现好的提出表扬，表现不好的给予更多的关注与提点； 7. 引导学生总结梳理本课的重点、难点	1. 重新修订问卷的标题； 2. 重新修订问卷说明词； 3. 重新修订问卷问题的排序； 4. 设计调查问卷初稿； 5. 修订调查问卷终稿； 6. 听取教师的点评； 7. 总结梳理本课的重点、难点	1. 自评：各小组根据教师的授课内容自评本组的完成内容，并说明本小组在完成本任务时的优点和不足之处。 2. 互评：由其他组讨论互评并推荐选出综合分最优的一组。 3. 师评： （1）根据学生完成的调查问卷，点评学生是否掌握正确完整的问卷标题、说明词和问卷问题与答案的排序技巧； （2）根据学生完成本任务的课堂表现来点评学生
课时：2 课时 1. 硬资源：汽车营销学习工作站等。 2. 软资源：课件、教材、工作页、市场调查日程安排表、市场调查经费预算表等。 3. 教学设施：一体机、白板、A0 纸、水笔等			

学习任务 1 汽车市场调研

1 接收任务，获取新能源汽车政策信息 → 2 确定市场调查方案 → 3 制定调查问卷 → 4 开展实地调查和网络市场调研 → 5 分析整理调研资料 → 6 撰写调研报告 → 7 总结拓展

开展实地调查和网络市场调研

工作子步骤	教师活动	学生活动	评价
根据制定的调查问卷,确定调查方法，开展实地调查	1. 指导学生查找教材、工作页等学习资料，要求学生总结出实地调查的优势与不足； 2. 指导学生查找教材、工作页参考范例，制订调查人员招聘方案； 3. 设疑：如何进行实地调查？实地调查有哪些步骤、方法？要求学生列出实地调查的步骤及调查方法； 4. 引导学生查阅资料，并根据所学的实地调查知识，分析讨论列出市场调查人员调查培训的项目与内容； 5. 引导学生观察总结实地调查实施过程中出现的相关情况，制作督查纪实表； 6. 点评学生完成本次任务的表现； 7. 引导学生总结梳理本课的重点、难点	1. 查找教材等学习资料，认识并总结出实地调查的优势与不足； 2. 参考范例并在教师指导下，制订调查人员招聘方案； 3. 根据实地调查的步骤，确定调查对象、调查地点，然后进入现场建立关系，运用技巧，选择合适的实地调查方法进行调查； 4. 根据背景材料、查阅资料，列出市场调查人员调查培训的项目与内容； 5. 根据实地调查实施过程中的情况，制作督查纪实表； 6. 听取教师的点评； 7. 总结梳理本课的重点、难点	1. 自评：各小组根据教师的授课内容自评本组的完成内容，并说明本小组在完成本任务时的优点和不足之处。 2. 互评：由其他组讨论互评并推荐选出综合分最优的一组。 3. 师评： (1) 是否了解实地调查法的优势与不足； (2) 调查人员招聘方案是否完整； (3) 实地调查法选取是否理； (4) 根据调查背景，是否有制作市场调查人员调查培训的项目与内容表； (5) 能根据实地调查实施过程中出现的相关情况，制作督查纪实表

课时： 4 课时

1. 硬资源：汽车营销学习工作站（含可上网计算机 4 台）等。
2. 软资源：教材、工作页、课件、任务书等
3. 教学设施：一体机、白板、A0 纸、水笔等

基准学时：36

1 接收任务，获取新能源汽车政策信息 → 2 确定市场调查方案 → 3 制定调查问卷 → 4 开展实地调查和网络市场调研 → 5 分析整理调研资料 → 6 撰写调研报告 → 7 总结拓展

	工作子步骤	教师活动	学生活动	评价
开展实地调查和网络市场调研	根据背景材料，通过网上注册问卷星，制定网上调查问卷，开展网络调查	1. 指导学生查找教材、工作页等学习资料，要求学生总结出网络调查的步骤及其特点和局限； 2. 指导学生通过查找资料或工作页等参考资料，写出网络市场调研的方法； 3. 指导学生注册问卷星会员； 4. 引导学生通过问卷星版面，设计网上调查问卷的填写、发布和查看答卷详情； 5. 点评学生完成本次任务的表现，表现好的提出表扬，表现不好的给予更多的关注与提点； 6. 引导学生总结梳理本课的重点、难点	1. 在教师的指导下查找教材等学习资料，写出网络市场的步骤、特点及局限； 2. 通过查找资料或工作页等参考资料，写出网络市场调研的方法； 3. 参考教材或工作页，在教师指导下，注册问卷星会员； 4. 根据问卷星提供的版面，设计网上调查问卷，并通过网站、邮件、博客、论坛发布调查并随时查看答卷详情； 5. 听取教师的点评； 6. 总结梳理本课的重点、难点	1. 自评：各小组根据授课内容对本组的完成内容进行自评，并说明本小组在完成本任务时的优点和不足之处。 2. 互评：由其他组讨论互评并推荐选出综合分最优秀的一组。 3. 师评： (1) 点评学生对网上调查法的优势与不足是否了解； (2) 根据要求，点评学生是否会注册问卷星会员； (3) 点评学生是否能够按要求设计网上调查问卷及填写并发布
	课时： 4 课时 1. 硬资源：汽车营销学习工作站、可上网计算机学习工作站等。 2. 软资源：教材、工作页、课件、任务书等。 3. 教学设施：一体机、白板、A0 纸、水笔等			
分析整理调研资料	问卷回收、登记与甄别，确认数据资料，填写问卷登记表，分析整理调研资料	1. 指导学生运用教材或搜索引擎，收集二手资料，了解并写出数据分析的基本流程和主要方法； 2. 引导学生在线查看和阅读资料，分析案例； 3. 指导学生对调查员交来的问卷，认真细致地做好回收与登记、审核与编号、分组、编码以及数据录入，为下一步的数据分析做准备； 4. 指导学生参阅范例，制作数据分析任务书，选择适当的数据处理软件进行数据分析，并将数据分析结果用图表进行展示； 5. 点评学生完成本次任务的表现； 6. 引导学生总结梳理本课的重点、难点	1. 运用教材或搜索引擎，收集二手资料，了解并写出数据分析的基本流程和主要方法； 2. 在线查看和阅读资料，分析案例； 3. 对调查员交来的问卷，认真细致地做好回收与登记、审核与编号分组编码以及数据录入，为下一步的数据分析做准备； 4. 参阅范例，制作数据分析任务书，选择适当的数据处理软件进行数据分析，并将数据分析结果用图表进行展示； 5. 听取教师点评； 6. 学生总结梳理本课的重难点	1. 自评：各小组根据本节课内容自评本小组在完成任务时的优点和不足之处。 2. 互评：由其他组口头评价各组在完成任务时的优点和不足之处，最终推荐选出最优的一组。 3. 师评： (1) 通过抽问判断各组分析调研工作流程表是否准确； (2) 通过每个小组的问卷是否做到认真细致地做好回收与登记、审核与编号、分组、编码以及数据录入； (3) 点评每个小组是否将数据分析结果用图表进行展示； (4) 点评完成本任务时每个小组的表现
	课时： 4 课时 1. 硬资源：汽车营销学习工作站、可上网计算机学习工作站等。 2. 软资源：教材、工作页、课件、问卷登记表等。 3. 教学设施：一体机、白板、A0 纸、水笔等			

课程 12 汽车市场营销策划

学习任务 1 汽车市场调研

1 接收任务，获取新能源汽车政策信息 → 2 确定市场调查方案 → 3 制定调查问卷 → 4 开展实地调查和网络市场调研 → 5 分析整理调研资料 → 6 撰写调研报告 → 7 总结拓展

撰写调研报告

工作子步骤	教师活动	学生活动	评价
根据前期的调研，撰写调研报告	1. 指引学生查找教材工作页等资料，总结撰写调研报告工作的流程图，做好写作准备； 2. 讲授调研报告的主体撰写格式、步骤、撰写形式； 3. 指导学生参阅范例，撰写我国新能源汽车市场调研报告，并提交展示汇报我国新能源汽车市场状况，确定我国新能源汽车产业的优势，增强对国家新能源汽车发展和市场的自信； 4. 组织小组进行自评、互评，点评评选出最佳的调研报告； 5. 引导学生总结梳理本课的重难点	1. 查找教材工作页等资料，总结出撰写调研报告工作的流程图，做好写作准备； 2. 在教师指导下，学习调研报告的主体撰写格式、步骤、撰写形式； 3. 参阅范例，撰写我国新能源汽车市场状况调研报告，并提交展示汇报我国新能源汽车市场状况和新能源汽车产业的优势； 4. 听取教师及其他小组的点评； 5. 总结梳理本课的重难点	1. 自评：各小组根据授课内容对本组的完成内容进行自评，并说明本小组在完成本任务时的优点和不足之处。 2. 互评：由其他组讨论互评并推荐选出最优秀的调研报告。 3. 师评： (1) 点评学生的调研报告主体格式、撰写形式是否正确； (2) 根据任务背景，点评学生的调研报告是否达到企业的要求，有无准确反映出我国新能源汽车产业的优势和市场状况； (3) 点评学生在完成本任务时的优点和不足之处

课时： 3 课时

1. 硬资源：汽车营销学习工作站、可上网计算机学习工作站等。
2. 软资源：教材、工作页、课件等。
3. 教学设施：一体机、白板、A0 纸、水笔等

1 接收任务，获取新能源汽车政策信息 → 2 确定市场调查方案 → 3 制定调查问卷 → 4 开展实地调查和网络市场调研 → 5 分析整理调研资料 → 6 撰写调研报告 → 7 总结拓展

	工作子步骤	教师活动	学生活动	评价
总结拓展	总结提炼市场调研的步骤，资料准备及调查规划，形成思维导图	1. 指导学生查阅教材、工作页、笔记，总结每个小任务的流程； 2. 指引学生制定市场调研的思维导图； 3. 组织学生展示讲解市场调研思维导图，包括设计市场调查方案、制定调查问卷、开展实地调查和网络市场调研、分析调研资料、撰写调研报告相关知识等； 4. 组织学生进行评比拍照，根据评价结果，选出最优秀的市场调研思维导图，并颁发笔记本； 5. 组织学生进行本任务的整体评价及布置课后任务，查阅不少于10份调研报告，并思考其优点或不足； 6. 组织学生进行8S管理	1. 查阅教材工作页、笔记，总结每个小任务的流程； 2. 制定市场调研的思维导图； 3. 展示讲解市场调研思维导图，包括设计市场调查方案、制定调查问卷、开展实地调查和网络市场调研、分析调研资料、撰写调研报告相关知识等； 4. 记录并完成课后任务，查阅不少于10份调研报告，并思考其优点或不足； 5. 8S管理	1. 自评：各小组根据授课内容对本组的完成内容进行自评，并说明本小组在完成本课程任务时的优点和不足之处。 2. 互评：由其他组讨论互评并推荐选出最优秀的调研报告和最优秀的小组。 3. 师评： (1) 点评学生的思维导图； (2) 点评学生在完成本课程任务时的优点和不足之处

课时：3 课时

1. 硬资源：汽车营销学习工作站等。
2. 软资源：教材、工作页、课件、笔记等。
3. 教学设施：一体机、白板、A0 纸、水笔等

汽车市场营销策划

学习任务 2 汽车营销活动策划

任务描述

学习任务学时：36 课时

任务情境

中国消费者协会公布了上一年的车企销量排行榜后，各大车企公司为了在未来激烈的汽车市场中能够进一步发展，提升品牌地位，更好地达到销售目标，现要求各汽车 4S 店制订出较为完善的汽车营销策划方案，从而有效地推动提升企业核心竞争力和完成企业产品的销售目标。具体工作任务要求如下：

学生自行选择一个品牌汽车，搜索相关的中秋节习俗文化知识，制订节日促销方案，由小组成员集体完成一份汽车营销活动策划，并评价其他组方案的优缺点，参考他人意见修订活动策划方案。

汽车市场营销策划

工作流程和标准

工作环节 1

接收任务，确定品牌

1

接收任务，小组讨论，搜集查阅中秋节习俗文化资料，通过市场调研等方式确定品牌，并用 SWOT 分析法来分析该品牌的市场现状。

主要成果：本品牌与中国近 8 年汽车产销量图表、SWOT 分析图。

工作环节 2

确定活动营销方式，设计活动广告

2

1. 查阅资料、教材，运用手机或电脑进行微信、微博的注册。
2. 关注汽车 4S 店 App，分析 App 营销的好处、亮点和方式，总结介绍汽车 4S 店 App 平台销售流程。
3. 根据团队营销的特点及对象、形式，分析 4S 店团购策划方案，总结汽车 4S 店团购营销流程。
4. 查找并阅读店面销售案例，总结 4S 店店面销售流程。
5. 根据客户信息，对大客户进行分类，建立大客户信息数据库。
6. 搜索跨界营销范例，汇总跨界活动营销伙伴。
7. 确定本组营销方式，制作营销活动广告。

主要成果：

1. 微信、微博账号、微信营销方式思维导图、微博营销方式思维导图；
2. 汽车 4S 店 App 平台销售流程；
3. 汽车团购流程；
4. 汽车 4S 店店面营销思维导图；
5. 汽车 4S 店大客户营销思维导图；
6. 汽车 4S 店跨界活动营销伙伴思维导图；
7. 汽车 4S 店营销活动广告设计图。

学习任务 2 汽车营销活动策划

工作环节 3

制订营销活动策划方案

3

1. 根据营销活动广告，结合汽车 4S 店营销模式及汽车市场营销活动策划的原则，确定活动主题、口号，并小组讨论制订本组的营销活动策划方案。
2. 分析策划方案的优缺点、全面性等，参考他人意见及建议修订活动策划方案。

主要成果：

1. 营销活动主题；
2. 营销活动口号；
3. 营销活动策划方案。

工作环节 4

布置及实施活动方案

4

根据活动策划方案及人员分工，收集活动所需材料、物料清单，制作中秋节主题的促销海报、横幅、口号等，并根据活动方案，进行解说及活动现场的布置。

主要成果：

1. 销售工具夹；
2. 活动横幅海报；
3. 人员分工表；
4. 物料清单。

工作环节 5

活动评估，总结拓展

5

各团队对各组的营销活动策划方案进行自评、互评，教师点评总结并拓展汽车 4S 店常见的营销活动策划流程，并形成本课程的思维导图。

主要成果：汽车营销活动策划思维导图。

课程 12 汽车市场营销策划

学习内容

知识点	1.1 SWOT 市场分析法； 1.2 汽车 4S 店营销策略	2.1 汽车 4S 店微信、微博营销； 2.2 汽车 4S 店 APP 营销； 2.3 汽车 4S 店团购营销； 2.4 汽车 4S 店店面营销； 2.5 汽车 4S 店大客户营销； 2.6 汽车 4S 店跨界营销； 2.7 汽车 4S 店广告营销	3.1 汽车市场营销活动策划的原则； 3.2 汽车市场营销活动策划的要点； 3.3 汽车市场营销活动策划的方案设计
技能点	1.1 确定品牌，查阅收集资料，进行市场调查分析； 1.2 查找资料，汇总出汽车 4S 店营销策略	2.1 注册微信、建立公众号、微博账号、发布微博； 2.2 关注汽车 4S 店 App，总结 App 平台销售流程； 2.3 分析 4S 店团购策划方案，总结汽车 4S 店团购营销流程； 2.4 查找并阅读店面销售案例，总结 4S 店店面销售流程； 2.5 根据客户信息，对大客户进行分类，建立大客户信息数据库； 2.6 搜索跨界营销范例，汇总跨界活动营销伙伴； 2.7 确定本组营销方式，制作营销活动广告	3.1 根据营销活动广告，查找资料，阅读案例，总结出汽车市场营销活动策划的原则及要点； 3.2 确定活动主题、口号并向其他组员介绍； 3.3 根据活动主题口号及策划要点，制订本组的营销活动策划方案； 3.4 评价他人方案，并参考其他组的意见修订策划方案
工作环节	工作环节 1 接收任务，确定品牌	确定活动营销方式，设计活动广告 工作环节 2	工作环节 3 制订营销活动策划方案
成果	1.1 本品牌与中国近 8 年汽车产销量图表； 1.2 SWOT 分析图	2.1 微信、微博营销方式思维导图； 2.2 汽车 4S 店 App 平台销售流程； 2.3 汽车 4S 店团购销售流程； 2.4 汽车 4S 店店面营销流程； 2.5 汽车 4S 店大客户营销思维导图； 2.6 汽车 4S 店跨界活动营销伙伴思维导图； 2.7 汽车 4S 店营销活动广告设计图	3.1 营销活动的主题； 3.2 营销活动的口号； 3.3 营销策划活动方案
素养	1.1 信息检索能力； 1.2 阅读理解能力； 1.3 总结能力； 1.4 国情观念（传统文化）	2.1 办公软件能力； 2.2 沟通表达能力； 2.3 资料整理能力	3.1 文笔写作能力； 3.2 沟通表达能力； 3.3 团队协作能力

学习任务 2 汽车营销活动策划

4.1 活动现场执行要点； 4.2 现场活动人员工作责任配置表； 4.3 活动现场的危机预防管理	5.1 典型市场营销活动的策划
4.1 根据活动方案，进行人员工作责任配置； 4.2 统计现场活动物料清单，制作中秋节海报等； 4.3 查阅参考活动案例视频，布置活动现场及列举活动现场的危机预防管理内容	5.1 学生根据本课程所学的内容进行总结、提炼，形成汽车营销活动策划的思维导图
工作环节 4 **布置及实施活动方案**	**工作环节 5** **活动评估，总结拓展**
4.1 现场活动人员工作表； 4.2 现场活动物料清单； 4.3 活动现场布置图	5.1 各种汽车营销活动策划思维导图
4.1 信息检索能力； 4.2 沟通表达能力； 4.3 团队协作能力； 4.4 国情观念（传统文化）	5.1 活动评估能力； 5.2 活动总结能力

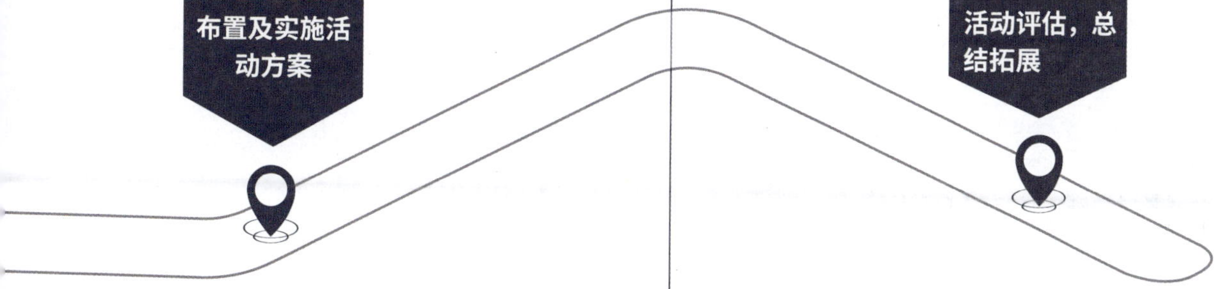

学习任务 2 汽车营销活动策划

1 接收任务，确定品牌 → 2 确定活动营销方式，设计活动广告 → 3 制订营销活动策划方案 → 4 布置及实施活动方案 → 5 活动评估，总结拓展

	工作子步骤	教师活动	学生活动	评价
接收任务，确定品牌	接收任务书，根据任务背景描述，进行市场调研分析、确定品牌	1. 展示课件并讲解本工作任务情境，分析任务的目标和学习内容； 2. 发放任务书，确定任务书的关键词，并做好标记； 3. 指导学生按组分别通过教材、计算机或手机搜集中秋节的习俗文化，并了解中国汽车市场近 8 年来的产销量； 4. 组织小组通过对中国汽车近 8 年来的产销量进行分析，最终确定本组品牌； 5. 讲解 SWOTW 分析法，组织学生运用 SWOT 分析法分析本组品牌汽车的趋势； 6. 组织学生展示汇报及评价，最后总结点评各组的成果及完成本任务时的具体表现	1. 通过教师讲解，明确本课程的任务及学习目标、学习内容； 2. 接收并阅读任务书，确定关键词等信息并标记； 3. 按组分别通过教材、计算机或手机搜集中秋节的习俗文化，并了解中国汽车市场近 8 年来的产销量； 4. 小组通过对中国汽车近 8 年来的产销量进行分析，最终确定本组品牌； 5. 通过学习 SWOT 分析法，运用其来分析展示汇报本组品牌汽车的趋势； 6. 汇报本组的成果，并进行自评和互评，听取教师点评； 7. 完成课后作业：自行运用 SWOT 分析其他品牌汽车市场	1. 自评： (1) 根据本节课内容自评本组是否能汇总出中国汽车近 8 年来的产销量； (2) 是否会运用 SWOT 分析法来分析本组品牌汽车的趋势； (3) 自评本组在完成任务时的优点和不足之处。 2. 互评：组与组之间进行互评，评价各组完成任务时的表现及完成情况，并选出综合最优的小组。 3. 师评：点评各组所展示成果及各组完成本任务时的优点和不足之处
	课时： 2 课时 1. 硬资源：汽车营销学习工作站（含可上网计算机 4 台、手机 8 台）等。 2. 软资源：教材、课件、任务书或工作页等。 3. 教学设施：一体机、白板、A1 纸、水笔等			
确定活动营销方式，设计活动广告	注册微博账号及发布微博	1. 组织学生查阅资料及授课，让学生认识微信微博营销的模式及其各自的优势及种类； 2. 组织学生通过电脑或手机建立微信账号、公众号、订阅号及注册微博账号； 3. 指导学生使用餐垫法在 A0 纸上分别写出需解决的问题及微信、公众号、订阅号、微博发布的内容及要点和技巧，再依次旋转查看其他组员所写的内容，总结出小组最优的成果； 4. 组织各组展示汇报；	1. 查阅资料及根据授课内容，认识微信微博营销的模式及其各自的优势及种类； 2. 通过电脑或手机注册微信公众号、订阅号、微博账号； 3. 使用餐垫法在 A0 纸上分别写出需解决的问题及微信、公众号、订阅号、微博发布的内容及要点和技巧，再依次旋转查看其他组员所写的内容，总结出小组最优的成果； 4. 按组展示汇报；	1. 自评：各小组根据本组是否按能按要求完成微信、微博、公众号的注册及发布内容及完成任务时组员的表现情况等进行评价； 2. 互评：组与组之间进行互评，评价各组完成任务时的表现及完成情况，并选出综合最优的小组；

1 接收任务，确定品牌 → 2 确定活动营销方式，设计活动广告 → 3 制订营销活动策划方案 → 4 布置及实施活动方案 → 5 活动评估，总结拓展

确定活动营销方式，设计活动广告

<table>
<tr><th>工作子步骤</th><th>教师活动</th><th>学生活动</th><th>评价</th></tr>
<tr><td></td><td>5. 组织各组学生进行自评及互评，最后点评各组的成果及在完成本任务时的表现</td><td>5. 对汇报的成果进行自评及互评，听取其他组及教师对本组的建议，总结完善本组的营销方式模式；
6. 完成课后作业：每人发布一则汽车营销的微博</td><td>3. 师评：点评各组所展示的成果及各组完成本任务时的优点和不足之处</td></tr>
<tr><td colspan="4">课时：2 课时
1. 硬资源：汽车营销学习工作站（含可上网计算机 4 台、手机 8 台）等。
2. 软资源：教材、课件、任务书或工作页等。
3. 教学设施：一体机、白板、A1 纸、水笔等</td></tr>
<tr><td>关注汽车 4S 店 App，分析 App 营销的好处及亮点和方式，总结 App 平台平台销售流程</td><td>1. 组织学生查阅资料及授课，让学生认识 App 营销；
2. 组织学生通过电脑或手机关注本组汽车品牌 4S 店的 App；
3. 指导学生使用头脑风暴法讨论，然后在 A0 纸上分别写出 App 营销的好处及亮点，再依次旋转查看其他组员所写的内容；
4. 组织各组展示并向其他组员汇报本组汽车品牌 4S 店的 App 营销推广方式及要点；
5. 组织各组学生进行自评互评，点评各组的成果及在完成本任务时的表现，最后总结出 4S 店 App</td><td>1. 查阅资料，根据授课内容，认识 App 营销；
2. 通过电脑或手机关注本组汽车品牌 4S 店的 App；
3. 使用头脑风暴法讨论，然后在 A0 纸上分别写出 App 营销的好处及亮点，再依次旋转查看其他组员所写的内容；
4. 按组展示并向其他组员汇报本组汽车品牌 4S 店的 App 营销推广方式及要点；
5. 对汇报的成果进行自评及互评，听取其他组及教师对本组的建议，完善本组的成果，并总结出汽车 4S 店 App 平台销售流程；
6. 完成课后作业：每人关注了解不少于 5 个品牌汽车的 App</td><td>1. 自评：各小组根据本组是否按能按要求完成关注本组汽车品牌 4S 店的 App、总结出汽车 4S 店 App 平台销售流程及完成任务时组员的表现情况等进行评价；
2. 互评：组与组之间进行互评，评价各组完成任务时的表现及完成情况，并选出综合最优的小组；
3. 师评：点评各组所展示的成果及各组完成本任务时的优点和不足之处</td></tr>
<tr><td colspan="4">课时：4 课时
1. 硬资源：汽车营销学习工作站（含可上网计算机 4 台、手机 8 台）等。
2. 软资源：教材、课件、任务书或工作页等。
3. 教学设施：一体机、白板、A1 纸、水笔等</td></tr>
</table>

学习任务 2 汽车营销活动策划

1 接收任务，确定品牌 → 2 确定活动营销方式，设计活动广告 → 3 制订营销活动策划方案 → 4 布置及实施活动方案 → 5 活动评估，总结拓

确定活动营销方式，设计活动广告

工作子步骤	教师活动	学生活动	评价
根据团队营销的特点及对象、形式，分析 4S 店团购策划方案，总结汽车 4S 店团购营销流程	1. 组织学生查阅资料及授课，让学生认识汽车团购； 2. 组织学生通过电脑或手机阅读相关汽车团购的案例，分析出团购营销的特点及对象； 3. 指导学生使用餐垫法在 A0 纸上分别写出团购的形式及要点，再依次旋转查看其他组员所写的内容； 4. 组织各组展示并向其他组员汇报本组总结出的汽车团购流程； 5. 组织各组学生进行自评互评，点评各组的成果及在完成本任务时的表现，最后总结出汽车团购流程	1. 查阅资料及根据授课内容，认识汽车团购； 2. 阅读相关汽车团购的案例，分析出团购营销的特点及对象； 3. 使用餐垫法在 A0 纸上分别写出团购的形式及要点，再依次旋转查看其他组员所写的内容； 4. 按组展示并向其他组员汇报本组总结出的汽车团购流程； 5. 对完成的任务进行自评及互评，听取其他组及教师对本组的建议，完善本组的团购流程； 6. 完成课后作业：自行试写团购方案	1. 自评：各小组根据本组是否按能按要求完成任务、总结出汽车团购流程及对组员在完成任务时的表现情况等进行评价； 2. 互评：组与组之间进行互评，评价各组完成任务时的表现及完成情况，并选出综合最优的小组； 3. 师评：点评各组所展示的成果及各组完成本任务时的优点和不足之处
课时： 4 课时 1. 硬资源：汽车营销学习工作站（含可上网计算机 4 台、手机 8 台）等。 2. 软资源：教材、课件、任务书或工作页等。 3. 教学设施：一体机、白板、A1 纸、水笔等			
查找并阅读店面销售案例，总结 4S 店店面销售流程	1. 组织学生查阅资料及授课，让学生认识汽车店面营销； 2. 组织学生通过电脑或手机阅读相关汽车营销的案例，分析出店面营销的目标； 3. 指导学生使用头脑风暴法讨论，然后在 A0 纸上分别写出提升店面知名度的方法及措施，再依次旋转查看其他组员所写的内容； 4. 组织各组展示并向其他组员汇报本组的汽车店面营销思维导图； 5. 组织各组学生进行自评互评，评价各组的店面营销思维导图成果，并对完成本任务时的表现进行点评	1. 查阅资料及根据授课内容，认识汽车店面营销； 2. 阅读相关汽车营销的案例，分析出店面营销的目标； 3. 使用头脑风暴法讨论，并在 A0 纸上分别写出提升店面知名度的方法及措施，再依次用木马旋转法查看其他组员所写的内容； 4. 结合店面营销的案例，总结出汽车 4S 店店面营销流程，并形成店面营销的思维导图进行展示并向其他组员汇报； 5. 对完成的任务进行自评及互评，听取其他组及教师对本组的建议，完善本组的店面营销思维导图； 6. 完成课后作业：自行设计店面营销方案	1. 自评：各小组根据本组是否能按要求完成任务、总结形成汽车店面营销流程及对组员在完成任务时的表现情况进行评价； 2. 互评：组与组之间进行互评，评价各组完成任务时的表现及完成情况，并选出综合最优的小组； 3. 师评：点评各组所展示的成果及各组完成本任务时的优点和不足之处
课时： 4 课时 1. 硬资源：汽车营销学习工作站（含可上网计算机 4 台、手机 8 台）等。 2. 软资源：教材、课件、汽车宣传单张、彩页、任务书或工作页等。 3. 教学设施：一体机、白板、A1 纸、水笔等			

1 接收任务，确定品牌 → 2 确定活动营销方式，设计活动广告 → 3 制订营销活动策划方案 → 4 布置及实施活动方案 → 5 活动评估，总结拓展

确定活动营销方式，设计活动广告

工作子步骤	教师活动	学生活动	评价
根据客户信息，对大客户进行分类，并建立大客户信息数据库	1. 组织学生查阅资料及授课，让学生认识大客户及其分类标准和开发渠道； 2. 组织学生通过电脑或手机阅读关系营销的案例，分析出关系营销的特征； 3. 指导学生使用头脑风暴法在 A0 纸上分别写出大客户的营销要点，信息搜集渠道及内容和方法，再依次旋转查看其他组员所写的内容； 4. 组织学生总结出大客户营销的思维导图，然后展示并向其他组员汇报； 5. 组织各组学生进行自评互评，点评各组的大客户营销思维导图成果，并对完成本任务时的表现进行点评	1. 查阅资料及根据授课内容，总结大客户分类标准及开发渠道； 2. 阅读案例，分析总结关系营销的特征； 3. 使用头脑风暴在 A0 纸上分别写出大客户的营销要点，信息搜集渠道及内容和方法，再依次旋转查看其他组员所写的内容； 4. 结合汽车营销流程，总结出大客户营销的思维导图后按组展示； 5. 对完成的任务进行自评及互评，听取其他组及教师对本组的建议，完善本组的大客户营销思维导图； 6. 完成课后作业：自行试写某汽车 4S 店大客户营销方案	1. 自评：各小组根据本组是否能按要求完成任务、总结出大客户营销的思维导图及对组员在完成任务时的表现情况等进行评价。 2. 互评：组与组之间进行互评，评价各组完成任务时的表现及完成情况，并选出综合最优的小组； 3. 师评：点评各组所展示的成果及各组完成本任务时的优点和不足之处
课时： 4 课时 1. 硬资源：汽车营销学习工作站（含可上网计算机 4 台、手机 8 台）等。 2. 软资源：教材、课件、任务书或工作页等。 3. 教学设施：一体机、白板、A1 纸、水笔等			
1. 搜索跨界营销范例，汇总跨界活动营销伙伴； 2. 确定本组营销方式，制作营销活动广告	1. 组织学生查阅资料及授课，让学生认识跨界营销及广告营销的定义； 2. 组织学生通过电脑或手机查找广告营销及跨界营销的案例，总结广告营销及跨界营销的方式； 3. 指导学生使用头脑风暴法在 A0 纸上分别写出各种广告营销模式的特点及适用范围，再依次旋转查看其他组员所写的内容； 4. 组织学生讨论，确定本组的营销方式，设计中秋节主题的营销活动广告，并按组展示汇报；	1. 查阅资料，根据授课内容，认识跨界营销及广告营销的定义； 2. 阅读案例，分组讨论，总结广告营销及跨界营销的方式； 3. 使用头脑风暴在 A0 纸上分别写出各种广告营销模式的特点及适用范围，再依次旋转查看其他组员所写的内容； 4. 结合各种营销模式，讨论确定本组的营销方式，设计中秋节主题的营销活动广告，并按组展示汇报；	1. 自评：各小组根据本组是否能按要求完成任务、设计出营销活动广告及对组员在完成任务时的表现情况等进行评价； 2. 互评：组与组之间进行互评，评价各组完成任务时的表现及完成情况，并选出综合最优的小组； 3. 师评：点评各组所展示的成果及各组完成本任务时的优点和不足之处

学习任务 2 汽车营销活动策划

1 接收任务，确定品牌 → 2 确定活动营销方式，设计活动广告 → 3 制订营销活动策划方案 → 4 布置及实施活动方案 → 5 活动评估，总结拓展

	工作子步骤	教师活动	学生活动	评价
确定活动营销方式，设计活动广告		5. 组织各组学生进行自评互评，点评各组的营销活动广告设计图成果，并对完成本任务时的表现进行点评	5. 对完成的任务进行自评及互评，听取其他组及教师对本组的建议，完善本组的营销活动广告设计图； 6. 完成课后作业：自行试写某汽车 4S 店跨界营销方案	
	课时： 4 课时 1. 硬资源：汽车营销学习工作站（含可上网计算机 4 台、手机 8 台）等。 2. 软资源：教材、课件、任务书或工作页等。 3. 教学设施：一体机、白板、A1 纸、水笔等			
制订营销活动策划方案	1. 根据汽车市场营销活动策划的原则及要点，确定活动主题、口号； 2. 制订本组的营销活动策划方案； 3. 评价并参考他人建议修订营销策划方案	1. 组织学生根据营销活动广告，查找资料，阅读案例，总结出汽车市场营销活动策划的原则及要点； 2. 组织学生小组讨论，确定活动主题、口号； 3. 根据活动主题口号及策划要点，讨论制订本组的营销活动策划方案，进行展示及汇报； 4. 组织学生进行自评及互评（列举 3 个优点、3 个缺点）； 5. 组内以头脑风暴法讨论营销活动策划方案的评价标准，重新评定本组及其他组的方案，确定各方案的优劣势； 6. 听取其他组及教师对本组的建议进行营销策划活动方案的完善和修改； 7. 引导学生总结梳理本课的重点、难点，对完成本任务时的成果和表现进行点评	1. 根据营销活动广告，查找资料，阅读案例，总结出汽车市场营销活动策划的原则及要点； 2. 小组讨论确定活动主题、口号； 3. 根据活动主题口号及策划要点，讨论制订本组的营销活动策划方案，进行展示及汇报； 4. 对完成的任务进行自评及互评(列举 3 个优点、3 个缺点)； 5. 在组内以头脑风暴法讨论营销活动策划方案的评价标准，重新评定本组及其他组的方案，确定各方案的优劣势； 6. 并听取其他组及教师对本组的建议进行营销策划活动方案的完善； 7. 总结梳理本课题的重点、难点； 8. 完成课后作业：收集实施方案所需要用到的资料及物料	1. 自评：各小组根据本组是否能按要求完成任务、制定本组的营销活动策划方案及对组员在完成任务时的表现情况等进行评价； 2. 互评：组与组之间进行互评，评价各组完成任务时的表现及完成情况、优缺点，并选出综合最优的小组； 3. 师评：点评各组所展示的成果及各组完成本任务时的优点和不足之处
	课时： 4 课时 1. 硬资源：汽车营销学习工作站（含可上网计算机 4 台）等。 2. 软资源：教材、课件、任务书或工作页等。 3. 教学设施：一体机、白板、A0 纸、水笔等			

1 接收任务，确定品牌 → 2 确定活动营销方式，设计活动广告 → 3 制订营销活动策划方案 → 4 布置及实施活动方案 → 5 活动评估，总结拓展

	工作子步骤	教师活动	学生活动	评价
布置及实施活动方案	根据制订的营销活动策划方案进行布置及实施	1. 指导学生查找教材及学习资料，列举活动现场执行要点； 2. 发放任务书，引导各组根据活动方案，进行人员工作责任配置； 3. 组织学生按照活动策划方案和活动现场布置要点进行查阅，参考活动案例视频，布置活动现场及列举活动现场的危机预防管理内容并进行自评及互评，听取其他组及教师的点评对本组的成果进行完善和整改； 4. 引导学生总结完成任务时所遇到的问题及本任务的重难点	1. 查找教材及学习资料，列举活动现场执行要点； 2. 根据各组的活动方案，进行人员工作责任配置； 3. 查阅参考活动案例视频，布置活动现场及列举活动现场的危机预防管理内容，并进行自评及互评，最后听取其他组及教师的点评对本组的成果进行完善和整改； 4. 总结完成任务时所遇到的问题及本任务的重难点； 5. 完成课后作业：收集整理成果	1. 自评：各小组根据本组是否能按要求完成任务、对活动现场的布置及对组员在完成任务时的表现情况等进行评价； 2. 互评：组与组之间进行互评，评价各组完成任务时的表现及完成情况，并选出综合最优的小组； 3. 师评：点评各组所展示的成果及各组完成本任务时的优点和不足之处
	课时： 4 课时 1. 硬资源：汽车营销学习工作站（含可上网计算机 4 台）等。 2. 软资源：教材、课件、任务书或工作页等。 3. 教学设施：一体机、白板、A0 纸、水笔等			
活动评估，总结拓展	1. 搜索跨界营销范例，汇总跨界活动营销伙伴； 2. 确定本组营销方式，制作营销活动广告	1. 指导学生查阅教材、工作页、笔记，总结每个小任务的流程； 2. 指导学生阅读相关案例，总结几种典型的市场营销活动的策划流程； 3. 制定汽车市场营销活动策划的思维导图； 4. 组织学生展示讲解汽车市场营销活动策划的思维导图及进行自评、互评及教师点评； 5. 引导学生总结梳理本课的重点、难点及收集整理本课的成果； 6. 组织学生进行 8S 管理	1. 查阅教材、工作页、笔记，总结每个小任务的流程； 2. 阅读相关案例，总结几种典型的市场营销活动的策划流程； 3. 制定汽车市场营销活动策划的思维导图； 4. 展示讲解汽车市场营销活动策划的思维导图，及进行自评、互评及听取教师点评； 5. 总结梳理本课的重点、难点，收集整理本课的成果； 6. 8S 管理	1. 自评：各小组根据授课内容对本组的完成内容进行自评，并说明本小组在完成本课程任务时的优点和不足之处。 2. 互评：由其他组讨论互评并推荐选出最优秀的汽车营销活动策划思维导图和整个课程中表现最优秀的小组。 3. 师评： (1) 点评学生的思维导图； (2) 点评学生在完成本课程任务时的优点和不足之处
	课时： 4 课时 1. 硬资源：汽车营销学习工作站（含可上网计算机 4 台）等。 2. 软资源：教材、课件、任务书或工作页等。 3. 教学设施：一体机、白板、A0 纸、水笔等			

考核标准

情境描述

端午节快到了，现某 4S 店打算在端午节这段时间进行社区促销活动，学生需根据任务情境中的要求，制订社区户外销售活动方案，促进车辆成交。

任务要求

请根据任务要求，完成以下任务：

一、纸笔测试（制订完成工作任务的方案）：

1. 汽车户外销售策划的工作细则。
2. 汽车户外销售投放意图。
3. 运用网络、说明书等渠道定位目标品牌车辆、描述品牌车辆功效。
4. 车辆对应的目标客户群的特点及需求，以达到更好的推销效果。

二、任务实操

设计某汽车品牌的户外销售策划方案。

参考资料

完成上述任务时，可以使用所有的常见教学资料，如客户档案表、专业教材、汽车销售接待任务表单、车辆宣传介绍彩页、试乘试驾协议、交车单、售后跟踪记录表、个人笔记以及计算器等。

评价方式

由任课教师、专业组长、企业代表组成考评小组共同实施考核评价，取所有考核人员评分的平均分为学生考核成绩。

评价标准

评价项目	评价内容	分值	评分标准	得分
专业能力	准确拟定社区定期活动的名称	5	主题不突出扣 1 分	
	准确写出社区定期活动的目的	5	错误或遗漏一项扣 1 分	
	制定活动选址的调查问卷	10	错误或不突出主题一项扣 1 分	
	写出定期活动的内容及要点	10	错误或遗漏一项扣 1 分	
	能编制端午节社区户外的定期活动方案	10	每漏一项扣 1 分；操作不规范每项扣 1 分	
	能正确选用和使用工具对场地进行布置	5	没有布置场地扣 2 分；布置不到位扣 1 分	
	能完整地写出户外销售活动策划方案	10	每漏一项扣 1 分，建议不合理一项扣 0.5 分	
	学习态度：积极主动参与学习、能辅导其他同学	5	没有参与一项扣 2 分；不积极一项扣 1 分	
通用能力	能读懂任务书，记录关键内容，整理客户需求	5	没有记录扣 2 分；记录不准确扣 1 分；	
	能查阅相关资料，获取户外销售策划的信息	5	没有查阅扣 3 分，查阅方法不对扣 2 分	
	能独立思考，辩证分析方案的优缺点	5	完全没有解决扣 3 分；解决不及时扣 2 分；无突发问题不扣分	
	能对已完成的工作进行记录存档、评价和反馈	5	无记录扣 2 分	
	表述仪态自然、吐字清晰、思路清晰，且与实际相符	10	仪态不自然、吐字模糊、思路不清晰每项扣 1 分；表述与实际不符扣 1 分	
	分工明确，团队合作融洽	5	分工不明确扣 2 分；团队合作不融洽扣 2 分	
	现场管理：服从工位安排、执行实训室“8S”管理规定	5	每漏一项扣 1 分；操作不规范每项扣 0.5 分	
总分		100		

学习任务　汽车维修服务店

任务描述

学习任务学时：100 课时

任务情境

汽车维修服务除了 4S 店这类较全面的汽车维修服务店，还有中小型汽车维修服务店。项目团队计划在学校众创空间和汽车实训中心创办的维修服务店，就是属于这种中小型汽车维修店，旨在为学校教职工及周边社区提供便捷高效的汽车维修、保养和美容服务。

随着时代发展，互联网与生活密不可分，在各个领域都有涉及。互联网与实体产业相结合也越来越成为时代潮流，汽车这方面也在逐步贴近。微信现在已经普遍成为人们手机必备的软件，用于社交和其他生活所需。微信公众号是一种新型的载体而被广泛运用，使用公众号宣传推广和提供服务已成为潮流。随着互联网深入人们的生活，互联网结合汽车维修服务这类运营模式将会越来越普遍。针对学校现状，搜集并整理学校教职工的车辆信息，并储存于平台上，合理建立配件库存，同时在平台上实现车辆维修保养预约管理、维修及收付款等功能，还可在平台上获取维修或保养费用的票据。

在未来的 5 周时间内，学生将在创业导师的帮助下，讨论项目的可行性、规划项目的设计思路、挖掘汽车维修服务的目标客户群、拟定推广方式，并完成市场调研，设计商业模式，撰写商业计划书，策划和实施项目，完成融资路演等过程，要求学生最少完成一份创办汽车维修服务店的商业计划书。

Service

学习内容

专业知识与技能	1.1 服务对象的确定； 1.2 主营业务的确定； 1.3 涉及的技术要求汇总； 1.4 团队的组建与人员分工； 1.5 店铺选址及理由	2.1 这个项目有哪些技术创新点：结合所学汽车维修知识，提供常规汽车保养，汽车检测维修和保养服务；汽车维修服务线上平台：结合互联网的微信公众平台，预约维修和保养，在线收付款，以网络模式拉动实体运作的发展。 2.2 这些技术创新点怎样形成技术壁垒：国家政策优势 + 稳固且大型的社会需求优势 + 团队维修技术优势	从技术角度，深入讨论： 3.1 项目技术的可行性： 为什么团队可以做这件事，有何技术优势？ 3.2 项目的技术风险： 技术力量是否足够？不够的话怎么解决？怎么保护知识产权？ 3.3 竞品的技术分析： 竞争对手的技术有哪些创新？
创新创业知识与技能	1.1 市场调查的基本知识； 1.2 制订调研方案、确定调研对象、选择调研形式、编制调研问卷； 1.3 开展调研实践活动、在线问卷调研、线下调研、网络大数据调研； 1.4 调研报告的撰写、调研数据统计分析、编写调研报告； 1.5 调研报告分享、制作分享 PPT、分享调研过程与结论	2.1 商业计划书的一般结构。 2.2 商业模式画布的结构与含义： “客户细分”的含义； “价值主张”的含义； “客户关系”的含义； “渠道通路”的含义； “关键业务”的含义； “核心资源”的含义； “重要伙伴”的含义； “成本结构”的含义； “收入来源”的含义。 2.3 讨论、绘制并展示商业模式画布。 2.4 编写商业计划书	从市场的角度，深入讨论： 3.1 项目在市场方面的可行性：为什么团队可以做这件事？有什么市场优势？ 3.2 项目在市场营销、运营管理等方面存在哪些风险？ 3.3 竞品及其市场分析
 工作环节	工作环节 1 挖掘商机 市场调研 （获取信息）	编制商业计划书 （制订计划） 工作环节 2	工作环节 3 优化商业计划书 （做出决策）
输出成果	1.1 市场调查方案； 1.2 市场调查过程材料（照片 / 录音 / 小视频）； 1.3 市场调查报告； 1.4 市场调查汇报 PPT 文稿	2.1 商业模式画布； 2.2 商业计划书	3.1 定稿版商业计划书

学习任务 汽车维修服务店

4.1 汽车维修服务店：结合所学汽车维修知识，提供常规汽车保养，汽车检测维修和保养服务。 汽车维护； 汽车发动机故障检修； 汽车底盘故障检修； 汽车电气故障检修； 汽车自动变速器故障检修； 汽车空调故障检修。 4.2 汽车维修服务线上平台：结合互联网的微信公众平台，预约维修和保养，在线收付款，以网络模式拉动实体运作的发展。 Java 基本程序设计； Java 面向对象程序设计； Web UI 设计； Android 移动交互设计； Android 移动应用界面开发； Android 移动应用界面开发	5.1 如何测试汽车维修服务店是否满足学校老师的汽车维修要求？ 5.2 如何填写质量检测报告？ 5.3 第一位使用者有哪些反馈？ 5.4 根据反馈进行哪些调整？ 5.5 原来预测的成本，现在有什么变化？确定新的成本预算。 5.6 定价策略是否需要调整？请确定新的定价方案。 5.7 基于成本与定价的调整，确定利润情况。 5.8 基于确定的利润情况，预测未来 3 年的发展规划	6.1 总结项目有哪些技术创新点； 6.2 分析项目的成本与收益； 6.3 项目亮点在 PPT 和汇报中的体现； 6.4 路演陈述中如何介绍产品技术
4.1 这个学习任务所包含的创新意识： （1）创新动机：2016—2019 年，我国汽车售后维修市场规模逐年增长。统计数据显示，2019 年，我国汽车售后维修市场规模约为 6 770 亿元，市场规模庞大。 （2）创新兴趣：国家对于互联网 + 实体产业不仅鼓励，而且支持，未来，互联网结合实体运作的经营模式是大势所趋。 （3）创新情感：让事业结合所学专业，促进创业项目的成功。 4.2 这个学习任务所包含的创新技能： （1）汽车维修技术：微信公共号的建立及推广，在信息、人才等方面向汽车维修业提供帮助。 （2）创造能力：基于创新创业思维，为用户提供配套服务，带来出其不意的消费体验。 （3）组织协调能力：汽车维修技术人员、新媒体运营人员、市场运营人员的组织协调能力。 4.3 这个学习任务所包含的创业技能： （1）汽车维修技能：汽车发动机故障检修、底盘故障检修、电机故障检修、空调故障检修等技能。 （2）新媒体运营技能：针对学校现状，搜集并整理学校教职工的车辆信息，并储存在平台上，合理建立配件库存，同时在平台上实现车辆维修保养预约管理，维修及收付款等功能，还可在平台上获取维修或保养费用的票据。 （3）团队建设与管理能力：形成汽车维修服务开发管理章程，确保项目按时按质有效落地	5.1 产品的质量在创业中有什么影响？ 5.2 如何向客户承诺产品质量？ 5.3 产品质量报告需要哪些部门认证？ 5.4 正确把握质量与广告的关系、避免法务风险； 5.5 成本的核算； 5.6 销售定价的一般依据； 5.7 利润的计算方法； 5.8 未来发展的预测依据	6.1 项目路演评价标准； 6.2 制作路演 PPT，提升逻辑思维能力； 6.3 完成路演环节，提升专业性的口头表达能力； 6.4 完成个人总结，培养归纳能力，反思及持续改善的职业习惯； 6.5 客观评价组员的任务表现
产品设计制造 / 服务提供（实施计划） **工作环节 4**	**工作环节 5** **产品 / 服务验证（检查控制）**	**工作环节 6** **产品 / 服务发布（评价反馈）**
4.1 维修服务店设计布局图； 4.2 最少完成一项汽车维修或保养业务； 4.3 实施过程（照片、视频、文档）	5.1 维修记录 / 总结报告	6.1 路演资料一套 （PPT 及视频）

专创融合学习任务

教学活动

学习任务　汽车维修服务店

1 挖掘商机市场调研（获取信息）→ 2 编写商业计划书（制订计划）→ 3 优化商业计划书（做出决策）→ 4 产品设计制造 / 服务提供（实施计划）→ 5 产品 / 服务验证（检查控制）→ 6 产品 / 服务发布（评价反馈）

挖掘商机市场调研（获取信息）

教师活动

1. 情境创设：提醒学生阅读工作页中的“情境描述”。汽车维修服务除了4S店这类较全面的汽车维修服务店，还有中小型汽车维修服务店，项目团队计划在学校众创空间和汽车实训中心创办的一家维修服务店，就是属于这种中小型汽车维修店，旨在为学校教职工及周边社区提供便捷高效的汽车维修、保养和美容服务。随着时代发展，互联网与生活密不可分，在各个领域都有涉及。互联网与实体产业相结合也越来越成为时代潮流，汽车这方面也在逐步贴近。微信现在已经普遍成为人们手机必备的软件，用于社交和其他一些生活所需。微信公众号是一种新型的载体而被广泛运用，使用公众号宣传推广和提供服务已成为潮流。随着互联网深入人们的生活，互联网结合汽车维修服务这类运营模式将会越来越普遍。针对学校现状，搜集并整理学校教职工的车辆信息，并储存在平台上，合理建立配件库存，同时在平台上实现车辆维修保养预约管理、维修及收付款等功能，还可在平台上获取维修或保养费用的票据。
2. 组织学生讨论这个项目的价值主张和目标定位：我们提供什么服务？这些服务可以解决哪些问题？谁会需要我们提供的这些服务？各组绘制海报并安排人说明。
3. 组织学生讨论这个项目的主营业务：我们具体做什么？涉及哪些技术？需要哪些资源？我们有什么优势？用角色扮演来带入学生思考，提醒各组的角色分工如下：
（1）每两组为一对，A组扮演学院教师（开车上下班），向B组提出自己的需求（2项）；B组扮演汽车维修服务店的经营者，向A组解释自己将会怎样满足对方的需求（把方案说得清晰具体），并尽量使对方满意。
（2）A组和B组角色互换再进行（也是2项）。
（3）如果还能从顾客角度想出更多需求，回到①项。
（4）创业者的这一组负责安排人详细记录顾客需求和针对性的解决方案。
（5）组织学生汇总、整理记录，得出创业团队的主营业务。

学生活动

1. 听老师布置任务，阅读工作页中的“情境描述”。
（1）用荧光笔画出其中的关键词。
（2）跟组员讨论关键词的含义。
（3）对学习任务中存疑的地方向老师提问，直至弄清楚任务的情境。
2. 讨论项目的价值主张和服务对象，绘制海报并安排人上台分享，把价值主张和服务对象记录在工作页。
3. 认真思考、激烈讨论，得出“如果我是学校教师，我可能需要这家汽车维修服务店给我提供哪些服务？”罗列在纸上，准备向对方提出需求。
（1）听完对方的解决方案，觉得是否满意？不满意的地方继续发问，直至满意。
（2）认真听取对方提出的需求，组内讨论，针对这些需求，我们可以怎样解决问题，用关键词列出解决方案，并向对方说明解决方案。
（3）各组的需求和解决方案汇总到一起，拼凑出创业者要提供的服务内容，记录在工作页中。

评价

1. 对专创融合学习任务的理解。
2. 是否清楚创业的方向？表达是否清晰有条理？
3. 扮演顾客的，是否能清楚全面地提出自己的需求？扮演创业者的，是否能清楚全面地提供解决方案？

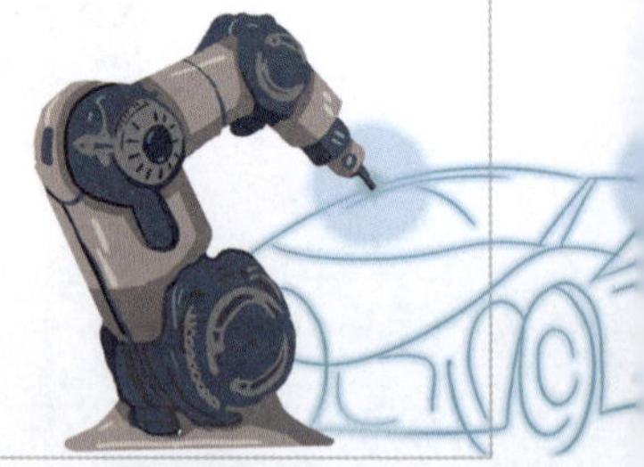

基准学时：100

1 挖掘商机 市场调研（获取信息） → 2 编写商业计划书（制订计划） → 3 优化商业计划书（做出决策） → 4 产品设计制造/服务提供（实施计划） → 5 产品/服务 验证（检查控制） → 6 产品/服务 发布（评价反馈）

挖掘商机市场调研（获取信息）

教师活动	学生活动	评价
4. 组织学生讨论团队的组建与人员分工： 创业团队一般需要哪些人员？ 谁是项目负责人？ 各位组员分别负责什么？ 给团队起个什么名字？ 5. 介绍市场调查在创业过程中的重要性和市场调研的基本方法。 6. 组织学生小组制定调研方案： （1）确定调研对象； （2）选择调研形式：在线问卷？纸质问卷？会议调查？网络大数据调研？ （3）编制调研问卷（10个问题，含选择题和简答题）。 7. 安排开展调研实践活动。 （1）课外时间完成，每一组最少回收 20 份有效问卷，各组的调研对象不能同时出现。对象可以包括全校开车上下班的教职工，或周边社区的车主。 （2）组织各组分享调研的情况，收取各组调研报告，并给出该环节的学习评价	4. 讨论组内分工，绘制组织架构图海报，并分享给其他各组（介绍一下团队），把组织架构图绘制在工作页中。 5. 听教师介绍市场调查在创业过程中的重要性和市场调研的基本方法，补充完整工作页。 6. 各组制定调研方案、编制调研问卷。 7. 开展调研实践活动。 （1）回收 20 份有效问卷。 （2）进行数据统计分析，得出一些结论。 （3）以海报或者 PPT 形式完成调研报告提纲及调研结论，向全班分享。 （4）编写调研报告并提交给老师评价	4. 组内人员分工是否科学合理？ 6. 调研问卷中的问题是否科学有效？ 7. 有否开展调研实践？调研报告是否符合要求？

1. 硬资源：一体化课室等。
2. 软资源：工作页、参考教材、授课 PPT 等

专创融合学习任务

教学活动

学习任务 汽车维修服务店

1 挖掘商机 市场调研（获取信息） → 2 编写商业计划书（制订计划） → 3 优化商业计划书（做出决策） → 4 产品设计制造 / 服务提供（实施计划） → 5 产品 / 服务验证（检查控制） → 6 产品 / 服务发布（评价反馈）

编写商业计划书（制订计划）

教师活动

1. 展示一份商业计划书，介绍商业计划书的一般结构、阐述商业计划书的作用，让学生对商业计划书有一个初步认识。
2. 展示一张完整的商业模式画布，简要说明商业模式画布的结构。
3. 组织学生讨论商业画布各项要素的含义。
   (1) 组织各组通过百度等途径，了解商业模式画布中“客户细分”的含义，提醒每组做好说明“客户细分”的准备；抽取某一组来说明“客户细分”的含义，并以本项目为例，说明“客户细分”的对象有哪些。
   (2) 组织各组通过百度等途径，了解商业模式画布中“价值主张”的含义，提醒每组做好说明“价值主张”的准备；抽取某一组来说明“价值主张”的含义，并以本项目为例，说明“价值主张”是什么。
   (3) 组织各组通过百度等途径，了解商业模式画布中“客户关系”的含义，提醒每组做好说明“客户关系”的准备；抽取某一组来说明“客户关系”的含义，并以本项目为例，说明“客户关系”有哪些。
   (4) 组织各组通过百度等途径，了解商业模式画布中“渠道通路”的含义，提醒每组做好说明“渠道通路”的准备；抽取某一组来说明“渠道通路”的含义，并以本项目为例，说明“渠道通路”有哪些。
   (5) 组织各组通过百度等途径，了解商业模式画布中“关键业务”的含义，提醒每组做好说明“关键业务”的准备；抽取某一组来说明“关键业务”的含义，并以本项目为例，说明“关键业务”有哪些。
   (6) 组织各组通过百度等途径，了解商业模式画布中“核心资源”的含义，提醒每组做好说明“核心资源”的准备、抽取某一组来说明“核心资源”的含义，并以本项目为例，说明“核心资源”有哪些。

学生活动

1. 观察一个完整的商业计划书，分析商业计划书的一般结构，听教师说明商业计划书，有存疑的地方要提出来。
2. 观察一个商业模式画布案例，分析商业模式画布的一般结构，听教师说明商业模式画布，有存疑的地方要提出来。
3. 讨论商业画布各项要素的含义。
   (1) 通过百度等途径，了解商业模式画布中“客户细分”的含义，讨论本项目的“客户细分”对象有哪些？向其他组分享自己的看法（假如被抽到）。
   (2) 了解商业模式画布中“价值主张”的含义，讨论本项目“价值主张”对象有哪些？向其他组分享自己的看法（假如被抽到）。
   (3) 了解商业模式画布中“客户关系”的含义，讨论本项目“客户关系”对象有哪些？向其他组分享自己的看法（假如被抽到）。
   (4) 了解商业模式画布中“渠道通路”的含义，讨论本项目“渠道通路”对象有哪些？向其他组分享自己的看法（假如被抽到）。
   (5) 了解商业模式画布中“关键业务”的含义，讨论本项目“关键业务”对象有哪些？向其他组分享自己的看法（假如被抽到）。
   (6) 了解商业模式画布中“核心资源”的含义，讨论本项目“核心资源”对象有哪些？向其他组分享自己的看法（假如被抽到）。

评价

1. 商业模式画布是否合理？完整？
2. 商业计划书是否能清晰描述创业设计？

教师活动	学生活动	评价
（7）组织各组通过百度等途径，了解商业模式画布中“重要伙伴”的含义，提醒每组做好说明“重要伙伴”的准备；抽取某一组来说明“重要伙伴”的含义，并以本项目为例，说明“重要伙伴”有哪些。 （8）组织各组通过百度等途径，了解商业模式画布中“成本结构”的含义，提醒每组做好说明“成本结构”的准备；抽取某一组来说明“成本结构”的含义，并以本项目为例，说明“成本结构”有哪些。 （9）组织各组通过百度等途径，了解商业模式画布中“收入来源”的含义，提醒每组做好说明“收入来源”的准备；抽取某一组来说明“收入来源”的含义，并以本项目为例，说明“收入来源”有哪些。 4. 组织各组根据以上的讨论、绘制并展示分享商业模式画布。 5. 布置课后作业：编写商业计划书	（7）了解商业模式画布中“重要伙伴”的含义，讨论本项目“重要伙伴”对象有哪些？向其他组分享自己的看法（假如被抽到）。 （8）了解商业模式画布中“成本结构”的含义，讨论本项目“成本结构”对象有哪些？向其他组分享自己的看法（假如被抽到）。 （9）了解商业模式画布中“收入来源”的含义，讨论本项目“收入来源”对象有哪些？向其他组分享自己的看法（假如被抽到）。 4. 组根据以上讨论，绘制商业模式画布（海报），安排人上台展示与分享商业模式画布。 5. 完成商业计划书编写（课后）	
1. 硬资源：一体化课室等。 2. 软资源：工作页、参考教材、授课 PPT、商业计划书案例等		

学习任务 汽车维修服务店

1 挖掘商机 市场调研（获取信息） → 2 编写商业计划书（制订计划） → 3 优化商业计划书（做出决策） → 4 产品设计制造/服务提供（实施计划） → 5 产品/服务验证（检查控制） → 6 产品/服务发布（评价反馈）

	教师活动	学生活动	评价
优化商业计划书（做出决策）	组织各组学生，从市场和技术的角度深入讨论： 1. 项目的可行性：为什么团队可以做这件事？有什么市场优势？抽取一组上台分享他们的观点。 2. 项目在市场营销、运营管理等方面存在哪些风险？抽取一组上台分享他们的观点。 3. 目前市场上有哪些类似的竞品，竞品有哪些特点？我们与之相比有哪些差异？抽取一组上台分享他们的观点	从市场和技术的角度，深入讨论： 1. 项目的可行性：为什么团队可以做这件事？有什么市场优势？上台分享本组的观点（如果被抽到）。 2. 项目在市场营销、运营管理等方面存在哪些风险？上台分享本组的观点（如果被抽到）。 3. 目前市场上有哪些类似的竞品，竞品有哪些特点？我们与之相比有哪些差异？上台分享本组的观点（如果被抽到）。 4. 结合教师的批改和以上讨论，修订商业计划书，提交定稿版商业计划书	
	1. 硬资源：一体化课室等。 2. 软资源：工作页、参考教材、授课 PPT 等		
产品设计制造/服务提供（实施计划）	1. 讲解汽车维修的服务流程与技术标准。 （1）汽车维护：以一万公里为例复习维护内容及操作流程； （2）汽车发动机故障检修：以发动机异响为例复习发动机维修内容及操作流程； （3）汽车底盘故障检修：复习汽车底盘常见的维修内容及操作流程； （4）汽车电气故障检修：以大灯不亮为例回顾汽车电气维修内容及操作流程； （5）汽车自动变速器故障检修：以无法提速为例回顾自动变速器维修内容及操作流程； （6）汽车空调故障检修：以不制冷为例回顾汽车空调维修内容及操作流程。	1. 听教师介绍汽车维修的服务流程与技术标准： （1）承接某教师的汽车维护服务，进行一万公里维保。 （2）承接某教师的汽车维修服务，完成发动机维修的全程工作，记录过程材料。 （3）承接某教师的汽车维修服务，完成汽车底盘有关故障维修的全程工作，记录过程材料。 （4）承接某教师的汽车维修服务，完成车灯故障维修的全程工作，记录过程材料。 （5）承接某教师的汽车维修服务，完成自动变速器维修的全程工作，记录过程材料。 （6）承接某教师的汽车维修服务，完成汽车空调维修的全程工作，记录过程材料。	1. 是否能按时完成客户的维修？工作流程是否规范？

1 挖掘商机 市场调研（获取信息） → 2 编写商业计划书（制订计划） → 3 优化商业计划书（做出决策） → 4 产品设计制造 / 服务提供（实施计划） → 5 产品 / 服务 验证（检查控制） → 6 产品 / 服务 发布（评价反馈）

产品设计制造 / 服务提供（实施计划）

教师活动	学生活动	评价
2. 汽车维修服务线上平台：结合互联网的微信公众平台，预约维修和保养，在线收付款，以网络模式拉动实体运作的发展。 （1）讲解公众号的基本知识：展示并指导学生浏览其他汽车维修服务店的 公众号，组织学生讨论，并安排各组学生分享浏览体验。 （2）介绍公众号的开通流程：组织各组学生开通一个汽车维修的公众号。 （3）引导学生设计 Web UI：组织各组进行公众号的 LOGO 设计，安排各组分享设计意图。 （4）介绍在公众号发布图文信息：组织各组在公众号发布一则汽车维修服务店的介绍图文，并在各组间进行互相推送分享。 （5）设计公众号的应用界面：美化、优化公众号的功能模块和应用体验	2. 汽车维修服务线上平台：结合互联网的微信公众平台，预约维修和保养，在线收付款，以网络模式拉动实体运作的发展。 （1）浏览教师推荐的其他汽车维修服务店的公众号，进行讨论，记录公众号的功能模块、分享公众号的浏览体验。 （2）组内一起开通一个车维修服务的公众号。 （3）设计公众号的 LOGO 标识。 （4）在公众号发布一则汽车维修服务店的介绍图文，并推送分享给其他组。 （5）听取其他组的修改意见，完善自己的公众号	2. 公众号是否成功开通？是否可以成功推送？应用体验是否良好？
1. 硬资源：一体化课室等。 2. 软资源：工作页、参考教材、授课 PPT 等		

学习任务 汽车维修服务店

基准学时：100

1 挖掘商机 市场调研（获取信息） → 2 编写商业计划书（制订计划） → 3 优化商业计划书（做出决策） → 4 产品设计制造/服务提供（实施计划） → 5 产品/服务验证（检查控制） → 6 产品/服务发布（评价反馈）

	教师活动	学生活动	评价
产品/服务验证（检查控制）	引导学生小组寻找种子客户进行应用体验，并收集反馈意见	1. 在以上服务过的客户中，找 3 位人员发表对汽车维修服务店提供的服务感受，提供反馈意见。 2. 根据反馈意见，修改维修流程，并邀请上述 3 位用户再次提出建议，收集修改意见，并再次修订。 3. 修订商业计划书中的财务分析与未来规划	
	1. 硬资源：一体化课室等。 2. 软资源：工作页、参考教材、授课 PPT 等		
产品/服务发布（评价反馈）	1. 说明项目路演评价标准。 2. 组织各组制作路演 PPT，并进行项目路演。 3. 布置完成个人总结，客观评价组员的任务表现	1. 听教师介绍项目路演的评审标准，总结项目有哪些技术创新点，分析项目的成本与收益，将项目亮点在 PPT 和汇报中进行体现。 2. 小组制作路演 PPT，从项目背景、市场分析、产品介绍、创新做法、市场定位、营销渠道、财务预测、风险预测、3 年规划、团队介绍等方面进行项目路演。 3. 在工作页中填写个人工作总结，客观评价组员的任务表现	从项目的创新性、商业价值、财务分析、团队介绍、答辩情况等方面综合评价学生的路演
	1. 硬资源：一体化课室等。 2. 软资源：工作页、参考教材、授课 PPT、路演 PPT 案例、路演录像、路演技巧讲解教学视频等		

评价方式与标准

评价方式

评价方式可参照创新创业大赛的形式，或直接参加校级创新创业大赛，通过现场展示进行考核评价。各项目团队利用制作展示的 PPT、视频等材料，上台介绍项目的基本情况、商业价值、技术创新、商业模式、财务状况、团队分工等情况，现场评分。

评委组成

由任课教师、创新创业指导中心教师、校外创业导师组成。

评审标准

评审内容	评审细则	配分
商业价值	1. 符合国家产业政策和地方产业发展规划、现行法律法规相关要求。 2. 竞品分析充分，对项目的产品或者服务、技术水平、市场需求、行业发展等方面定位准确、调研清晰、分析透彻。 3. 商业模式设计可行，具备盈利能力。 4. 在竞争与合作、技术基础、产品或服务方案、资金及人员需求等方面具有实践基础	
创新水平	1. 具备产教融合、工学结合、校企合作背景。 2. 突出原始创意和创造力，体现工匠技艺传承创新。 3. 项目设计科学，体现“四新”技术。 4. 体现面向职业、岗位技术创新、工种的创意及创新特点（如加工工艺创新、实用技术创新、产品 / 技术改良、应用性优化、民生类创新和小发明小制作等），具有低碳、环保、节能等特色	
社会效益	1. 服务技能帮扶、农民增收、绿色发展等需要。 2. 具有示范作用，可复制、可推广。 3. 具备可持续发展潜力，促进社会就业	
团队能力	1. 团队成员的价值观、专业背景和实践经历、能力与专长、业务分工情况。 2. 指导教师、合作企业、项目顾问、其他资源的有关情况和使用计划。 3. 项目或企业的组织架构、股权结构与人员配置	
回答问题	答辩过程中，回答问题准确、有条理	

专创融合学习任务